国家出版基金项目
NATIONAL PUBLICATION FOUNDATION

"十三五"国家重点图书出版规划项目

梁方仲遗稿

梁方仲　著　/　梁承邺　李龙潜　黄启臣　刘志伟　整理

读书笔记（下）

SPM
南方出版传媒
广东人民出版社
·广州·

图书在版编目（CIP）数据

梁方仲遗稿 / 梁方仲著；梁承邺等整理. —广州：广东人民出版社，
2019.1

ISBN 978-7-218-13211-2

Ⅰ. ①梁… Ⅱ. ①梁… ②梁… Ⅲ. ①中国经济史－研究－文
集 Ⅳ. ①F129－53

中国版本图书馆 CIP 数据核字（2018）第 235808 号

LIANG FANGZHONG YIGAO

梁方仲遗稿

梁方仲 著

梁承邺 李龙潜 黄启臣 刘志伟 整理 版权所有 翻印必究

出 版 人：肖风华

出版统筹：柏 峰 周惊涛
责任编辑：陈其伟 周惊涛 柏 峰
装帧设计：彭 力
责任技编：周 杰 吴彦斌

出版发行：广东人民出版社
地 址：广州市大沙头四马路 10 号（邮政编码：510102）
电 话：(020) 83798714（总编室）
传 真：(020) 83780199
网 址：http：//www.gdpph.com
印 刷：广东信源彩色印务有限公司
开 本：787mm×1092mm 1/16
印 张：257.5 **字 数**：3600 千
版 次：2019 年 1 月第 1 版 2019 年 1 月第 1 次印刷
定 价：960.00 元（全八册）

如发现印装质量问题，影响阅读，请与出版社（020-83795749）联系调换。
售书热线：(020) 83793157 83795240 邮购：(020) 83795240

Contents 目录

《太平御览》

士纬曰：丝俱生于蚕，为缯则贱，为锦则贵。(《太平御览》卷八一四《布帛部一·丝》，第三页)

《西京杂记》曰：公孙宏以元光五年为国所推，上为贤良，国人邹长倩赠以素丝一襚，为书以遗之曰：五丝为蹑，倍蹑为升，倍升为緎，倍緎为记，倍记为緫，倍緫为襚。此自少之多，自微之著也。士之立功勋，效名节，亦复如之，勿以小善为不修而不为也。(《太平御览》卷八一四《布帛部一·丝》，第三至第四页)

《献帝纪》曰：是时新迁都，宫人多亡衣服，帝欲发御府缯以作之，李傕不欲，曰：宫中有衣服，胡为复作耶？诏卖厩马百余匹，御府大司农出杂缯二万匹，与所卖厩马直赐公卿，已下及贫民不能自存者。李傕曰我邸阁储偫少，乃悉载置其营。贾诩曰：此上意不可距也，傕终不从。(《太平御览》卷八一四《布帛部一·缯》，第六页)

《献帝纪》又曰：李傕特合羌胡数十人，先以御物缯綵与之。(《太平御览》卷八一四《布帛部一·缯》，第六页)

《晋书》曰：单道关燉煌人，常衣粗褐，或赠以缯服，皆不著。(《太平御览》卷八一四《布帛部一·缯》，第六页)

范子计然曰：能绣细文出齐，上价匹二万，中万，下五千也。(《太平御览》卷八一四《布帛部二·绣》，第十页下)

《西京杂记》曰：霍光妻遗淳于衍，散花绫二十五匹，绫出钜鹿，陈宝光妻传其法，霍显召入其第使作之，一匹直钱一万，又与绿绫七百端，直钱百万。(《太平御览》卷八一六《布帛部三·绫》，第六页下)

班固与弟超书曰：窦侍中前寄人钱八十万，市得杂罽十余张。（《太平御览》卷八一六《布帛部三·罽》，第十页）

《广雅》曰：繠繐鲜文谷绢也。（《太平御览》卷八一七《布帛部四·绢》，第一页）

《说文》曰：绢似霜。（仝右）

《释名》曰绢紪也，其丝紪厚而疏也。（仝右）

《梁书》又曰：周石珍建康之廨隶也，世以贩绢为业。（《太平御览》卷八一七《布帛部四·绢》，第五页）

《后魏书》又曰：赵柔有人遗柔铧数百枚者，柔与子善明鬻之市，有人从柔买，索绢二十匹。有商人知其贱，与柔三十匹。善明欲取之，柔曰：与人交易，一言便定，岂可以利动心。遂与之，缙绅之流，闻而敬服。（《太平御览》卷八一七《布帛部四·绢》，第六页）

《北齐书》曰：崔暹迁尚书左仆射仪同三司，时调绢以七尺为丈，暹言之，乃依旧焉。（《太平御览》卷八一七《布帛部四·绢》，第七页）

《三辅决录》曰：平陵士孙奋赀至一亿七十万，富闻京师，而性俭悋，从子瑞辟梁冀掾，奋送绢五匹，食以干鱼。（《太平御览》卷八一七《布帛部四·绢》，第九页）

《世语》曰：王经字彦律，初为江夏太守，大将军曹爽附绢二十匹，令交市于吴。经不发书，弃官归，母问归状，经以实对。母以经典兵马而擅去，对送吏杖经五十，爽闻不复罪经。（《太平御览》卷八一七《布帛部四·绢》，第九页下）

《风俗通记》曰：诸侯相赠，乘马束帛，帛为帛与马相匹。（《太平御览》卷八一八《布帛五·帛》，第九页）

《晋阳秋》曰：有司奏，依旧调房子睢阳绵，武帝不许。（《太平御览》卷八一九《布帛部六·绵》，第一页）

《段氏蜀记》曰：邛州镇南蕉葛，上者一匹直十千。（《太平御览》卷八一十九《布帛部六·絺绤》，第十一页）

《汉书》又曰：宁成仕不至二千石，贾不至千万，安可比于人乎。

乃贯贷陂田千余顷，假贫民役使数千家，致产数千万，为任侠，持吏长短，从数十骑，其使民威重于郡守。（《太平御览》卷八二一《资产部一·田》，第五页）

《三秦记》又曰：汉武帝果园有大栗，十五枚一升。（《太平御览》卷八二四《资产部四·园》，第八页）

《周礼》又地下司市，曰司市掌市之治教、政刑、量度、禁令量豆区斗斛之属，度丈尺也，大市日侧而市，百族为主；朝市朝时而市，商贾为主；夕市夕时而市，贩夫贩扫为主。市杂聚之处言为主者，为其多也国君过市，则刑人赦；夫人过市罚一幕；世子过市罚一帟；命夫过市罚一盖；命妇过市罚一帷。（《太平御览》卷八二七《资产部七·市》，第一页）

《韩子》又曰：谚所谓佣自卖，哀而不售，士自誉，辩而不信者也。（《太平御览》卷八二八《资产部八·卖买》，第九页下）

《武昌记》又曰：汉郭况光，武皇后之弟也，累金数亿，家僮四百人，黄金为器，工冶之声震于都鄙，时人谓郭氏之室不雨而雷，言铸锻之声盛也。（《太平御览》卷八三三《资产部十三·冶》，第四页）

《三国典略》曰：李岳字祖仁。官至中散大夫，尝为门客所说，举钱营生，广收大麦，载赴晋阳，候其寒食以求高价。清明之日，其车方达，又从晋阳载向邺城，路逢大雨，并化为泥。息利既少，乃至贫迫，当世人士莫不笑之。（《太平御览》卷八三八《百谷部二·麦》，第六页）

《玄览堂丛书》

经理财用

今天下需财至急，起而为财计者，皆能上书言所便，苟可以足国用者，无论常赋也，水陆之所征，关市之所榷，杼轴之所可材，筐箧之所可挈，在在收之，屑屑取之，地力竭、民命殆矣。未也，利愈细而谋愈工，谋愈工，而敛愈急。本无例也，妄有所托于例之里；既有额也，又竞有所征于额之余。必如是而财足乎？天下未尝无财也。即为是，又未见遂有财也。试稽之外，而外诎如故；稽之内，而内诎如故；稽数供之辽饷，而饷诎如故；稽各备之边储，而储诎如故；稽剿寇之馈运，而馈诎如故。然则是无救于诎也。无救于诎，而呶呶于理财何益？生以为今之财用，不虞其入之而不尽，独虞其尽之而不可继也；不虞其出之而不节，独虞其节之而阴有耗也。本以民之故设官，及以官冗而剥民之肤也；本以虏之故赋民，反为虏啗而啄民之髓也。奈之何？生尝伏读明旨，加派加饷，实渊然寓不得已之意。且与天下期休息之日，然天下未敢谓信然者，何也？当有事而加赋，必无事而后缓征；当赋一不足，而遽扰于民，必赋万分足，而后息于民。若是者，似非终岁之计也。请为之悉其弊，治其标而徐陈其利可乎？天下赋额岁入一千四百六十一万有奇，而钱钞不与焉，约入内府者岁六百余万，约入太仓者岁四百余万，金花银原解贮陪京，以廪武臣备边警，正统始改解内库，而御用则取其余耳。迨世庙额定岁进一百一万两，万历六年加增二十万两，岁以为常，而此二十万两，从何处得来，不过夺别项正额补之。五尺宦竖司出入之柄，虽大臣不得知其盈缩。倘得请宫中府中一体清理，免此加增，以纾边计，可乎？大官所进，六宫所需，日以千金。皇上诚为民，故深自贬损，为天下先，第减半膳，可得五百金矣。而又诏令诸司熟计，谁为冗食当去，何役当缓，令户、工、光禄缓急相权，可乎？以至宗藩之宜裁限也，盐屯之宜早复也，马政之宜核，而钱法之宜严也，已于详之矣。近有议清皇庄，输赃罚，稽油麻草场田地，毁淫祠，皆当今急务。而倡优下贱揉罗绮，曳纨縠，而习俗竞侈，已成痼疾，谓宜变梨园为桑田，剥脂粉为缟素，一驱之力田，一没为官婢可也。而今日之游民尤甚，或竞巧好闲，或刁唆构讼，或驵侩作奸，或乌曹枭博，甚而呼群鼠窃，种种不一，良有司何不驱之归农也。而今日之游僧尤甚，或幻论诬民，或妖言惑众，或蚁聚坐淰，或蜂起作慝，甚而猖狂成盗，白莲之乱，其戎首可鉴也，郡牧长何不驱之力食也？不然者，司农既以边患苦生民，而边吏不尽以金钱养死士，则民贫而军弱矣。贫则恐有不安于贫者，弱则恐有不安于弱者，天下事发难于有形，而酿祸于无形，殆未可知也。理财一务，非得忠计臣悉心图之奚裨哉？乃根本之说，总在人主躬行仁俭，仁以爱民，少为出而遂可少为入，俭以补费，不能少于不得已之入，而犹能少于所得已之出，庶边事有济，民生有赖，起管、范诸人而问之，谅不易吾言矣。不则未见天下之火，而可以析薪数米治也。（《玄览堂丛书》第一百册，延陵颜季亨会通：《经世急切时务》九十九筹卷之七，第一至三页）

修举屯田

今蒿目而忧边计者，靡不津津谈屯政矣。夫屯之额数自在也，屯之规制自著也。昔何以有余，今何以不足；昔何以崇朝决之而创置易，今何以频年议之而克复难。要之法固弊矣，未可尽诿法也；人废法矣，未可纯责人也。则以议之者多，而任之者少也；任之者易，而终之者难也。盖自阡陌开，而井田废，周制已不可考。屯也者，仿古兵农合一之规，而存其意于如线者也。汉晁错请募民实塞下，家室田作，为备边计。赵充国击先零，罢骑屯田以困敌，其后魏操屯于许昌，武侯屯于渭南，晋懿屯于汝颍，元振屯于凉州，子仪屯于河中，李泌莱流民于关中，李绛请开营于振武，何承矩议垦田于河北，靡不收屯戍之利，而边储国用咸有赖焉。我太祖悯海运之艰，分屯布列，边腹棋置。而成祖市牛铸器，令将劳问屯士所苦，且耕且守，海宇晏然。顾承平日久，奸宄百出，膏腴占为庄田，空地总于边帅，则无田可耕，夷虏出没不常，急卒耕耘无据，则田不能耕。职官屯者，优游城市，而不历沟塍；司典屯者，凭信簿书而不按廪实，则田不必耕。视爬沙而指己戾，见伛偻而腰难拆，则士卒又不乐耕。征逋急，而叛汉入胡，抛荒多，而难成易败，则官府又不知耕有如先臣商辂、梁材、刘定之、王烨所论奏者，势不得不运东南之粟，而养西北之兵；竭东南力作之膏脂，而饱西北坐食之溪壑也。今日之天下何如哉？夷氛告警于东，叛贼倡乱于西；将士之腹长枵，度支之肘常掣。及此而始议屯，迟也；及此而犹不复屯，误也。第议者，毋徒竞卮谈；任者，毋循故事。破拘挛之见，假便宜之权，批雌黄之口，于以重责成之任。干没之所当核也，侵包之所当稽也，养廉之当均派也，经界之当画一也，垦田之当缓征也，牛种当给，而亭障当修也。缘河防海，而齐地之宜首行也。兴西北之水利，以杀圮决；而谨各边之沟垒，以限戎马也。一一听主者之挥霍，而勿课之以速效，如永乐之奖何福，何宁夏之谷不积？如宣德之嘉郑亨，何大同之籽粒不多？如天顺之任叶盛，何牛种不可复？而城堡不可筑？将圹土皆沃野，而边鄙悉苞桑矣。抑盐屯相为表里，所恨叶淇倡议，盐改折纳，商不赴边，遂以一言媒两败。兹欲修屯政，当稽盐法，仍令边商输粟塞下，募众垦土，使耕有所资，积有所散，则盐屯相为委输，而兵农自成合一，商以边为陆海，虏以田为地网，此两利俱存之术也。即今天津至山海关一带，俱可屯田。蒙圣旨批允，刻日举行，以安堵流民，诚一时救急之良法，百世不易之令典。生但愿当事者，毋徒恃空言，且更滋聚讼，致有初鲜终，以不负圣天子言听计从之盛德。幸甚。（《玄览堂丛书》第一百册，颜季亨会通：《经世急切时务》九十九筹卷之七，第六至八页）

权衡钱法

圣王御宇，以阴阳为炉，万物为镯，间阎为外府，四海为鼓铸，而岂以青蚨子母，罔苍赤之膏脂，肉好锱铢，供泥沙之靡费乎？然泉流通塞，国用攸关，兼以公私财殚之秋，兵荒力诎之会，起计然辈，共酌时宜，不能不权衡钱法也。钱法何昉乎？古者，宝龟而货贝，后世易之以金币，金币又不独后世也。太昊氏作金尊卢氏之币，轩辕氏作布刀之法，而钱法行；禹铸历山，汤铸庄山，太公立九府之法，钱圜函方，轻重以铢，而钱法备。迨周景更其制，而代有兴废。唯汉五铢、唐开元之二钱，庶与法合焉。我太祖登极初年，置宝源局于京师，设货泉局于诸省，法极周详，禁尤严密，后虽抑钱以行钞，而钱尚兼行，最后兼钱以行钞，而钞卒终废，意者便与不便异乎？成祖相继，重私铸之科，处以极典，而又悬发觉之赏，格购之法，是以利孔不分，民听不惑，财货流通，而上下均利。迩来擅巧者，工趋利；作奸者，轻犯法。盗铸云兴，铅锡淆杂，几于綖环鹅眼矣。贾谊之言曰："铜毕归上。"贾山曰："民不应与主共柄。"为今之计，宜严私铸，尽敛铜器，不下布；而民间伪钱稍出，息以收之。其公铸之钱，铜美而工精，使私铸不能模拟，即铸亦必以不得利而止。汉第五伦一督铸掾耳，领长安市，而市遂无奸，令行禁止故也。法又在封铜山，铜山者，钱之源也。黄帝封山，令十里外乘者行，行者趋；桓公封山，令犯者左足入刖左，右足入刖右。今滇中之铜，商得私贩，盗掘铜锡，罪止戍边，私铸何由而止，故封禁不可不严也。法又在广铜利，《山海经》曰："海内铜山四百六十七。"汉邓通铸于严道，吴王铸于豫章，唐铸于陕、宣、衢、信，铜冶九十六。宋铸于诸路，铜冶百三十六。文皇帝遣官于江、浙、闽、广铸钱，宣德始罢信、饶铜场，则非止滇南一路也。今虽湖广开铸，犹止一方，曷不仿汉唐宋故事，随山鼓铸乎？虽然，治法治人，相为表里，钱法之行，原非细故。周公、太公、管敬仲、孙叔敖，则宰相主之。唐赐炉止世民、元吉，则亲王领之。晏琦以侍郎领铸钱使于江淮，杜镐等以秘阁校理，封铸钱故事于禁苑，唯其利薄而用巨耳。今宜略仿古制，令两京领于工部侍郎，各省添设督铸司道，岁终严考成之法；差竣正举刺之典，薄恶者黜，壅塞者黜，自点污者黜，纵民开山藏器者黜，纵民冶铸者黜，何患铸之不广行乎？近又有为钱银两济之说者，谓留都十二为分，铜贱而钱贱；京师六文为分，铜贵而钱贵。京师利用钱，边地利用银，今使留都钱，而以贡粮便舣，带入京师。自宫府内外，俱支现钱，计可一钱而得二钱之用。于以京师存银转输边需，计可因钱而得余银之用，亦一策也。近扬州盐商王国裕、李永通、陈全、汪盛等，欲捐资应付铜料，于司府交纳，交完领价，亦一议也。当事者不识肯权衡之否？生著初刻，已略见一斑于聚饷策矣。然系八便中之一节，故多未详，兹复考古证今，以备陈于右。（《玄览堂丛书》第一百册，颜季亨会通：《经世急切时务》九十九筹卷之七，第十二至十四页）

查核田粮

国家有田则有赋，犹之有人则有役也。今方东西交讧，势不免于加派。然生于初刻《复辽书》中所陈聚饷八策，请行者已确有成效，计户部所奏，前议饷止八百万，今增五千二百万，部岁入九边领饷不过三百六十万，不得已加派至五百余万。今议如盐课、如铸钱、如典铺、如税契、如库折、如事例、如官地、如屯田等项，除加派三百六十万外，仍旧派征盐课，计增五十四万两，两京及荆州鼓铸钱，岁可得二十万。典铺母钱有多寡，十分税一，可得二十万两。屯粮照征播例，每石加银八分，总计直省可得一十五万。抽扣民壮工食，十取其五，各役十取其三，可得二十万。平杲泰昌、天启元年额纸赎，春夏纳银解部，可二十万。东征新饷，京省府行文，岁可得二十万。民间房产税契，时值大造推收，三年之内，通算可得二十万。抚按司府州县捐助，可得十五万。钞关税粮，不增商而节省，可得五万。僧道度牒，发二十万。该银八十万，岁可得二十万。本部马价九十四万。南直牧马地六十余万，追价可三十万，每年可征十万。南粮改折，可得十五万。又库折布粟，可得二万。以上十六款，可得七百十六万。在本部数可稽查，在策亦有偶中者。此外即有别项，亦不能不取之民田矣。遡考古者授田之法，莫善于井田，自阡陌开，井田废，贫富悬绝，赋役不均，亦通之法，庶几限田，汉臣议之而不能行，晋武帝、魏孝文行之而不久。至唐之口分世业，法制稍备，自杨炎变为两税，而限田之法复废，是坏井者阡陌，坏限田者两税也。明知其弊，而踵行之，何欤？我太祖留心民瘼，酌古准令，因之不变，不特用杨炎之两税，兼亦采宋人雇差之意。至版籍则有图有册焉，图所重在田，此不与人为转移者也；册所重在户，此与人为转移者也。有转移者，以时其登下之数，则役不胶于一定，而消长之变均；有不转移者，以握其常定之券，则田不纷于出入，而隐漏之弊绝，法至详矣。顾有司定赋役，利于册之便，则田必随人，田既随人，则即去其在所而与图不合，寝久则图不足据，一听册之转移，而欺隐、影射、飞洒、诡寄之奸百出。财赋莫重于江南，则弊亦莫甚于江南。种种害窦，使人切齿，则皆管簿之吏胥，与夫丈量之里老所为，通同为祟者也。其最不堪者，有粮无田，都察院邹曾有疏云："穷民减粮额以售，富家收粮米尽，子孙不知来由，为祖户遗有，水推河塞者，谓之石田。又有之楚、之蜀、之粤者，皆以虚粮作逋额。若清此项，不独裨民，兼免催征敲朴以裨官，且公赋不损以裨国，此政安人安百姓、民忧己忧的功业。若泽未加民，何取于得志，文王恩先四民，今虚粮受楚，皆鳏寡孤独之人也。是岂可不为之寒心哉？"此皆仁人言也。生于前疏中，已诵扬其圣人司寇矣。爱民之言，乃至于此。至于以田随户之法，则断断不宜行。夫户何定之有，转眼之间，桑沧顿易，十年之内，七凼已殊，朝为编户，往役何辞；夕为冠盖，优复宜近。朝为朱顿，终事当先；夕为焦黔，蠲除犹役。方其优复，则聚十为百，聚百为千，弊在合少以成多；迨其蠲除，则散千为百，散百为十，弊又在分多以就少。况乎重贿舞文者，使官司首尾莫寻其隙，所以良民愈困，奸民愈肆耳。总之，户有入，田必无出，人可来，役必不可往。如此，则豪民疲于奔命，必约而定于一方；而单户穷于分析，将合而守其陇亩，不井田而民安于乡，不限田而民甘于节制矣。（《玄览堂丛书》第一百

册，颜季亨会通：《经世急切时务》九十九筹卷之七，第二十三至二十五页）

上政府朝房会议揭

庚申（万历四十八年）春正月九日，伏承中堂老先生朝房集大小九卿，会议援辽左、固京师之策，鼎幸从诸大夫之后，未能借前箸罄缕缕也。退而敢献一议，今日辽事之急，不过曰兵也、饷也。然兵穷于征，而又穷于练；饷穷于派，而又穷于输。夫穷则变，变则通，穷而不变，势必不能通矣。未困辽东而先困天下，天下既困，辽东之危亡亦随之，此今日之大可患，不得伏以旧岁支吾之说，胶柱而为补救也。夫兵弱而征募，及其征募也，而仍疲弱，适足以罢天下耳。但取充数，不取充用。调到者，已不能安插简阅，消其溃败脱巾之形，而又纷纷召募四出，以重郡县之困，此何理也。今征天下之兵，不为不多矣，而患在不能拣不能练矣。必先拣而后练，必练而后可以战可以守。闻诸荐绅先生言，各处所征之兵，非有精锐敢死慷慨荷戈者也。部檄下郡县，而郡县金派民间；即虎符下边营，而边营调停雇募，大都雇一人，不下四五十金，谓之买命钱，此辈不过市井无赖人，贪一时之利，又侥倖途中逃脱，勉强承应目前耳。即令遣使四出，而责之各郡县，亦不过如是，宁得有吞声行负戈，战骨当速朽者哉？且今调至者，不为不多，而屯驻通州者，土人乡绅，岌岌不安，又已见告矣。何不令练兵府院于城外，逐队拣阅，用其精悍者，使登籍安插，以慰其杀敌立功之愿；退其疲弱者，发还本处，以遂其顾盼家室之怀乎？拣用者，可以操练；而退去者，亦可责各处之补偿，兵且不必召募，而自足矣。此直捷痛快之言，而何当事不能两言独断也？夫练臣即未奉有敕书，而既已官兼御史，职在练兵，是即圣旨委用也。且练则须钱粮，而练则何所妨碍乎？经略苦苦求兵，亦求其精锐堪用者耳，亦求其堪用而受事帐下听其操纵教训者耳。若云科道所募之兵，所举之将士参佐，而统领到辽阳，与经略分阃而列金鼓，不审参佐果得人乎？兵士果和洽乎？即募兵之使，与经略意气主见，果无彼此同异乎？此际正未易言也。即经略迩来所责备本兵者，其言似太过激，然其不受钱不惜死，一种赤心为君为国，九庙神灵，京城百万生灵，亦当感激，视其成功，岂以戮力御侮之时，而可令权轻于分，情猜于耦，将士处两姑之间，行伍无独尊之令，倘一掣肘，宁第危经略一身乎？且今日廷臣所言，但陈利害；而经略所任，则判死生，岂有人抛死卫社稷，而不容其一愤发号呼耶？思之可为痛哭者，此也。至若饷而取之民，运饷而取之牛车百万，此皆一时救急死法，然活法不在是也。以辽地济辽饷，以守辽之兵运饷辽之米，此古人成法，而何更不讲求乎？辽东一方称富庶之地者，向来以其地广而可耕也，今一概废为旷土而不耕矣。夫战士守于外，农夫耕于内，赵营平之制先零，诸葛武侯之出祁山，皆用此策也。辽东西之屯聚四大将，不可不为固防矣。辽人虽不堪战，而独不堪耕乎？辽人耕而辽食足，米粮贱，而饷司折色，军民可宿饱而有余，亦足以鼓其乐生之余气，而无难训练矣。辽地耕而饷可渐减，民力可渐苏，故愚谓今日与其遣三辅内地募兵使者，不如遣东西屯一使者为得策也。若运粮，而海运、牛运、车运，未为非策，然专恃则不可也。海运而扼于风波，牛运、车运，而牛有时毙，车又有时摧，百万金钱米粟，往往三十钟而致一石，海内不重困耶？不若于金后海盖诸处，度其地之远近，每四十里筑为一大堡，堡可容千五百人，直抵辽阳，可作五六堡，所用兵止可拨万人，更番而运，广漠有警，便可收堡捍御，兵不疲力，饷可络绎道路，有此百万牛车之费，以为此用，不亦以运而兼守乎？此又一策也。……（《玄览堂丛书》第一百零二册，张鼐：《辽筹》，第六十至六十四页）

高折枝曰："开原地方萧条，大举尚少，所虑鼠窃狗盗耳。"此正赵充国所谓，虏小寇盗，时杀人民，其原未可卒禁，议者遂谓地方不可为，不知犬羊虽众，各自为部，不相统一，又皆利我市赏，便我市易，我若闭关不与通，我布帛、锅口、田器等项，皆彼夷日用所需，彼何从得；彼之牛、马、羊及参、貂、榛、松等货，又何所售。以此论之，弹丸开原，实诸虏所资以为生，不但开原不当轻与虏绝，即虏亦不敢轻与开原绝，此事机也。……（《玄览堂丛书》第二十六册，

冯瑗：《开原图说》卷上，第六至七页）

志时事

初，中贵之入粤榷税也，当事者虑其骚扰，愿加派田丁以充税，其策甚善，顾多寡持议复绝，久而不决，时大参徐公榜争之尤力，中贵怒甚，目摄徐公曰："旦日独与公决之。"徐公曰："榜愿得以不腆六尺独一面。"徐公出，谓其吏士曰："旦日饱饭，人持一白掊至，随吾鸣镝所指而从事，不用命者，死吾杖下。"是时中贵使人伺公，微闻之矣。念不往以我为怯，往则璧间着阿堵物可畏也。次且久之，乃持酒榼数器，诣徐公所，笑谓："徐公昨议事良苦，愿以一樽解烦。"徐公曰："榜昨与公舌战耳，何言苦辛，今愿进乎舌矣。"中贵啜嚅良久，酌酒为徐公寿，徐公亦遂解严，欢饮竟日，不敢一言及税也。时宪副章公邦翰，亦羽翼徐公而持中贵，一日中贵与章公议，不合，嗔目谓章公曰："公抗老阉易耳，不忧夜半下一纸书，足籍公家耶？"章公曰："翰素食贫，籍吾家何虑，虑借我而籍者，其金如山耳。"意盖指中贵也。中贵嘿不自得而去。（《玄览堂丛书续集》第八十一册，王临亨：《粤剑编》卷二，第一页）（按，临亨以万历辛丑虑囚岭南，见其叔王安鼎序）

闽商黄敬市段匹数百，将鬻之广州，广有宦游北方者，使其仆来聪、亚八归家，适与黄敬同舟，三人相得甚欢。敬行至南安，病甚，不能度岭。敬谓来聪、亚八曰："公等先行，幸持我段匹至广城，付之某人家，令其先发卖，吾病愈即南下矣。"来聪、亚八许诺，行至中途，两人为盗所杀，盗以为段客已死，即持所获以市于广城。黄敬病痊赴广，询来聪、亚八犹未归，政傍徨间，忽入市见有鬻敬段匹者，记号宛然，执鸣之官，乃杀人贼也，一询即伏。（《玄览堂丛书续集》第八十一册，王临亨：《粤剑编》卷二，第二页）

粤东开采使亦中贵也，稍著贤声。开矿之所，委官督之，七分予民，三分进御，累不及有司。其采珠也，盗池者亦不深诘。余一日偶过其邸，中贵出珠百颗示余，为余言：此为值几何，此为值几何。余曰："足下奉上命采珠,岂奉上命鬻珠耶?"中贵笑曰："此不佞所为,忠于主上者也。茫茫大海,海澨之民习窥池以觅利,吾既不能以一切之法议其后,而不昂其值,以鬻之民间。此紫紫欲吐光者,行且入金张之室矣,何能为一人有。"余曰："善"。(《玄览堂丛书续集》第八十一册,王临亨:《粤剑编》卷二,第四至五页)

开采使下令民间曰："有能造巨舰、募夫役而从吾游者,我与之共合浦之利。"一时豪民造船应募者百数,中使多之,汰其大半,其不得收者,相与谋曰："吾竭赀毕力以应募,而使者弗收,吾舶安所用之。?"皆集亡命泛海而去,不知所之。今春有倭舶百余,横掠闽广,人颇归咎使者云。(《玄览堂丛书续集》第八十一册,王临亨:《粤剑编》卷二,第五页)

岭南税事从来有之,凡舟车所经,贸易所萃,靡不有税,大者属公室,如桥税、番税是也;小者属私家,如各埠、各墟是也。各埠、各墟属之宦家,则春元、退舍属之,春元,则监生、生员;退舍亦有小墟,远于贵显者,即生员可攘而有之。近闻当道者行部过一村落,见有设公座、陈刑具,俨然南面而抽税者,问为何如人,则生员之父也。当道一笑而去。(《玄览堂丛书续集》第八十一册,王临亨:《粤剑编》卷二,第七页)

余初入粤,问其乡岁事,云："高、雷之间岁三熟,惠、潮之间岁二熟。"余怪其获多税薄,且国家北边,曾不得其升斗之用,何以不污邪满篝也?及行部,从田间走,始知粤农之不讲于农也殊甚。初以牛耕,下种后,悉听之于天,农夫只问刈获已耳。如此岁收安得不薄也?惜不驱吾乡终岁勤动之民,以治粤田,必有可观者。或云:"潮之粟,多以食闽人;广之粟,澳夷十余万皆仰给焉,故不见赢。"

高、雷之间,内地不通舟楫,米谷最贱。马家之属,日食粥糜。鸡豚鱼虾,虽山谷间,数家之聚,亦在在皆有。樵山牧野,随地可致衣食。然一见微利,劫杀随之,乃至甘心死法而不悔。故曰:"粤人之喜于为盗,其天性也。"(《玄览堂丛书续集》第八十一册,王临亨:《粤剑编》卷二,第十五至十六页)

猺民处深山之中，居无栋宇，以芒为命。芒似芋，遍山种之，食一山尽，复往一山，与北虏之逐水草驻牧者相类。其密迩正朔之地者，践更之役稍稍与汉人等，有力者从藩司纳银若干，给劄为猺官，诸猺听其约束，然亦仅能羁縻其下而已，不能用汉法也。

蜑民以船为家，以渔为业，沿海一带皆有之。聚而为盗，则横劫海面，亦多为大盗所劫，自相婚配，与猺民同。（《玄览堂丛书续集》第八十一册，王临亨：《粤剑编》卷二，第十六至十七页）

日中为市，北人谓之集，粤人谓之趁墟。柳子厚诗云"绿荷包饭趁墟人"是也。一月之中，为市九日，其豪右因以抽税，今税已属公家，公家所得者百一耳。尝闻有一小墟，岁收可得百金，仅纳银八钱，其大者可推矣。（《玄览堂丛书续集》第八十一册，王临亨：《粤剑编》卷二，第十七页）

穗城人富而俗侈，设席宴客，日费二三十金，常有荡子以千金买一顽童者，虽希有之事，其奢淫亦可概见矣。闾巷小民新岁所放火爆，有大至合抱，长四五尺者；每一火爆，价值一金之外。噫！何其侈靡而无益也！近者中贵广畜虎狼，四出噬人，独会城被害尤酷，要是天厌之耳。（《玄览堂丛书续集》第八十二册，王临亨：《粤剑编》卷二，第二十页）

水车每辐用水筒一枚，前仰后俯，转轮而上，恰注水槽中，以田之高下，为轮之大小，即三四丈以上田，亦能灌之，了不用人力，与浙之水碓水磨相似，其设机激水，即远愧汉阴文人，要之人巧极天工，惜始制者不知何人，要当尸而祝之、社而稷之者也。（《玄览堂丛书续集》第八十一册，王临亨：《粤剑编》卷三，第十七至十八页）

西洋古里，其国乃西洋诸番之会。三、四月间入中国市杂物，转市日本诸国以觅利，满载皆阿堵物也。余驻省时，见有三舟至，舟各赍白金三十万投税司纳税，听其入城，与百姓交易。（《玄览堂丛书续集》第八十二册，王临亨：《粤剑编》卷三，第十九页）

西洋之人往来中国者，向以香山澳中为舣舟之所，入市毕，则驱之以去，日久法弛，其人渐蚁聚蜂结，巢穴澳中矣。当事者利其入市，不能尽法绳之，姑从其便，而严通澳之令，俾中国不得输之米谷种种，盖欲坐而困之，令自不能久居耳。然夷人金钱甚夥，一往而利数十倍，法虽严，不能禁也。今聚澳中者，闻可万家，已十余万众矣。此亦南方一痈也，未审溃时何如耳。（《玄览堂丛书续集》第八十二册，王临亨：《粤剑编》卷三，第十九至二十页）

澳中夷人，饮食器用，无不精凿，有自然乐、自然漏，制一木柜，中實笙簧数百管，或琴弦数百条，设一机以运之，一人扇其窍，则数百簧皆鸣；一人拨其机，则数百弦皆鼓，且疾徐中律，铿然可听。自然漏以铜为之，于正午时下一筹，后每更一时，筹从中一响，十二时乃已。其他传神及画花木鸟兽，无不逼真，塑像与生人无异。刘天虞为余言："向往澳中，见塑像几欲与之言，熟视而止。"（《玄览堂丛书续集》第八十二册，王临亨：《粤剑编》卷三，第二十一页）

番人有一种名曰黑鬼，遍身如墨。……能经旬宿水中，取鱼虾生啖之，以为命。番舶渡海，多以一二黑鬼相随，缓急可用也。有一丽汉法者……犴狴多年……然余后谳狱香山，复见一黑鬼，禁已数年，其黑光可鉴。（《玄览堂丛书续集》第八十二册，王临亨：《粤剑编》卷三，第二十一页）

辛丑九月间，有二夷舟至香山澳，通事者亦不知何国人，人呼之为红毛鬼。其人须发皆赤，目睛圆，长丈许。其舟甚巨，外以铜叶裹之，入水二丈，香山澳夷虑其以互市争澳，以兵逐之，其舟移入大洋后，为飓风飘去，不知所适。（《玄览堂丛书续集》第八十二册，王临亨：《粤剑编》卷三，第二十一页）

西番银范如钱形，有细纹在两面。（《玄览堂丛书续集》第八十二册，王临亨：《粤剑编》卷三，第二十一页）

天鹅绒、琐袱，皆产自西洋，会城人效之。天鹅绒赝者亦足乱真，琐袱真伪不啻霄壤。（《玄览堂丛书续集》第八十二册，王临亨：《粤剑编》卷三，第二十一页）

万历辛丑九月十四夜话记附

大中丞戴公再宴余于衙舍，尔时海夷有号红毛鬼者二百余，挟二巨舰，猝至香山澳，道路传戴公且发兵捕之矣。酒半，余问戴公："近闻海上报警，有之乎？"公曰："然。""闻明公发兵往剿，有之乎？"公曰："此参佐意也。吾令舟师伏二十里外，以观其变。"余问："此属将入寇乎？将互市乎？抑困于风伯，若野马尘埃之决骤也？"公曰："未晓，亦半属互市耳。今香山澳夷，据澳中而与我交易，彼此俱，则彼此必争，澳夷之力足以抗红毛耶？是以夷攻夷也。我无一镞之费，而威已行于海外矣。力不能抗，则听红毛互市，是我失之于澳夷，而取偿于红毛也。吾以为全策，故令舟师远伏以观其变。虽然，于公何如？"余曰："明公策之良善，第不佞窃有请也。香山之夷，盘据澳中，闻可数万，以数万众而与二百人敌，此烈风振鸿毛耳。顾此二百人者，既以互市至，非有罪也。明公乃发纵指示而歼之，于心安乎？倘未尽歼，而一二跳梁者扬帆逸去，彼将纠党而图报复，如其再举，而祸中于我矣。彼犬羊之性，安能分别泾渭，谓囊之歼我者非汉人耶？不佞诚效愚计，窃谓海中之澳，不止一香山可以互市，明公诚发译者，好词问之，果以入市至，令一干吏，别择一澳，以宜置之，传檄香山夷人，谓彼此皆来宾，各市其国中之所有，风马牛不相及也。慎毋相残，先举兵者，中国立诛之。且夫主上方宝视金玉，多一澳则多一利孔，明公之大忠也；两夷各释兵，而脱之锋镝，明公之大仁也；明公以天覆覆之，两夷各慑服而不敢动，明公之大威也。孰与挑衅构怨，坐令中国为池鱼林木乎哉？"戴公曰："善。"遂乐饮而罢。（《玄览堂丛书续集》第八十二册，王临亨：《粤剑编》卷四，第十六至十八页）

上曰："浙江寺田税多，其僧咸酒肉女色，少焚修务者。"于是悉起之，集役京师，死者甚众。（《玄览堂丛书续集》第三册，《洞庭集》，第五十一页）

上以火德王色尚赤，将士裙袄旗帽咸赤之。头骑用巨黑，领答罕

黑纛，以壮军容。（《玄览堂丛书续集》第三册，《洞庭集》，第五十六页）

上克建康，听武臣垦荒田为业，文吏悉授职田，佃输其租代禄焉。李善长田居和州，参军郭景祥核其亩步不实。上曰："此佃人弊也。"于是黥佃人面为田字，以儆众。（《玄览堂丛书续集》第三册，《洞庭集》，第五十七页）

初，令诸郡织，月办币造铁甲输京师，越期不输，吏处死。（《玄览堂丛书续集》第三册，《洞庭集》，第五十七页）

上凡亲征克诸城，即给民自押户田，已悉追还之。又以土吏害民，命诸郡县避贯对迁，曰："迁则地非素习，鲜知民贫富，弊自弭矣。"既而不用市民，选农家子知字者充焉。（《玄览堂丛书续集》第三册，《洞庭集》，第五十七页）

上以送使夫与苦民，曰："贵贱虽殊，体一尔。"于是制令：使客有符验，给夫二人；按察官及使外国者，夫四人，悉视田税出钱顾之，无得擅役劳民，夺其农务，民愿受顾者，听自便。（《玄览堂丛书续集》第三册，《洞庭集》，第五十七页）

上以高见贤为检校，主察听京师大小官吏不公法及风闻事，奏之。于是见贤与金事夏煜专务劾人，李善长辈咸畏贤。又有兵马指挥丁光眼掌巡街衢，街衢人无引号者，悉捕治充卒。伍两凌说："杨宪亦执法不阿。"上尝曰："此属犹恶犬，有即人鲜不畏者。"见贤又言："赃吏例谪居和州、无为二州，多荒田，请人授二十亩垦之，且得人输税充诸役。"上从其请，以参军郭景祥为督，而遣金事安庆抚谕，及宦官佛保理垦田。一日上乘黄船，猝至和州登岸，驻马呼前镇江知府杨遵出，数之曰："尔非杨仲弘子邪？素问学多材，而忍心刻行。昔徐达尝言：尔知镇江，增民田、广其亩示多，人目曰鞯、曰杨。又减兵粮，斛留升合，率即无用。"夫增田减粮之人，存之虑生它事，命诛之。既而见贤为杨宪劾其受句容王主簿豹皮赃，亦谪田和州。于是先谪者皆指见贤骂曰："垦田路非尔启哉？今行自罹之，安得言无报也？"夏煜亦犯法，上取至湖广投诸水。丁光眼害民事觉，胡惟庸

鞫之明，上并诛焉。（《玄览堂丛书续集》第三册，《洞庭集》，第六十六页）

高见贤奏掾吏张有道鬻选，上命杨宪鞫之，有道承乡人徐君瑞求枢密掾赃十两，律扙百。上命解其尸徇众。宪奏曰："臣职专执法，有道不当死而诛之，是臣坏法也。"上从宪言，罪如律。（《玄览堂丛书续集》第三册，《洞庭集》，第六十六页）

上谓李善长曰："江西、湖广诸湖池，官理其稞，计岁得谷百余万石，厚已。然其中岂尽无弊哉？尔每岁宜遣官体核，欺隐者罪之。"（《玄览堂丛书续集》第三册，《洞庭集》，第七十一页）

刘基言："处州青田县山多少田，民率即山累石为田耕之，故其农事苦甚。"上曰："基有功于国，县田亩科伍合，令百姓知基心。"（《玄览堂丛书续集》第三册，《洞庭集》，第七十一至七十二页）

上谓李善长曰："陈友谅用普颜不花领湖广鱼税。今既已得湖广，即以不花为应天知府，兼税领之。"故湖吏三百余人，悉仍旧职。已而税多负缺者，上疑不花与湖吏相通为弊，克之归，已谪筑城赎罪焉。（《玄览堂丛书续集》第三册，《洞庭集》，第七十二页）

上谓李善长曰："湖广、江西、直隶诸府州县，六房有称主文先生及楷书手，积岁持官吏阴私蠹政害其民者，尔移檄悉取致京师，谪之，戍云南五开卫。"（《玄览堂丛书续集》第三册，《洞庭集》，第七十四页）

上谓善长曰："濠州吾乡也。兵革之后，人烟稀少，其田亦荒，今天下民无田者多，宜徙其富庶地数十万居濠州村鄙，给牛种，令垦诸荒田为永业，不数年可望比他郡县。"于是善长奉行其言，以监丞周某督之。（《玄览堂丛书续集》第三册，《洞庭集》，第七十五页）

上曰："历代钱与金银兼用之，市俗以钱十二文当米升斗，至石依其数，广以相直。今立制：凡估赃，准钱数定罪。"既又铸大中当十钱，未几废不用。（《玄览堂丛书续集》第三册，《洞庭集》，第七十六页）

汤和姑夫席某，隐常州田不输税。上曰："席某恃和势不畏法，

故敢如此，诛之。"常遇春力谏，不从。（《玄览堂丛书续集》第三册，《洞庭集》，第七十七页）

金华岁贡香米三十余石。上曰："朕访闻民间，择米圆絜者，黄绢囊护进呈，为民父母，奈何苦民若是。自今同秋税送官廪，罢不许岁贡。"（《玄览堂丛书续集》第三册，《洞庭集》，第七十七页）

上曰："极刑之家，五服子弟未免怨恨，不许用为官吏，违者罪之。"（《玄览堂丛书续集》第三册，《洞庭集》，第七十七页）

沈瑢自杭州至京师，言："市民子率不务生业，美衣服出入公门，结官吏，属事通贿赂，乱法害民。"上于是命浙江、直隶诸郡市民子，悉视丁出钱，货马至北方供驿。（《玄览堂丛书续集》第三册，《洞庭集》，第七十八页）

嘉靖十一年十一月，都察院题奉圣旨："是这抚按官职掌并相接礼文，你每既议处停当，都依拟，著永远遵守，不许侵越纷更，议处职掌一十一条。一，巡抚都御史系抚安地方之官，如徭役之编审，里甲之出办，粮料之征派，官钱之出入，驿传之处给，廪禄之兴废，与夫大户粮长、民壮、快手之佥点，城池堡隘兵马军饷之督调，凡关地方之事，俱听巡抚处置，都、布、按三司将处置缘由仍呈巡按知会。巡按御史按临之处，其已行之事，查考得失，纠正好弊，使民安政举，地方有赖，不必另出己见多立法例。盖巡按御史职在监察利弊，一年一更，与地方久任之官自是不同，纵立有良法，后来接替者未必踵行，徒使政体纷更，人无定守，其有大利弊当兴革者。奏行部院议拟上请，俾所司永为遵守。"（《玄览堂丛书续集》第一百零四册，《嘉隆新例》卷一，第十一至十二页）

嘉靖八年四月户部题准，投献地土，其投献与受献之家，一体问发边卫，永远充军。事干勋戚，先将管庄佃仆及引进家人，问罪发遣，其勋戚大臣照例参奏定夺。（《玄览堂丛书续集》第一百零四册，《嘉隆新例》卷二，第二至三页）

嘉靖八年五月户部题准，除内府该用布匹征解本色外，其余行各该布政司，每绢一匹折银七钱，每棉布一匹折银三钱，苎布一匹折银

二钱，解收折支官员俸粮及赏赐军士。（《玄览堂丛书续集》第一百零四册，《嘉隆新例》卷二，第三页）

嘉靖八年九月户部题准，各该钞关委官主事，将经过军民船只，应纳钱钞数目，自嘉靖八年十月初一日为始，照例每钞一贯折银三厘，每钱七文折银一分，发各附近府州县库收贮，依期解部。（《玄览堂丛书续集》第一百零四册，《嘉隆新例》卷二，第四页）

嘉靖八年户部题奉圣旨："这钱法遵用制钱，严禁私铸，除收积贩卖好钱不禁外，若贩卖私铸低烂破钱的，依拟访拏究治，体顺民情一节，若许折钱兼用，则奸弊终难禁革，钱法终难疏通。今后街市行使，俱要用好钱，每七十文准银一钱，仍将本朝制钱与旧钱随便行使，各处钞关户口食盐门摊商税等项，都要收受旧好钱及制钱，内府该库不许将私钱破钱混收，难以支放，督收官铸，若令私铸地方立场开炉铸造，不无愈滋弊端。你每还会同工部，查累朝未铸铜钱，都要补铸，与嘉靖通宝兼行合用，钱粮人役收买铜料、销毁私钱等项事宜，便上紧议处停当，来说民间。若有本朝制钱，阻勒不肯行使的，缉事衙门，该管地方拏问枷号示众，都察院还出榜晓谕通行遵守。"（《玄览堂丛书续集》第一百零四册，《嘉隆新例》卷二，第四页）

万历元年正月户部题奉圣旨："依拟行：一，各巡按屯田御史，凡巡历至处，即查所属地方王府公侯，钦赐子粒地土，原赐顷亩，调取金册磨对，果与不同，即系侵占投献，速改民田入籍，一体纳粮当差，间有庄田虽系钦赐而远支承继，不系嫡派；佃户虽系原隶，而人丁数多，酌议具奏处分。"（《玄览堂丛书续集》第一百零四册，《嘉隆新例》卷二，第十五至十六页）

万历四年四月户部题奉圣旨："疏通钱币，乃足民良法，依拟通行天下，著各抚按官经理，一体开铸，与本地方旧钱相兼行使，务在便民，毋致劳扰。私铸的严行禁治，工部还各降以式，铸成之日，著呈样来看，并有无通行缘由，查实奏报。一，内外文武官，凡四品以上，俱一分支钱，八分支银；八品以上，俱三分支钱，七分支银；九品以下，俱四分支钱，六分支银；在官各役，俱五分支钱，五分支银。或一时银钱有多少，临时斟给，不必拘数。有司除起运外，凡小民上纳一切存留钱粮，与春夏纸赎，各令银钱平半，若一时有多少，亦听民便。"（《玄览堂丛书续集》第一百零四册，《嘉隆新例》卷二，第二十二至二十三页）

义官之滥

近年补官之价甚廉，不分良贱，纳银四十两即得冠带，称义官，且任差遣，因缘为奸利，故皂隶、奴仆、乞丐、无赖之徒，皆轻资假贷以纳，凡僭拟豪横之事，皆其所为。长洲一县，自成化十七年至弘治改元，纳者几三百人，可谓滥矣。（《玄览堂丛书三集》第二十六册，《寓圃杂记》，卷五）

变法

国家储积多倚东南，惟苏为最，永乐洪熙间，征敛制下多侵克，官得其十之四五而已。宣德七年，上命周文襄公来巡，首延父老，讲求利害，创立调收之法，委曲详尽，自此利始归于上。又得况公为守，念苏赋太重，奏减三分，七邑计减七十二万余石，人称公有再造之恩。二公既去，后人恒守其法，稍有变更，遂为民病，故朝廷每遣巡抚及守土之官，亦必降玺书申戒，使毋轻改焉。弘治二年，官有喜变法者，不加深思，遽革调收，易以新制，粮胥得为奸利，每石擅增无名之耗三斗，尽入私家，自兹利权复移于下，以今粮胥所增之数参计，正与况公所减者相当，是乃复征旧额也，七十二万之多，官不得取，民不得免，使二公之良法大坏，甚可叹也。（《玄览堂丛书三集》第二十六册，《寓圃杂记》，卷五）

吴中素号繁华，自张氏之据，天兵所临，虽不被屠戮，人民迁徙实三都、戍远方者相继，至营籍亦隶教坊，邑里萧然，生计鲜薄，过者增感。正统天顺间，余尝入城，咸谓稍复其旧，然犹未盛也。迨成化间，余恒三四年一入，则见其迥若异境，以至于今，愈益繁盛，阛阓辐辏，万瓦甃鳞，城隅濠股，亭馆布列，略无隙地，舆马从盖，壶筋罍盒，交驰于通衢永巷中，光彩耀目；游山之舫，载妓之舟，鱼贯于绿波朱阁之间，丝竹讴舞，与市声相杂。凡上供锦绮文具花果珍羞奇异之物，岁有所增，若刻丝累漆之属，自浙宋以来其艺久废，今皆精妙，人性益巧而物产益多。至于人材辈出，尤为冠绝，作者专尚古文，书必篆隶，駸两汉之域，下逮唐宋，未之或先。此固气运使然，实由朝廷休养生息之恩也，人生见此，亦可幸哉。（《玄览堂丛书三集》第二十六册，《寓圃杂记》，卷五）

户役　赋役不均

嘉靖十七年十一月钦奉诏书，各处军卫所官舍军余人等，置买民田，往往不肯纳粮当差，不服州县拘摄，致累粮里包赔，著抚按衙门并管粮等官，明白榜谕，今后一体坐派粮差，不许抗拒，违者原买民田追夺入官。（《玄览堂丛书三集》第二十册，《嘉靖新例》，第三十二至三十三页）

嘉靖二十四年六月，户部查议该刑科给事中胡叔廉题本部覆，题奉钦依各该巡抚都御史巡按御史备行各该大小衙门，凡遇审编徭役，悉照今定优免事例，京官一品免粮三十石，人三十丁；二品免粮二十四石，人二十四丁；三品免粮二十石，人二十丁；四品免粮十六石，人十六丁；五品免粮十四石，人十四丁；六品免粮十二石，人十二丁；七品免粮十石，人十丁；八品免粮八石，人八丁；九品免粮六石，人六丁。内官内使亦如之。外官各减一半。教官、监生、举人、生员各免粮二石，人二丁。杂职省祭官、承差、知印吏典各免粮一石，人一丁。以礼致仕者，免其十分之七，闲住者，免其一半。其犯赃革职者，不在优免之例。如户内丁粮不及数者，止免实在之数。又如丁多粮少，不许以丁准粮；丁少粮多，不得以粮准丁。俱以本官自己丁粮，照数优免。但有分门各户，疏远房族，不得一概混免，及巧立女户诡寄等项情弊，抚按官严行所属州县尽行查革，若有司不能奉行者，考以罢软不职黜退。（《玄览堂丛书三集》第二十册，《嘉靖新例》，第三十三至三十四页）

嘉靖六年二月十三日，诏令各州县里甲有司，本等差役之外，责令轮流直日，分投供给米、面、柴、薪、油、烛、菜蔬等项，亲识使客，下程酒席，馈送脚力，甲首负累，今后抚按二司官，务要查考，犯者拏问罢黜，若二司纵容不举，抚按就做罢软开报。（《玄览堂丛书三集》第二十册，《嘉靖新例》，第三十四页）

工例　造作不如法

嘉靖十一年二月，工部题准，各处织造段匹，以明文到日为始，俱要查照原行丈尺、花样、颜色，定拟价直呈巡按御史，选委廉干官员，公同领价，督令织造局官，拘集机户，一如招商之法，照依原定官价，责令织造，如无机坊去处，巡按御史备将原价给文，委官赴织造地方巡按御史处告投着落。该管官司召匠议价，令其每样先织一匹，计其丈尺斤两，封收在官，以为定式，严限如法织造，各织附余素丝三寸，织完各该委官验，果与原样相同，方将价给商匠。原委官将段领回各该司府，送巡按会同守巡验中，于各附余尾上备书年分价色斤两，并经该辨验提督等官职名及机户姓名，巡按御史用印钤盖，解部送库。（《玄览堂丛书三集》第二十册，《嘉靖新例》，第八十一页）

嘉靖二十四年正月，工部题准，各处军器，自嘉靖二十五年以后，比照云南布政司事例，监收银两通解本布政司，如直隶府分于本处各贮库，各呈抚按议处，如原存留各边者，咨行各镇巡抚，听其要解本色，即行如法成就转解，如愿折色者，即与解发，以便成就如该解京者，听从。彼中或近守巡官监造，或近兵备官监造，完日照旧试验坚利，填注各官职名，就差原日管局指挥匠作管解到部。兵部本部各委主事，复行试验，如果坚利堪用，方许转发戊字库，仍会同科道官试验，坚利堪用，方许搬运入库。若兵部本部官验不中式，即将彼处监造验收官参究，不许姑息。若本处军民每年愿解折色，听从其便，本部委官当年添造送戊字库收贮，以听取用。（《玄览堂丛书三集》第二十册，《嘉靖新例》，第八十至八十一页）

造作违限

嘉靖七年九月，工部题准，各该抚按官严督司府州县等官，但遇本部派到各项工科价银，并本色物料追征，违限三个月不完者，府州县征收委官住俸；半年不完者，府州县掌印官住俸；一年不完者，布政司掌印分守官住俸。俱准起解之日，呈请抚按衙门，方许开支，司府作弊玩法，抚按衙门参奏拏问，毋事姑息。(《玄览堂丛书三集》第二十册，《嘉靖新例》，第八十一至八十二页）

《盐邑志林》

徐文贞公家有当户仆朱者，家累万，其居室在太仆君宅之西偏。朱病将死，使其子请于文贞长君曰：此间存银二千，乞差人来取，勿更留此间。长君谓未尝有此，弗取也。积数日，朱复使其子曰：先夫人卒，以千金见属，谓当小小营运，以俟吾子不时之需。今官人在太仆，而某旦夕且死，奈何不收还府耶？长君令人取之以归，以深义朱，而太仆故能复其子，且使常有是居也。（《盐邑志林》卷四十六，朱良叔元弼：《犹及编》，第七页）

万历乙巳自序

丰阳冯先生皋谟，余师也。既平张连，遂不出，闲居三十余年颇广田宅，宅最迫者，二旧邻也。邻固请售。先生曰：某不敢谓厚德，不忍故老去某，乡居故里，出门便有一二故老，殊善，幸各相安。但有鹅鸭可憎，缓急可通，不妨时时相告也。至今二氏颓垣短舍，饱暖并立云。（《盐邑志林》卷四十六，朱良叔元弼：《犹及编》，第九页下）

正德辛未壬申间，流贼刘六辈大扰中原，直抵湖广，有司籍民兵捍御，率三丁抽一名为骁勇，不盈其数，捶责里老，不得已，将不成丁者皆报为成丁；又不已，伪以虚名填册，曰未生保，以塞责。闾里惊惶，怨声载道，楚城尤甚。金陵沈宝作诗曰："未生保，旧册新供查对了。宁死只愁官打拷，一丁已作三丁报。谁为里正谁屯老，过堂官怪成丁少。丁丁研审尽同名，此理看来有难晓。抱屈含啼向官道，但恨儿孙生不早。大半成丁犹襁褓，在腹名为未生保。膏血不充官一饱，春日殒霜还杀草。前年民户损七分，官廪何曾到流殍。"嗟呼！国家养兵，岁费廪禄巨万万，及至寇盗生发，则选民兵及调边军、土军剿之，而边军犹可，至如土军狼子野心，总领者弗能钤制，任其劫掠屠戮，其苦尤有甚于盗贼之过也。予在沔时，值流贼之乱，襄、汉骚动，一时民兵有骁勇、义勇、健步、僧兵、白棒手、牯牛阵，名随地异，土军之为害，予所目击者，养兵果何益哉？（《盐邑志林》卷二十二，徐襄阳咸：《西园杂记》，第十八页）

嘉靖己亥秋，田禾槁死，并虫食者大半，民间收获，视丰岁十无三四，府县不肯奏荒，征敛反急。至明年春，饥馑之甚，民间食糠秕豆饼，至草根树皮剥削殆尽，饿殍盈道，卖子女妻妾者无算，北乡尤甚，长老相传，惟元大德五年，吾乡极荒，人相食，到今二百余年来，未尝遇此荒岁也。予丰厓长公，作卖妇谣云："东家卖妇江南去，西家卖妇江南去，肝肠寸断两不知，涕泪并作河流注。夫嘱妇，汝且逃生莫予顾，卖汝得钱了官府，犹胜相持死朝暮。妇告夫，杨花随风落何处，百岁夫妻一朝撇，此生何日重完聚。哭声震天天地悲，道傍观者各泪垂，道傍垂泪且劝之，人生不幸遭此时，休言草根与树皮，他家食却亲生五岁儿"。朱西村亦有一篇云："东家少妇价万钱，西家大妇五六千。痴儿肚肠铁石坚，妇人薄命徒苟延。不关恩爱无姻缘，亦非两情相弃捐。灶前数日断火烟，腹中饿病无由痊。官家赈济解倒悬，予夺尽属豪民权。初来写契涕泗涟，放手恸哭声彻天。明朝捉落江南船，只有去日无归年。怀中儿女呱呱然，抛掷竟付饥蛟涎。风吹落花江水边，蓬飘梗断不复联。妇人去家何足怜，风俗所系谁之愆。我今歌此卖妇篇，倩谁写入筝琶弦。官家早晚开华筵，一弹一唱公堂前。"（《盐邑志林》卷二十二，徐襄阳咸：《西园杂记》，第三十三至三十四页）

贤人心肝

南京国子监生，常课之外，别有进呈文字，谓之进呈册。余初直以为供御览耳，后拨历尚宝司事，见一室中克栋皆进呈册也。询诸同事者，曰：子不知其用乎？昔我圣祖初造宝钞，屡不成，将戮工匠，匠惧，乃安奏云，前代造钞，皆取贤人心肝用于内，然后成耳。上将信之，入以语于高皇后马氏，欲于文臣内从事，后即启曰：以妾观之，今秀才们所作文章，即是贤人心肝，用之足矣，焉用杀。上悦，即于本监取而用之，钞遂成。因有进呈册，永以为例，仁人之言，其利溥哉！（《盐邑志林》卷二十八，董汉阳：《碧里杂存》上，第三至四页，董为王守仁之门人）

沈万三秀

沈万三秀者，故集庆富家也。赀巨万万，田产遍吴下，余在白下闻之故老云：今之会同馆，即秀之故基也。太祖高皇帝尝于月朔召秀，以洪武钱一文与之曰：烦汝为我生利，只以一月为期，初二日起至三十日止，每日取一对合。秀忻然拜命，出而筹之，始知其难矣。盖该钱五万三千六百八十七万零九百一十二文，今按洪武钱每一百六十文重一斤，则一万六千文为一石，以石计之，亦该钱三万三千五百五十四石四十三斤零。沈虽富，岂能遽办此哉？圣祖缘是利息只以三分为率，年月虽多，不得过一本一利，著于律令者，此也。沈万三秀不知其名，盖国初巨富者，谓之万户三秀者，国初每县分人为五等，曰哥、曰畸、曰郎、曰官、曰秀，哥最下，秀最上。洪武初家给户由一纸，以此为第，而每等之中，又各有等，沈乃秀之三者也。至今民俗尚有"郎不郎，秀不秀"之谚云。（《盐邑志林》卷二十八，董汉阳：《碧里杂存》上，第五至六页）

贾万户

贾万户者，名铭，字文鼎，元时海宁富家也。儒业行藏，悉载伊谱，不能备录，刘伯温先生未遇主时，漫游海上，尝止于其家，亦有意于铭也。久之，知其无成，遂不言，但为之择一牛眠地于尖山之麓，兴工之日，文墨名士若山阴胡隆成、崇德鲍恂等，皆在座。忽大风起，吹金箔一片止其梁上，伯温曰：汝家世世金带，与国同休。后高皇帝龙兴，铭之子以汗马功，一于河南，一于临山卫，各为指挥，

子孙世袭迄今焉。铭后寿至百有六岁。……（《盐邑志林》卷二十八，董汉阳：《碧里杂存》上，第十五页）

几

今世之椅桌，不知始于何时，古人席地而坐，其坐以膝，即今之跪也。但人授一几，倦则凭之，几形稍弯，三足而内向，汉管宁常坐一木榻，积五十年，当膝处皆穿，则汉时固皆以膝。晋庾觊醉，帻坠几上，以头就几穿取，则晋尚席地。齐武陵王晔尝侍宴，醉伏地，貂落肉盘，帝笑曰：肉污貂。对曰：陛下爱毛羽而疏骨肉。帝不悦。可见六朝时尚席地坐也。柳子厚有斩曲几文，则疑唐时尚然。今世已不知几为何物矣。古人既跪坐于地，则列食于前，艰于俯取，故为笾豆，使其高耳，每种必出少许，置之豆间之地以祭，始为饮食之人。此皆古制，以施于今则泥矣。宜我圣祖于宗庙革去笾豆，而用盘楪也。（《盐邑志林》卷二十八，董汉阳：《碧里杂存》，第二十七页）

板儿

四方风俗皆本于京师，自古然矣。然有广眉高髻之谣，吾乡自国初至弘治已来，皆行好钱，每白金一分，准铜钱七枚，无以异也。但拣择太甚，以青色者为上。正德丁丑，余始游京师，初至，见交易者皆称钱为板儿，怪而问焉，则所使者皆低恶之钱，以二折一，但取如数而不视善否，人皆以为良便也。既而南还，则吾乡皆行板儿矣。好钱遂阁不行，不知何以神速如此，既数年板儿复行拣，忘其加倍之由，而仍责如数。自是银贵而钱贱矣。其机亦始于京师。三十年前，吾乡妇女，皆窄衣尖髻，余始至京，见皆曳长衣，飘大袖，髻卑而平顶，甚讶其制之异也，还乡又皆然矣。余素不识蝗，嘉靖八年于京师庆寿寺，见一宦者晨至，手持一虫云，不知何名，近日生于宫中甚多，余观之，殆类吾乡所谓蚱蜢者，但稍大耳。比南还，而淮南北皆蝗矣。舟为所阻，至不可行，甫至家，而吴、浙皆蝗矣。江南有蝗，未之前闻，实昉于此，气之感召，绝于影响，有如是夫。（《盐邑志

林》卷二十八，董汉阳：《碧里杂存》，第二十九至三十页）

论斛

《齐民要术》，后魏时书，其言一石，注云：当今二斗七升。此不可晓，然考魏时，长安童谣云：百升飞上天，是以百升为一斛，则魏所谓斛，正今所谓石也。魏所谓石，今时无此制也。今官制五斗为一斛，盖取其轻而易举耳。实当古斛之半也。今米一石，重一百二十斤，正合四钧为石之说。（《盐邑志林》卷二十八，董汉阳：《碧里杂存》，第三十页）

论里

今以两足平移一十二步，准是五弓，盖一步准二尺五寸也。六尺为一弓，五六则三丈也。凡八百六十四步是为三百六十弓，是为二百一十六丈，是为一里。（《盐邑志林》卷二十八，董汉阳：《碧里杂存》，第三十页）

论亩

亩法古今不同，《汉书》盐铁议曰：古以百步为亩，汉高帝以二百四十步为亩。今俗语云：横十五竖十六，一亩田稳稳足。盖以十五乘十六，正是二百四十，若古之百步，以今弓准之，则其一亩当今四分强耳。故后稷为田，一亩三亩，广尺深尺，是横过一弓，直长一百弓也。古之一夫百亩，当今四十一亩耳，播种之区，一亩三亩，通计百亩三十丈，阔六十丈长耳。传言颜子有田百亩，信乎其贫哉。（《盐邑志林》卷二十八，董汉阳：《碧里杂存》，第三十页）

论尺

按《家语》，孔子云：布手知尺，布指知寸，舒肱知寻。盖用手拇指与中指一叉，相距谓之一尺，两臂引长，刚得八尺，谓之一寻，中指中节上一纹，谓之一寸，盖中指有二横纹，准上一纹也。后世营造尺，始准下纹，但不知始于何时，宋儒以为本于仁宗中指中节，恐未必然，若以古准今，每尺当今七寸七分耳。今以拇指与中指，自臂腕一叉，尽处谓之尺脉，此亦可验。然程子又言：古尺仅当今五寸五分弱，则文王十尺当今五尺五寸；六尺之孤，当今三尺三寸；棺七寸，当今三寸八分强而已。不知其异于《家语》者何也？然文王五尺五寸，可谓短矣，恐还准作七尺七寸者为是。（《盐邑志林》卷二十八，董汉阳：《碧里杂存》，第三十一页）

乡饮酒礼，乃国家之盛典，近世视为货市，登请索舆马之费，相接有贽见之仪，宴毕计酬谢之礼，一餐入腹，囊金尽空，进登几筵，出遭唾骂，本是荣举，反见窘辱，不肖者重贿藉荣，贤者闻风远遽。（《盐邑志林》第二十六帙，钱公良琦：《测语》卷下，第二十一页）

子弟性资拙钝，莫将举业久担，早令练达，公私百务大都教子，正是要渠做好人，不是定要渠做好官。农桑本务，商贾末业，书画医卜，皆可食力资身。人有常业则富，不暇为非，贫不至失节，但皆不可不学，以延读书种子。惟不可入僧道，不可作书算手，毋充门隶，毋作媒人，毋作中保人，毋为赘婿，毋后异姓。（《盐邑志林》第二十七帙，许云邨相卿：《贻谋》，第三页）

吾家书生门户，世无大富贵，抑思神害过盈，物忌太盛，后人婚姻，不可慕势利，仕宦不得过金紫，才过便思引退，奴婢毋出百人，良田勿逾十顷，畜财及万，以拟吉凶缓急，不啻此以义散其余，不及此勿以非义求其足。（《盐邑志林》第二十七帙，许云邨：《贻谋》，第四页）

梭山陆先生曰：古制国用，期九年余三年之食，今家计亦当量入为出，然后用度有准，丰俭得中，怨讟不生，子孙可守，每岁约计耕桑艺畜佃租所入，除粮差种器酒醋油酱外，所有若干，以十分均之，留三分为水旱不虞（专存米谷逐年增仓），七分均十二月，有闰加一，取一月约三十分，日用其一（亲宾饮馔、子弟纸笔、先生束修、干事奴仆衣费皆取诸其中），可余不可尽用，七为中，五欠为啬，计余置籍，以供裘葛，修墙屋，备医药，充庆吊时节馈遗；又余周族邻，赈贫贤，恤孤嫠，给佃人修桥梁诸义事（余多恐渐富入侈，陷于罪过矣）。若产少用广，但当一味节啬，不可侵用次日之物，多难补，渐至困急。诸如前所云，一切不讲，免至于求亲旧，以增过失，责望故素，以生怨尤，负讳通借，以招耻辱。所谓存十之三分者，不能，则存二分，不能，则存一分，又不能，则苦身节用，稍存赢余，然后家可长久，不然，一旦不虞，必遂破家矣。所谓一切不讲者，非绝其事，但不能以财为礼耳。如吊丧则先往后罢，为助宾客则煮茗清谈而已，奉亲最重也，啜菽饮水尽其欢；送终最大也，敛手足形还葬，悬棺而封；祭祀最严也，蔬食菜羹致其敬。凡事皆然，则理何歉，我何愧，而家可永保矣夫。（《盐邑志林》第二十七帙，许云邨：《贻谋》，第八至九页）

男胜耕，悉课农圃，主人身倡之；女胜机，悉课蚕织，主妇身先之。……（《盐邑志林》第二十七帙，许云邨：《贻谋》，第九页）

田地近凶狡人，亟须托故易之；邻田接畛，却毋设心计取。（《盐邑志林》第二十七帙，许云邨：《贻谋》，第九页）

逋租及时勤索，勿致过时起息。出责一券，毋过十金，收息一年，毋过三分。毋受投献子女物产。

蠹家莫甚冗食，家众勿容游手（别有家职），仆婢虽供给使令者有课，视专职者量减分数耳。童男女十许岁，度力分授薙牧扫绩，毋令惰旷，期于各食其力，此人理当然，亦天道宜尔。

过房未配男女，给夏衣帐，不过四月望，给冬衣被絮，不过十月朔，只御寒暑，禁饰鲜耀。

家众训习驯谨，绝毋容怙挟亢侮一应人。毋教家人一切手艺。

仆婢罪非奸盗，杖责毋至二十，狡悍难制者，宜即放绝，亦毋严刑。一应臧获，亦人子也。宜常恤其饥寒，节其劳苦，疗其疾痛，时其配偶，情通如父子，势应如臂指，我则广吾仁心，而彼自竭其情力矣。

家传田地，山林界限（总立产簿），户籍税粮数目（每遇大造黄册，定须主人亲自细检收除数目真的，虽年幼子弟不可全托，况于他姓下人。完将黄册日征底数，每年官府派数须托周知精晓立心公正者，不拘内外一人，因时访问稽查），租债银米杂货，廪藏积贮（递年总立家储簿，各项分立前件簿），宾师官府婚丧、修造费用，应酬机宜，轻重缓急（每年立家用簿），皆须主人心目一一经历，酌量延访处置，帮以亲信诚慎（族子姓或义男）一人，主人定须每月之晦，亲自查算一番，稽考关防，勿令幼子专檀，勿容内人干预。若夫世业书艺耕织，素有定规，略具家则。但一应子孙家众，必须主人禁其交结官府，包揽钱粮，此乃破家辱先之根，虽贫至乞食，亦莫为此，至戒至戒。此主人一身切要之职也。（《盐邑志林》第二十七帙，许云邨：《贻谋》，第九至十一页）

国家垦田有定额，比来狡伪萌起，避重就轻，互相影射，弊诚有之，然郡邑犹能裨补旧额，不亏上供之数，未甚厉民也。万历八年冬，言官建议量田，以清浮粮，苏民困。于是诏谕天下，垦田通行丈勘，计亩核实，当办粮差，一时有司希奉风旨，务以额外增田为功，乃立扇长、图长、弓正、计算、知因人役，先令民间自报原额若干，今丈出若干，或丈缺若干，编号插籤，然后各役到田再三覆丈。每至一乡，鸣鼓击柝，号召业主，业主则箪食壶浆、蒲伏道左，承奉惟谨，而此辈犹然伸缩其间，水涯草堑，尽出虚弓，古塚荒塍悉从实税矣。至于田连阡陌者，其力足以行贿，其智足以营奸，移东就西，假彼托此，甚则有未尝加弓之田，而图扇人役积尺积寸，皆营私窟，遂使数亩之家，税愈增而田愈窄矣，是欲清浮粮，而浮粮愈多，欲苏民困，而民困弥甚也。此无他，立法不善之弊也。夫田间形势，以四围通水为一圩，而圩之大小不齐，不可以计亩限也。当每圩立一圩长，通计圩内田片若干，每片实田若干，某户田若干，庶便稽查，可无隐漏。今各役先限田数，实起弊端，一圩之田，数人分丈，一人之役，数圩分量，互相推托，弊孔百端，小民重困矣，立法不善，其弊至此。嗟乎！善生财者，岂在与民较锱铢乎？今直隶、山东濒海之地，荆襄唐邓沮洳之场，无虑万顷，若设官开屯，数年即为腴产，岁入奚啻百万，司计者不为擘画其间，而区区与小民争此尺寸，犹为经国长

策哉？（《盐邑志林》第三十本，崔嘉祥：《鸣吾纪事》，《盐邑志林》第四十八帙，第二十二至二十三页）

万历十年二月，两浙巡抚吴希言议减兵饷，强行钱法，激兵变，兵部侍郎张佳胤设计抚之。（《盐邑志林》第三十本，崔嘉祥：《鸣吾纪事》，《盐邑志林》第四十八帙，第二十三至二十四页）

教读丁士卿，越人也，流寓钱塘，尚气节，好建言时事。嘉靖间侍御庞惺庵公巡浙，丁上书言事，多所采纳施行，及处置巡警夫役一事，会城民甚便，盖巡警夫役旧役编民应役者，终宵巡视及旦，回话辄过午，不得返生业，丁始建议，出雇役银，除优免外，量家贫富为三则，出银给巡军代之，十余年间，民安其业。至是有司尽取雇役银，起巡警铺，设栅巷木，而复役编民巡警。适宦家某被盗，有司罪责巡警夫役，丁窃不平，鸣于官，不从，乃走京师论之，又为显宦所给归，而有司不惟不为处，且捕之急。民间嚣然曰：丁为吾侪得罪，不可不论救。一呼而起者数百人，有司佯为释之，而潜中于按院，按院捕之弥急，民间复呼而起，图救丁也。时则诸不逞之徒，效尤于乱兵故事，乘机纵火，燔二三宦家，逼逐司府官吏，沿门掳掠，荐绅巨室，靡不被其害者。此万历十年五月朔日事也。巡抚张公佳胤仓卒间闻变，尽拘其人，不分首从真伪戮之，间有误及道路经行与远方商人之偶在途者，事定奏闻论功领员。（《盐邑志林》第三十本，崔嘉祥：《鸣吾纪事》，《盐邑志林》第四十八帙，第二十四至二十五页）

万历戊子自正月至四月，霪雨为灾，河水漫溢，江淮浙直间森茫一壑，岁大无麦，先是丁亥风变岁歉，至是以涝伤麦，遂至歉甚，米价腾踊，民不聊生，兼以大疫，死者相属于道，有司不达事宜，强为限价遏籴之令，富室患之，拥米不售。饥民嗷嗷待哺无从告籴者，朝廷诏解其禁，毋限毋遏，以顺民俗，民颇便之，米稍稍出。有司复报大户，勒其出粟减价，官籴米愈不出，民益痛焉。往年有诏，令民得输粟赎过，存积备荒，有司利罚金之便，仅应故事，及诏发粟，仓厫空虚靡可发者，即少有所发，又不得其术，辄为豪有力者得之，饥民曾不沾升斗之惠，已而四方商运种踵，又为牙侩射利者恐吓而去。所在饥民，专仰给富室，而富室坐索高价，益拥米不出，价亦滋贵，米石价银一两六钱，麦石价银八九钱，鬻产，产不贱不售；鬻妻女，妻女以口食贵不售。民间多茹糠秕草木以充腹，饥而死者相藉，一乡一邑之间，死者日以数百，河渠秒不可濯。秋则大旱，人情皇皇，焦禾杀稼，非有力者则赭然稿矣，闻诸父老嘉靖乙巳荒歉，米价如之，然当时止浙中数郡之阨，江淮间丰稔之处尚多，有司许其通融，米商辐辏骈集，所苦不过二三月；非若今历夏秋，半岁而未有救援之泽也。今京省诸所荒者十居八九，而有司奉法失当，益稔民患，民之困疲，视嘉靖间则又甚矣。夫积粟有令，遏籴有禁，赈恤有诏，朝廷轸念黎民之心至优渥矣，所为未荒之备，既荒之救者，其法亦详矣，而不免仓皇失措，坐视民之饥而死也，是谁之过欤？是谁之过欤？（《盐邑志林》第三十本，崔嘉祥：《鸣吾纪事》，《盐邑志林》第四十八帙，第二十九至三十页）

刘世教《荒箸略》（万历戊申六月自序）凡十有二篇。曰赈之一。……（吴越）七郡之为州若邑凡四十有二，而靡非壑也，截长补短，邑可得四百万亩，亩岁获粟二斛而赢，足总之失八九千万斛矣。然往者京口、浒墅之间，百谷之航，无日夜不灌输而南者，盖在丰岁而已借资于境外矣。何者？其生齿繁而土之毛不能给耳。今待哺者如故，而粟则已乌有矣。即尽蠲两都之共，势不能二十之一也。将何策而可？独有大赈之而已。……（《盐邑志林》第三十本，刘少彝世教：《荒箸略》，《盐邑志林》第四十九帙，曰赈之一，第四页）

曰赈之五。夫素封之家，即有恒产，而要之践更输挽其犗走于公家者，亦甚繁且苦矣。独旅人之质库不然，其拥赀甚厚，其腏利甚渥，其经营又甚逸，而名不挂版图，事不涉催科，抑何其倖甚也。请极言之，远不暇援引，始以盐论。盐自均甲以来，田亩三百二十而役，役稍重则破矣，又重则荡矣，又甚则杀身者有之矣。何者？其最上腴不能及二千金，而瘠者仅三四百金耳。瘠无论，上田岁得粟可三百斛，以三之一输公家，积十丰岁而不能二千斛也。贾当中金千，然而十岁中俯仰倚之矣，公家之百需又倚之矣，其能有赢焉鲜矣。质库不然，其上者每至盈万金，即寡亦不下五六千，是上者一而当沃壤之役田五六矣，下者亦不啻三之；其于瘠壤则上者遂三十而盈，下者亦不啻十五六。岁以什一计，而子钱之入可知也，矧其二之而三之乎？是质库之最下者，其一岁之入，当上田之十岁矣，顾此则终岁奔走而不给，彼第高枕卧，而子母倍息矣，未几子复为母，而又息之矣。其土著者，人弓人得，犹之乎楚也，不则一襆载之而去关讥之法，未闻税金，遂令若曹据此全利，即比者确榷使出而始议及焉。然仅仅岁数金止耳，是以富室鲜累世之产，而质库多百年之业。当十岁而更贩图，一里之中，虑无不易其三四，甚至六七；而质库无论大少，凡三年必益其一。其甘苦利害，较若列眉，岂待智者而后辨哉？莫非民也，悬绝乃尔，夫丰则腴其脂，侵则乘其急，而倍入焉，且又坐视其沟壑也，忍乎！损有余补不足，天道人事，固所宜然，请计岁以为之，格岁输粟若干石以赈，未及三岁者勿输，输至二十有五岁而止。远勿论，其有慕义好施至溢额者，或旌其庐，或锡之冠服，官司以礼优异，用示风励，此非独便于穷民也，于质库亦大有利焉。不然，而民无所得食，睊睊而睨其厚入也，终能高枕而偃，有之乎？抑是说也，即无事时所不得置而弗议，以任其尾闾而逝波者也，矧此日也哉？（《盐邑志林》第三十册，刘少彝世教：《荒箸略》，《盐邑志林》第四十九帙，曰赈之五，第十至十一页）

曰籴。盖赈之力，至是亦几竭矣，而赈之粟，终不能亡虞匮也。行百里者半九十，岂其夺之沟中，而复委弃之也者，于是乎有籴之事在，曰官曰民，必互用之而后可。今郡国之帑，即不至大饶，然独无余镪可暂发者乎？即所当上输，而独无可稍缓者在乎？请括而斥之，又集一郡之所有而计之，择佐领之强干者二三人，分领其事，予之符缥，及兹西成之先，或之豫章，或之荆楚，为移檄于所在而告籴焉，返之日，仍于彼索檄以报，必明疏其贾，毋令得增益于间而为之蠹，其能勤于事，而洁廉无议者，予上考，甚者特荐而叙迁之。粟则合其贾与舟楫之费，而共计焉，石为金几何，分予诸邑，使设法平市，如赈之义梁法，粟散于民，金归于帑，便孰甚焉。顾非独粟可市也，即菽麦亦奚不可者，此籴之在官者然也。若夫民间之远市者，计必不乏，特不无道路之虞与关市之阻耳。今诚予之以符，使亡虞于往来，诸关市悉不得以税榷为名，横有科扰，迨其归也，悉听以时贾受直，毋有减抑，则愿往者必众，而粟必充牣于市矣，此籴之在民者然也。籴于官者，壹以原贾籴，以阴制猾牙狙侩之命，而持其衡；籴于民者，听以时贾籴，以明辟懋迁有无之路，而通其权。然有其在官者，而民必不能过为之昂也；又有其在民者，而官又不必过虞其不能继也。故曰官与民互用之，而以济赈之不逮者，此也。（《盐邑志林》第三十册，刘少彝世教：《荒箸略》，《盐邑志林》第四十九帙，第十六至十七页）

余从京师见高邮守杨君家有古玉合卺盃，其制甚奇，状以一神鸟，立伏兽上旁，鸟翼各置一盃，下从鸟足间横一笁，令酒相通，盖出鬼工也。比读《武林旧事》张俊供奉高宗，有玉左右盃，其盃中通一道，当即此盃也。此盃始在吾乡姚少宰禹门家，价仅十二金耳，今价至三百金矣。（《盐邑志林》第三十三册，姚叔祥士麟：《见只编》卷中，《盐邑志林》第五十四帙，第九页）

尝闻陕中马价匹至数十金，自镇将扣除以至胥史，每匹第八金耳。又所给料草，半入于军，不三数岁骨见如山矣，其能与虏马相逐乎？西人言，虏中攻驹法，驹且驰必节其刍，乳者信宿，因置母马于山巅，鸣唤子驹，驹从山麓奋跃一举而上为良；其有不及而踏者为贡马茶马。而所谓良者不漫乘之。即入寇时，亦乘他骑，必临敌然后跃跨良马。是以动突营阵势有不易御者。余尝见陕中尖夜张得三时从虏中盗得其马最高，而耳皆戴环。（《盐邑志林》第三十三册，姚叔祥士麟：《见只编》卷中，《盐邑志林》第五十四帙，第十一页）

关中骑士特所称标兵营骑射可观……若他营则不过以懦弱白徒顶被由门已逾三十余劼，而八金一马，更乌特不给。（《盐邑志林》第三十三册，姚叔祥士麟：《见只编》卷中，《盐邑志林》第五十四帙，第十二页）

今善琴者，多以琴砖作案，以其外有锦文，中空可以助韵也。余过荥阳，见家户墙壁，率以此砖筑趾，因问所从来，居人云：每从地中掘取，多至千百，此郑地也。不知古人造此何用，或云墓砖用以泄水。（《盐邑志林》卷五十三，姚叔祥士麟：《见只编》卷上，第十七页）

陕西三边，南自阶文，西赴甘肃，北自镇夷，东指府谷，约七千余里，凡马步官军二十二万五千有奇，马七万四千有奇，乃夏秋二税，仅一百九十二万九千余石，虽悉供军旅，尚不足支，加以暵旱频仍，家户流散，自壬辰（万历二十年）以前，如洮河一镇，官军征进，第给行粮耳。若月饷欠给者，已及七载，比核藩司所储足办军需者，仅七万而已，一旦有急，诚不知应之以何策也。（《盐邑志林》卷五十三，姚叔祥：《见只编》卷上，第二十三页）

诗陶复陶穴，即北地义渠，民家所住土窑也。余尝遍历其地，大抵土脉刚直而宜穴，穴中更有复穴，所谓陶复也。然数十年亦有崩堕之患，丁卯（隆庆元年）地震，马公理亦为所压，今如庆阳、邠宁间，惟治所有屋室，至云某村某集，第见土窑上下，有如蜂房而已。余曾骑行，见道傍马足下，忽有突烟，问之，知道下有土窑也。此不独关中，今嵩少闽陕亦有之。（《盐邑志林》卷五十三，姚叔祥：《见只编》卷上，第二十四页）

山陕食盐，皆用河东池盐，其盐以盐池。雨后一日，遇东南风，则盐不可胜食矣。第海盐用火煎成，为力难；池盐以风凝结，为力易。然池盐易坏，故旧注云：池盐为盐，盐之易坏者。池盐状如水晶，唐人谓盘中惟有水晶盐是也。故彼中槌盆，皆铸以铁，庶易碎耳。近阅《盐池志》，以舜南风解愠，目为盐池而作，亦所谓想当然耳。（《盐邑志林》卷五十三，姚叔祥：《见只编》卷上，第二十五页）

固原迤北最为穷僻，有司至止，亦有柴炭纸劄供应，然柴则束茅，炭细如筋，纸惟薄号数幅，而硃仅匙许，启视裹票，亦浙中烧造也。他如稻米一升，则官价四分；陇酒一瓶，官价一钱矣。比至下马关，则葱菜韭蒜，必自韦州飞递，塞上贫劣无过于此。（《盐邑志林》

卷五十三，姚叔祥：《见只编》卷上，第二十四页）

辰砂出万山长官司化水坑者最贵。砂生石上，石如白玉，名硃砂床，人多取为砚山，砂缀于石，大如鸡子，小如榴颗，而箭镞连床者，蛮中号荞麦楞，价至与银并衡。其砂洞甚深，用木支柱，篝火而入，有竟日不得者。若西阳之云母墙壁镜面豆板，水西之大块砂，至有重数十觔者，不足贵也。砂有四十八厂，俱在西阳，而大商多集一地梅树市货敛之。丁勺源尝备兵于楚，后以访单被逮，单有硃砂床十张，不知者以为硃砂筛琢成者，已庄锦衣拷讯皆诬，此亦一端也。（《盐邑志林》卷五十四，姚叔祥：《见只编》卷中，第四十页）

胡庄肃公《滁阳志》，前只序山川物产而已。若人物、官司、艺文、灾祥，一以编年纪载，亦一变体也。第有后梁明帝张稷一段，最为大误，按稷传见《南齐书》，又见《南史》，《南史》列传往往该载不以代分，传固有明帝字面，然指齐明帝也。此必同修滁志者，漫从《南史》录出，以魏师、荆州二语，遽谓后梁耳。且后梁偏安荆土，安得拜稷江州刺史，出镇历阳南谯乎？又国朝陈英，只载英悟有器识，及官左都御史，竟不著其惨辱逊国诸臣妻女，与下狱瘐死事，岂为前辈存厚道邪？（《盐邑志林》卷五十五，姚叔祥：《见只编》卷下，第五页）

澉浦市舶司，前代不设，惟宋嘉定间，置有骑都尉监本镇及鲍郎盐课耳。国朝至元三十年，以留梦炎议置市舶司，初议番舶货物十五抽一，惟泉州三十取一，用为定制。然近年长吏巡徼，上下求索，孔窦百出，每番船一至，则众皆欢呼曰：亟治厢廪，家当来矣。至什一取之，犹为未足，昨年番人愤愤，至露刃相杀，市舶勾当死者三人，主者隐匿不敢以闻，射利无厌，开衅海外，此最为本州一大后患也。（《盐邑志林》卷十七，姚乐年铜寿：《乐郊私语》，第十二页，至正癸卯自序）

江陵当国时，奏请天下有侵盗官银至若干者斩，苏有管枫洲者，以销银为业，侵渔至数万金，郡县捕得下镇抚狱，未几越狱亡命，监司郡县悉坐夺俸，由是捕者四出，卜必南行可得。年余，捕者至闽之汀州，茫无所见，方且束装言归，忽闻海商覆舟，百人皆死，止一人无恙，合城往观，捕者亦往，见无恙者即管也，遂就执，闻今尚在。又有吴瞎四者，侵盗更夥，上谓么麽奸坚形貌何如者，侵盗如许，着槛车送京，欲一见而诛之，将至京，而江陵物故，此例遂止，会皇长子生，竟得赦不死。夫众死而独生，若有天幸，然卒就执；槛车以就死，似无生理，然竟得赦，人事倚伏，怪骇可叹。(《盐邑志林》第三十三册，姚叔祥：《见只编》卷中，《盐邑志林》第五十四帙，第三十九页)

茶于吴会为六清上齐，乃自大梁迤北便食盐茶，北至关中则熬油极炒，用水烹沸，点之以酥，持敬上客，余曾螫口，至于呕地。若永顺诸处，至以茱萸草果与茶擂末烹饮，不翅煎剂矣。茶禁至潼关始厉，虽十袭筐箱，香不可掩。至于河湟松茂间，商茶虽有芽茶、叶茶之别，要皆自茶仓堆积，粗大如掌，不翅西风杨叶。顾一入番部，便觉笼上似有云气，至焚香膜拜，迎之道旁，盖以番人乳酪腥膻是食，病作匪茶不解，此中国以茶马制其死命也。定例番族纳马，以马眼光照人，见全身者，其齿最少；照半身者，十岁。又取毛附掌中，相粘者为无病上马，给茶一百二十勤；中马七十勤；下马五十勤。而商引等茶每引三钱，叶茶每引二钱。茶皆产自川中，而私茶阑出者，极刑处死，高皇帝爱婿欧阳伦，至以私茶事发，赐死不惜也。(《盐邑志林》第三十三本，姚叔祥：《见只编》卷下，《盐邑志林》第五十五帙，第十一页)

俗传网巾起自我朝。新安丁南羽言：见唐人开元八相图，服皆窄袖有岸唐巾者，下露网纹，是古有网巾矣。然画人见网，其合作雅俗，尚当更论。(《盐邑志林》第三十三本，姚叔祥：《见只编》卷下，《盐邑志林》第五十五帙，第十一至十二页)

李玄白言：吴门徐大京兆尝得槽材，价止百五十金。忽长君长源夭，欲用此材，以为值廉，薄吾子也，别构值高者。未几，次君仲容媱复夭，议复如前，不用。及三郎季常瘵死，时夏月不及他构，勉用之，比工匠斧削去只寸许，中有一瀚字，即季常名也。(《盐邑志林》

第三十三本，姚叔祥：《见只编》卷下，《盐邑志林》第五十五帙，第二十八页）

倭奴之据兴化也，至与居人相贸易，郊部间亦皆为之耳目。戚少保兵至兴化，尚去城数里，即命下营，前锋请进兵之期，戚云：尚须请命抚按及本省援兵，何言易易也。倭奴侦知，稍不为备。昏时享士，初更传令，衔枚进兵，半夜入城矣。又戚戡定东南，每破贼，所得妇女多贵家闺箔，戚皆置之公所，使能书妇，人人问其家阀住处，悉从昏夜，肩舆送至其门，人无知之者，此盛德事也。若大司马某备兵广东时，与总戎面审贼属，美丽满前，至向梁乞问方言，低声调笑，以爱吊海问之，不侔矣。（《盐邑志林》卷五十三，姚叔祥士麟：《见只编》卷上，第二十九页）

刘熙台先生生平介白，余尝见其手录私记，自县以至藩司，每官识其所积，盖守令积俸亦数百金，若臬副至方伯，每任不过百金而已。又尝读郑端简公熙台父威县公墓志，以县令进署郎，寻卒，橐中仅五十金耳，亦其家传有素也。（《盐邑志林》卷五十三，姚叔祥：《见只编》卷上，第三十页下）

巾帽之说，成化以前，予幼不及知。弘治间，士民所戴：春秋罗帽；夏鬃帽、绉纱帽；冬毡帽、纻丝帽。帽俱平顶如截筒，正德间帽顶稍收为挑尖样，其鬃帽又有瓦稜者，价甚高，初出时有四五两一顶者，非贵豪人不用。嘉靖初年，士夫间有戴巾者，今虽庶民亦戴巾矣，有：唐巾、程巾、坡巾、华阳巾、和靖巾、玉台巾、诸葛巾、凌云巾、方山巾、阳明巾。制各不同。闾阎之下，大半服之，俗为一变。近御制忠靖冠，为臣下燕居之服，所以明贵贱、别尊卑。三品以上饰以金线，四品以下饰以青线。文职惟朝贵及在外二司官、府州县正官、儒学教官，武职惟都督以上许用。今则武夫下吏，亦概用之，无所忌惮矣。（《盐邑志林》卷二十二，徐襄阳：《西园杂记》上，第四十至四十一页）

杭之富阳产茶并鲥鱼二物，皆入贡采取，时民不胜其劳扰。分巡金事韩邦奇目击其患，乃作歌曰："富阳山之茶，富阳江之鱼。茶香破我家，鱼肥卖我儿。采茶妇，捕鱼夫，官府拷掠无完肤。皇天本至仁，此地独何辜！富阳山，何日颓？富阳江，何日枯？山颓茶亦死，江枯鱼亦无。山不颓，江不枯，吾民何以苏！"邦奇关中人，刚方执法，为镇守中官劾去，后复起官至都御史。是诗杭人至今传诵之。（《盐邑志林》卷二十三，徐襄阳：《西园杂记》下，第三十三页）

王日章，字天与，余继祖母之叔也。初为增广生员，未四十以足疾自废。其兄桂使之昇而督储挽往来京师。既数岁，足瘳而交广，称礼部儒士，借工部差至浙以归。抗礼于巡按御史，御史固疑其骤，而族子持其袂以告，日章趋而出，遂往京师。御史方逮其家属，以求日章，日章又迁衡王府工正，之青州矣。衡固忧不足，而日章至，即问初封庄田图籍，得田四十万于昌邑潍水间。半没民间，半为蒿莽，即据蒿莽召民耕之，为保聚以来之，三年不收其税，民居殷盛，原额遂还，岁收粟十余万斛。又从登、莱入海，天津收海，橐于京师，征贵贱，权出入，通有无，而衡遂大富，甲于诸侯。是时衡恭王固恪谨无他请，即请，以属日章，无不能得者，盖交广而善于用财也。居衡余三十年，青人怪其专国而恃老，讽巡按御史箝王口而陷之死于狱。庄遂复废，粟亦渐湮，居民殷盛，尚自若也。追而祠之，至今祷无不应者，事在嘉靖末年。（《盐邑志林》卷四十六，朱良叔：《犹及编》，第十三至十四页）

两浙沿海郡邑各设卫所备倭，临之四总，统之都司，制也。嘉靖间，海寇猖獗，虔刘边陲，浙兵脆弱不敌，于是召募客兵御之，事宁不能撤，乃分泊边郡，而大营团操于会城者居多，坐食厉农，非一日矣。顷因江陵当国，裁省诸务，意在销兵，而两浙巡抚都御史吴善言希奉风旨，图销之，而未得其术。于是议减其饷，复强售之钱。时钱法不行，兵已重困。又五月不给饷，军士嗷嗷待哺，脱巾而求，众心思乱，乃于万历十年二月晦日，渠首某某等刑白马，祭祷设盟，厥明三月朔，拥众入院，执吴下营，席蒿露坐，而数之曰：朝廷养兵备警，必先饱其饷，而后责其出死力，我辈五月无粮，脱有寇至，安能使我枵腹操戈御敌哉。按院盐院二侍御闻变，急驰赴营谕曰：若等欲何为，而敢称乱耶？军士厉声曰：我等迫于饥寒，而主帅不我恤，无以为生，故至此，非敢称乱也。脱有二心，则帑藏之金，运司之积，奚啻亿万万计，吾等一举而浮海，谁复我禁耶？所以为此者，诚为一时饥寒谋，尤不欲背义，而冒不赦之罪也。讵曰称乱哉？二侍御唯唯，即于布政司括银数千两贷之，仍榜揭吴罪，以安其心，明旦军士亦缚渠首二人待罪，二侍御释之，并给五月粮，又预贷三月粮，而乱亦稍定。事闻，朝廷遣兵部侍郎张佳胤抚之。张入营，佯若无所建置，宽其辔策，亦厚遇首乱者，因循一年余，而中以他事诛九人，众始翕然听命。夫兵聚之易，散之难，故有事不可轻募，事平不可轻销，自古国家之变，多起于此。我国家二百年纪纲法度，一旦扫地至此，渐不可长，后将何极，及今不一振之，不知其终也已。（《盐邑志林》卷第四十八，崔嘉祥：《吾鸣纪事》，第二十三至二十四页）

曰贾等籴耳，而胡其出之异耶？官倾储而致之，邑必不能盈数千也，不及旬而尽矣。夫民也，自非觊锱铢之润，而能驱之数千里之外，以相灌输乎？且民之安土而重服贾，莫此诸郡为甚，其蹑跻而奋者鲜矣。

则所借者亦惟是四境之外素习于商者耳。彼其左顾右盼，征贵贱而权弃取，隸首之所不能穷也。今将鼓舞而招徕之，使危舸巨艑稛载争前，以纷集于吾土，令官无告籴之劳，民无炊玉之叹，其何术而可？则请斟酌于限贾之令而已。盖属者商羊为政，市贾骤腾，自非禁令之画一，势且日益而未已，一时单窭之子，其幸脱于立槁者，非此令之力与？第一岁之产，止共一岁之食，今之所及禁者，大都境内之粒，多计秋尽而罄矣。请自今著为令，凡商贾以粟至者，贾高下悉听民间时直，官无所与，若牙狯欺罔，必重法勿宥，夫非故昂之也。物之不齐，神圣所不能强，而商贾之趋利，则不啻若鹜也。惟毋抑其贾，而粟之至者日益多矣；粟之至者日益多，又不必其抑之而自平矣。即不然而厉禁之，意非不仁也，法非不善也。彼虑夫数千里之仆仆，而所获之不偿也，必将有却步而不前者矣。且夫生生者，造化之大机也。机不暂息，则不能长动而出，故物生之数，有大亏，无大赢。今吴越之粟，骤而沦胥者，至八九千万石，是所谓大亏者也。彼荆楚豫章之间，即幸而有年，其必不能大赢，兹数明矣。即杀而取足其半，彼中讵能无稍踊也者，而焉能遥断其质之必廉，而遽限之哉？惟独计其来之繁，则必不能大踊云耳。曰：有如踊也若之何？曰：郡国之有积贮也，巨室之有义粜也，质库之有乐输也，官之有告籴也，备之则已悉矣。时出而抑之，其何难之与？有曰：一市而二贾，可乎？曰：官粜之为法也，籴弗得过斗，以饱窭夫也。彼民之自为粜者，多寡无制，非矛盾也。夫宁有弃廉而趋贵者乎？且又不有赈之事在乎？必如是而后足以济官籴之穷也。（《盐邑志林》卷四十九，刘少彝：《荒箸略》，第十八至十九页）

《涵芬楼秘笈》第二集

临清赋役，每三年一更，如以隶兵为闸夫，而闸夫为隶兵之类也，是民自十五至六十，无岁无役，出六十与笃疾不能应役者，俾纳米一石，方获免。予为作《均旱涝谣》，载《清源集》。（《涵芬楼秘笈》第二集，《蓬窗类纪》卷一，黄暐：《赋役纪》，第三至四页）

沈富，字仲荣，行三，故吴人呼沈万三秀，元末江南第一富家，富卒，二子茂旺。我太祖定鼎金陵，召廷见，令其岁献白金千锭，黄金百觔，甲马钱谷多取资于茂，茂为广积库提举，侄孙玠为户部员外郎。后茂罪当辟，以有营建工绪未讫，但黥额为蓝党，犹得乘马出入，既而发辽阳从戎，籍其田数千顷，每亩定赋九斗三升，吴下粮额之重坐此。沈之从戎辽阳，又穴地得金，牛马亦累千云。（《涵芬楼秘笈》第二集，《蓬窗类纪》卷一，黄暐：《赋役纪》，第四页）

陆花靴居吴趋坊，吴人，与商于吴者制履舄，必之陆，陆之直视他工倍，人趋之者，制之良也，与予同里闬。（《涵芬楼秘笈》第二集，《蓬窗类纪》卷四，黄暐：《果报纪》，第四十页）

郡别驾张徽，酷吏也。宣德中，清理军伍，凡户绝无丁者，必求其邻与买其田宅者，巧构承之，结局于玄妙观香华亭，少不承，即峻刑杂治，死者日凡几。（《涵芬楼秘笈》第二集，《蓬窗类纪》卷四，黄暐：《果报纪》，第三十九页）

京师西郊多贫民，每晨入佣，取直资养，迄暮归，往往有死于道者，积而多焉。兵校潜察之，则所死皆贫民，讶为鬼。一日，群校伏茂草中以俟，比暝，有归者，一人袭击之，仆地死，群趋擒之，乃人也。检所得止三十文，问曰："彼而雠也耶？"曰："非也。"曰："所利几何而杀之?"曰:"吾惧祸也。吾穷人打穷人,则所得必廉,廉则人不疑吾盗,所杀百人矣。"群校遂送之官,磔于市。(《涵芬楼秘笈》第二集,《蓬窗类纪》卷五,黄暐:《黠盗纪》,第四十七至四十八页)

(霍渭厓)家训卷之一

田圃第一

人家养生,农圃为重,末俗尚浮,不力田,不治圃,坐与衰期。述田圃第一。(第一页)

凡家中,计男女口凡几何,大口种田二亩,小口种田一亩;大口百口种田二百亩,小口百口种田百亩。岁入别一仓储,资家众口食,非力所入不得食。如不给,议量增。(第一页)

凡子侄,年轮一人纲领田事,轮一人司货,纲领者、司货者,不力耕;非纲领者、司货者,人耕田三十亩。子侄未娶者一人,童子一人,大仆一人,相牛一具。(第一页)

凡子侄,人耕田三十亩,夏、冬两季,效报所耕获以考功。纲领者岁会其功,第其入之数,咨禀家长,行赏罚。(第一页)

凡子侄,年二十五受田,五十出田。(第一页)

凡耕田三十亩,岁别储谷十五石为种。(第一页)

凡耕田三十亩,岁给公粪五十担,给粪赀钱千文,莳秧钱四百。(第一至二页)

凡耕牛,皆圈之一栏。凡畜猪,皆圈之一圈。积粪均资田圃,年轮纲领者一人均之。不如是,则散漫无统故也。(第二页)

凡耕田三十亩,获禾,季给人功三十。(第二页)

凡耕田三十亩,岁收,亩入十石为上功,七石为中功,五石为下功。灾不在此限,乡俗以五升为斗。(第二页)

凡纲领田事者,岁春初,即分田工,量肥硗,号召使力耕,夏获秋获,人稽其入,储之一室,俟完入,乃咨家长,稽其勤惰。(第二页)

凡耕田三十亩,如力不任耕,或志在大不屑耕,听自雇人代耕,

考功最。（第二页）

凡种圃，人十口，给地一分，余以是为差。（第二页）

凡种圃，听自取粪，不给公栏。（第二页）

凡私爨，听自取薪，不给公薪。（第二页）

仓厢第二

有田则有粟，粟入有储，聚之于公，以稽岁入；散之于用，以稽岁费，不可无统纪。叙仓厢第二。（第二至三页）

凡纲领田事者，岁验耕获，储之一仓，以给家众口食。非力耕不得食。（第三页）

凡佃人租入，储之一仓，以供赋役。（第三页）

又储一仓，以备凶荒赈给。（第三页）

又储一仓，以供籴粜，供祭祀。（第三页）

凡佃人租入，百石别储二十石备凶荒，八十石供籴粜，余以是为差。（第三页）

凡男女大口，十岁以上，月支谷八斗；十岁以下，一岁以上，月六斗。（第三页）

凡耕田三十亩，给大力一人，月谷一石二斗；小力一人，月谷八斗。生员、举人，给小力一人，月谷八斗。（第三页）

凡家长，畜仆一人应宾客，月谷八斗；一人守大门，月谷八斗。一人炕。（第三页）

御书，月谷八斗；一人司晨昏，月谷八斗。（第三页）

凡纲领田事者，畜仆一人管斗斛，月谷八斗；一人均粪种，月谷八斗。（第三至四页）

凡司货者，给力一人司书计，月谷八斗；给力一人司奔走，月谷八斗。（第四页）

凡仕宦，养病致仕，五品以上官，给仆四人；六品以下二人，人月谷八斗，以赃黜及行检不谨不给。（第四页）

凡新娶，给媵一人，谷月六斗，周年止。（第四页）

凡年四十无子，许娶妾一人，谷月八斗。（第四页）

凡私畜婢妾不支谷，例外童仆不支谷。（第四页）

凡仓储，岁终，纲领田事者，会计一岁入若干，岁出若干，羡余若干，预备若干，咨禀家长，元旦集众，申明会计，乃付下年纲领田事者收掌。（第四页）

凡岁终，家长考纲领田事者勤惰功程，考其会计，考其出纳，考其分派工作当否，以验能否，行赏罚。（第四页）

货殖第三

居家生理，食货为急。聚百口以联居，仰资于人，岂可也？冠婚丧祭，义礼供需，非货财不给。叙货殖第三。（第四至五页）

凡年终租入，岁费赢余，别储一库，司货者掌之，会计之，以知家之虚实。（第五页）

凡石湾窑冶，佛山炭铁，登州木植，可以便民同利者，司货者掌之，年一人司窑冶，一人司炭铁，一人司木植，岁入利市，报于司货者，司货者岁终咨禀家长，以知功最。司窑冶者，犹兼治田，非谓只司窑冶而已，盖本可以兼末，事末不可废本故也。司木、司铁亦然。（第五页）

凡岁报功最，以田五亩、银三十两为上最，田二亩、银十五两为中最，田一亩、银五两为下最。报上最，家长举酒祝于祖考曰："某上最。"乃庆。上最者跪，俯伏，兴，乃啐酒二爵，家长侑饮一爵，上最者又碎一爵。（第五至六页）

凡岁报功最，田过五亩、银过三十两者，计其积余，十赏分之一为其私，俾益其婚嫁之奁。如报田十亩，以五亩为正绩，余五亩，赏五分；报银百两，以三十两为正绩，余七十两，赏七两。（第六页）

凡岁报功最，中最下最，无罚无赏，若无田一亩，无银一两，名曰无庸，司货者执无庸者跪之堂下，告于祖考曰："某某无庸，请罚。"家长跪告于祖考曰："请宥之。"无庸者叩首谢祖考，乃退。明年又无庸，司货者执无庸者跪之堂下，告于祖考曰："某某今又无庸，请罚。"家长跪告于祖考曰："请再宥之。"无庸者叩首谢祖考，乃退。明年又无庸，司货者执无庸者跪之堂下，告于祖考曰："某某三岁无庸，请必罚。"家长乃跪告于祖考曰："某某三岁无庸，请罪。"乃罚无庸者荆二十，仍令之曰："尔无庸，不得私畜仆婢，以崇尔私，用图尔后功。"（第六至七页）

凡营货贿，无损人利己，无放债准折人田宅，无准折人子女，无利上展利。（第七页）

凡营货贿，无恃势侵弱，自冒法辜。（第七页）

凡娶妇有私货，报于公堂籍记之，仍发私储以自经营，俟岁终报功最。（第七页）

凡三年大考功最，将货实大陈于堂，以核验虚伪。（第七页）

凡一年不上功最者，罚十荆；二年不上功最者，罚二十荆；三年不上功最，告于祖考，斥之出。（第七页）

凡考最，前十年有最，后十年无最，免罚。（第七页）

凡年五十，免考功最，未娶不考最，生员四十以下不考最，举人品官，不考货最。（第七页）

凡务实力农，志无他图，只考农租最，不考货最。（第七页）

凡家长不考最，每岁取多最一人赏分之财，为家长准，生员赏分视下最，举人视中最，官视上最。（第八页）

赋役第四

食土之毛，荷天之德，不思效报，禽兽奚择，世之顽民，窃利自肥，不供正赋，恒有辜殃，是宜惩。叙赋役第四。（第八页）

凡租入，纲领田事者，预会计岁之赋役，储粟一仓，付司货者供赋，岁终咨禀家长，稽其赢余，备下年需。（第八页）

凡租入，先储赋税之需，乃储杂费。（第八页）

凡租入，预计税粮岁需几何，民壮岁需几何，水夫岁需几何，均平徭役，十年之需，一年几何，皆预储以备。（第八页）

凡仓储赋税之入，不得假供他缺，虽救荒济饥不得假。重正赋也。（第八页）

凡司货者，玩慢粮赋，家长告于祠堂，初犯责司书计者、司奔走者，再犯责司货，三犯司货者送官惩。（第八至九页）

衣布第五

衣以周身，寒暖之用，朴雅是宜，不先勤劳，布帛何获。叙衣布第五。

凡女子六岁以上，岁给吉贝十斤，麻一斤；八岁以上，岁吉贝二十斤，麻二斤；十岁以上，岁吉贝五十斤，麻五斤。（第九页）

凡妇初入门，岁吉贝二十斤，麻二斤。（第九页）

凡妇奁装布帛听自贮，自奁其女。（第九页）

凡女子十五以上，纱衣服一套，纻丝衣服一套。（第九页）

凡男子未四十，不许服纱罗段绫，官不在此限。（第九页）

凡男子，冠后许服潮绢袍一，支公钱置。（第九页）

凡丈夫衣服妇自供，儿女衣服母自供。只给吉贝。（第九页）

凡男女五十以上，岁给吉贝五斤为帛衣。（第九页）

贵州被围岁余，相率食人，武弁黄运清等缚人数十，置之空屋，以待买者，每斤一两六钱，胸肉又益之，直指院后一井，常为屠剥之所。乡官潘润民抱爱女四五岁，市人见而夺去，潘奔往取赎，女已在釜矣。居民十万，及解围之日，仅存数百，黔人在都者，语之无不流涕。（《涵芬楼秘笈》第二集，黄尊素：《说略》，第四页）

妖贼徐鸿儒胁乱，百姓死于贼者十三，而死于官兵者十五。夏镇富户有一女，贼胁妻之，其治河主簿以富户通妖，擅斩于市，尽掠其赀。主簿又以功迁，土人言之泪下。道长李河岑山东人，言妖贼乱时，其本卫武弁观良家子女有姿色者，即指父兄为妖，杀而夺之，地方虽觉，亦不敢发也。（《涵芬楼秘笈》第二集，黄尊素：《说略》，第二十三页下）

东事之兴，户部加派田亩，小民虽苦而利害则均。章鲁斋令华亭，设法如额，免民加派。壬戌考选治行第一，何武峨巡抚广西，亦以此法行之，已转总督，又行粤东。凡牙行渔税，行商坐贾无不榷及，大略仿桑弘羊、王安石之法，而更朘之。议者纷然，遂免官。（《涵芬楼秘笈》第二集，黄尊素：《说略》，第二十七页）

　　杭州一司理秩满，行取发其赀橐回籍，至用夫六百名，载入舟中。吴山田驿丞畏其威名，不敢实列名数，只开三分之一以报驿传。主者大怒，谓司理清名籍，籍安得有，此驿官冒破无疑，遂逐之。田丞衔冤，亦莫控而去。（《涵芬楼秘笈》第二集，黄尊素：《说略》，第三十二页）

　　董见龙重听人，人呼为董聋子，以巡抚管屯田事。屯田之制，原以养军，法古者兵民合一之意。董之出屯领帑银十万，自买民产，估计交易。又出种子牛犁之类，市民耕种，岁可收一二万斛米，其法几仿皇庄。然以吏书官皂驿递支应，并帑银计之数不敌也。而又一巡抚一主事领之，其下同知佐领等官不计。今人作事草草，不顾体统，不较利害，大率若此。（《涵芬楼秘笈》第二集，黄尊素：《说略》，第三十八页上）

　　西湖半为豪右所割，筑园圈沼，所存无几，合郡士民屡叩清之。是时郡守李烨然、钱塘令沈匡济主其事，二公身多隐慝，未及清湖，以计典去。不知者遂谓二公清湖招尤，实失之矣。（《涵芬楼秘笈》第二集，黄尊素：《说略》，第四十页上）

《古今钱略》

望江倪模述

说明：倪模（1750—1825），字迁存，号韭瓶，又号预抢，安徽望江人，嘉庆四年（1799）进士，收藏家。著有《古今钱略》三十二卷。

卷二十八　历代谱录

《钦定钱录》十六卷^{刊本}。谨案《钦定四库全书总目》：乾隆十五年奉敕撰。卷一至卷十三详列历代之泉布，自伏羲氏迄明崇祯，以编年为次；第十四卷列异域诸品；第十五十六卷以吉语、异钱、厌胜诸品殿焉。考钱谱始见于隋志，不云谁作，其书今不传。唐封演以下诸家所录，今亦不传。其传者以宋洪遵《泉志》为最古，毛氏汲古阁所刊是也。然所分正品、伪品、不知年代品、奇品、神品诸目，既病淆杂，又大抵未睹其物，多据诸书所载想象图之，如聂崇义之图"三礼"。或诸书但有其名而不言其形模文字者，则概作外圆内方之轮郭，是又何贵于图耶？至所笺释，卒多臆测，尤不足据为定论。是编所录，皆以内府储藏得于目睹者为据，故不特字迹花纹一一酷肖，即围径之分寸毫厘、色泽之丹黄青绿，亦穷形尽相，摹绘逼真而考证异同，辨订真伪，又皆根据典籍，无一语凿空。盖一物之微，亦见责实之道与稽古之义。至于观其轻重厚薄，而究其法之行不行；观其良窳精粗，而知其政举不举，千古钱币之利弊一览具睹，又不徒为博物之资矣。

《古钱经》^{未见}。翁树培曰：明董说《七国考》内赵钱下引《古钱经》云，赵钱仍晋旧，内外皆圜。《史记》赵王使人微随张仪，奉以车马金钱，不言钱制，未知经文何据云云。下又引洪氏《泉志》，则所谓《古钱经》者，非指《泉志》，似是别有《泉经》一书。既不详何代何人所作，而前人著录概未引及，何也？且《泉志》所图晋楚诸钱，据今刻本，皆内方外圆，今既云仍晋内外皆圜之制，则有似垣字共字诸钱，其说或有所本。

鲁褒《钱神论》一卷。《通志·艺文略》云：晋鲁褒《钱神论》一卷。

《刘氏钱志》^佚。《泉志》引顾烜《钱谱》曰：两铢钱、星月钱、四五钱、八星钱，《刘氏钱志》所载。张端木《钱录》曰：按《七略》未有《钱志》，梁顾烜《钱谱》奇异诸品每引《刘氏钱志》，未知刘氏何代人也。

顾烜《钱谱》一卷《钱图》一卷^佚。《隋书·经籍志》曰：《钱谱》一卷，顾烜撰。《钱图》一卷。张端木曰：洪文安公云，烜梁人。翁树培曰：《钱图》恐亦烜所著，盖图与说各一卷耳。《清波杂志》作唐人，误。《遂初堂书目》有顾煜《泉志》，盖讹烜为煜，又讹《钱谱》为《泉志》也。书名《钱谱》多矣，必著撰人名氏以别之。如郑樵《通志·图谱略》有《钱谱》，不著撰人名氏，未知即烜谱否？又《金石略》列太昊尊卢氏币诸种，至齐刀下云，右见《钱谱》。兵火以来，今赣州尚有。本此所指，亦不知谁氏撰者，附记于此。

顾协《钱谱》一卷^佚。《崇文总目》云：顾协《钱谱》一卷。《秋涧文集·玉堂嘉话》曰：《钱谱》刘更生传，舜父盲，其母常鬻薪以自给。舜时粜米返，置钱于米囊中，以遂其母。知重华之世钱已行矣。此唐代钱之验也。贾逵注夏商金币三等钱为下等，先儒所传，有钱明矣，梁大司马顾协所撰《钱谱》序云。翁树培曰：协字正礼，吴人，《梁书》《南史》皆有传，称其博极群书，撰《异姓苑》五卷、《琐语》十卷、《文集》十卷，独不及《钱谱》云。

张说《钱本草》一卷。《通志·艺文略》：唐张说《钱本草》一卷。按此全文见宋荦《筠廊二笔》，云平凉府得石刻樊厚书书类圣教序。今录其文于附录。

封演《续钱谱》一卷^佚。《新唐书·艺文志》：封演《续钱谱》一卷。翁树培曰：《宋史·艺文志》《通志》《玉海》诸书并同云续者，盖续顾烜谱而作也。董逌引作封寅，误。吴山夫《别雅》云：唐张台　封演有《泉谱》，是误钱为泉也。《遂初堂书目》作封演《泉志》，尤误。洪遵所引，但云封氏，而不称其名。宋广平碑侧有屯田郎中权邢州刺史封演购石字，时当大历年间。《闻见记》亦云：大历中行县至内邱。《潜研堂金石文跋尾》曰：封演，天宝末进士，所著有《闻见记》《古今年号录》，未及此书。卢见曾《封氏闻见记》序云：封氏演，唐代宗时人，天宝中举进士，大历中为县令，德宗时官至御史中丞，尝撰《古今年号录》一卷、《钱谱》一卷、《闻见记》五卷。今卢氏《闻见记》卷前列御名云唐朝散大夫检校尚书吏部郎中兼御史中丞封演。按记中石经一条，称天宝中为太学生员，当已在十岁外。而《泉志》所引谱语记及会昌开元钱，且称武宗，则宣宗时犹在，岂寿至百余岁耶？记以俟考。

张台《钱录》一卷^佚。张端木曰：《宋史·艺文志》云，《钱录》一卷，张台著。按诸书皆以台为唐人，然台所录已及湖南马氏，则五季人，而宋初或犹在也。翁树培曰：《玉海》引《国史志》，张台《钱录》一卷，郑氏《通志·略》、焦氏《经籍志》作《钱谱》三卷，晁氏《郡斋读书志》曰，唐张台有《钱谱》两卷，未知孰是。董逌所引　钱合曰、张合曰，恐俱是张台二字之误。宋张礼《游城南记》注曰：《唐登科记》有张台，台于大中十三年崔铏榜下及第。马殷距大中七十余年，不知即此人否？

《徐氏钱谱》^佚。敦素《钱谱》^佚。翁树培曰：《泉志》有引徐氏语，又有引敦素语。徐氏既阙其名，敦素复佚其姓。考所引诸条，皆唐以前之钱。《货泉备考》明月钱下引徐氏语作徐铉，必有所本。唐人有张敦素，《挥麈前录》宋景祐间，王丝字敦素。未知孰是，且亦未知二人是否有专书名《钱谱》也，记以俟考。

《石氏钱谱》^佚。翁树培曰：《泉志》多引旧谱语^{李孝美已谓之旧谱。}而未详撰人名氏。其书记及唐咸通事。《泉志》内藕心蚁鼻男钱富钱四种下所引旧谱语，皆有世字，不避唐讳，则知非唐人，盖后五代时人矣。董通谱于布泉下引石氏曰一条，与《泉志》所引旧谱语略同，岂旧谱即石氏所作耶？且顾烜、封演诸谱孰非旧谱，而特以此书为旧谱，何也？书分正用品、伪品、刀布品、不知年代品、厌胜品、奇品，而封演亦有不知年代品，张台录有外国品。洪氏《泉志》仿此例也。

姚元泽《钱谱》^佚。元泽盖宋以前人。

陶岳《货泉录》^佚。《宋史·艺文志》：陶岳《货泉录》一卷。晁公武《郡斋读书志》曰：《货泉录》一卷，皇朝陶岳撰，记五代诸国擅改钱币之由。幽州、岭南、福建、湖南、江南五国。《玉海》曰：凡五卷。洪氏《泉志》曰：岳国朝人。张端木曰：岳祁阳人，官太常博士，知端州。余靖过端，诸父老言前后刺史不求砚者，惟包孝肃与公二人。岳为郡守，有文集。翁树培曰：此书止记五季事。岳字介立，浔阳人，尝著《五代史补》《湖湘故事》。盖留心专考五代时事者，惜乎前蜀诸国钱制未及详也。

金光袭《钱宝录》^佚。张端木曰：金光袭宋人，见《泉志》序。

杜镐《铸钱故事》二卷^佚。《通志·艺文略》：宋杜镐《铸钱故事》一卷。《玉海》：咸平二年八月丙子，秘阁校理杜镐等承诏检讨《铸钱故事》上之。按镐字文周，无锡人，《宋史》有传，称其博贯经史云。

于公甫《古今泉货图》一卷^佚。《宋史·艺文志》：于公甫《泉货图》一卷。按《通志·图谱略》有于公甫《古今泉货图》，盖北宋人。

《钱氏钱谱》^佚。《清波杂志》曰：元丰间，庞懋贤元英为主客郎，尝著《文昌杂录》，内一条以不知顺天得一钱铸于何代为言。书成后又言：近得于朝王仪家。有《钱氏钱谱》。乃史思明所铸，初以得一非长祚之兆，乃改顺天。而李谱复云：思明销洛佛铜所铸，贼平无所用，复以铸佛，今所余伊洛间甚多。视钱氏之谱为详。是知诚有益于未闻。好事者傥裒集诸家所谱，更考近世圜法沿革，萃为一帙，板行于世，不亦善乎？

李孝美《历代钱谱》十卷^佚。《宋史·艺文志》：李孝美^{元作友，误。}《历代钱谱》十卷。《郡斋读书志》曰：梁顾烜尝撰《钱谱》一卷，唐张台亦有《钱录》两卷，皇朝绍圣间李孝美以两人所纂舛错，增广成十卷，分八品云。《清波杂志》曰：煇家藏《历代钱谱》十卷，乃绍圣间李孝美所著，盖唐人顾烜、张台先有纂说，孝美重修也。按孝美字伯阳，所著有《异谱》三卷，自署赵郡人，盖唐俗称郡望，未知实籍何地。

董逌《续钱谱》十卷^佚。《宋史·艺文志》：董逌《钱谱》十卷。《郡斋读书志》曰：《钱谱》十卷，皇朝董逌撰。逌之祖尝得古钱百，令逌考次其文谱之，以前世帝王世次为序，且言梁顾烜、封演之谱漫汗蔽固不可用，其谱自太昊葛天氏至尧舜夏商皆有钱币。其穿凿诞妄至此。按《玉海》《通考》并作《续钱谱》十卷，作于绍圣元年。郑氏《通志·略》、焦氏《经籍志》作一卷，误。翁宜泉曰：《货泉备考》载董逌《万泉志》，又有《赵公千家钱谱》，附记于此。张端木曰：逌　字彦远，徽宗时官书学博士，忤蔡攸斥外。《广川书跋》为考古者所尚。

张潜《浸铜要略》一卷^佚。陈振孙《直斋书录解题》曰：张甲撰，称德兴草泽，绍圣元年序。盖胆水浸铁成铜之始。危素《说学斋稿·浸铜要略序》曰：德兴张理从事福建宣慰司考满，调官京师，会国家方更钱弊之法，献其先世《浸铜要略》于朝，宰相以其书之有益经费，为复置兴利场。至正十二年三月某甲子，奏授理为场官，使董其事。理持其副，属余序之。序曰：钱币之行尚矣，然而鼓铸之无穷，产铜则有限。理之术乃能浸铁以为铜，用费少而收功博，宜乎朝廷之所乐闻也。当宋之盛时，有三司度支判官许申，能以药化铁成铜，久之工人厌苦之，而事遂寝。今书作于绍圣间，而其说始备盖元祐元年。或言取胆泉浸铁，取矿烹铜。其泉三十有二，五日一举洗者一，曰黄牛；七日一举洗者十有四，曰永丰、青山、黄山、大岩、横泉、石墙坞、齐官坞、小南山、章木原、东山南畔、上东山、下东山、上石姑、下石姑；十日一举洗者十有七，曰西焦原、铜积、大南山、横槎山、横槎坞、羊栈、姚旻、冷浸、横槎下坞、陈君炉前、上姚旻、下姚旻、上炭灶、下炭灶、上河木、中河木、下河木。凡为沟百三十有八。政和五年，雨多泉溢，所浸为最多。理之先赠少保府君讳潜所撰，以授其子赠少师府君讳盘，成忠府君讳甲，少师之孙、参知政事忠定公讳焘实序志之。我武宗皇帝诏作至大钱，理之从祖讳懋与理之父讳逊以其书来上，皆命为场官，未及铸印而场司罢。至理复因是蒙被异恩，几于古之世官。惟其父子祖孙颛于一事，其讲之精、虑之熟可知已，何患乎冶铸之无功、实藏之不兴哉？虽然，生之者众，食之者寡，为之者疾，用之者舒，顾上之人力行何如耳。昔者张氏若赠少师讳根，著述传学者，忠定公事业在信史，公侯复始将在乎是？异时之所立当不止于此也。理字伯雅。翁树培曰：按此则《书录解题》作张甲撰非也。

《冶金录》原阙卷数。佚。。《直斋书录解题》曰：泉司所为也。

《池州永丰钱监须知》一卷佚。焦氏《经籍志》不著撰人名氏。按此书宋贵池叶楠著，见《江南通志》。

洪遵《泉志》十五卷刊本。《宋史·艺文志》：洪遵《泉志》十五卷。序曰：余尝得古钱百有余品，旁考传记，下逮稗官所纪，攟摭大备，分类推移，厘为十五卷，号曰《泉志》。翁树培曰：是书成于绍兴十九年秋七月，分九品，曰正用、曰伪、曰不知年代、曰天、曰刀布、曰外国、曰奇、曰神、曰厌胜。今董逌以前诸书皆不可见，惟幸此书仅存，论古泉者宜奉此编为球贝也。汲古阁毛晋刊《津逮秘书》中者，前有胡孝辕^{震亨}刻《泉志》序，万历癸卯徐仲和^{象梅}跋。乾隆癸丑二月于辛敬堂^{绍业}处见所购《泉志》，亦刊本，在毛氏刻本之前，后有沈汝纳^{士龙}跋。细校一过，有可补毛刻本之误者。陶氏《说郛》止载目录耳。焦氏《经籍志》有《泉志》四卷，列顾烜《钱谱》之下，《钱图》之上，无撰人姓名，必非洪氏书，附记于此。《学古编》曰：《泉志》间有泉文近于道者，可以广见，又有妄作三皇币及夏禹时币，不可为信。卍字人谓之万字，乃出古钱，不见此书，终不知也。故引入以待好事者。翁树培曰：盛熙明《法书考》曰，《泉志》间有泉文近于道者云云。文与此小异。汪孟鋗《厚石斋诗集》曰：明沈士龙跋《泉志》，据《路史》三代以上金币诸品，讥其仅始虞氏，今诸品犹有传者，其文皆小 篆。沈何不考之甚耶？王圻直据此谓小篆不始于秦，尤可异也。^{按杨慎亦谓八分不始于秦，小篆不始于李斯，自五帝以来有之，其说亦为骇异。}《白茅堂集》跋《钱谱》曰：洪景伯《钱谱》集顾烜、张台、封演、董逌、李孝美、陶岳数家，遂号详博，实多可笑。晁氏讥董氏载太昊、葛天之币为无稽，形制正可阙疑。今洪氏强为图，与项梁大钱、公孙述铁钱、王则河阳钱、吴越王钱，例如今钱幕状，何也？邓通钱，文帝命铸也，不当曰伪，当曰私。宋景和鹅眼，民间私铸，又不当入正。宋有荇叶莱子，北齐有厚紧、生涩、天桂、赤牵，乾明皇建间赤郭、赤生、青熟、细眉皆私也，洪复遗漏。至如《岁时记》牵牛借天帝二万钱，佛书曼佗多王以神力雨宝钱，说本无稽，洪汇作一卷，曰天品；轻影，涓水孙先生、严君平之类亦作一卷，曰神品，极可笑。翁树培曰：书名《泉志》何？得改云《钱谱》。古刀异布并未尝加以太昊、葛天之名，所谓如今钱幕状者，乃自虞钱始耳。^{按以《泉志》为《钱谱》，如《路史》以董逌《钱谱》为《钱书》耳，其失犹小，至云厚紧、生涩、赤郭、青熟、赤生之类，不过史言所铸之陋耳，此类岂可尽图耶？}王士正《居易录》曰：忠宣公

《松漠纪闻》及景伯《隶释》、景严《泉志》、景庐《容斋五笔》《夷坚志》《唐人万首绝句》今皆传于世。按景严所著尚有《翰苑群书》，《说郛》中又有刻《谱双》一种。

《历代钱式》二卷^佚。见焦氏《经籍志》，不著撰人名氏。郑杓《衍极》注曰：若太昊、金尊、卢氏币等，见《通志》《钱式》等书。所谓《钱式》，未审即此书否？《箓竹堂书目》亦有《钱式》。^{不载撰人、卷数。}

《历代钱法》二卷^佚。钱曾王《读书敏求记》曰：《历代钱志》一。元至大二年十月，诏以历代钱与新钱并行。是书成于三年季。

《查考钱法》一卷^佚。《读书敏求记》曰：又《查考钱法》一卷，万历乙巳清常道人校录，孙兰上本。

《钱币谱》一卷，元费著撰^{刊本}。此书纪蜀钱自汉至南宋淳熙止，见《全蜀艺文志》。

《楮币谱》一卷^{不全}。此书见《四川通志》，不著撰人名氏。专纪宋代蜀中交子，并有图式，载及庆元。按此书亦费著撰。

《武祺宝钞通考》八卷。《四库全书总目》：祺里贯未详，至正十三年为户部尚书。因当时钞法渐坏，浮议者但以不动钞本为名，而不详流通之实。乃历考中统以后八十余年中钞法，撰为此书。大旨谓，自世祖至元二十四年至武宗至大四年二十五年，印者多，烧者少，流转广，而钞法通。自仁宗皇庆元年至延祐七年共九年，印虽多，而烧亦多，流转渐少，钞法始坏。自英宗至治元年至三年，印虽多，而烧者寡，流转愈多，钞法愈坏。自泰定元年至至顺三年共八年，印者少，而烧者多，流转绝无，钞法大坏。复合计六十四年中，总印钞五千九百五万六千余锭，总支五千六百二十余万锭，总烧三千六百余万锭，民间流转不及二万锭。以《经世大典》所载南北户口民数计之，其无钞可用者至二千万户之多，民生安得而不匮，财用安得而不绌乎？其言可为行钞之戒。《元史·食货志》所载钞法，仅详其制度、数目，而于财之息耗、民之贫富，未之详言，似未见祺此书。存此一编，亦可以补史之缺。然此书在当时为洞悉利弊之言，在今日则钞法不可行，无待缕陈矣。故撮举大要，附存其目，而书则不复录云。按《万姓统谱》有武祺，元太谷人，以儒进身为桐城知县，果断有善政，官至甘肃行省参政。未知即撰此书者否？

董遹《钱谱》一卷刊本。是书载陶氏《说郛》，谓宋董逌所作，识者皆斥其为伪书。《格致镜源》引作董逌《钱谱》，盖以遹、逌字形相近，且《广川谱》世久不传，是以讹作董逌。刻《说郛》者并列此书于洪志之前，盖讹遹为逌，由来已久。郎仁宝、张端木亦不加详考，遂使作者冒作伪者名，不知一宋人、一明人，迥不相涉，非作者托名，乃刻书者误嫁名于董逌耳。其书甚简略，而舛谬百出，恐原本尚不止此数页。此乃删节之本，然不害其为一家之言也。况书中并引董逌《钱谱》之语，岂得云即逌谱欤？《南宋杂事诗》注所引亦作董逌，而舛误较少，似所见者非今日《说郛》本也。《七修类稿》曰：《说郛》亦有《钱谱》一卷，言历代钱名。但《说郛》乃元陶九成所辑，不知何以直至国朝永乐通宝，岂古人先知，抑后人补之耶？必有说也。予意好事裒集诸家之谱，更考近世图法沿革，增入十布、契刀之类，萃之为书，亦制度之美也，不亦善乎？按郎仁宝未明言撰人名氏，不疑其非董逌谱，而疑不应载于《说郛》，不知《说郛》经后人重订，《续说郛》所载诸书多明人著录，何庸疑也。十布、契刀，《泉志》具载，岂未尝见《泉志》耶？据此知董遹乃明永乐、洪熙时人，且今《说郛》本并无洪武、永乐诸钱，知今日所见《说郛》之本又非郎氏所见之本矣。张端木曰：董谱有大中通宝，伪也。董氏谱所纪自宋初至元末诸钱，系明代一庸妄所续。翁树培曰：端木意谓此书前半是北宋董氏原本，尤非确论。试观此书前半语句，有与《泉志》所引董逌之语符合者乎？非董笔也。董氏在洪景严之前，何由计及元顺帝乎？大中通宝自是明太祖铸，不知者因大中祥符之号而误列之。又曰：端木窃观董氏《钱谱》载于陶氏《说郛》本者，其疏略经郁氏删节，世间已无全书，所存董谱不知何人续貂，记及元至正钱，其非广川董氏原本可知矣。所载宋钱，舛讹递出，不但误收大中通宝也。如圣宋元宝，徽宗铸，而误以为太祖宝祐年铸；皇宋元宝，而误以为宝祐元宝。今特据《宋史》订正之。《钱币考》曰：《说郛》中所刻董谱，系后人伪造，其谬不可胜举。如云汉初荚钱一当百，陈文帝铸布泉，周宣帝铸永通泉货，隋文帝铸小五铢，南唐铸永安五铢，宋太祖铸圣宋元宝，皆无足深辨。

《姚氏〔一作朱氏〕钱谱》〔佚〕。陆深《俨山外集·燕间录》曰：吾乡姚氏所藏〔翁树培曰：姚之骃《元明事类抄》引此句云，吾乡朱氏所撰。〕《钱谱》，尽衰历代之钱穴纸谱之〔翁云疑是以钱之拓本嵌装纸上也。〕奇形异状，无所不有，而各疏时代由来。前辈杨铁崖维桢、艾衲〔《元明事类钞》作衲〕矗俱有论撰。予尝闻之，亦一博古之清玩也。或谓钱之通塞，颇系人伦。予少时见民间所用皆宋钱，杂以金元钱，谓之好钱，唐钱间有开通元宝，偶忽不用新铸者，谓之低钱，每以二文当好钱一文，人亦两用之。弘治末，京师好钱复不行，而惟行新钱，谓之倒好。正德中则有倒三倒四，而盗铸者蜂起矣。嘉靖以来，有五六至九十者，而裁铅裁纸之滥极矣。

陆深《宝货志》〔佚〕、《钱谱》〔佚〕。刘思敬《刍询录存征》载：御史司马参家所藏书目，有《宝货志》《钱谱》二种，并陆深撰。参江宁人，嘉靖癸未进士。

郭子章《泉史》十三卷〔佚〕。《江西志》曰：《泉史》十三卷，明郭子章撰。按子章字相奎，号青螺，泰和人，隆庆辛未进士，历官兵部尚书，所著有《易解》《官释》《豫章书》《豫章杂记》《广豫章灾祥记》《吉志补》《白下记》《黔湘中杂记》《瓜仪志》《海内郡县释名》《兴国县四贤传》《豫章诗话》《蠙衣生剑记》《马记》等书。黄宗羲《明文海》内亦载有郭子章《钱法议》一篇。

丘濬《钱法纂要》一卷。《四库全书总目》：濬字仲深，琼山人，景泰甲戌进士，官至文渊阁大学士，谥文庄，事迹具《明史》本传。

此书诸家书目不载。以文考之，即濬《大学衍义补》中之一篇也。曹溶割裂其文，载《学海类编》中，较其以《元海运志》为危素撰者犹为近实。然摘录巨帙之一篇，即别立新名，亦犹之乎作伪也。

罗汝芳《明通宝义》一卷、《广通宝义》一卷刊本。《浙江采集遗书总目》曰：《大明通宝义》一卷，明副使盱江罗汝芳撰。分《本义》《通义》《广义》三篇，所论铸钱利弊甚晰。《四库全书总目》曰：汝芳字维德，南城人，嘉靖癸丑进士，官至布政使参政。《明史·儒林传》附见王畿传中。前明钱钞通行，其弊百出，汝芳督屯滇省，以滇为铸钱之薮，因作此书，以明其利弊大旨。以钱制大小轻重贵在持平，乃足为万世之利，历引古来钱制，始自太昊、轩辕，下迄唐宋，胪列具备。其第一篇《本义》引据唐人《钱谱》谓：秦世八铢失之太重，汉初榆荚失之太轻。按《文献通考》，秦兼天下，铜钱质如周钱，文曰半两。汉高后二年，始行八铢钱。是八铢之名定于汉，谓秦世八铢，非也。又考唐武德四年，废五铢钱，铸开通元宝钱，其文则欧阳询所书，迴环读之曰开通元宝。今书悉谓开元通宝，亦非本义。

胡我琨《钱通》三十二则刊本。我琨字自玉，四川人。其书专记明代钱法，而因及于古制。首曰正朔一统，次曰原、曰制、曰象、曰用、曰才、曰行、曰操、曰节、曰分、曰异、曰弊、曰文、曰润，凡十三门，每门中各为小目。其载明制，起洪永，讫万历。我琨盖万历以后人，多袭取洪氏《泉志》及史传杂家之说而成。《四库全书总目》云：书中如钱象门之黄河钱、投河国钱诸品，又董逌、洪遵各家旧谱所未载，皆足以资考证。

《钱法议》佚。明山阳潘埙著。见《江南通志》。与《平海寇》《河防议》同为一书，不著卷数。

《钱谱》。孙鑛批《史记》曰：近见有作《钱谱》者，今观《正义》注，则于古盖已有。按邓通传，邓氏钱布天下句下，张守节《正义》引《钱谱》云云，不知为谁氏谱也。《通雅》曰：纪钱制者《泉谱》。未知所指何谱，盖泛言之。汪师韩《读书录》曰：钱谱始于萧梁，唐亦有谱，宋则为志为谱尤多，而皆不传。所见明以来钱谱，只是摹拓其文而已。窃谓谱当以诸史货志为本，考其原委得失，旁及百家杂记，或有事近鄙陋而可资谈助者，亦载之。翁树培曰：明代钱谱传世今已寥寥，作钱谱者或有图兼有说，如《泉志》是已。然虑图绘失真，或有说而无图，如张端木《钱录》是已。若有图而无说，或仅摹拓其文，胪列成册，而无一语之考订，在收藏家供鉴赏、娱心目自不可少。但既不成书，仅侪近世印谱之流，且图样每艰于摹印，而品类或诎于兼收，势不能多摹副本以广流传，岂古人钱谱之意乎？是以今未见其书，徒震其名，羡其新异者，恐多是此种耳，又何著录之足云乎？概不登录。

国朝《益斋主人货泉备考》八卷^写本。原序曰：钱古而传于今者，以黄帝货金为冠，然莫详所创始。至金刀变为圜法，则周成王十有三年以师尚父言始作之，更名为泉，泉即钱也。景王二十有一年，始铸大钱。秦汉以后，钱制递改，钱法日新，第缙绅、韦布罕有留意者。余性不好阿堵物，因武林黄松石馆于吾四叔父思敬主人邸第，以黄帝金见饷。朱斑古绿，悦人心目，辄为一日三摩挲。厥后间为构求，岁月既久，藏弄寖多。至十五年四月内，吾叔父弥留之际，以平日所蓄古钱赐为遗意。藏之箧衍，不忍玩视，忽忽又十年矣。兹以桐阴避暑，检阅古钱，聊以销夏。因其杂乱无章，久而或失，乃属家宾蔡子仲白考其沿革，次其朝代。至昔贤《泉志》《泉谱》《货泉录》诸刻以及经史子集，凡有关于钱制者，仲白随所见而摘录，用备参考。是书虽止八卷，上下数千年之制作因革，靡无了如指掌，此皆仲白稽古之力也。至定凡例，雠校对，冬夜烧烛，炎天忘暑，玩物丧志之笑余，亦盖有不免焉。梅溪《示子诗》云：广拾汉五铢，远及周九府。殆为斯编设耶？又云：更宜移此力，典坟读三五。寻味韵语，又弥用自歉也，因并序之简端云。乾隆辛巳中秋前二日，益斋主人并书于葆具书屋之西偏湛华亭。翁树培曰：此书卷首序钱制沿革，卷三以前序历代钱，卷四至卷七序赝伪、外国、神奇、厌胜、无考者及铁钱、马钱，附李清照《打马图》，卷八附记明代熏模、配铜则例及历代钞法沿革。卷内多引董迫《万泉志》、赵公《千家钱谱》二书语。按是书宗室亲王所著，翁树培有钞本。

张延世《广钱谱》一卷^{刊本}。是书张潮《昭代丛书》丙集所刻，题曰《广田水月钱谱》。延世字钝夫，宣城人。杂采史册钱数故实，自无一钱半钱，一钱二钱至万万钱，盖即汪道昆《数钱叶谱》之类，实与古钱迥不相涉也。

张丹《古钱记》^{未见}。翁树培曰：《泉刀汇纂》当引此书。丹原名纲孙，字祖望，号秦亭，钱塘人，生于明万历乙未。所著有《从野堂诗集》。西泠十子之一。

《方氏增订洪氏泉志》^{未见}。《金石文存》曰：雍正癸卯，予客金陵，晤桐城方既溪先生，出其所增订《洪氏泉志》相示。

方嵩年《钱谱》^{未见}。翁树培曰：无名氏《钱币考》云，近方氏嵩年有《钱谱》十卷，惜未之见。考内两引方嵩年《古泉诗》云云。徐朗斋云：方嵩年《泉志》释宅阳为高阳，谓是高阳氏之金。

李元仲《钱神志》七卷^{未见}。黄之隽《唐堂集·钱神志序》曰：晋鲁元道作《钱神论》，闽汀李元仲当明之末，因之而作志，溯自周秦，迄于明止，为卷七，为例十二，赅贯二十一史、诸子百家，旁及稗官野乘、仙释鬼神之事，自后王君公以至氓庶，巨而理财经国俸饷税稞之典，细而负担贩鬻之业，源于矿产冶铸，而极其流于窖藏销毁，间系以论断，咸公正中庸，指切事理，言之无罪，闻者足戒。元仲曾孙俟求序其遗书，为发其苦心，以垂法戒，不同于元道之恢嘲忿激者如此。

张端木《钱录》十二卷^{写本}。端木字昆桥，松江上海人，乾隆壬戌进士，历任金华、诸暨、常山令。黄小松易云张文敏之侄也。端木生于康熙辛卯，乾隆七年在京师，书作于壬戌之后。一卷至七卷叙次历代钱，八卷至十卷叙次不知年代、异钱、压胜等，十一卷为外国品，十二卷附记诸家著录，颇为简括。盖《洪氏泉志》止叙及后五代及辽耳，兹则宋金元明。端木自为搜罗采掇，可以继《泉志》焉。《金石契》引张敏庵，盖其号也。而所引大布黄千一条，今书无此语，何耶？汪康古《厚石斋集·大泉范诗》云：吾友有张子五铢泉范，见都市注引范文，即书中建武年五铢范也。又有《古钱诗》四首酬张昆桥^{一作乔}，有云：方思证续谱成新，不谓于今大有人。《钱录》千年传滴派，鄱阳一志有功臣。宋通以后详文幕，董逌之书别赝真。盖纪实也。

邱峻^{一作俊}《泉刀汇纂》六卷^{写本}。峻号晴岩，仁和人。书系钞本，有图，或摹拓其文，名为六卷而实不全，盖未成之书也。分沿革、利弊、建元、图异、官监、杂编六门，搜采颇详，编次杂乱无绪，如论周秦改元等，与古泉何涉哉？峻所著有《南湖纪略稿》，前有乾隆乙酉八月自序，则亦近时人也。

《钱币考》九篇^{写本}。是书潘毅堂有钞本，卷首有题字二行云：建业严长明东有甫为晋陵华南林先生校于广陵使院之官梅亭，时戊寅三月三日。三十三字，更无作者姓名。毅堂云：原有图，而未及摹也。书凡九篇，曰历代钱、曰本朝钱、曰古币、曰僭伪、曰外国钱、曰不知年代钱、曰压胜钱、曰金银、曰钞，此书所为名《钱币考》也。篇中引程荔江说，又云乾隆庚申余在江右，又云乾隆丁卯戊辰间，则书作于戊辰之后。其立论精当，有前人所未及者，但隐其姓名实不可解耳。

《胡氏续泉志》^{未见}。《樊榭山房文集·续泉志序》曰：吾友胡道周氏《续泉志》云云。倪涛《六艺之一录》载赵一清《续泉志序》曰：吾友胡君一日尽出所弄古钱示余，中指一大钱曰，此新莽货泉之镕也，今几二千年矣。土花活碧，重晕掩质，明处其光可鉴。转以赠予，且曰《汉书·食货志》云，冶镕炊炭，应劭曰，镕，形容也，作钱模也。昔花山马衎斋氏有大泉五十泉镕，朱太史竹垞为之铭，并著题跋语，题之曰笵。古之治器者以木曰模，以土曰铏，以金曰镕，以竹曰笵，偏旁点画，训诂极严。太史喜为新异，易镕为笵，虽笵亦可通范。《礼·少仪》云：左右轨范乃饮。《扬子太元经》矩范之动，成败之效也，皆取法式之意，然究不若镕字于鼓铸之义为更切当耳。君之博识类如此。乃复纵观所著《续洪文安泉志》，辨齐太公杏为齐太公货，定台主衣库钱文中王之钱为钱中之王，正讹补缺，无虑数十百条。盖君素擅篆籀之学，目精炯然，凝神注想，劈肌分理，不爽毫发，经行巷陌间见古钱，辄摩挲宛转忽忽如有意。及既得之，或释一名，或解一字，欢呼拉友朋共加欣赏，其耽痴成癖又如此。钱凡若干品，大者完轮周郭，方圜肉好，少者繁星，难可名状。君故多才，工于摹拓，伸纸破墨，色香俱足。暇则纂历代之规制，考传记之逸文，属夷僭国，神奇厌胜，靡不该载，取类之宏，用力之勤，梁顾烜、唐封演、宋董逌、杜镐辈莫有能过也。且君家食贫，颇有囊空之叹，而是累累者，又非可以为润屋之资，藩身之殖，君之宝之，吾甚惑焉。虽然，君毋以古钱之见弃于时、勿适于用，为足深慨也。以君储蓄之富，稍稍流布，岂必轻相炫耀，窃恐好事者按图求之，君即欲自珍惜，而有不可得者矣。乾隆元年月日仁和赵一清。钱唐黄小松曰：吾乡胡道周先生，易幼时见其人，喜搜集古钱，自云美备，先将各种钱及五铢范同拓本之谱质于赵氏，^{即任大理司丞者，与吴谷人善。}后卖与吾乡孙氏号景高者，至今尚存其家甚富，不可得也。所云钱谱，止有拓本，非著录也。

王澍《钱谱》^{未见。}《虚舟钱谱》并图罗聘云。

朱枫《古金待问录》四卷、《补遗》一卷、《续录》二卷^{刊本。}枫号近漪，又号排山，钱塘人。是书专考三代刀布，有图。枫藏古币百余，得于钱塘封叟，又以童二树、余松岩、陈百药诸人所藏，汇为续录。其图可取，其说不足存也。《金石契》讹为《古今待问录》。枫生于康熙乙亥，所著有《秦汉瓦图记》《雍州金石记》《排山集》。

万光炜《古金录》四卷^{刊本。}光炜字子昭，无锡人。是书专考刀布，与排山录略同，而论断胜之。光炜乾隆乙亥游汴梁，得古币百余品，又友人杨霁岩所赠异品，各为图志之。书成于壬寅，卷末并及汉钱，附古戈，后有吴绍濚、汪鸣珂跋，团维墉讨。按是书图多失真，不及排山录之惟肖也。

《华氏历代钱谱》^{未见}。《古金录》云：华氏师道有《历代钱谱》。

童钰《泉笺》^{未见}。钰字二如，改字二树，号璞岩，会稽人，越州七诗人之一。邵二云曰：二树著钱谱名《泉笺》，有图。

徐曰都《古泉考》一卷^{刊本}。按曰都字中甫，奉新人。所著有《洞春诗续》三卷、《鱼虫类注》一卷、《江西诗派考》一卷，与是书凡四种合刊。

宋芝山云周立厓于礼有《钱谱》刊本。苏州沈世贞云苏人周亦仙有《钱谱》。杭州袁姓说陆丽京有《钱谱》。

以上历代各家著录，皆翁宜泉《古泉汇考》中所录者。余嘉庆丙辰都中曾借录一通，间加按语，今全载于本卷。其有近人所著、翁考未载者列后。

《如服轩钱谱》十三卷^{未见}。陈莱孝撰。莱孝海宁人，曾刻《古泉七绝句》，序云：余少负古钱之癖，自神农金递至胜国，搜罗计一千余品。桑弢甫先生题余居曰铜香，以寓嗜痂之意。山阴王君湘洲为图小册。率赋七绝句于其后，其第六章云：顾张封李董金洪，正伪诪张太不同。差喜童鸟能弄笔，频年排缵学而翁。小注云：余著《如服轩钱谱》十三卷，大儿敬礼采录居多。余乙卯至武林，绍兴吴逸庵云陈氏古钱尚存。

江秋史《钱谱》二十四卷^{写本}。江德量字成嘉，号秋史，歙人，寄籍仪征，庚子进士，官至御史。是书一卷国朝钱，二卷至五卷古刀布，六卷至十七卷周至明历代钱，十八卷奇品，十九卷杂品，二十卷压胜，二十一卷伪品，二十二卷外国，二十三卷洋钱，二十四钱范并钞。是书各拓本图，间加考据，议论精当，其泛常之品则无论断。书虽未成，而大概已备。自秋史癸丑冬病殁后，闻稿本系宋芝山携交初颐园，属伊代刻，未审已刊与否。余壬子曾借原本展玩数月，录其大略志此，不胜人琴之感云。

《朗斋钱谱》写本。徐嵩号朗斋，金匮人，丙午举人，积学能文，屡试礼闱不第，后卒于楚。是编本未成书，但约举布币难得之品，加以考证，引据明确，有足补诸书所未备者。已援其论入各品下，而附见其书于此。

《古泉汇考》卷末未定写本。翁树培撰。树培，丁未进士，官刑部郎中。自九岁即蓄古泉，数十年如一日。此书汇考古泉源流沿革，以及历代著述、收藏诸家，凡见于载籍者，一篇一句，罔不详究异同，诚足为考古泉之总汇。余壬子癸丑从借钞张端木《钱录》，始不见古泉，其辨别真赝，得于宜泉者为多，因志其所编为自来著录之殿，以不忘追摹之意云。

《古泉汇》

李佐贤

说明：李佐贤（1807—1876），字仲敏，号竹朋，山东利津人。道光八年（1835）进士。清代著名古物鉴藏家、古钱币学家。《古泉汇》于同治三年（1864）成书，共64卷。

首集卷三　历代著录

恭读我朝《西清古鉴》，内《泉录》一编考据典核，图绘精妙，无以复加，洵堪折衷百代。而历代著录家即一知半解，亦有未可尽废者，特列其目于后。

《刘氏钱志》。张端木《钱录》按：梁顾烜《钱谱》奇异诸品每引《刘氏钱志》，未知何代人也。

《顾氏钱谱》。《隋书·经籍志》：《钱谱》一卷，顾烜著，又《钱图》一卷。张端木按：洪父安公云，烜梁人。

《封氏续钱谱》。《唐书·艺文志》：《续钱谱》六卷，封演著。

《张氏钱录》。《宋史·艺文志》：《钱录》一卷，张台著。张端木按：诸书皆以台为唐人，然台所录已及湖南马氏，则五季人，而宋初犹或在也。

《姚氏钱谱》。唐姚元泽著。见陈莱孝《钟官图经》。

《陶氏货泉录》。《宋史·艺文志》：《货泉录》一卷，陶岳著。晁公武《郡斋读书后志》：《货泉录》记五代诸侯擅改钱币之由。张端木按：岳祁阳人，官太常博士，知端州，有文集。

《金氏钱宝录》。张端木按：金光袭，宋人，见洪遵《泉志》序。

《李氏历代泉谱》。《宋史·艺文志》：《古今钱谱》十卷，李孝美著。周煇《清波杂志》：《历代泉谱》十卷，乃绍圣间李孝美所著。盖顾烜、张台先有撰说，孝美重修也。周秦后泉之品样，具载于帙。

《钱氏钱谱》。周煇《清波杂志》言：朝士王仪宗家有《钱氏钱谱》。

《铸钱故事》。宋杜镐撰，见《通志·艺文类》。

《钱币考》。罗泌撰《路史》内之一种。布币溯自上古，后之著录者多宗之。

《董氏钱谱》。《宋史·艺文志》：《钱谱》十卷，董逌著。张端木按：逌字彦远，官书学博士，著《广川书跋》，为考古者所重。金蕲谷按：此谱全帙无传，今所见《说郛》中寥寥数籓，非庐山真面也。

《洪氏泉志》。《四库全书提要》：《泉志》十五卷，宋洪遵撰。是书汇辑历代钱图，凡有文字可纪、形象可绘者，莫不毕载，颇为详博。然历代钱不尽传于后，遵自序：尝得古泉百余品，是遵所目验，宜为之图。他如周太公泉，形圜函方，犹有汉食货志可据。若虞夏商钱，何由识而图之？至道书天帝用泉，语本俚妄，遵亦意为绘形，则诞弥甚矣。张端木按：洪遵字景岩，鄱阳人，官至同知枢密院，谥文安。今此书刻入《津逮秘书》中，分为九品，曰正用品、伪品、不知年代品、天品、刀布品、外国品、奇品、神品、厌胜品，足资考证。然所载多未经见之钱，且天品、神品未免失之诬也。

《于氏钱谱》。宋于公甫著。见陈莱孝《钟官图经》。

《钱法纂要》。计一卷。《四库全书提要》：旧本题明丘濬撰。诸家所录皆不载，以其文考之，即濬《大学衍义补》中之一篇也。

《钱通》。计三十二卷。《四库全书提要》：明胡我琨撰。我琨字自玉，明末人。其书专论明代钱法，而因及古制。首曰正朔一统，次曰原、曰制、曰象、曰用、曰才、曰行、曰操、曰节、曰分、曰昇、曰弊、曰文、曰闰，凡十四门。其载明制，征引该洽，于明代钱法沿革言之尤详，多《明史·食货志》及会典诸书所未备。其叙述古制，亦足补唐宋各史所未详，董逌、洪遵、李孝美、顾烜各家所未载，皆足以资考证。

《徐氏钱谱》。明徐象梅撰。今其书不传。以上皆古谱，以下皆国朝人所著。

《泉刀汇纂》。《四库全书提要》：国朝邱峻撰，无卷数。泉谱创自顾烜、封演诸人，惟洪遵之书存，然考形绘文，而未及政典沿革之详。峻是书自邃古迄有明，典故、艺文悉为采录，分六门，曰沿革、曰利弊、曰建元、曰图异、曰官监、曰杂编。搜采颇详，亦多考证，而编次杂乱，亦未分卷，盖未成之书。

《历代钱法年号通考》。金蕅谷按：此书桐川盛志达书城撰辑，抄本，无卷数。得之松江张氏端木家，始高阳金，迄明末，附张献忠据蜀铸钱之文。

《钱录》。计十二卷。《四库全书提要》：张端木撰。端木字昆乔，上海人，乾隆壬戌进士，官诸暨县知县。此书卷一至卷七载历代钱币，并及伪朝僭号所铸，卷八至卷十载钱之不知年代者，卷十一专载外国钱，卷十二则叙述古来作志之人，而以洪遵《泉志》终焉。书中颇引洪说，宋元以后则端木所自蒐罗。

《历代钱图》。赵彪诏著。见邵齐焘《玉芝堂诗集》中。

《方氏钱谱》。计十卷。方嵩年著。见万光炜《古金录》。

《历代钱谱》。毕师道著。见万光炜《古金录》。

《古金录》。计四卷。无锡万光炜子昭著。专纪刀布，而秦汉及莽泉附焉。

《历代钟官图经》。陈莱孝谁园著。计七卷。卷一古刀布，卷二至卷七历代正品，附伪品，而以外国及不知年代品终焉。其自序云：货币出于黄帝之前，沈演论布，以为兴于周代，班固、桓谭皆谓商周靡记，何耶？罗长源《路史》载有葛天、轩辕之币，太昊、神农之金，由来久矣。梁顾烜始志，唐封演、张台、姚元泽、宋陶岳、董迪、李孝美、金光袭、于公甫之徒，从而广之，或传或佚，或阙而不全，惟《洪氏泉志》称完书，顾犹有谬误之处。乾隆庚午，钱唐梁公、虞山蒋公奉敕撰书，附列《西清古鉴》之末，考核精博。余蒐罗所得，编成七卷，定名《历代钟官图经》，纂述稍加详焉。金蕅谷按：此书未刻，其秦以前布悉以罗氏为宗，或以为未尽然也。

《续泉志》。计八卷。宋振誉药川著。其序曰：洪鄱阳《泉志》自虞夏商周迄五季，既详言图绘矣，第赵宋历八百年，泉府流布，非续无以传远久。仅将累积秦汉前后、唐宋元明暨异域各种，悉摹其样，计五百八十余种，厘为八卷，更图大钱二枚于首，以表尊王之义。列国朝第一。

《续泉志续补》。宋庆凝愚村著。愚村，药川之子也。其自序曰：余父续志，当年搜求古钱时，余亦竭力留心，购得一枚即呈左右。见背后，续觅五十多种，不及早摹拓，必散佚无稽。且续志中尚有小误，亦当改正重录，计钱图在六百以外。予书其说，并记续补之始末云。

《古金待问录》。杭州朱枫近漪著。于刀布一类有所引据。

《古钱考》。计四卷。休宁金忠淳古还著。金蓍谷按：忠淳又号砚云，为正希先生支族桧门先生德瑛之子。其自序曰：古钱谱自顾烜始，洪景岩集其大成。窃怪《泉志》终于五代，而续者无人。余故续以金元明，广搜详考，勒成一书云。

《江氏钱谱》。江都江德量秋史著。按秋史，乾隆庚辰鼎甲，授编修。其书有图。以上多从《晴韵馆古钱述记》摘录。

《古泉汇考》。计八卷。大兴翁树培宜泉著。宜泉为覃溪阁学方纲之子，嘉庆己未进士，由庶常官至刑部员外。专爱古泉，积数十年不倦，所著《汇考》八卷，卷一属刀布，卷二至卷七自周秦以迄明季，并外国无考者俱载，卷八则厌胜之类，视诸家钱谱蒐罗宏富，可称大观。惟刀布少于今所见者，又无伦次，且八卷俱有注而无图，阅者不能一目了然。其注又以多为贵，凡有一说见诸载籍者，无不备载，不免繁复，则仍系未成之书，未及刊刻而宜泉谢世。其草本被藏获窃出，幸为刘燕庭方伯所购得，为之补缺订讹，抄录成帙。其书之幸未湮没，而余之得所考证者，皆燕庭之力也。

《虞夏赎金释父》一卷。洪同刘师陆青园又号子敬撰。专载虞布、安邑布、当锾等布数种，以《书》有金作赎刑之语，断此为上古赎罪之金，其他刀布皆未及载。公由庚辰庶常官至霸昌道。

《癖谈》。国朝蔡云撰。号铁耕，元和人。《癖谈》一编兼论刀币圜法，往往独抒己见，发前人所未发。

《泉史》。镇洋盛大士子履撰。

《钱志新编》二十卷。云间张崇懿丽瀛撰。自上古以迄明季，兼及外国、厌胜各品，就中如唐钱有显庆、长庆、宝历，五代钱有开平、凤历、保大、永和、大有等品，皆近代藏泉家所未见者，不免令人滋疑。

《货布文字考》四卷。华亭马昂伯昂著。专论刀布，分属列国。然必谓列国以前全无刀布，论古者未尽以为然。

《吉金所见录》十八卷。莱阳初尚龄渭园著。自周初以迄明末，兼及外国、厌胜诸品。所收殊少伪品，持论亦多精确，较诸谱为胜，惟以刀布尽属列国，亦不免武断也。

《泉志辨误补遗》两集。嘉兴瞿木夫仲容著。辨误正《泉志》之纰缪，补遗收《泉志》所未备，体例颇精严，惜未刊行。

《古泉丛话》四卷。钱唐戴熙醇士著。前三卷自周迄明，兼及外国，后一卷补论刀布，专载正品，而汰厌胜。自注云：余之著《丛话》特戏耳，不求备也。故余于摹拓，亦有例焉。凡余有说焉，而家无其泉，勿招也；家有其泉，而无说焉，亦无拓。古今泉谱甚多，著者滥而阅者厌矣。此《丛话》乃泉谱中逸书，盖藉以传耆旧风流、交游韵事耳，非考古全书也。公由壬辰翰林官至大司马，同治初年杭州城陷殉节。

《晴韵馆古泉述记》。仁和金锡鬯蕮谷撰。起周秦，逮明末，专记圜法，不载刀布。

《嘉荫簃论泉绝句二百首》。诸城刘喜海燕庭著。仿《论诗绝句》之例，于古泉典故搪撷略备，误者辨之，近人说亦兼有采取。与戴醇士之《古泉丛话》皆论泉之创格也。公为文正曾孙，由丙子孝廉官至浙江布政使，蓄泉最富。又有《泉苑》一编，计一百卷，集诸家拓本之大成，但未注释，亦未成之书也。

《钱神志》

《钱神志》（七卷），闽宁李世熊元仲著。

《钱神志》一书为九世祖寒支公所著，尚未刊行，子孙手抄一二部世传珍藏。乙酉春，秋槎赞府娄公署篆泉阳，悉心民瘼……搜求先祖遗传。读《钱神志》……爰商于吾族用聚珍版刷印数部，以公同好，命小子国华校对，凡四阅月而书告竣。至于刊板行世，俟后之贤而有力者。道光丙戌嗣孙国华谨识。

卷首有华亭黄之隽序。

《奇器图说》《诸器图说》

《奇器图说》，一名《远西奇器图说录最》，二卷。西海耶苏会士邓玉函（Jean Terrenz, Terentio, 1576—1630）口授，关西景教后学王征译绘。邓玉函，日耳曼人，1621年来华。王征，《明史》无专传。王端节于《明史》附祝万龄传后，只载姓名，无事实一字也（见《天启壬戌科泾阳王端节公会试朱卷》）。据《陕西通志》王征传：征字良甫，号葵心，谥忠节，陕西泾阳人。天启壬戌进士，官扬州府推官。

《诸器图说》一卷，按此乃王征自著，而费赖之（A. Pfister）著《入华耶苏会士传》（冯承钧译）第四十六传第185页云："《奇器图说》二卷，一六二七年北京刻本，玉函口授，王征笔述。一六二八年南京刻本，前有玉函弟子张某（Tchang Yong-yu）序，一八四四年收入《守山阁丛书》，征与玉函别撰有《诸器图说》一卷，皆言力学及各色器具之书也。"其实"《新制诸器图说》，凡九器，皆其个人发明者"（见方豪：《中西交通史》下册，第751页），自然是王征自著，和玉函无关。王征别撰有《两理略》及《额辣济亚牖造诸器图说》稿本，藏天水图书馆，可能未刊行。《奇器图说》初版刻于北京，后由金陵后学武位中较，安康张鹏翂梓行。道光庚寅重镌，来鹿堂藏版。关于王征及其著述，可参看如下文章：

一、《重刊王忠节公奇器图说序》，道光己丑四川候补直隶州州判安康张鹏翂刊于锦官。

二、《陕西通志》本传。

三、《奇器图后序》，崇祯改元直隶扬州府儒学训导武位中撰并书。

四、《远西奇器图说录最》，天启七年丁卯了一道人王征自序：
……丙寅冬，余补铨如都，会龙精华、邓函璞、汤道未三先生以候旨修历，寓旧邸中，余得朝夕晤请教益，甚欢也。暇日因述《外纪》[西儒艾儒略（Jules Aleni，1582—1649，意大利人）《职方外纪》]所载质之，三先生笑而唯唯，且曰："诸器甚多，悉著图说，见在可览也，奚敢妄。"余呕索观，简帙不一，第专属奇器之图之说，不下千百余种。其器多用小力转大重，或使升高，或令行远，或资修筑，或运刍饷，或便泄注，或上下舫舶，或预防灾祲，或潜御物害，或自舂自解，或生响生风，诸奇妙器无不备具。有用人力、物力者，有用风力、水力者，有用轮盘，有用关掞者，有用空虚，有即用重为力者，种种妙用，令人心花开爽。……（邓）先生为余指陈，余习之数日，颇亦晓其梗概，于是取诸器图说全帙分类而口授焉。余辄信笔疾书，不次不文，总期简明易晓，以便人人览阅。然图说之中，巧器极多，第或不甚关切民生日用，如纸鸢、水琴等类，又或非国家工作之所急需，则不录，特录其最切要者。器诚切矣，乃其作法或难，如一器而螺丝转太多，工匠不能如法；又或器之工费甚巨，则不录，特录其最简便者。器俱切俱便矣，而一法多种，一种多器，如水法一器有百十多类，或重或繁，则不录，特录其最精妙者。……

凡例

一、正用

一、引取

一、制器器

一、记号

一、每所用物各目

一、诸器所用

一、诸器能力

一、诸器利益

一、全器图说

《新制诸器图说小序》，天启六年王征自序。

另外，《北平图书馆馆刊》八卷六号载有《王征遗文抄》、陈垣《泾阳王征传》、张鹏翮《天启壬戌科泾阳王端节公会试朱卷跋》，研究时可参考。

《明实录》序

昔刘知几著《史通》分叙六家，统归二体，编年与纪传是也。实录体例本属编年，而与起居注为近，欧公作《新唐书》专列一门实录，凡二十八部，而唐代居二十有五。今则有目无书，仅存者《顺宗实录》五卷而已。宋代实录卷帙繁多，即论神宗一朝，已三易稿，始则黄张名笔，继则章蔡诬辞，南渡开局三修，至为重视。明人尚及见所谓朱墨本者，今则钱若水《太宗实录》二十卷、刘克庄《宁宗玉牒初草》二卷而外，一无所存，此皆究心乙部者之所深痛也。明代实录见于史志者，为部一十有三，为卷二千七百有九，而怀宗阙如，未为完帙。又当朱明有国之日，禁例綦严，进实录者焚稿于太液池，藏真于皇史宬，廷臣非预纂修不得寓目。至申时行当国，虽许流布而传钞者稀，汲古阁毛氏所藏之棉纸精钞，为册二百五十有九，昆山顾亭林先生自言手钞实录凡十三朝，今则自内阁库本及徐坊钞本外，所谓毛本顾钞举不得见，惟广州图书馆藏有范氏天一阁旧藏之太祖、英宗两朝实录数册而已。南京龙蟠里图书馆旧曾传钞明代实录，自洪武迄崇祯凡十六朝，为卷二千九百二十有五，曩尝见其目矣。丁丑之秋，中日战起，越四月，而京师不守。明年三月，鸿志秉政金陵，下车即首问图籍，则馆中善本皆为人辇载以去，所存者惟近年影印之书耳。既越一载，有以复壁秘藏告者，遂命所司按视得实，破壁取之，都为书八百三十七种，闭置经年，有糜烂者，然名椠精钞，举无所见，惟传钞本明代实录宛然在焉。夫实录一书，关系有明二百七十七年之朝章国故，曩藏中秘，初未刊行。兹本虽属传钞，海内亦不多睹鸿志既及其未就湮腐出之壁中，使更历岁年，再经燹劫，则此三千卷之臣帙，安知不与唐宋实录诸编为艺文志中存目之书耶？然则流布之责，殆天以畀鸿志，而非异人任矣。惟刊布之资，至不易集，鸿志既出钱付诸影印，凡九阅月而后毕事其原钞略有讹字，将别为校记附之以行，盖既省剞劂之烦，亦以免钞胥之貤误也。若夫实录中之诬辞怼笔，往往有之，如王世贞之《史乘考误》，沈德符之《野获编》，阎若璩之《潜邱劄记》，反覆申论不厌致详，此辨正史事之所为，必先事贯穿，而后能加以考订，是则有望于益世专家与夫后来之学者矣。中华民国二十九年岁次庚辰二月，长乐梁鸿志序于南京官邸之爱居阁。

地方志中的社会经济资料及索引

永远裁革夫马详文　布政使司唐炯

为裁革夫马筹款支销以苏民困详请立案具奏以资遵守事，窃查夫役一项，当我国家未均征徭银以前，在官人役皆于所属民人内签令充当，名曰力差。后改令民输银助役，曰力差银。最后复摊征于地粮，曰均徭银。自是遂著为令，役皆募充，即以均徭银给役食，载在会典及赋役全书，历久遵行。国家轸念民、依用民而不欲竭民，取民而惟恐扰民，法至善也。云南一省，自咸丰初回匪倡乱，二十年来，兵燹之后，继以瘟疫，死亡流离，十室九空，大乱既定，为之司牧者，当如何长养爱育用固邦本而培元气，乃本司本年由蜀赴滇，既又出历临安、开化、广西各境，所过沿途田地荒芜，城市萧索，乡民衣食褴褛，妇女至不能蔽体，民食多用包谷，稻米则留待旅客，凋敝情形良可哀叹！历引父老问其疾苦，率称夫马之害，最为民病，其弊厥有三端：一在地方官之苛派也。各府厅州县平时肩舆旗锣伞扇，以至看堂看门看监卡押犯下至洒扫刍牧，率派用民夫，至拜年及因公晋省，或新旧赴任去任，更无常数，少者数十名，多者一二百名不等。派夫之外，又复派马，平时则有跟班马、听差马，办差则有送差马，办差之家丁、书役、庖人无不用马，甚至派夫马外，又折夫马，是既竭民力，又竭民财也。一在出差委员之需索也。委员夫马之害，尤在折价。上年善后局定章，一马折钱六百，一夫折钱三百，给票由各属夫局验发，滇民生计艰难，安所得如许钱文备折，即使长照局章已觉民力不逮，何况法行未久，数寖加多，下不敢言，上亦无由而知。又如查班管催钱粮等差事，以远为优，其所折夫马价数倍于州县所送程仪，犹不止取百姓之脂膏作穷员调剂，是因官病民也。一在各属夫局之中饱也。近年无论冲途及偏僻州县，皆设有夫局，多属劣绅或乡约伙头经理，官所派折，既已过当，此辈又从而益之，所益之数，悉用朋分，官即知弊中馈而不便过问，民虽怨讟畏势而不敢上告，是又官以夫马病民而奸民复以夫马自相病也。又况文武绅士衙门兵差概不支应，所支应者止力作穷民，其何以堪。以上各弊，舆论佥同，倘非痛心疾首安能众口一辞，夫既征均徭，又复用民，是失信也。徭银之外，又复折价，是重征也。揆诸圣朝立法之意，恤民之心，将毋大谬，况乱后之民，既远不如前之富庶，今者用民转较以前烦多，奔走道途之不暇，何时得尽力田间，门户钱粮之不支，客民亦闻而裹足，民稀土旷，职是之由。窃计云南承平时，岁入赋役正供不过二十余万，乱后犹不及二十万，以今所派夫马，约计民间所费岁不下百万，末大本小，务私害公，厥弊伊于胡底，本司道等踌躇再四，非尽数裁革，无以纾民用，将局章从新更定，别筹闲款，提归善后局经理，嗣后大小差使，一经奉委悉由局按往返程途核发，照市雇募，通饬各地方官，不得派一民折一夫，各属夫马局一律裁撤，庶积弊全清，而民力可裕，然后徐责令各厅州县招集流亡，劝课农桑，务和民心，勿挠民力，庶期衣食裕饶，自然祸乱不作，是所费实少，而所裨为甚多矣。所有裁革夫马，筹款支销，以苏民困，呈请立案具奏，以资遵守。缘由是否有当，理合具文呈请宪台察核具奏，饬遵至学院出棚考试夫马之数，亦经酌定并请咨明立案，除详督、抚宪外，为此备由另册、文呈乞照详施行，须至详者。（《呈贡县志》卷七《续修艺文》，第七十四至七十七页）

裁革书役乡保陋规碑记　知县邵仁乐

案据县民袁万才等赴宪辕具诉，蒙委前后昆明县萧、傅会同本县逐一讯明，传集绅士晋德厚、李珀、段联锦等会议分晰禁革积弊具详奉批，所议房费、差费等款均属允当，即给示勒石，以垂永久，庶免仍蹈前辙，致累里民等因奉此，而案定如山，各书役乡甲人等自应一体遵照详定章程，不得格外多索，如敢抗违，一经查出，或被告发，定当尽法严办，断不轻恕，其各凛遵毋违，特示。条款开列于后，以为记。

一、遵定每年征收条公银两，银钱兼收，每纳条公银一两，加银一钱，以奏作乎针解等费，乡约经催不得经收，花户自行上纳，眼同收书、二比秤收，如有不敷，当时令其秤足，以杜开追短银之弊，零星小户上纳钱文，以一两加一钱之数照市低昂合价征收，每两给收书纸笔钱三十文。

一、遵定每年征收税秋粮一石，内六分米系省仓上纳，四分米系每石征银一两五分，如全数折银，亦每石征银一两五分，今奉文改征本折以一米二谷征收，每斗谷应上款费钱十文，串票纸费钱三文，如日后仍征折银，以每石一两五分之数照条公一两外，加解费银一钱，二比眼同征收，至六分米四分折，合上粮一石，给收书纸笔钱四十文。

一、遵定每征收条公银两税秋粮石，合户破户上纳，听民自便，见毫收厘，见勺收合。

一、遵定每年征收常平仓谷平放尖收，地盘风箱尾谷，听民自扫，每石收耗三升，给收书纸笔钱三十文，斗级背量钱五文。

一、遵定每上采买谷石，一半尖收，地盘风箱尾谷，听民自扫。每石加耗三升，给收书纸笔钱三十文，斗级背量钱五文。

一、遵定每年替乡约头人大村给钱三百文，小村给钱二百文。

一、遵定每年认乡约头人大村给钱三百文，小村给钱二百文。

一、遵定每年应造烟户丁口册费，大村给钱一百五十文，小村给钱一百文。

一、遵定每年应造出借谷石花名册费，每村给钱一百文。

一、遵定合邑六乡每乡票差一名，催办条公大粮仓谷，以专责成，大村每年给差费钱一千文，中村给差钱八百文，小村给钱六百文。

一、遵定纳条公银两，扫数之期，每两给收书对同查算钱三文。

一、遵定纳税秋粮，扫数之期，每石给收书对同查算钱五文。

一、遵定纳采买仓谷，扫数之期，每石给收书对同查算钱二文。

一、呈邑周围三四十里，路途较近，凡差役下乡骑马，现奉上宪革除，繁冗书差奉旨裁汰，以免扰累。

一、厅衙火塘钱文，前经控告，奉文禁革在案。

一、厅衙从无收取替认乡约钱文，奉文禁革，概不准收。

续将合邑大中小村额分载于后：

一、每村粮额至一百石以上者，均属大村。

一、每村粮额至六十石以上者，均属中村。

一、每村粮额至五十石以下者，均属小村。

嘉庆十三年戊辰十一月二十九日（《呈贡县志》卷六《续修田赋》，第三十三至三十六页）

雍正《浙江通志》

卷一四八《名宦三·娄至德》，《献征录》：字存仁，通许人。正德进士，任杭州知府，属邑海宁多海患，至德建筑石塘以防之。升浙江布政司参政，晋右布政，岁大祲，两台下议，至德以减馈遗、罢宴会为急。既出，僚吏曰："公言两浙福也。"复剂量赋役，厘为十卷，名曰《两浙赋役成规》。转福建左布政，升山东巡抚。

卷二五四《经籍十四·两浙志乘下》：《两浙赋役成规》十卷，《黄氏书目》：娄志德为浙江右布政时辑，字存仁，通许人。

《赋役详议》四卷，《黄氏书目》：浙江参政钱嵘撰，字民望，南直隶通州人。

按：此书列在《成规》之前，其余则在后。

《浙江赋役全书》，万历壬子汇修，康熙间再辑。

《嘉善清赋平役新书》四卷，明沈受祺辑。

《里役书》，《黄氏书目》：章嘉祯著。

《惠浙一条鞭》一卷，不知撰人。

《两浙赋役考》，钱塘吴允嘉著。

《丈量则例》一卷，《海宁县志》：知县许天赠著。

《派贴均差书册》，《海宁县志》：知县林恭章著。

《三邑田粮七辨》，明王儒撰。

《矿防考》一卷，万历《杭州府志》：巡抚都御史刘畿撰。

《处州银冶志》，新昌应子才著，平凉赵时春序。

同治十年《番禺县志》

李福泰主修，史澄、何若瑶总纂，五十四卷。

卷十九《经政略·田赋》：

万历九年清丈……

是年（万历四十八年）攒造赋役全书，将本县新生沙坦列入秋粮编征，是以税多于三十年之税。今顺治十四年攒造通省赋役全书，奉文以万历四十八年粮差额数为例。（俱任志）

谨案前明税粮合之，现在征额数不相符，查省郡各志亦无细数可稽，赋役从现额断以国朝科则，足昭法守，故于明代税数削而弗录。……

谨案《大清会典则例》载，顺治十年议准，直省改折本省钱粮用一条鞭法总收分解，永著为例。

卷三十二《列传一·宦绩》：

侯邦治，广西临桂举人。万历五年任从化知县，政尚宽平，听讼必得其隐，征赋加收，悉为禁革。署理番禺县值行弓田法，躬履畎亩视高下，指计目量，推新增以补旧失，适足原额而止。吏无挪移之奸，民免加赋之累。改调去，民立祠祀之。（据任志）

道光《南海县志》卷五《舆地略一·前事沿革表》："万历九年行清丈法，知县周文卿以田土为里胥隐蔽挪移，原额不足，每亩加派二分，名为定弓，通省所无也。""崇祯十年税郭内民房无广狭，以一钱为率。""十一年知县符莱设火签，征逋户粮，均直柜，革皂役押班。"

严州赋役索引及义谷

万历《严州府志》，知府杨守仁主修，徐楚纂修。

第二十卷《艺文志一·赋咏》

第二十一卷《艺文志二·制词　章奏（书附）》

第二十二卷《艺文志三·府序记》

第二十三卷《艺文志四·建德序记》

第二十四卷《艺文志五·淳安序记》

第二十五卷《艺文志六·桐庐　遂安　寿昌　分水序记》

卷三《经略志一·公署》：

桐庐县治在安乐山下……正德五年、十六年，知县黄秩、张莹相继增拓，改后左右为仪仗、黄册二库，又立榜亭于县门。……（第七页）

卷四《经略志二·义仓》：

万历五年知府杨守仁仿朱晦翁社仓意，劝民出义谷，听各报多寡之数于官，而谷就藏本家，不入公庾。岁终六县共申报义谷三万八千七百石零，府白其状于院司，一百石以上者六十六名，荣以冠带，五十石以上七十五名，及四十石下至二三石者，俱次第给扁旌之，仍刻为册，给各图里递，以防干没，次年五月米值稍高，府开官仓平籴，下令义谷百石以上者粜如官价，秋成各积新谷如原数，民咸称便焉。（第二十九页）

华亭赋役

《华亭县志》，光绪四年，姚光发总纂，二十四卷，卷首、卷末各一。

卷七《田赋上》：

（雍正）六年奉旨将应征丁银均摊地亩。（宋府志）案前志云：优免人丁每丁该银一分八厘六丝三忽四微八纤四沙五尘，改追充饷。当差人丁每丁该银一分八厘六毫二丝五忽九微四纤七沙九尘，共该银五百五十一两七分三厘，遇闰加征银十八两七钱四分六厘，随田办纳。同治四年，赋役全书各项田山荡泺折实，熟田每亩摊征人丁银一厘六丝有奇。

卷八《田赋下》：

嘉靖十六年（娄志作十八年），巡抚欧阳铎（郭府志作欧阳必进，娄志据《明史》作欧阳铎，今从之）、知府黄润定税粮之额，止以本色粮米、折色金银派征。（时议八事以定税粮，其八曰以征一定其额。凡金花白银、粗细布价及正耗白粮外，加春办等项，省去头绪，止作粮米、白银两项派征，见郭府志。案宋府志引《明会典》，弘治十七年，令松江等府阔白棉布以十之六征本色，十之四征折色，此当是棉布折银之始。至三梭布折价不知始自何时，郭府志万历四十八年三梭布每匹折银六钱一分，棉布每匹折银三钱，应解本色者以价银发解户承办，其制当即嘉靖时所定，盖向时折米以布，至此复折布以银，而折米者乃止有银矣。）又按丁田编征均徭里甲银（见郭府志。案明时衙前一役佥民户次第承当，谓之均徭。其祭祀、宾客、官府所需，则派之里甲，至此总徭役之数，按丁田而均派以银，其征于丁者，当为人丁银所自始）。

附记起运旧目（第二十三至二十六页），记明代各项折价银数甚详。

明京库金花麦折银：每石折银二钱五分。

公侯驸马伯公主岁支小麦折银：每石折银四钱。

南京仓麦折银：每石折银四钱，国朝改拨督镇等兵饷。

南京农桑丝绢折银：每匹价银七钱，内三分解本色，以价银发解户承办，其七分解折色。国朝以折色银改给江南省城兵饷，余征原编价银以抵采办。并见郭府志。案：以上四项皆夏税，今并入地丁银。

五府五部等各衙门八分本色禄米：各衙门禄米除二分解折色外，其八分解本色，每正米一石加耗米二斗。国朝顺治九年，漕督沈文奎题定每正米一石加盘用耗米二斗。见郭府志。案：此项与白粮，明时皆为民运，所谓北运也。国初改为官运。其后官运既罢，此项当并入正兑正耗米。但宋府志不详，未敢臆说。

南京光禄寺会同馆次白祝米：每正米一石加白耗米二斗，每正耗一石加春办米二斗。崇祯八年，又于原编折色内改派本色，正耗、春办米数皆增。国朝顺治七年，以其米十之八改为每石折银一两五钱解部，以十之二改给南省兵粮。

南京神乐观米：每正米一石加耗米二斗。国朝改给督镇兵粮。并见郭府志。案：以上三项旧为秋粮本色，今以改折之银并入地丁，其改给兵粮之米皆为南粮。

金花折米银：每石折银二钱五分。

三梭细布折米银：三梭布每匹准米二石，向解本色，其后每匹征价扛银六钱一分，发解户承办。万历四十五年，分别改织黄丝三线、黄丝二线二项，每匹各增铺垫扛费银。国朝顺治十年，以黄丝二线布七分之六分半有奇，改为每匹折银一两外加扛银，其余应解本色者，仍征价扛铺垫等银。又征改折所余之铺垫银以抵采办。

棉布折米银：棉布每匹准米一石，其后分本、折二色，解本色者每匹征价扛银三钱，发解户承办，余每匹征折色银三钱。万历四十五年，本色布每匹加铺垫扛费银。国朝顺治十年，以本色布十分之八分半有奇，改为每匹折银六钱外加扛银，其余应解本色者，仍征价扛铺垫等银。又征改折所余之铺垫银以抵采办。

宗人府等衙门派剩米折银：每石折银七钱。明时有荣昌寿宁公主禄米折银在内拨派，国朝裁之，此项因得减编。

府部各衙门禄米二分折色银：每石折银一两。

南京光禄寺白祝米折银：每石折银七钱。崇祯八年，于其中以十分之四分有奇改征本色，余仍原折。国朝改拨督镇等兵饷。

公侯驸马伯公主岁支禄米折银：每石折银七钱。

南京公侯驸马伯并府部等衙门禄俸米折银：每石折银七钱。国朝改拨督镇等处兵饷。并见郭府志。案：以上八项旧为秋粮折色，今皆并入地丁。

南京各卫仓米：松江一府原编正米一万三十七石有奇，耗米一千四百二十七石有奇，每正耗米一石并折银五钱。崇祯八年，改征本色，又增席竹圈杌等一千三百石有奇，内以七千九十余石拨给督镇兵粮，余给省城运军行粮。国朝顺治十四年，裁免崇祯时所增之米，其兵粮仍给前数，其运军行粮改为本折各半，均支折价银，仍每石五钱。十七年，又尽征本色。见郭府志。案：此项旧亦秋粮折色，后改本色，内督镇兵粮今为南粮米。至省城运军行粮是否并入各标营兵米之内，宋府志不详，今无考。

京库马草折银：每包折银三分。

南京定场草折银：每包折银一分八厘。国朝改给督镇等处兵饷。

京库户口食盐钞银：松江一府共七百七十两有奇。

修河米折银：万历二年，松江一府共编米一千五百余石，每石折银六钱。四十八年，银数倍增，谓之二升米折银。国朝康熙元年，河督朱之锡题增银一千余两，谓之三升米折银。以上见郭府志。案：此项向解河库，乾隆二十八年统归地丁，解布政司。见赋役全书。

甲丁二库料价银：甲字库有银朱、光粉、腾黄、乌梅、靛、花青等料，丁字库有桐油、铜、锡、黄蜡、生漆等料，向解本色，以所编料价银及不等铺垫银扛银发解户承办。国朝顺治十年，量改折色，而于原编银外增其价银，其应解本色者，仍按原编料价铺垫银数征抵采办。

光禄寺菉笋厨料银供用库蜡茶银：黄蜡向分本、折二色，应解本色者，每斤征价银二钱。芽茶向解本色，每斤征价银八分。均发解户承办。余黄蜡每斤征折色银二钱。国朝顺治十年，于二项本色中量改折色而倍其价，又增叶茶每斤征折色银四分，其余应解本色者，仍按原编料价银数征抵采办。

光禄寺牲口银光禄寺药材银工部四司工料银：嘉靖三十六年增编，国朝顺治十五年又增银数。以上并见郭府志。

岁造缎匹银：顾府志土贡内，本府织染局岁造各色纻丝一千一百六十一匹，遇闰月加九十七匹。郭府志，万历四十八年会计匹数同，而折以不等价银，又加铺垫解扛及箱柜等银。国朝康熙元年会计不记匹数，而所编缎匹料价则减于旧，又不载铺垫银数，而增虎豹皮金料价银一项。合之缎匹料价则银数视旧有增，其增减之由不可考。

斧刀砖料银民七箭枝料价银：松江一府岁造箭四万枝。

民七军器料价银：系盔甲刀弦等器。

胖袄价银：松江一府原编胖袄二百八十副，每副价银一两二钱。以上三项向解本色，以所编价银发解户承办。国朝顺治三年，尽改折色而各增价银。

南光禄寺蜜糖银惜薪司运柴银南礼部药材银：以上三项国朝改给江南省城兵饷，惟此项银数视旧有增。并见郭府志。

驿传马役银：洪武时以北方地广人稀，于苏、松等府照粮金拨马夫，赴山东、凤阳等处养马。走递马夫分正、副，正者住坐养马，副者轮年集价供送。正统十二年，巡抚周忱因集价买马重为民患，议于秋粮带征耗米，易银代之。弘治十六年，知府刘琬以马夫名役犹为民累，奏准征米易银，募各处土民充役。见顾府志。国朝改充兵饷。见郭府志。

协济昌平州驿站银：国朝改解户部。见郭府志。案：自京库马草至此二十项，旧皆秋粮折色，今并入地丁。

均徭里甲银：国朝以原编十分之六改给省城操院并督镇等兵饷。又于原编官役俸工各项公费银内量为裁扣解部，余仍抵给俸工祭祀公费等用，其抵给不敷之银当有增编。见郭府志。案：明时有解京富户银，当为均徭，今仍解部，是并入地丁也。又徭里内有导河夫银，向解河库，乾隆二十八年令归地丁，解布政司。又俸工等项有历年裁省之银，统归布政司扣留充饷。见赋役全书。

解扛贴役银：郭府志载，明万历时凡解折色银及本色布匹、颜料等，皆有解扛银，又北运白粮等皆有贴役银。国朝于解扛银仍其旧，而康熙元年均徭里甲项下有白粮总部协部公费等银，亦称经费银，当即明之贴役银也。

兵饷银：嘉靖三十三年、万历十九年所增。国朝改给督镇等兵饷。

九厘地亩银：万历年所增。国朝顺治四年后仍之。并见郭府志。以上旧在税粮之外，今皆并入地丁银。

案：唐自行两税法以后，天下百姓输赋于州府，一曰上供，二曰送使，三曰留州。及宋太祖乾德三年，诏诸州支度经费外，凡金帛悉送阙下。见《日知录》。盖起运之数，唐时不过三分其赋之一，所谓上供是也。至宋而其数乃增。元时粮钞留给府之官兵禄食外，悉供于朝，钞转行省广济库，粮则海漕京师。见顾府志。然其目皆不可考，可考者明而已。我朝定鼎，以明万历中赋额起征，故郭府志于万历四十八年会计悉为详载。有为国朝改拨者，于康熙元年会计又详注之，凡起运本折二色中孰为夏税，孰为秋粮，孰为徭里，一一可证。至宋府志则从赋役全书之例，不复致详，故康熙以后增裁改拨之银米不尽可晓也。顾府志云：昔人论古额征税，当存其窠名，不可并省。今师其意，因即明时旧制为今所裁并者，详附于此。

万历时力行一条鞭法……并为一条，计亩而征。见《明史·食货志》。案：一条鞭法并役于赋，创自嘉靖中苏州知府王仪。时松江知府黄润定税粮已仿行之。隆庆三年巡抚海瑞申行其法，然我郡里役犹有力差。至万历五年后，乃尽征银入官，详见役法，故《明史》谓一条鞭法嘉靖间数行数止，万历九年乃尽行之。

万历五年巡抚胡执礼重定徭里甲贴役法。先是知府黄润定均徭里甲，以丁田计亩征银，然犹兼用力差，至是尽改银差。时议七十亩加银一两，给事中林景旸上书力争，得减十七。并见郭府志。景旸书略云……

是时巡抚徐民式题准绅衿限田免役，余俱一体当差。役分上中下三则，以田多寡为差。疏略云……

卷二十三《杂志》：

……就吾郡一府之田论之，华、娄、青邑亩收三四钟，皆石外起租，其至一石五六斗者比比。崇祯中，华、青美田每亩价值十余两。缙绅富室最多不过数千亩，无贱价之田，亦无盈万之产也。顺治初米价腾踊，人争置产，已卖之家加赎争讼，连界之田，挽谋构隙，因而破家者有之，因而起家者亦有之。华、青石五六田，每亩价十五六两，厥后米价渐平，赋役日重，田价渐减。迨至康熙元、二、三年间，石米至五六钱，而差役四出，一金赋长，立刻破家。里中小户有田三亩五亩者役及毫厘，中人之产化为乌有。狡书贪吏，朋比作奸，图蠹虎差，追呼络绎。视南亩如畏途，相率以有田为戒矣，往往空书契券求送，缙绅力拒坚却，并归大户。若将浼焉，不得已委而去之逃避他乡。中产不值一文，最美之业每亩所值不过三钱五钱而已。自均田均赋之法行，而民心大定。然而谷贱伤农，流离初复，无暇问产，于是有心计之家，乘机广收，遂有一户而田连数万亩，次则三四五万亩，至一二万者，亦田产之一变也。是时数年之间，丰歉不一，米价亦不大昂，然赋役大非昔比，故惟多田者多藏。夫物盛而衰，固其理也。昔人谓米价太昂，则食于人者困；米价太贱，则食人者困。田价亦然，低昂贵贱之间，于民命有深系焉者矣，可不加之意哉！（宋府志。案：梁天监壬午斗米五千。吴越时米一石不过数十文。宋绍兴己未斗米千钱。明嘉靖乙巳米贵，每石一两六钱；壬戌大饥，斗米一百七十文。万历戊子大饥，斗米银二钱，斗麦银一钱。崇祯辛巳大饥，斗米至三四钱。国初顺治辛卯米贵，每石至四两。康熙丙午大熟，斛米二钱；己未米贵，每石二两四钱。乾隆戊辰米麦腾贵，石麦三两，斗米二百文；壬申大熟，斗米不足百钱；乙亥米贵，斗米二百文；丙午米贵，每斗至五百六十文。道光癸未水灾，斗米亦五百六十文。旋因川米接济，米价渐平。己酉水灾，斗米六百文。至同治壬戌秋粤匪初退，田多荒弃，石米竟至十二千五百文云。）

田之价值，下乡之膏腴者最贵，以粮较轻而租易得也。然三十年前亩值七折钱五十两者，及嘉庆甲戌歉收后已减十之二三。自道光癸未后，则岁岁减价矣。癸巳冬，此等田欲以易钱十千无受之者。等而下之，有亩愿易一千钱者则尤难去之耳，此业户买田之价，俗云田底是也。又有田面之说，是佃户前后授受之价，亦视其田之高下广狭肥瘠以为差等，向来最上者一亩可值十余千，递降至一二千钱不等。若村落稠密，人户殷繁，进水出水便当，即下田亦如上田之值。惟田亩窄狭者，虽田脚膏腴，而农人多恶之，不愿承种。至近今三年弃田赖租抛荒者众矣，奚暇计及田面哉！（姜皋《浦泖农咨》。案：漕田价至道咸年为最贱，自同治初赋减米贵，价渐增焉，惟地方蹂躏较深，村落凋敝之处田价仍贱，若濒海折田价，每亩向值钱三四十千者，今仅止十余千，至田面由佃户乡间授受者曰顶种，佃户退业另召者曰召种，其价全视村落之盛衰以为准。谚云"田落富家村"是也。田底贵贱亦系之。今岁非丰，而米仍贱，至有召价亩需一千钱而无承种者，农贫益可见矣。）

松江有余之家昔年放债，富者出本，贫者出利，夏月放出，冬月收入，有无相通，贫富俱利，岁岁皆然。自海刚峰禁民征债，民习遂变，有司凡告欠寝不行，自是富者以放债为祸端，贫者欲借债而无所，一遇凶荒，闭籴不出，民益困穷，而抢夺之祸兴，官府亦不能禁矣。（《松郡杂记》。案：田产交易，昔年亦有卖价不敷之说，自海刚峰后则加叹杜绝，遂为定例，有一产而加五六次者，稍不如意，辄驾扛抢奸杀虚情诬告，时有种肥田不如告瘦状之谣，见《据目抄》。）

青浦镇市、赋役

《青浦县志》，三十卷，卷首（上、下）、卷末各一卷，光绪己卯镌，沈诚焘总辑，熊其英纂修。

卷二《疆域下》：

黄渡镇在三十一保，县治东北三十六里，一名黄歇渡，相传春申君于此渡江，故名。北岸属嘉定县，俗呼新街，商贩颇盛，粤匪乱毁，瓦砾无存，今渐复。

卷二十七《艺文上》：

《黄渡镇志》，十卷，章树福著，咸丰三年刊。

卷六《田赋上》：

雍正六年奉旨将应征丁银均摊地亩。总督范时绎请丁随田办疏略：查丁银随田并征，最为均平良法。今江南各州县内，向有丁银随田征输者，亦有丁田各办者，查各属田地原有高下之殊，按亩起科亦有轻重之别，所有丁银各就本县地亩均摊为便，且可省改造全书之烦。其间成熟银米科算，或照地亩科算，亦皆下顺舆情，便于输纳。相应题明，以雍正六年为始，丁随田办，以广皇仁。

嘉靖二十一年立青浦县，三十二年罢。隆庆二年，巡抚林润奏请暂设专官丈田均粮，敕按察司佥事郑元韶专董之。元韶乃履亩清丈，悉去官民召佃之名，分三等起科。田有字圩号数，册有鱼鳞归户，至今田额以是为准。

卷七《田赋中》：

成化二十二年知府樊莹奏定折征白银例。（凡应支余米易银充用者，径征白银入库支遣。华亭正粮一石加耗三斗二升，白银一钱五分，上海正粮一石，加耗三斗二升，白银二钱。）弘治八年，巡抚朱瑄定分乡论田加耗例。（东乡每亩斗一升，中乡斗三升，西乡斗五升。）十五年巡抚彭礼改定官田论粮加耗，每石六斗，民田论田加耗，亩一斗二升。……正德六年巡抚张凤复论粮加耗，并银布折征旧例。……

嘉靖十六年，礼部尚书顾鼎臣请清查版籍，十八年巡抚欧阳铎、知府黄润议以八事定税粮。

雍正七年，总督范时绎奏准上下两江匠班银摊入地亩征输。

附额征田银科则表（同治四年赋役全书额）。

卷八《田赋下》。

卷三十《杂记下》：

吾乡财赋之区困于徭役，前明编审大役有细布、北运、南运种种名色，赔累不一而足，其后止有收兑，而破家亡者十之九，盖因兑役一名，计费银一千二百两，稍朴诚者其费益繁。始议以主户充，客户贴，大户充，小户贴，及富民诡寄而充者必穷民矣。客户殷实而免脱，主户反赤贫而承值矣。后娄县知县李公复兴力倡均田均役之法，请于上台，得允所请，于是百年之弊一朝而革……其承行均田均役之法者，娄邑掾马天骐，字石来……（王志）

按：李复兴，滨州人，顺治三年举人，康熙三年令娄……县胥马

天骥力佐之，定为均田均役之法。……（乾隆《娄县志》卷十九《名宦》）

马天麒。（乾隆《娄县志》卷二十五《人物》）

明神宗时，均粮之议倡于徐侍御宗鲁，时巡抚林润与徐交契，到松询地方疾苦，徐出一帖示之曰：均粮拙议，缘尔时官田民田赋额悬殊，而巨室置产非五升粮田（按即民田）不售，失业者多，田去赋存，逃亡四散，里甲派赔，名曰绝田，滋害非小。林欲行其议，一时阻挠棘手，乃上书江陵相国，力陈利病，江陵复札许以国法惩治，议乃得行，宿弊尽革。（宋府志）

明潘濬题减粤东税银疏略

……自棍徒以言利之说进，榷使以罔利之术行，宇内震惊，公私若扫。顾各省直初议税者，或酌物力以定额，或悯窘竭而请宽，少则四五万，多亦六七万而止。独粤东议至二十万，缙绅不与闻，小民不敢控。至万历三十五年幸蒙圣恩减去二万一千八百两，今尚十七万七千七百余两。先是诸臣力为百姓请命者未尝不累牍连篇，近督臣张鸣冈、按臣王以宁各疏请蠲加派丁粮四万三千八百两，加抽市镇墟场银四万三千余两，描写民情，一字一泪，殆甚于郑监门之徒。乃皇上置若罔闻，岂以粤尚足办此不为苦耶？不知名曰商税，只宜取足于商，粤僻在天末，商民以货相贸易者，只省会一二处耳。子母不过铢两，掺括为税几何，当事者计无复之。于是乎割饷以充税矣，未几又加粮以抵饷矣，自铺户墟市而鸡鱼柴米又无不税矣。商税也，于兵何与，而夺其口中之哺，亦于民何与，而祸及鸡豚之细，辗转支吾，良工独苦。按臣王以宁续议移正税协助采木，疏言自万历十八年至今解过商税银暨矿银助大工等银共二百六十七万两，夫此二百六十七万两特就解进者言耳，中间爪牙之所搏噬，猾胥市狯之所攫取而诛求，又以千万计矣。……伏乞敕下该部议覆，将粤税十七万七千七百万内蠲去加派丁粮、加抽丁粮二项银数，余听有司照旧征解，以完额供，庶商民得解倒悬，而遐陬早获安堵。（郭志）（道光《南海县志》卷十四

《经政略》）

潘濬，字季深……万历庚子乡举，辛丑成进士。授江西安福县，县多巨室豪横，田赋不均。濬定为丁从粮起，贫富无所偏累。……治悍仆叛主者……军匠逋役，著籍以稽之。在任七年，转兵部主事，改山西道御史，首疏澳门诸番为岭海肘腋之患，又疏减粤东税银，奏止续差粤东收税阮监。出按贵州。时苗仲梗道。……丙辰服阕，即差按云南。……卒赠太子少保。（据郭志修）（道光《南海县志》卷三十八《列传七》）

石门县灾荒、鬻田赔赋与市场

斗米百钱，旧志以为异。今率三百钱一斗，岁歉有贵至四五百钱者。农人田亩，大半佃耕，视米为宝，恒多欠租，即有还者，总无嘉谷。甚且疲癃挟制，妇稚号呼，田主以收租为畏途，以有产为累事。丰年完课而外，所余无几。稍遇灾荒，辄至鬻田以赔赋，恒产不足恃，而浇薄之风起矣。工匠手艺皆以坚致为贵，雕镂刻画，不与苏杭争奇，列肆所罗，大率惟日用器具，此风犹为近古。市商交易，旧多伪银，近则竞用洋钱，取其无短秤短色之累。乡民便之，而日久弊生，灌铅灌铜，痘板闹板，洋蚨之辨，较银色更难。奸商出则以伪为真，入且以真为伪。……［光绪戊寅开雕，己卯工竣，版藏传贻书院。知县余丽元辑：《石门县志》卷十一《杂类志·风俗》，引耿志（道光元年耿维祐修）］

明代云南形势、风俗和市肆

重印明李元阳（中溪）纂《云南通志》十七卷，民廿三年十月龙云序，自序时年八十。

卷一《地理志第一之一》，《总部沿革大事考》记事至万历二年春二月止。（第二十三页下）

卷一《地理志第一之一》：

全省形势　附论，第三十页下："……自嘉靖末年以至隆庆三十年内，云南三番用兵，费帑藏六十余万，良民死者二十余万。……"

全省土风　市肆："俗呼街子，日午而聚，日夕而罢。交易用贝，一枚曰庄，四庄曰手，四手曰苗，五苗曰索。"附论："……今所用者，小贝之尤细者。……盖用钱则有检选，用贝则枚数而已。五尺童子，适市而人不欺者，其以此耶。……然泉（钱）不若贝之简易不欺，故泉不永，而贝至今以为货。"

卷二《地理志第一之二》：

按各府分记"物货之属"多为土特产及手工艺品。

大理府风俗，第三十四页："田四亩曰一双。……赵州有夷，懦弱尝土而耕。能知土味，辨其可种何谷。果如其料，民间欲效之，不得其妙。约信不爽。贫多借贷，如期酬偿，毫厘不欺。故江西人居之以为奇货，皆致大富。"今在宾川州云南县。

明代彰德徭役

《彰德府志》八卷八册，抄本，嘉靖元年后渠崔铣纂。哈佛汉和图书馆藏万历辛巳重刻本。

卷四《田赋志第三》：

论曰：此特以田赋者尔，有站赋、马头、牛头、驴头、水夫，十年一易，然非亡绝及殊贫，有役三五十年者。有力赋，门子、皂隶、库子、斗子、禁子、铺兵、防夫；有银赋，上户十二两，递减至下中户四钱而止。而大户、快手、修河夫不与焉。故有一人而数役，一日而用千钱者，民如之何其不亡且贫也。诸赋中，马头尤甚，秣马月费数千钱。……

明代韩城里甲与徭役

《（西安府同州）韩城县志》八卷二册，万历丁未知县大梁苏进序，南京户部尚书、邑人张士佩纂修，四川威州知州、邑人张士魁订正，抄本。

卷一《里甲》：

韩之编户，在国初四乡五十里，成化间并为四十里。嘉靖中并为三十六里，里各十户为长，百户为甲，循环迭役，以督徭赋。……第户口岁久不无消长，二百四十年来，有丁逾数百而弗析者，有甲多虚具而少丁者。哀多益寡，在平政君子能无意议乎。

卷二《赋役》：

韩之赋，则壤四等：壤溉者厥赋上，坦者中，颇者下，颇之颇者为下下。嘉靖三十四年定。会而计之，厥壤四千三百一十二顷四十余亩，厥赋二万四千四百三十余石，征银二万四十七两有奇，此夏秋惟正之征也。曰站，曰牲，曰年例，曰盐钞，曰铺陈，曰黄芩，曰军器，曰车鞘，曰伞扇，曰祭祀，曰公宴，曰饩廪，曰科试，曰营造，曰孤老布花，曰备用，岁共银九千九百六十两有奇，是又半乎夏秋之征也。较之郃阳，壤同赋倍，窃尝求故而不得焉。韩之丁册分九则，错而计之，厥丁一万五千六百七十有六。力役之征曰民壮，曰机兵，曰皂隶，曰门子，曰库子，曰禁子，曰仓夫，曰水夫，曰更夫，曰灯夫，曰扛轿夫，曰斋膳夫，曰书手，曰铺司兵，曰坐马，曰递马；新增曰潼关募夫，曰同州协济，岁征银五千三百五十二两有奇，此应丁输也。顾丁多以偏累詯詯，于是粮扐而协之，民户粮以二石为一丁，军户粮以三石为一丁，为一丁者输一丁之金也。军民户协丁八千八百四十有三，而丁于是乎稍宽，而赋于是乎益重矣。……

卷三《循吏传》：

戴章甫列传（万历二十年任知县，创为木牌催科），p. 42。

明代广东陋规

孙奇逢《明赠太仆寺卿吴磊石墓志铭》："公姓吴氏，讳裕中，字磊石，号敬庵。其先江西万载人，自辛七公始徙江夏。……万历乙卯举于乡。……己未成进士。……授广东顺德令。顺为广剧邑，事无巨细，综理周密，尤冰蘖自矢。邑有陋规，吏凡二十四曹，各以其事之繁冷第而上之，至三十金，名曰公堂。以逮盐商给引，舟师告邮，民间请示请照，皆有常例。公拂衣起曰：'此贾人行耳，谓为民父母何，

一切斥绝之.'……兼摄新会篆。……辛酉分校棘闱。……"（雍正《湖广通志》卷一一六《艺文》）

明代扬州府赋役

嘉庆十五年重修《扬州府志》，七十二卷，总辑张世浣、嵩年等。

卷二十《赋役志》："……明……岁分夏秋二税，岁征粮三十五万余石，贡赋或非土产，则折征银钱。役法则有里甲、均徭及杂项差役，悉倚办于民，迫其后军需旁午，或预征，或加额征剿练三饷，同时并迫。……我朝……顺治十四年特令户部颁给《赋役全书》，仍刊布易知由单，列其丁田徭役之数，条编画一遵守奉行。……（原注）……明初黄册惟照田立户，以无田单丁附于甲后。万历九年以后编审，止就户核丁，照丁编银。是以钱粮概称地丁，而不复更纪户口。今丁随田办，永除单丁赔纳之苦，诚为不易良规。……"

明代杭州织工日佣工价

予偶居钱塘之相安里，有饶于财者，率居工以织。……（织）工对曰：……吾虽贱，日佣钱二百，吾衣食于主人，而以日所入养吾父母妻子。虽食无甘美，而亦不致于饥寒。……凡织作，咸精致，为时所尚，故主人之聚易以售，而佣之直亦易以入。……顷见有业同吾者，佣于他家，受直略相似。久之，乃曰：吾艺固过于人，而受直与众工等，当求倍直者而为之佣，而他家果倍其直。……（《织工对》，徐一夔撰）（嘉靖《仁和县志》卷十四《纪遗》，页十九至二十引）

明代清苑县里甲、马户和一条鞭

民国二十三年甲戌重修《（保定府）清苑县志》，六卷，姚寿昌总纂。

卷四《人物上·名臣》：

高耀，字子潜，嘉靖乙未（十四年，1535）进士，历官户部尚书太子太保。……公里居……或以事咨有关一邦利害，如建丽谯，行条

鞭，审马户，侃侃进言，利及乡人。……著有《太保集》，藏于家。年八十余卒。（页十四上）

卷四《人物上·名宦》：

李廷宝，曲沃人。嘉靖十四年知县事。……县自成、弘以来，论地养马，民称负累，乃申允与粮地通融。（页五十八下）

李尚智，屯留人。嘉靖二十三年知县事。……本县田土，军民错杂，公申请均丈，总计零分，算无遗策，积弊顿除。……里甲十年一役，谓之见年，二十四里分日支销，一里日支至有费钱一二十千者，公痛加节省，日支钱不过千余。……（页五十八下至五十九上）

陈善，钱塘人。嘉靖二十八年知县事。……旧驿马佥富民，往往负累逃窜，乃条陈利弊，申请易为招募，至今以为便。……（页五十九上）

卷六《大事记》：

弘治六年，令保定等府人丁免养种马，止照地亩牧养。

嘉靖二十年夏五月，遣太仆寺寺丞王京赍官银分派保定等府州县买解大马。

明代浚县丈田均赋

嘉庆六年辛酉北直大名府《浚县（清雍正三年改隶卫辉府）志》，二十二卷，《金石录别编》上下二卷，熊象阶总纂。

卷五《方域志》，田赋（页三十下），附明嘉靖三十九年知县徐廷裸《均田记略》："……今病于豪右之欺隐，屯戍之侵夺，里胥之诡蔽，田之亡者十三矣。……"

同上，页三十一下，附明万历十八年知县宁时镆《清赋碑略》："……万历九年复奉文丈量，当事者泥于多增为功，吏书以奉承舞文为倖，每一户虚增地一图，每百亩虚加地一十七亩，假写四至，大书榜文，有巷议者坐以法。……"

光绪十三年《续浚县志》八卷，总纂知县黄璟（小宋，广东南海县）。

卷三《方域》：田赋、保甲……

明王圻在开州施行一条鞭

光绪《（北直隶）开州志》，八卷，陈兆麟纂。

卷四《职官志·宦迹》，页一〇七上："王圻，字元翰，上海人。进士。万历初，以御史谪知曹县，寻升知州事。首变两税为四季条鞭，至冬季，积前三季所余者为民输纳，省民税十分之一。……"

同书卷四《职官志·文职》，页四十九上：万历四年至五年知州王圻，嘉定人。

万历时杞县实行一条鞭法

乾隆《（河南开封府）杞县志》，周玑纂修，二十四卷。

卷七《田赋志》，页六："按旧志载明嘉靖间均输一款，言尔时夏秋税粮各照仓分金大户征收解纳，苦乐不均，徭役里甲承直赔累。万历六年，知县秦懋德始改为均输之法，即俗所谓一条鞭也，民甚便之。其后法圮，至十二年，知县苗朝阳又裁去冗费千余两，尚觉宽然有余。惟是役差苦累，无人应募，犹然金派富户，每岁中人之产率多破坏，民甚苦之。至二十三年，知县马应彪又为条上诸不便状，请于当道稍为盈缩，于是尽为召募，而人情始安。若夫前项银数，均派阖县丁田数内一例征收，除乡宦举贡人等例免人丁一千九百余丁全不征银，例免田地七百三十余顷不征徭役，每顷止征正赋银二两八钱有奇外，实在人丁四万六千六百六十五丁，九则不等共出银四千六百八十四两六钱六分，实在小民地一万九千六百八十八顷五十亩六分七毛二丝，每顷征银三两三钱四分有奇。其寄庄每顷加银一钱，均输总数附纪备考。"

卷九《职官志》页四十六："秦懋德，临海人。万历三年，以举人知杞县，时里甲苦于供应，而旁近县多行均输之法，与同邑绅士及诸父老谋更为裁定，殚虑数月，条款三十有二于上官，悉获允行。一时小民欢呼载道，若弛重担，至今免苦累云。"

卷二十一《艺文志一》，页二十九下，《条鞭德政碑记》（侯于赵，邑人，都御史）："……岁丁丑（万历五年，1577），临海秦侯懋德令杞。……遂殚虑数月，条分缕析，纲举目张，每亩计征银三分七厘，独河堡等夫不与。……是法也孰主张是哉，我抚按周公张公、藩臬郑公李公邢公暨郡守薛公心天子之心者也。……余以入贺过梓里谒侯，侯首取《条鞭录》示余。……万历六年十二月朔日立。"

卷二十二《艺文志二》，页七下，《请蠲田租疏》（江禹诸，邑人，明天启、崇祯间）。

页十五下，《意田序》（孟绍虞）："意田何说乎？以意起也，古有义田而无意田，义则吾不敢，聊以识吾意耳。……万历戊辰……分助族戚之不给。……"

明淮宁县实行一条鞭法

道光六年《（河南开封府）淮宁县志》二十七卷，永铭纂修。

卷五《籍赋志》："……明……行一条鞭法，以境内之役均于境内之田，折办于官，然犹分征丁银。至国朝雍正六年始以丁银均摊于地粮之内，乾隆间又以黄丹、牛角、铺垫暨各漕项改折解司。……"

明修武县实行一条鞭法

道光己亥《（河南怀庆府）修武县志》十卷，冯继照纂修。

卷四《会典志》：田赋，赋役全书司颁确册存于户房，今择其简明者著于篇。页三十下，明怀庆府知府纪诚《均粮疏》；页三十二下，明县人王玉铉《止临德二仓本色揭帖》。卷七《秩官考》，页十一下：邵炯，号白斋，北直安州人。举人，（万历）十八年任，清地粮，实户口，行一条鞭法，士民便之。……

万历时夔州实行一条鞭法

宣统《南海县志》二十六卷，桂坫纂。

卷十三《金石略》，《明赠嘉议大夫兵部左侍郎原任四川夔州府知府朱公神道碑》，族孙次琦撰文并书……："……公讳让，字次夔，号绚巷。……万历二年进士。……简授四川夔州知府。……其守夔州也，请巡按行一条鞭法，瘁心赞画，官氓帖帖，不俯张而事集。……时张居正当国，政尚严急。……万历三十二年卒，寿七十。……"

明广东户籍都堡图甲制

《（广东）南海县志》，宣统庚戌桂坫总纂，何炳堃续，二十六卷。

卷七《经政略》，图甲表。

卷二十六《杂录》页三："……谨案户籍分都堡图甲。都之名义甚古，见于《周官》。图或为啚字之讹，即郊外都啚之啚。堡之文义未详，外省每言铺粤音铺、堡声近，或即为铺字之转。国（清）初编审户口，以百有十户为里，余百户为十甲，是积甲为里，或文言之曰里，俗称之为堡欤。……"页九下引《广东新语》："粤之田，其濒海者……名为承饷……是谓占沙……是谓抢割……"

隆庆时长安县丈田按亩起科

《长安县志》，嘉庆乙亥年镌，张聪贤总纂，三十六卷。卷十五《志三·田赋志》："隆庆间，奉例均丈，视其肥硗，定为体、国、经、野四等地亩科银数。"

明青州徭役不均、立籍定差

《（山东）青州府志》，咸丰九年方用仪等，六十四卷。

卷三十一《赋役考》。卷四十四《人物传七》第五十七页，朱鸿谟："……居正卒……巡抚应天、苏州十府。……闻吴中徭役不均，令一以田为准，不及百亩者无役，县为立籍定等差。《明史》（卷二二七）有传。"

明代白水县均地输赋和自封投柜

《（陕西）白水县志》，梁善长辑修（乾隆十九年），四卷。

卷三《食货志》第三页："……隆庆间（二年）知县赵翰均地则壤田等。……"附清代本县田地耕种作物分布情形。第十三页："常平仓……以小斛出，以大斛入；以圆洁者入，以低粃者出。……"

卷三《官师志·列传》第三十一页："侯玺长子举人，正德元年知县事。……邑多逋赋，玺至令里民自封入匦，除里排催督宿弊，贪横无所侵渔，民德之。……"

万历时湘潭县施行一条鞭

《湘潭县志》十二卷，光绪十五年陈嘉榆等。

卷六《赋役第六》："……条编新法初定，民以为不便。李腾芳谪官家居，上书争之，虽格不行，然其论户口、土田不可并一，古今赋役之至言也。李腾芳《征丁议》曰：'……黄册之设，专为审丁，本县官民恪遵二百余年，丈粮之后有攸县（属长沙府）令董志毅者遂欲改派，每粮五石兼出一丁之银，以为可市恩于无田者。邑人不肯奉行，束阁泊今五十年所，但征粮银，置丁不问。以条编内有楚禄、京布二项自来征解不完，故即以丁银充作虚数。某等前日合词奉求癸未（万历十一年）老册以为根柢，老书闭册，竟不可得，今尚纷纷无定论也。……自癸巳（万历二十一年）后……'"

卷八《人物第八·列传四十三·李腾芳列传第十三》。《明史》本传、《楚宝》《湘洲集》。

万历时汶上县行方田法

《（山东）汶上县志》（续修），六卷，康熙五十六年闻元炅等。

卷三《政纪志》，田赋："……崇祯年间，不分等则，一例征徭之。……"

重刻万历戊申（三十六年）《汶上县志》，八卷，任丘栗可仕创修。

卷五《宦迹志》，第四页下："赵可怀，巴县人，进士。……知汶之则壤弗均，行方田法，凡齐鲁屯庄、孔曾祀地，皆探知其额，而黠民无所窜匿。其田之错入邻封、悬寄他郡者，令自首实，亦区画而详核之，已得地视旧额加五之一焉。乃按诸瘠土取赢数递增之，于时上下田十七相准，有三易之遗，又念更由法，岁为象魏，悬其母数而匿其子，或因肆为科索倍徙，取之犹未属厌，始以丁权地，立明编法，民得据历以出役钱。方邮禁未申，轺车络绎，公置马于应门，自合符而后给之。其里甲供亿，每至罄橐，乃计岁会之需、赋入地亩，征其直于官，而代之以吏。即厨传旁午，民不知扰矣。……"

卷八《艺文志》，《邑侯赵可怀德政记》，第四十八页下至四十九页上："昔者当嘉隆之际……赵公当嘉靖末而为宰……在政四年……"

明代广平府赋役黄册与赋役

《（北直）广平府志》，六十三卷，光绪二十年刊，胡景桂等纂。

卷二十五《经政略五·户口、田赋》，第四页："案明洪武十四年创编赋役黄册，以一百一十户为一里。宏治初，以十户为八十口有奇。万历初，以十户为百口有奇。"

卷四十四《宦绩录中·明》，第十八页："唐音，字希古，宜兴人。案旧志及《江南通志》均作武进人。……邑中当审差，亲集应徭者于庭，据其籍而讯其业，籍与业不相应，则以所收者与所开者互相检察，必核实而后已。士大夫自应免外，必括其余业以起役，差籍一下，百姓受册者比每年减强半，一邑颂平，后以疾卒于官。《分省人物考》"（卷六《职官表三·鸡泽》："知县唐音，嘉靖二十九至三十二年。"）

同上，第二十一页："董威，信阳人。……徭政视地肥瘠，不以田多为准。……《邯郸志》"（卷六《职官表三·邯郸》："知县董威，嘉靖二十四年任。"）

同上，第二十九页下："马翰如，陈留进士。万历初令永年。……改条鞭、革种马大户，皆称惠政。《大清一统志》"（卷六，万历朝第一任。）

同上，第三十三页："白起旦，华容举人。……先是户口编征，用三等九则例，富影贫差，产废徭存，丛害滋甚。又仓斗级赔累，每至倾家，乃革除当事者，丁止征银一钱，余尽摊入地亩。斗级召募应役，于杂派内征银十两，为条盘用，至今称便。……《鸡泽志稿》"（卷六，万历二十二年任鸡泽知县。）

卷五十《列传五·明下》，第一页："袁魁，字子选，成安人。年二十登隆庆二年进士，知阳曲县，听断若老吏。晋王强占民田，多征丁夫，有司不敢问，魁逐一查核，清出民田二万亩，民夫三百名，民困屯苏。……康熙志，参《畿辅通志》。"

同上，第八页："宋师程，字定门，永年人。万历十七年进士，任归德府推官，擢户部主事，榷临清，为平准法，参用银钞货，不以改折困商人，皆德之。……《畿辅通志》，参康熙志。"

同上，第九页："聂云翰，字抟羽，曲周人。万历二十年进士，知昆山县。……时将编赋役，云翰以为非户清则田不出，非田出则役不均，乃总产履亩而校之，造册定上中下三等赋。……康熙志，参《江南通志》。"

同上，第十五页："刘荣嗣，字敬仲，号简斋，曲周人。……万历四十四年进士，授户部主事，掌银库。时边事孔亟，而饷久不发，荣嗣与鹿善继矫发华银济边，中使以为不便。荣嗣曰：'苟利国家，何惜一死。'调吏部，出为山东参政……累迁工部尚书。……康熙志，参《山东通志》。"

同上，第十八页上："郭都，字舜俞，鸡泽人。……以明经初司训沧州，调确山，两摄县篆，有惠政。民歌之曰：'免催科，禁讼狱，不贪火耗不贪赎，从来借寇罕其俦。清比冰兮洁比玉。'……《鸡泽志》"

同上，第十八页下："齐宗闵，字子孝，鸡泽人。年十七，为郡吏，守法奉公，谙练时务，力赞郡守定条鞭法，历任蒲台典史、濮州吏目、沁水济阳主簿，俱有能名。转赵藩，典仪正，致仕归。……念

优免折地有累编甿，著《皆治录》。……" 康应乾撰传

清代归州赋役

《（湖北）归州志》，十卷，卷首一卷，光绪八年沈云骏等。

卷三《赋役志》。光绪年"随粮丁""滋生丁"各若干。以上两项俱占口数的绝少部分。

卷四《学校志》，第三十页后，宾兴收发各章程。

卷九《艺文志上》，《王昭君外传》，李炘，嘉庆间知州。

明代曲江县由单

《（广东）曲江县志》，十六卷，光绪元年张希京等。

卷十二《食货书》："……由单添载……"

明代平阳府赋役

《（山西平阳府）霍州（后改直隶州）志》，二十五卷，卷首一卷，道光五年崔允昭等纂。

卷十二《赋役》："……明……自行一条鞭法，民困稍苏，而大户之弊犹未革。……我朝……于顺治十四年钦定《赋役全书》，颁示直省，刊发由单，使民便于输纳，而吏胥亦无从侵渔。……"

田赋，（明末）原额××。水地××顷亩……每亩征粮一斗三合，共本色粮××石斗……每石折银一两八厘三毛……共折色银××两……地亩每亩应征银九厘，共银××两钱……站银每石派银九分一厘二毛……共银××两钱……平地、中坡地、沙地、山召坡地仿上例起科则。以上共征本色粮、折色银、地亩九厘银、又站银各若干。（三共折色银××。）

隆庆年间郏源县无粮免差例

侯应爵，江夏举人。隆庆五年知乳源县。民苦无粮之差，应爵请于布政司，发旧册清厘，遂得豁免。巡按程公移檄诸郡，凡无粮免

丁，通以为法。（光绪《韶州府志》卷二十八《宦绩录·明》，第二十八页）

明代顺天府茶课、供奉内府素毯

邢表，字居正，文安人。天顺元年进士。……历四川布政使……茶课逋者三百余万斤，表请每斤征银一分，充梅藩饷，从之。弘治初，就拜右副都御史巡抚其地。……^{雍正志}（光绪《畿辅通志》卷二一六《列传二十四·明一·顺天府》，嘉庆《一统志》卷十《顺天府五》第二十一页较此为略）

曾鉴，字克明。其先桂阳人，以戍籍居京师。天顺八年进士。……弘治十三年进尚书。孝宗在位久，海内乐业，内府供奉渐广，司设监请改造龙毯、素毯一百有奇。鉴等言……^{《明史》本传（卷一八五）}（同上）

刘体乾论国计，王遴论太仓银。^{皆见《明史》}（同上）

万历长洲县均田

韩原善，字继之，别号鹏南，卢龙人。登万历丁未进士，授青浦县。……调繁长洲县。田一百二十二万三千亩，自创立官甲，政在乡绅，诡计花分，民户坐困。巡抚徐某请均之。原善身任怨劳，按科差，增役田三万一千四百七十顷。……^{《永平府志》}（光绪《畿辅通志》卷二二〇《列传二十八·明五》）

万历甘肃北山铁厂

田乐，号东洲，任邱人。隆庆二年进士。……万历初转凉永兵备道……巡抚甘肃……诸监司搜山泽，征冶氏开北山铁厂，以资战守。西宁副使刘敏宽为《北山铁厂碑记》，略云："陕西行省岁供甘州军需熟铁十万九百余斤，凤翔岁供西宁熟铁七千五百余斤，乏则复赍行李鬻之关东，稽程则数千里而遥，稽时则旷日持久，徒糜费、疲征发已耳，无能济缓急。公乃饬诸监司遍搜山泽，征冶氏于秦晋，得冶氏来襄其事。余不佞备兵湟中，始得矿于下马圈北山之麓，既得之大山硖，冶氏谓北山矿广而坚，视大硖良便，其山嶙崒涧中，石㸚㸚积逾数里，山木蕃殖，薪樵者报曰：可以冶铁。乃即北山下置官厅六楹，铁镤炉二座，营舍五十间，跨山为墩，上建墩棚四楹，周围墙堑以备不测。简步卒四百供版筑之役，择指挥卢忠爰督成，仍选士以习其艺。复令如《周官》所载，物其地图而授之，煅者、采者各责其人，朝冶而夕效，取之源源，一利也。无轮运数千里之劳，民获休息，二利也。随取随给，无岁月之淹，三利也。工役则取诸坐食之步卒，炭石则采之无禁之山林，下不扰闾阎，上不烦公帑，四利也。以五郡之材，资五郡之用，旁郡额供，止输折价，以备除器，五利也。坚甲利刃，烈火迅机，行且凌昆仑、沸青海，建万世无穷之利矣。"（光绪《畿辅通志》卷二二〇《列传二十八·明五·永平府》）

嘉靖寿阳县纺织和利用山泉灌溉

申杰，灵寿人。由例贡任辉县丞。嘉靖间知（山西）寿阳县。……邑人不谙纺织，杰作纺织具，悬之县门，且遣人授以法，而董其功。由是寿阳民遂能自为衣。又导山泉为渠，溉田数千亩。^{《灵寿县志》}（光绪《畿辅通志》卷二二一《列传二十九·明六·正定府》）

正德时辽东利用土木农器耕种获丰收

蔡云，涞水人。正德中，由贡生任辽东广宁卫教授。辽人不善耕种，云移土木农器，令如法制之，年谷赖以屡丰。^{《易州志》}（光绪《畿辅通志》卷二二四《列传三十二·明九·易州》）

万历时蒲城县实施"验收""压征"法

吕兆熊，字恒伯，柏乡人。……巡抚凤阳。……崇祯初年起南户部侍郎，未赴卒。……弟梦熊，字辅季。万历四十一年成进士，除蒲城县。先是令蒲者，累以催科获咎，梦熊至，条验收、压征二议上之。验收之目凡四：田审衡以平出入，置籍以稽干没，严扃钥以防侵盗，均期限以便输纳。压征则以见征为殿最，而编压征二分为带征，一年止核一官，一官自结一局，俾民易输将，而官有专责。议上，当事者然之。闻于朝，著为令。……^{《柏乡县志》}（光绪《畿辅通志》卷二二五《列传三十三·明十·赵州》）

元时赵州采地佃租制

温迪罕完，盖州人。至元中知赵州。……采地八百亩，佃者输租，亩三斗，值岁旱，完恻然除之。^{雍正志}（光绪《畿辅通志》卷一八六《宦绩四·元》）

明时顺德水利

张继，凤翔人。成化间，除顺德知府。境内河渠地高水下，灌溉不及，继为制水车运水，日溉田数百顷，比常获数倍。集桑椹数十石，发各县给民种之，岁增桑数万株，蚕缫以兴。……^{《大清一统志》}（光绪《畿辅通志》卷一八七《宦绩五·明》，嘉庆一统志卷三十一《顺德府二·名宦》）

明时清苑年役沉重

李尚智，屯留人。嘉靖间知清苑。邑有见年役二十四里，里共一日，有一日费至数百缗者，尚智力为节省，日不过一缗，民得苏息。^{雍正志}（光绪《畿辅通志》卷一八七《宦绩五·明》）

明时平乡筑堤、授田抚饥

邱陵，兰阳人。宣德中知平乡县，创立城垣，筑堤四十里，民得播种无水患，号"邱公堤"。山西饥民流入境，抚循之，授以闲田，

归者千余户。……（《一统志》同，下卷）

明代集庆均工夫图籍

顾光远，嘉定人。从太祖入集庆。……丁忧入京，留翰林。编《大明律》，复命监造天下均工图籍。始还乡持服。……（嘉庆《一统志》卷一〇四《太仓州二·人物·明》，第四页）

明代怀宁县定亩四丁一之制

张廷拱，同安人。万历中，知怀宁县。县苦徭役，田赋不均，多为贫民累。廷拱始定亩四丁一之制，著为令。咸服其平。（嘉庆《一统志》卷一一〇《安庆府二·名宦·明》，第十五页下）

明代无为州马政

洪邦光，福建人。知无为州，除养马免粮田外，一切岁办不均，邦光酌议申请，分秋粮、夏麦、丝绢、糖油四则，以税粮马价，照亩均摊，至今垂为定例。（嘉庆《一统志》卷一二三《庐州府二·名宦》，第十九页下）

明初和阳计田出夫修城

郭景祥，濠梁人。从太祖倡义旅，取和阳，修理州城。令军民计田出夫，九旬而工成。……（嘉庆《一统志》卷一三一《和州·名宦》，第十四页下）

万历时寿阳县纺织

蓝尚质，肤施人。万历中知寿阳县。……邑素不谙纺织，尚质始教之。民赖其利。［嘉庆《一统志》卷一四九《（山西）平定直隶州》］

正德中宜城县官庄田租

吴昂，海盐人。正德中，知宜城县。民有领种官庄者，亩收三

分，谓之老亩。又量田加租，昂斟酌租课，但征老亩租，民皆便之。（嘉庆《一统志》卷三四八《襄阳府三·名宦·明》）

明代南平廖得金五世同居

廖得金，南平人。世业农。自曾祖迄得金，昆弟诸孙，凡五世同居共爨。每晨起，妇女聚一堂，以次列坐，治女工；男子出治农桑，长者荷畚锸前行，诸子侄各执田器随之，无敢凌躐。人谓其家有古礼教之遗。（大约系弘、正时人。）（嘉庆《一统志》卷四三〇《延平府·人物·明》，第十四页下）

明初龙岩县铁课

周尚文，香山人。洪武中，任龙岩县丞。时县炉户有铁课六万余斤，小民苦于远运。尚文申准折钞，民甚便之。（嘉庆《一统志》卷四三九《龙岩州·名宦·明》）

嘉靖间姚安县的社会经济措施

王鼎，汝州人。嘉靖间，以御史出知姚安，修城池，饬学校，教民植桑麻、务纺织，教以男冠女髻，禁妇人不得市易，立保甲以察盗贼。姚境称治。（嘉庆《一统志》卷四八〇《楚雄府·名宦·明》）

万历中楚雄府养蚕纺织业

侯文才，营山人。万历中，知楚雄府。郡人不知纺织，文才始教之蚕桑，布帛之利以兴。（嘉庆《一统志》卷四八〇《楚雄府·名宦·明》）

天启时云州纺织、垦田

金可教，湖广兴山人。天启中知云州，始教民纺织。……开水利……增垦田至三千九百余亩。……［嘉庆《一统志》卷四八三《（云南）顺宁府·名宦·明》］

嘉靖时顺庆府盐课

许奇，字文正，贵阳人。嘉靖中，由举人历仕顺庆府同知。郡有盐课无征者，院议均摊于粮。奇争曰："课生于井，粮生于田，齐民无井而使代盐课，不可。"遂大忤直指意。寻免官归。……（嘉庆《一统志》卷五〇〇《贵阳府·人物·明》）

正德时河南驿传

杨志学，徐州人。正德时为河南左参政。……驿传旧以二户供一役，民多破家，志学令一大户，佐以四中户。民咸感悦。（嘉庆《一统志》卷一八五《河南统部·名宦·明》）

永乐初杞县赋役

章以善，新昌人。永乐初知杞县，民困于赋，以善第为三等，量贫富以定其程之远近、役之轻重。民皆称便。（嘉庆《一统志》卷一八八《开封府·名宦·明》）

正德时娄志德著《两浙赋役全书》

娄志德，项城人。正德进士。……巡抚山东。尝著《两浙赋役全书》。卓有实济。……穆宗特赐敕褒美。（嘉庆《一统志》卷一九二《陈州府二·人物·明》）

嘉靖时滑县俵马

高进，锦衣卫人。嘉靖中知滑县。……每岁俵马旧无定制，势者属免，奸者揽应。进编以为例，岁有定名。民便之。（嘉庆《一统志》卷二〇〇《卫辉府·名宦·明》）

万历蔚州输实物赋

史东昌，山西大同府蔚州人。由进士万历三十年任。……民输赋，牛羊、花布、粟麦之属皆准入，亲视衡量，不任左右。即民有行贷者亦藉而付之。故人皆相安。（顺治《澄城县志》卷一《官师志》）

明清杭州三农和稻种

《杭州府志》（民十一铅印本）卷第七十八《物产一》，页一：

稻之名色甚众，大抵不出粳、糯二种，但早晚不同。仁和、钱塘、海宁种多晚，余杭早晚半之，余县多早。^{万历}志 古称三农，谓山农、泽农、平地农也。杭郡自钱塘以西诸山县皆山田，自仁和、海宁皆平地田，大抵早种多而晚种少，早种所收薄于晚种，故会城之米，大半取给四方，是宜广仓储以备不虞，职斯土者所宜加之意焉。《浙江通志》

圣祖于丰泽园得六月早熟之稻，可以一岁两熟，颁种江浙。此为东南有六月熟之始。《江南催耕课稻编》

早稻即占城稻。宋大中祥符五年，遣使福建取占城禾，分给江淮两浙，并出种法，择民田之高者种之。晚稻曰旱稻，曰赤稻。^{万历志，}参《新城县志》。占城稻即今尖头黄籼。《湖山野录》早稻曰山禾，米粒大而香。《海槎余录》

光绪《湖南通志》记载一条鞭法史料

光绪《湖南通志》卷一二一《职官十二·国朝一》，第七页："提督湖南学政梁同新，广东顺德进士，（道光）二十六年任。"

前书卷一○一《名宦十》，第十三页："王夔龙，云南人。万历初，知巴陵县。先是赋役款项繁多，吏缘为奸，夔龙力行一条鞭法，听民自输，未尝以符役勾摄，民皆争先输纳。寻擢御史，民立祠祀之。^{一统志}"第十五页下："张瑚，沙县人。万历中知溆浦县。敏于诘奸，创立一条鞭法，民费用省。^{旧志}"第十六页下："喻思化，嵊人。万历初知郴州府兴宁县，行一条鞭法，心计精核，胥吏无措手。以忧勤致疾，卒于官。^{旧志}"

前书卷一七〇《人物十一·明六·岳州府》，第二十页下："姜廷颐，字以正，巴陵人。嘉靖辛丑（二十年，1541）进士，知余干县。擢御史，按通州。……迁淮南兵备副使。是时江北取民无制，廷颐行一条鞭法，遂为善政。累官兵部侍郎。子性，字幼蒙，万历壬辰进士。……一统志"

前书卷一六六《人物七·明二·长沙府二》，第三页下："刘应峰，字绍衡，茶陵人。嘉靖丙辰（三十五年，1556）进士。除知南昌县。县附郭，号难治，应峰……均粮省役，民用不扰。政最，擢吏部主事。历江西参政。豫章书 湖广通志"

《宝应图经》记载明代坊厢、里长供役情况

《宝应图经》（县人刘宝楠撰）卷四《官师·明》，第十三页："刘恩，字以忠，高阳人。正德十六年进士。嘉靖元年知宝应县。……遍询诸弊政，悉为厘革。粮长［更］为厫头管夫，老人更以属之。县十年一审均徭，更为一年一审。……"（梁方仲先生按，原注：引万历宝应志等。）

第二十页下："耿随龙，字□□，滑县人。万历十四年进士。授宝应知县。……察民所患苦，曰坊长、曰里长、曰厫头。坊长者，凡诸大吏往来及宾客送迎馈遗、供顿陈设之具皆任之；里长者，凡地丁银完欠收解皆任之；厫头则里长更番为之，漕粮之完欠收兑皆任之。随龙尽罢归农，民困大苏。"（梁方仲先生按：下引《厚庵集》，述里长受苦之况甚详。待抄。）《厚庵集》云：宝应田多洼下，民易流离。若行里长之法，一遇荒岁，奸民稔知钱粮责在里长，坐视血比，不为封纳；其流移在外者，闻风远遁，永不复业，里长包赔无已。闻之故老云，昔年钱粮名色众多，每逢比日，里长赴比，俱不着裈，在东角门入受杖，自西角门出，随又东角门入，如此日数番，血肉淋漓，至不可杖。前朝嘉、隆间，里递逃窜殆尽，地方困苦极矣。县令耿公痛念此苦，申请题奏永革里厫，一时民生如出水火、登衽席。

嘉靖山东户口和赋役

《山东通志》四十卷，嘉靖癸巳四明陆钶等纂（万历丙辰续刻）。

卷八　物产　田赋　户口（民役附）

田赋

山东布政司官民田：573,259 顷 26 亩 9 分 7 厘 4 毫有奇。

夏税：实征小麦 855,161 石 7 斗 1 升 4 合+。

秋粮：实征粟米 1,995,881 石 2 升 4 合+。

丝绵：丝，2091 斤 8 两 8 钱 1 分 2 厘 6 毛+；绢，22,019 匹 2 丈 2 尺 1 寸 9 分 8 厘 3 毛+。

农桑：丝，20 斤 6 两 3 钱 1 分 2 厘；绢，32,234 匹 4 尺 4 寸 2 分 6 厘。

花绒：52,449 斤 10 两 7 钱 1 分 2 厘。

马草：原额 3,819,513 束，内除曲阜县孔氏照例减免 269 束，益都县民李杰等除豁 43 束，实征草 3,819,201 束。

盐钞。

药物。

皮张。

禽畜。

翎毛。

杂料。

课钞。

户口

山东等处承宣布政使司：

洪武中，户 753,894，口 5,255,876。

弘治五年，增户 16,661，口 1,503,799。

正德七年，增户 107,936，口 858,985。

嘉靖五年，减户 52,287，口 176,050。

梁方仲先生按：卷二《建置沿革上》、卷三《建置沿革下》载各县编户里数。

以地出庸者：驿马，驿递水夫，铺陈，驿船，递运船。

以社出牧者：孳牧马，济南府，兖州府，东昌府。

以户出赍者：王府斋郎，京班司府属柴薪，易州厂柴夫并木柴银，廪给库子，儒学斋膳夫，牌夫，路夫。

以丁出役者：司府属直堂并接递皂隶，门子，库子，扫殿夫，盐脚夫，馆夫，防夫，弓兵，铺司兵，闸溜夫，捞浅夫，守口夫，坝夫，泉夫，禁人，仓斗级，快手，有马民壮。

万历顺天府赋役

《顺天府志》六卷十册，万历癸巳府丞谭希思订正，大兴县丞张元芳汇编，抄本。

卷三　食货志　户口　田赋　徭役　马政　经费　物产

田赋

夫田赋所以足国也。民不聊生，赋将焉办。夫燕为王畿重地，视他郡不加广矣。常赋之外，军输杂办，几浮其半，所谓房号，即间架也；所谓钞税，即征商也，而尚司农告匮，入不给出。……

徭役

右力役除各州县自给外，其解府各役以原封畀之；转解各衙门者给批原解；应进内府等衙门者，以原封收候，本府并不秤兑。又陵户、坟户编银甚善，方奉旨而守陵内臣题奏，仍编人户，户部覆奏不可得，是在有司调剂之，俾无累可也。

铺行编审（第八十九至九十五页）

万历洪洞县田粮和役法

《（山西平阳府）洪洞县志》八卷三册，万历乙酉，邑人晋朝臣纂辑。

卷二　田赋志　户口　田粮水利　赋役　驿传　役法

户口

……万历九年，知县（陕西耀州人、进士）乔因羽审编徭役，悯民困耗，为之减上则，宽力役，俾民得苏。……

田粮

……万历九年，知县乔因羽奉例清丈，稽核惟严，地无加额，粮足原数，其坍塌耗荒，类与豁免，浮粮去而小民苏矣。……

粮之目五：曰夏麦，曰农桑丝，曰秋粮粳粟，曰马草，曰马骡站粮。

旧官田先年征粮则例，比民田倍征。后岁久湮灭，原纳人户埋没无存，累小民包赔，受害不浅。知县乔因羽奉例清丈，官民不分，条鞭为率，民免包赔。咸颂德曰："良牧存心，事惟利民。"

……知县乔因羽丈地，比旧丈出 160 余顷，奉例地不升科，止足原额，将丈出余粮 1,357 石奇，均摊平坡滩咸地内。贫寒小民，幸赖宽减，如解倒悬。……

赋役

洪之赋役，均徭里甲，其大较也。均徭二年一审编，里甲十年一审编，年终而代。往均徭银差征完，应解者解，应支者支，别无他议。独力差准徭银若干，有赔至三四十金，少亦不下一二十金，民恒苦之。近议尽括一岁之役若干种，费若干金，因户定则，因则征银。上五则倍征，四钱者倍半征，下三则照征。隶不下乡，民自投柜。召募应役，当官给领，役无指名，民不知扰。即九则中，大都视前轻减矣。至如里甲，往多赔累，近议于见甲户内，因则倍半征银，分季纳官，列为额支、待支、杂支款目，听官照目应用。其皂［隶］［班］、轿［夫］、灯［夫］、解［夫］四夫工食役各在户自讨征银，名曰纲银，谓纲举众目悉具也。自二议行，在民为不扰，在官为不劳，称良议矣。

役法

县旧制岁在见年里甲内额编轿、扛二夫，遇上官经过，官扛转运，国初旧例，洪洞送赵城，赵城送洪洞，交互递运，彼此适中，遵行二百余年无异。……

卷六　食货志　食属　货属　贡物　课程

万历宁羌州户田和课程

《宁羌州志》八卷二册，万历丁酉知州广武卢大谟纂修，传抄万历二十五年刊本。

卷五　田赋

户田（口）　旧额民434户，以军民（户？）籍者7户。新额男子3,567丁，妇女1,988口。占免者俱在此额之内。

每岁编审

田亩

地土

粮税

秋粮

屯田

马草

绢布

棉花池　原额一十亩，每亩科布六户，共布二匹零八尺。每匹价银三钱，共银七钱八分。均徭大户夏额京科绵羯羊一，起运永丰仓一，夏季税粮各一，布绢丁银各一，本州钱帛库子二名，以上俱裁。添经收条鞭头四名，钱帛库吏一名。

力差

银差

课程　本州无关，课钞756贯369文，有关课钞819贯666文零，每贯折银3厘。

水利

崇祯历城县里社和条鞭之法

《历城县志》十六卷七册，崇祯庚辰邑人叶承宗纂修，抄本。

卷五　赋役志　征徭　方产

徭役

第二页：……军兴以来，名目不一，粮有起存，征有隔现，优免曰纳，加派曰再，端绪纷纭，未易殚诘。……

第四十至四十一页：赋役之法未有善于条编者也，是故条编之法有十利。……有此十利，所以百姓奉条编法，不啻蓍蔡；爰行条编人，不啻祖父。奈日久法紊，军兴费加，条编之银已征入官，而征收之役复佥大户；且因事多差烦，而不循十年一轮之制，民始不堪命矣。比年以来，均徭变为条鞭，条编变为雇觅，雇觅变为官收吏解，大都始未尝不善，久之弊生，岂立法之过哉。……

卷三　建置志上

里社

祖制十家为甲，十甲为里，里置十长，分统百家，丁出于斯，赋出于斯，洵良法也。灾乱相仍，逃亡迁移，民无恒志。或甲存而家不满十，里在而户不满百。丰大之里，时或逾制，于时大至千家，小或数姓，比而同之，势不能也。……

卷六　职官志

宦绩

宋应昌，浙江仁和人。万历间以给事中出守济南，历升巡抚，均地亩，行条编，民享乐利者四十年。

万历时浙江秀水县施行恤政情况

国家惠康小民，居则念矜人而哀茕独，急则发仓廥以赈贫穷，国无蕴年，野有漏泽，仁政莫先焉。吾邑赋剧民贫，岁尝不稔，百姓凛然，莫必其命，抚摩噢休，业在《鸿雁》之卒章矣。志恤政。

养济院，春波门外春波坊_{嘉兴县地}，收养鳏寡孤独无告之人，每人日给米一升，每岁给衣布银叁钱，柴银叁钱。

按养济院事宜，（万历）七年规条已得其概，然亦有遗议焉。甲头与老吏朋为市窦，弊端杂出，如登报则有抑勒之弊，有冒顶之弊；查点则有蚁旋之弊，有猝倩之弊；给放则有扣除之弊，有冒滥之弊，大都名为无告者设，而利则归之老吏甲头耳，司民命者盍究心焉。

万历十七年岁遇旱灾，田苗枯槁，米价腾踊，饿殍盈途，抚按题准钦遣户科给事中杨文举赍发内帑银五千八百两，赈济本县饥民。随该知县郭如川示令象东等一十七区里递开报，极贫给发银五钱，次贫三钱，又次贫二钱，复捐俸买办药材，着令医生普施汤剂，活人亿万。又捞掩暴骸及漂没者，悉瘗之。

守道张公朝瑞《常平仓记》，任金衢道时刊布。

《荒政论》曰：余观耿寿昌常平之制，谷贱则增价而籴以利农，谷贵则减价而粜以利民，是为平籴法。今檇李民居甚稠，其待籴而炊者，市日不下千石。宜亟行官籴之法，令于丰熟州县分投贩籴，米粟不足，杂籴菽、豆、麦、乔之类，如荆、楚饶米麻，淮、徐饶菽麦，召部中高赀巨商一二十辈，分为三番，而推择其赀之最雄者以为长番，各籴米三千石，菽三之，麦二之，互为转饷而相灌输，其出母权子，则总于其长，得利均之，仍申报抚按，给以符验，令关津不得阻抑，丰熟州郡不得闭遏，则为费益省，而转输甚易，此亦不赈之赈也。又预为来年息赈之法，当灾沴时，一面腾牒告饥，一面晓谕荒乡之民，预为来年计，旱则高乡殖菽豆黍稷宜旱宜秋之类，潦则洼乡殖菰蒲荻苇宜水宜途之类，仍令田主贷以种子，明立契券，熟时照租法均分。县官时为稽察，以示赏罚，虽禾稼不登，而杂殖足赖，明岁亦可无饥矣。乃若赈饥之法，往往吏缘为奸，贫者未必报，报者未必给，其报而给者又未必贫，有司擅赈济之名，而贫民不沾实惠，请就里中推一二大姓任以赈事，有司第不时单车临视，稍立赏罚科条以劝戒之。盖大姓受役有九利：习知贫户多寡，不至漏冒，利一；给散近在里中，得免奔走与留滞之苦，利二；披籍而得姓名谷米之数，易于查勘，利三；且以邻里之谊，不至觳觫损耗，利四；贫户素服大姓，即有缺漏，易于自鸣，利五；食糜各于其乡，不至群聚喧杂，秽恶蒸而成疠，利六；大姓熟识近邻，不致攘夺，因而弭盗，利七；分县官之劳，利八；吏不能为奸，利九。先是岁荒，饥民赘聚为盗，少者百人，多者千人，率指高廪为外府，鉏耰白铤，望屋而食，甚则噪呼昼剽，莫敢谁何。亟宜下令谕以朝庭诏旨，但恤贫民，不宥乱民，凡为戒首者戮无赦。昔《周官·大司徒》荒政十二，自散利薄征，以至去几舍禁，率皆宽大之令，而独于除盗贼加严，盖以劳民易与为奸，培嘉谷者去稂莠，势不可不亟也。（据万历《秀水县志》卷三《食货》）

万历黄冈县里甲征派情况

万历《黄冈县志》卷三，页三十：

里甲　夫马项下实征银叁千贰百三十七两三钱玖分，公费项下改岁贡作兴银壹两贰钱伍分，于备用银内支，咸合用铺陈，上等壹副，修整银三两；中等贰副，每副修整银捌钱；下等五副，每副修整银二钱，共银伍两六钱，壹年壹派。本府正堂并清军厅水夫各贰名，每名银柒两贰钱，通计实征银壹千壹百陆拾肆两玖分柒厘伍毫壹丝陆忽壹微贰尘伍纤贰渺。夫马除优免公费，例不优免，俱丁叁粮柒兼派。

排夫贰百伍拾名，每名银柒两贰钱，带闰壹钱贰分，共银壹千捌百叁拾两，除客夫银壹百柒拾捌两陆钱壹分外，实编银壹千陆百伍拾壹两叁钱玖分。　考府志载叁百贰拾伍名，及查旧全书，原编贰百名，每名银柒两贰钱，共银壹千肆百肆拾两，除客夫外，实编银壹千贰佰陆拾壹两叁钱玖分，内扣三十□名，该银二百四十四两捌钱，于客夫坐扣并条编凑数，俱贮库。临差、雇募无闰。又本县应役陆名，走差客百陆拾名，俱给票募役兑支。二十四年与脚马并开征银给发，愿兑支者听。今定水陆官则，陆路迎送，黄陂黄安并壹钱六分，上省、麻城、罗田并黄陂界牌并一钱三分，蕲水一钱，阳逻道、欢河并捌分，巴河三分，马桥一分。水路迎送，上省壹钱壹分，蕲州七分，临时发银雇募，相传起自万历玖年，无考。内除本县应役陆名，又听力夫二十肆名，做工挑水等用。其客夫流寓无常，近申呈议豁改编未示。

脚马陆拾伍匹，每匹银贰拾肆两，带闰肆钱，共银壹千伍百捌拾陆两。　考府志载六十匹，及查旧全书，原编柒拾匹，每匹贰十肆两，无闰，内扣五匹贮库，听候差繁，酌量动支，接雇登报，循环备查，余募役走差兑支。万历二十三年，减编带闰，俱给走差。

万历三十三年，知县茅瑞征条《上两院议》，略云：本县水陆要冲八省绅冕之域，旧例夫役临时给价召募，乃夫价除客夫力夫两项虚抵差占外，　实编岁不过千肆百余金耳，以肆季析之，每季不过三百五十金。一遇银损，用夫动以数百名计，募夫之价动以数拾金计，此等一二起便去百金矣。过客取道，用夫百名以为常，如送黄陂，每名一钱六分，用百名即去一十六金矣。勘合之外，又出火牌；本色之外，复勒干折，动曰止前应付。而境上委官挂号，中多曲徇，有避风险，改由陆路，添用搪夫数十抬，后遇船至，用亦如之者。江行多乘风便，乃拽船夫辄用肆伍拾名间，多至百名，明知无用尽饱长行之橐者，上司长搪壹抬，间用夫役三名，官轿兼用，间用叁班以上。乃过客亦缘以为例，动请多加，稍不如意，即公堂鼓噪者。年来夫价缺额，一至秋冬，束手无措，必至那借条编凑用，语所谓锱铢取之而泥沙用之，正为此项。

曾查旧时经奉明例，隔省不准应付，吹手不用马匹，习舛至今，势多掣肘。若非宪禁申饬，将来何所底极。合无今后定为成例，凡遇使客过往，水路应付止船，上水挽舟夫无过三十名，下水顺流夫无过二名；每轿一乘，止许用夫二班，吹手止用一副，家属不许多用，皂壮勘合火牌不得重支，隔省武职不得滥给。仍请刊示木榜，竖立通衢。

有仍前冒滥应付及听折干者，查
参议处，庶杜一切虚糜之弊。

页四十二：

匠班

起运：

南京人匠实在纳班贰百叁拾陆名，四年一班。该班每名纳银壹两捌钱，遇闰加银陆钱。^{解司}_{转解}

攒造军黄二册纸剳工食，近议允于税赎银内四六兼支，不许科派小民。

《（南通）州乘资》目录及徭役

《（南通）州乘资》，弘光乙酉郡人五岳外臣邵潜纂，四卷八册，抄本。历史所藏。

卷一 杂识

秩官 选举 名宦 流寓 名臣 列传 機祥 山川 河渠 风俗 官制 学校 武备城隍 社仓 朝贺 祀典 乡饮 津梁 则壤 户口 馈运 岁课 岁办 贡赋 徭役 丁粮 仙释 祠宇 寺观 冢墓 遗事

梁方仲先生注：记递年则壤（田地）、户口均有增加，堪注意。

卷二 艺文

宸翰 碑记 诗 著述

卷三 宦迹（赵子义、马有庆、王之城、李永芳等传）

卷四 人物

卷一 徭役

通之赋役，自万历五年编为条鞭之法，于均徭、里甲、驿传经费、民壮、匠班，皆审定银两，即闰月银亦摊审靡遗，而又预备杂用之银，每年第征赋于民，凡百皆官自料理，固与民休息之至意也。立法未久，而一切所需，仍烦里甲矣。

通之条鞭正额，自万历四十三年兵备道熊公尚文酌议存留裁汰，每年实征银一万六千五百三十六两三钱有奇，遇闰加征银一百七十九两七钱有奇；折色正额，每年实征银七千七百六十五两有奇，遇闰加征银一百七十三两有奇；本色正兑改兑，并加耗补闰米，共计四千九百七十九石八斗二升有奇。此载在赋役成规者也。崇祯五年条鞭较成规多征银二千四百五十两有奇，已过重矣。外又加军饷辽饷等项银八千九百十两一钱有奇，是重中又加重也。折色较成规多征银五百五十九两三钱，已过重矣。外又加辽饷银二千四百六十一两五钱有奇，水脚银二十四两六钱有奇，正改本色米并代征海州米，共五千二百四十四石八斗二升有奇，轻赍等银五百十两八钱有奇，是重中又加重也。九年折色较成规多征银七百三十六两三钱有奇，十年条鞭较成规多征银二千九百两有奇，十一年条鞭较十年又多征银一千一百六十两八钱，十年、十一年折色较九年又多征银一百九十五两三钱有奇，是加重之中又倍加重也。夫成规所载，缕析条分，既详且备矣。而今复逐岁暗加若此，岂谓成规为不足遵乎？且六年至八年所加之条鞭折色正改米，九年所加之条鞭正改米，余尚未之具述也。民实不胜瘠，何堪重困，安得贤有司一划此宿弊耶？

志所载均徭原额银差，与续增银差外，崇祯八年以来，又加派募兵军饷银一千零十两二钱，赋役兵饷银一百六十两，弓箭弦扣银一百五十五两六钱九分九厘九毫七丝，军器银二百七十四两三钱七分七厘一毫六丝五忽八微。新增缮修银一百两，清河麦折银十二两九钱四厘，增马夫工食银一百三十一两三钱八分，杂支公费银一百二十两六钱六分六厘，差夫银一百十一两三钱八分五厘，懿安皇后表文银二十四两六钱八分七厘。续增解部千秋表银一两三钱三分。民壮抽扣银三百七十三两六钱八分。邵伯驿馆支银三十三两二钱九分。界首驿馆支银四十八两四钱六分一厘五毫。广陵驿馆支银一百二十六两五钱三分八厘四毫，铺司兵工食银五十二两二钱，仪真驿轿夫工食银一百二十二两九钱六分，仪真馆支银三百六十五两六钱三厘，南河工部吏书银四十二两六钱。东宫表笺银二两五分，贴助科场银八两八钱五分，木植供应银六两五钱八分一厘二毫五丝。额款外，马夫工食银七百五十六两，公费银五十四两三钱，新增缮修银三十两，伞扇轿乘银三两，公座银二两二钱五分，漕道供应银八两五分五厘九毫，旧缮修银二十七两九钱，新增缮修充饷银三十两，卷箱银一两五分，公费充饷银五十四两三钱，带征操院二项军饷银三百两，清军厅公费银三两六钱，学院供应银九钱，苏家堰柳草银一百两，刑具银二两四钱，修府署银五百二十九两四钱一分七厘，小修公馆银九钱，恤刑纸劄银一两二钱三分五厘八毫，家火银三两，照磨公费银一两八钱，粮房复加募兵军饷银二百五两三钱二分四厘九毫，岁会书册银一两，代征清河县麦银二十两，漕院吏办衣服银一两三钱一分，府仓麦米银三百十六两三钱一分六厘，城操军舍银二百三十九两四钱。又额款外，口粮银一百三两七钱四分，把门军舍银一百九十四两四钱，大河徐稍石港军舍口粮银五百七十三两一钱二分，廖角营军舍口粮银二百六十四两九钱六分，带衔革职所镇抚成东旸王三重俸银三十六两，民兵银一百五十一两九钱二分，工料银四十一两三钱二分五厘五毫，京库盐钞带闰银七两一钱八厘六毫，存留府库盐钞内每年带闰银三两五钱，段绢丝价银十三两二钱，兵部柴薪耗银六两六钱，协济大柳驿站马银八十五两二钱六分，粮房复加兵部柴薪耗银六两六钱，监犯口粮银五十两四钱，锡价银十六两五钱，解官路费银二十两，颜料蜡茶贴解银二百六十四两七钱，操官路费银二十两，礼房公费银一百八两，额外代印官输充军器银九百八十八两八钱三分，官目口粮银三百三十九两五钱三分，通共加银一万一百六十二两七钱二分一厘五忽八微，而加三火耗不与焉。外是，六年又加买柳草水脚银一千一百五十两，八年、九年加助陵工银五百二十两，科举路费银五百七十两。十年加输本府补库义饷银三千五百两，及酒毡布药铺面门摊等饷，是皆上下吏胥交通作弊，以此插入赋役成规，岁为民害。民卖妻鬻子，苦应其求，非无簿书可稽，而实不足稽也。欺天奸利，人莫能知，当事者倘留心清汰，吾民庶有苏息之望乎？

通之赋役，自万历五年编为条鞭之法，于均徭、里甲、驿传、经费、民壮、匠班，皆审定银两，即闰月银亦摊审靡遗，而又预备杂用之银，每年第征赋于民。凡百皆官自料理，固与民休息之至意也。立法未久，而一切所需，仍烦里甲矣。二十五年，知州王公之城轸念民艰，出俸三百金，具诸上司供张，籍而藏之兵房，由是里甲得以息肩。王公迁去，所具之物渐次羽化，而里长复不能免矣。迨福公文明又察其苦状，亦捐三百金具之，籍而藏之门役所，岁给以工食，今又渐次羽化，十无一存，以致复待办诸里长，即侈靡益甚、费滋重弗辞，第已办矣。而吏胥又妄称妍丑，假验视以媒利，一物也，未贿之先日不可用，既贿之后日可用，稍不遂欲，则鞭笞及之。是官固为吏之囮也。夫既置审定之银于无用，而科敛于里长，且加刁难焉，民胡以堪。矧外是而又有马夫科举农民之类，有加无已乎？崇祯六年，里人户科给事中顾国宝创为綱差之法：凡供应上司及本州各项什物，原出诸里甲者，悉令六房吏书管办，总计租办工食，该银七百二十五两，里甲议将每年公馈户房管收条鞭书工银二百八十五两，公馈粮房管收折色书工银一百八十两，及户房余存条鞭贴解银六十两，粮房余存折色贴解银二百两，共银七百二十五两，即以之付六房吏书，置办什物，会有诏裁革里甲勿用，遂著为挈令，而里甲赔累之苦至是免矣。

自条鞭法立，则属主藏吏以监收之权，猾吏重法马而恣取羡余，且乘是侵渔干没，有司莫测其奸。虽坐以监收自盗之律，而民已蠹蚀，财已羽化矣。二十五年，知州王公之城则岁择里中温户，互司银柜，派为逐月纳银定例，令民自封投柜，勿问羡余，法甚善也。厥后弊窦日开，有诛求及司柜之温户者，温户苦之，不得不预为飞诡，以求免矣。天启三年，知州周公长应复定为随里征收之法，令里递当堂输纳，按月拆封，随即当堂领解，止令户粮书吏登记出入数目，其经收并不假借其手，真剔蠹厘奸之至计。已复不然，里递纳银，不于当堂，而于吏舍，吏重取其羡金如故。又复克落抵换，令里长赔解矣。崇祯六年春，侍御辰溪米公助国奏准，令州县正官于开征数月之前，户与一易知清单，亦曰由票，定其应输之数，花户则按限报单，自封投柜。又备造各里各户应纳钱粮柜册，亦曰赤历，送道用印，付司柜吏查收。柜吏眼同花户填单与册，不许经手秤兑，不许索勒火耗，计五日一更翻，仍置循环簿，每季解经管吏赴巡抚诘比。其法马赤历，巡抚亦不时委官擎核，且禁飞提富民，代佃里甲钱粮及征完，官自起解，不用大户里长，可谓尽善尽美矣。七年春，吾通始遵行，然仍经柜吏秤兑，每银一两，明索贴解银五分，而暗索加一六火耗，初辄若此，弊久益滋，当事者苟能体国爱民，以实心行之可也。

吾通弊之大者，莫大于今岁而预提明岁之赋，益一岁之赋，征之且有逋者，况先期可乎？皆由本州吏胥与道府吏胥相缘为奸，每至年终，辄橄州征银起解，伍伯以数十金买一票，摄诸里长，需索不赀，里长惧，质衣代诸花户输纳。又重以羡赢及银归吏胥，任意营什一之利，经年不解，甚至多干没者。惟知州王公之城、福公文明，遇吏胥以预提请者，罪之无宥，弊端一时顿息。民甚安之。今皆行之不疑，毫无恫瘝斯民之意，无乃莫测其奸乎？

通之征赋，自知州王公派为逐月纳银定例，先期晓谕，令民按数均输，间有后期者，始令皂隶督促之，民一遇督促，已不堪皂隶之扰矣。今乃不立限示民，民尚不知输纳之期，而追呼之伍伯辄先之，是不教民而杀之也。及皂隶既得重赂，反置赋于不问，民由是益缓其期，因而有逋负者，司牧者能于催科中寓抚字，良吏哉。（伍伯，皂隶也。）

《滇志》凡例及云南户口、田地、赋役

《滇志》，33卷，28册，明刘文征撰，清抄本。

凡例

旧志十七卷，叶榆李仁甫氏编，杀青之岁，为万历改元癸酉。新志草二十二卷，晌町包汝钝氏编，脱稿于万历二十一年癸卯。……由今溯癸酉，已是五十年前。

卷六　赋役志第四　进贡　户口　田赋　民役　课程　盐法差发

民役（页6）

通省州县，于税粮编银差，于人丁编力差，于银、力二差编里甲公费。万历二年以后，改十段锦为一条鞭，三年一编，一年一征收，银、力二差并里甲公费共编银一十一万七百三十四两一钱五分。官吏支销，里甲归农。万历十三年定均徭银、力二差公费共编银一十万二千一百二十八两五钱九分，亲身应役人丁三千二百五十名。万历二十四年，定赋役经制，实编银一十一万四千六十两五钱九毫零。后续加贴备金价站赤协济等项，共实征银一十二万七千四百二十一两八分九厘三毫四丝四忽六微四纤五尘。

六卫土军马步一千二百六十五名，岁征身差银一千七十四两，供土指挥千百户俸粮。

户口（页5）

本朝户一十五万一千二百一十四，口一百四十六万八千四百六十五。

田赋（页5）

官民田地共六万九千九百三顷八十九亩七毫零。

夏税麦原额并新增共三万七千七百十六石七斗一升五合零，起解本司折色麦二万二千九百九十三石四斗四升三合零，存留各府州县麦一万四千七百二十三石二斗七升二合零。

秋粮米原额并新增共一十一万一千七十三石九斗九升六合零，起运本司折色米三万五千二十五石四斗六升五合零，存留各府州县米七万六千四十八石五斗三升零。

乾隆《贵州通志》驿运、田赋、盐政、兵饷索引

驿运：

清康熙佟凤彩，《铺兵工食疏》；

佟凤彩，《添设驿递疏》；

甘文焜，《题禁协夫疏》；

鄂尔泰，《请开上游驿站疏》；

鄂尔泰，《请开下游改站疏》。

以上乾隆《贵州通志》卷三十五《艺文·国朝》。

张广泗，《条陈驿困并禁派扰疏》。

以上乾隆《贵州通志》卷三十六《艺文·国朝》。

田赋：

清阎兴邦，《官庄悉归有司疏》；

王燕，《劝民开垦荒田疏》；

于准，《请展征收以舒民力疏》；

张广泗，《改征米石折》。

以上乾隆《贵州通志》卷三十五《艺文·国朝》。

盐：

清慕天颜，《题覆盐价疏》；

王继文，《普安等处仍食川盐疏》。

以上乾隆《贵州通志》卷三十五《艺文·国朝》。

兵饷：

清慕天颜，《请预拨黔省协饷疏》；

王继文，《预拨贵州兵饷疏》；

于准，《请定兵粮本折规则疏》。

以上乾隆《贵州通志》卷三十五《艺文·国朝》。

张广泗，《请免折色兵粮疏》。

以上乾隆《贵州通志》卷三十六《艺文·国朝》。

光绪《续云南通志稿》目录

《续云南通志稿》，清光绪魏光焘等。

卷三十五　户口

卷三十六　田赋

卷三十七　田赋

卷三十八　田赋

卷三十九　田赋

以上皆《食货志》。

明代各地积谷备荒和预备仓

　　邑人参政刘汀《预备仓记》："……今之两税，俱以充大司农军国之需，邑额所存，仅在公之廪禄耳。储峙初无经制，惟取乎赎刑之余也，亦甚微且艰矣。……"又云："嘉靖二十四年（邑令叶恒嵩任内）岁积谷一万石有奇。"（嘉靖《南宫县志》卷五《艺文志第九》，第三页）按南宫县全县自成化中实为二十四里。（同上，卷一《地理志第一·里甲》，第五页）

　　郭应聘，字君宾，莆田人。……嘉靖庚戌进士，授户部主事。……监通州仓，适米涌贵，令输者得纳缗，及价损则呕籴充庚，而归羡金于朝，上下交利焉。……（民国《福建通志·列传》卷二十五《明九》，第九页，引道光旧志）

　　林泮，字用养，闽县人。……成化壬辰登进士。……擢广西参政。……时逋负三十二万石。泮侦知湖广米方贱，下令减直收银，遣官往楚籴。民甚便之，半年逋负毕完。迁江西布政使。……正德二年，升户部右侍郎。……（民国《福建通志·列传》卷二十一《明五》，引《潜庵先生史稿》《福州府志》）

　　留志淑，字克全，晋江人。弘治乙丑进士。……（正德中）擢（湖广）参政。……会大饥……置敛散法，极贫赈米，次贫赈钱，次转贷，节役蠲税，民多赖焉。（民国《福建通志·列传》卷二十二《明六》，引道光旧志）

　　赵登，字从善，祥符人也。永乐二年进士。……宣德改元，升湖州知府。……时诏天下郡国修举国初义仓之制，以备凶歉。登奉扬德意，召区里之长及乡之耆民聚于庭，谆切劝谕，而里中富羡之家咸感登言，不浃旬输谷数万石。故仓弗能容，而犹增数楹，登选公正耆民洎殷实淳良之夫严慎守护，兼知出纳之数，申明戒饬，大要以绝私无扰为本。……（尹守衡：《明史窃》卷一〇二《守令列传久任吏第八十》）

顾珀，字载祥，晋江人。弘治己未进士。……擢和州知州。复值大饥，不待报廪之。巡按奉部檄督逋赋，珀召富商谕以大义，商各输所有贷官，至秋成还之，商民俱无所累。州有芦课，属诸大姓，官莫谁何，主课者至欲自经。珀立召诸大姓谕之，皆诺。乃为严立限比，而济之以宽，皆无敢后。……（正德）历迁湖广布政司参议。……屯田濒江，岸圮田坏，奏捐积逋，命军士砌石一丈者给银六钱。依折粮月三钱倍给，不加派而堤岸成。……（嘉靖五年）升江西左布政使，入库省藏，见三巨桶，封识朽敝，簿籍不载，启视之，金也。……寻擢南京太仆寺卿，检牍举马政，见近郊屯田荒芜，问之，以官征宿逋不敢耕。珀令军民开垦，成田之后，征粮足屯额而已。……（民国《福建通志·列传》卷二十二《明六》）

预备仓

宋丰储仓在仁和县仓桥东。皇明预备仓，旧名老人仓，洪武初，令天下州县乡都各量置仓，择耆老一人主掌之，故名。其法：凡遇岁丰，县官劝令当乡足食之家，义出米谷不等贮蓄，官籍其数。凶年许当乡下户贷借，秋成抵斗还官，著为令。有古义仓之遗意。岁久颇就倾圮。每大诏赦之颁时，敕有司举行毋怠。岁或饥馑，乡邑间有知义而献给者焉，有劝分而应命者焉。正统初，以言者，户部奏差刑部郎中刘广衡巡行两浙，劝分预备，因以老人仓改名预备受之，仍籍自愿献官者与劝而分者，多寡之数，上之户部，请旌异焉。视自献米逾千石，特赐玺书，官为树表，且复其家；劝而分赐玺书，但复其身；又次玺书，但立石其家以表，迨后又下冠带荣身，又锡以七品散官之令，为民劝义益多途矣。又因言者，凡大小衙门吏典三，司知印承差，府县僧道医学阴阳官俱令入米有差，免其考试，就与职役。又令一应囚徒所犯，自笞以上至杂犯死罪，凡有力者并听入米赎罪。本府遂以旧圣安仓改作预备仓收受，岁亦不下万有余石，皆所以备荒于未然者也。本县预备仓，洪武二十四年建，岁久倾圮。永乐三年知县彭奎重建四所，每所仓廒三十间。东仓在城东北临平镇；南仓在城北廓石灰场；西仓在城西北仲墅（今废）；北仓在城北塘栖镇。

评曰：仓号预备，为凶荒设也。其积谷取诸罪赎，要在照时值征银，选委一二殷实笃大户掌管，已至银多，谕令倾成足色，每十两为一锭，官给批文加以路费，立限差往多谷地方择买嘉谷，差官监收，其斗级止令收贮看守，如此则谷虽年深，自堪食用；若令罪犯备谷上仓，则官吏斗级留难以索分例，遂使附近积好包纳其谷，未免伪杂，一经查盘簸扬，势必亏耗，其经手人员定遭问罪赔补，若值凶荒，穷民嗷嗷望食，徒以不堪之谷发赈之，其何济于饥而救其命乎？（嘉靖《仁和县志》卷七，第十一至十二页）

预备仓记　参政刘汀

国有积贮，王者所以重民命也。积贮之不广，是无民也；畜聚之未善，犹无积也。此经国保民当务之急，而恒情或忽焉。叶公之政，斯其为不朽乎？公之言曰：古者三年耕，余一年之积，余可食三年，水旱凶荒未虞也。盖因邦赋所入，而樽节焉。尔今之两税，俱以充大司农军国之需，邑额所存，仅在公之廪禄耳。储峙初无经制，惟取乎赎刑之余也，亦甚微且艰矣。仓廪易敝，多损于风雨鸟鼠之害，综理弗密，常蠹于侵渔巧伪之奸，不幸而有数百里之饥，四境赤子坐待馁毙。况畿辅要地，南北不特调发，供饷何所仰给，弗获已而称贷行焉，贫富交困之术也。迩来百谷用成，民生畅遂，敢安目前之小丰而忘备预矣乎？存之以中孚，运之于筹画，不再易岁，积谷一万石有奇。乃纠工度材，量程命役，公靡见费，众靡见劳，督促烦扰之令无闻，而大功就绪，栋宇联络，东西相望，凡六十余楹，厥材孔良，厥工用贞，积中不败奚翅数世之利哉？建堂南向，为会计之所，缭以峻垣，限以重门，门之外，左建囚室，右建空舍，凡有输纳，典守者按籍而杂贮之，月终躬较而归之内廪，伪冒一无所容矣。刘子曰：叶公岂不诚良牧哉？居劳而贻逸，仁民而思善其后，其庶乎古之遗爱欤？继公为政者，藉其成勿恃其有，因而益实其中，必余九年之食，乃王制三十年之通计也。岂惟南宫之民实赖之，否则取前人不朽之政，而文具之矣。故特书记焉，以俟后君子共流仁泽于无穷也。（嘉靖《南宫县志》卷五）

洪武二十二年三月辛巳，诏户部遣官运钞往河南、山东、北平、山西、陕西五行省，俟夏秋粟麦收成，则于乡村辐辏之处市籴储之，以备岁荒赈济。（《钦定续文献通考》卷二十七）

洪武二十四年八月壬午，罢耆民籴粮，先是朝廷出楮币，俾天下耆民籴粮，储之乡村，以备凶年。州县所储充积，而籴犹未已，至是上恐耆民缘此以病民，遂罢之。（《钦定续文献通考》卷二十七）

洪武二十六年四月，诏郡县岁饥者先赈后奏，著为令。（《明大政纂要》卷九）

宣德二年一月壬子，山东泰安州奏：永乐十七年、十八年人民艰食，于预备仓借粮二万一千三百石赈之。洪熙元年秋成，止偿四千余石，多因逃徙复业未有偿官，欲待年丰悉偿。上谕行在户部臣曰：逃民初复且当优恤，岂可遽责之偿。朕常虑有司不体人情，今所奏良协朕心。其准所言，听家业已成之后，年谷有收，则令偿官。（《明大政纂要》卷十八）

宣德三年四月辛未，行在户科给事中宋征言：洪武中所籴郡县预备仓谷米歉则散，秋熟则还，数年来有司官吏与守仓之民或假为己有，或私贷与人，俱不还官，仓廒颓废。宜令户部下郡县修仓征收，以备荒歉。上谕行在户部臣曰：此太祖皇帝备荒良策，当百世行之。今废弛如此，皆有司之过，宜即遣官巡视整理之，有慢令及欺弊者皆罪之。（《钦定续文献通考》卷二十七）

宣德四年六月壬午，行在吏部听选官欧阳齐言：洪武中于各州县置仓积粟，令耆民大户典守，遇不凶以赈济，秋成还官。今各仓多废，一遇荒歉，民无所望。乞令府县如旧修理仓廒，原有储粮给散未还官者，悉征还官。其民户繁而积粟少者，丰年令所司支官钱，于有谷之家平籴收贮，庶凶岁不虞，小民有赖。上命议行之。（《钦定续文献通考》卷二十七）

宣德五年五月丙辰，行在都察院左佥都御史李濬言，亦以河南、山西向有预备仓储，乞如法修仓收籴。从之。（《钦定续文献通考》卷二十七）

宣德七年五月丙申，巡按湖广监察御史朱鉴言：洪武间各府州县皆置东西南北四仓以贮官谷（多者万余石，少者四五千石。仓设老人监之，富民守之）。遇有水旱饥馑以贷贫民，民受其惠。今各处有司以为不急之务，仓廒废弛，谷散不收（甚至奄为己有，深负朝廷仁民之意）。乞令府州县备仓廒，谨储积，给贷以时，征收有实，仍命布政按巡等巡察，违者罪之。帝谕户部曰：此祖宗良法美意，比由守令不得人遂致废弛，言者比比而未有兴复之者，尔部亦岂能无过，其有违者，从按察司监察御史劾奏。（《钦定续文献通考》卷二十七）

正统元年七月庚戌，顺天府推官徐郁言四事：……一、建立义仓，本以济民，然一县止一二所，民居星散，赈给之际，追呼拘集，动淹旬月，不免饿莩。乞令所在有司增设社仓，仍取宋儒朱熹之法，参酌时宜，定为规画，以时敛散，庶凶荒有备而无患。……帝以所言甚切，命有司速行之。（《钦定续文献通考》卷二十七）

正统二年五月辛卯，户部奏：洪武中各府县俱设预备仓粮，随时散敛，以济贫民，实为良法。近岁有司视为泛常，仓廪颓塌而不葺，粮米逋负而不征，岁凶缺食，往往借贷于官。今浙江诸处丰收，请令所司出价敛籴，以备荒赈。从之。（《钦定续文献通考》卷二十七）

正统四年十一月丙寅，行在大理寺右少卿李畛言二事：一、查北直隶各府州县散过预备仓粮及官降籴粮折钞数，俟秋成，令有司照旧修仓廒，收积粮储，以备赈贷。……从之。（《钦定续文献通考》卷二十七）

正统五年七月辛丑，遣官修备荒之政。先是少师兵部尚书兼华盖殿大学士杨士奇言，置仓积谷以备饥荒，浚陂筑堤以备旱涝，太祖皆有成法，自后有司不能修举，每遇凶荒，民辄流徙。请敕部移文诸司举行。洪武旧典，其有隳废者，听风宪官纠举，于是命官分道往理其事。时刑部右侍郎何文渊赈畿辅，御史薛希琏赈江西，皆以荒政大举称。而江阴民朱维吉同父善庆出谷四千石备赈，新淦民李孟都，庐陵周怡、周仁，吉水盖惟志、李维霖，永丰杨子聚、罗修龄、肖焕圭，永新贺祈年、贺孟建，安福张济，泰和杨孟辨，各出粟二千石备赈。有司奏以闻，皆赐敕旌为义民，劳以羊酒。（《明大政纂要》卷二十二）

景泰三年二月癸未，提督辽东军务左都御史王翱奏：开原、铁岭急缺边储，请募军民于辽东运米千石赴开原仓，海州运米千石赴铁岭，俱冠带荣身。从之。（《钦定续文献通考》卷二十七）

成化元年四月庚辰，改设德州、临清县预备仓于城内。先是二处预备仓各置于城外，官私难于出纳，至是从有司奏城内各有空廒，请即以为仓，储预备粮，而名临清曰常盈，德州曰常丰，设官主其事。（《钦定续文献通考》卷二十七）

成化三年六月戊申，兵部左侍郎兼翰林院学士商辂上言时政。……一广蓄积，臣窃见各处预备仓所储米谷，本以赈济饥民，每岁官司取勘口数，里老止将中等人户开报，其鳏寡废疾无所依倚者实饥民，一概不报，盖虑其无力还官、负累赔纳故。……今后各处预备仓饥民关过米谷，不拘丰年中年，岁通取息一分。有系鳏寡废疾……无所依倚之人……不必追征，将所收之息抵补其数，抵补之后或有余剩，自作正数入仓。……今后乞令巡按、分巡等官严督府州县正官，放收之际，务在亲行提调，痛革前弊，庶几官无虚费，民得实用。……疏入，上嘉其言，命所司看详覆奏。（《明臣奏议》卷四）

成化六年四月甲寅，巡抚甘肃右佥都御史徐廷章言七事：一河西一带，居人别无营业，止是耕牧。丰年上纳子粒外，所余无几。今甘肃仓库收有余剩粮价，乞量借二三年之数，督同管粮官于秋成之际，委官依时值籴粮于预备仓收贮，春放秋收，以备兵荒之用。后有盈余，尽数留边，为官军月粮。……疏入，下所司。（《钦定续文献通

考》卷二十七）

成化十八年一月壬辰，命南京粜常平仓粮。时岁饥，米价踊贵，而常平所储粮八万六千余石。（南京）户部请减价之以济民，候秋成平粜还仓。其粜于民，多不过五年，务使贫民得蒙实惠。报可。（《钦定续文献通考》卷二十七）

弘治三年三月丙辰，命天下预备仓积粮，以里数多寡为差，不及额者罪之。（《明史》卷十五《孝宗本纪》）

六月廿三日，予以伤足卧分司承总司关会议救荒事，内申明弘治间南科给事中罗鉴建言，部议举行，每十里以上积粮一万五千石，递至八百里以下积粮一十九万石。此外递增者旌擢，递减者黜罚，是或可行之苏、松等七府，亦为弥文耳。若山西则岂能奉行，山西州县多在山谷之间，路径崎岖，搬运极难，加以地瘠天寒，据丰稔之岁，十里之间所收亦不满一二万，而先积一万五千于官，则民无岁不饥矣。莫若约以十里之内，令其勤力耕种，每岁加收数千，官司增价籴入仓中，以备救荒，庶几民贪于利，而开辟日广，则粟多而民自可给，乃是藏富之策，此劝农之官不可以不设也。信乎立法者以随时变通为难。（云间俨山陆深著：《燕闲录》，《宝颜堂秘笈》本）

正德元年正月己酉，巡抚陕西左副都御史杨一清奏境内灾伤。……以预备救荒事宜上请。章下户部，集廷臣议。……问刑赎罪褚价听收纳粟米谷麦，贮预备仓，以备赈贷。（《钦定续文献通考》卷二十七）

十二月壬申，太常少卿乔宇奏：……其二，谕山陕所在仓廪定虚，乞敕抚按等官，今后诸司所问轻重死囚应纳赎者，不许收银，俱照例纳米，贮之预备仓。遇有荒歉，随宜赈给。今移文申戒，仍令严立簿籍，稽其出纳。从之。

正德四年十月戊戌，户部覆议总督苏松等处粮储副都御史罗鉴所陈事宜，其可行者七：一、户部初奏荒政，各府州县验里分多寡以为积粮等第，今宜查照册籍额定等数，以便措置，仍查职掌官员支放足数，方许给由升调。（《钦定续文献通考》卷二十七）

正德三年七月乙丑，户部奏：天下军卫有司预备仓粮额数俱有题准事例，今湖广巡抚张子麟缴到粮册，惟武昌等府，崇阳、澧州、随州、襄阳四州县足原拟之数，余多不及。盖因各府州县卫所正官不能措置，分巡、分守、管粮等官又不依期比较，宜行各处抚按官督同司府州县掌印等官，将各仓粮斛自弘治十年以后备查放过并见在之数，通算三年之内，某处足数并不及、有余备开等第，年终盘粮造册咨部，以凭奏交，其放过赈济之数目，弘治十六年蠲免以后，务于秋成抵计追还。此外或纸价引钱量留三分之一于本处籴买，或地方有力之家，可以劝借；或山林川泽之利，可以区画，俱听所在官司尽心处置，务使三年之内，补足原拟粮数。遂有是诏，并命差去侍郎韩福等查议倍偿。（《钦定续文献通考》卷二十七）

嘉靖元年一月乙丑，守备紫荆关太监耿忠奏：新城等仓放支略尽，军无见粮，乞行所在征纳本色，或召商籴买以济缓急。户部议：往者夏秋税粮，皆不画一，承解包纳之徒，得以候时贵贱，自择本折去取，肆其渔猎。顷奏行折收召买之例，谷贱召买，（谷）贵折银，而官价不亏；谷贵放本色，谷贱放折色，而军士沾惠，计无便于此者。但本、折二色未定关支月分，委官乐折支之便，召买坐废，而军饷恒苦不给。请自今为始，本折间月关支，其折色每石如例给银四钱五分，其本色听委官召买支用，或价值太高，召买不及，每石加银二钱给之。候米麦价平及期贸易，本色务足半年之用。报可。（《钦定续文献通考》卷二十七）

明代岁漕之数及岁用黄蜡等项

岁漕之数：

岁运正粮凡四百万石，内兑运二十四万赴蓟州仓，改兑六万赴天津，余三百七十万赴京、通二仓。

旧例，民运淮安、徐州、临清、德州水次四仓交收，漕运官分派官军于内支运于通州、天津二仓。成化十年，议四仓所收，令官军径赴州县水次四仓交兑，名为改兑。弘治十六年，又以派不足额，每年于水次四仓支运九万六百石，以足前数。正德九年，全派改兑，支运遂绝。

苏州岁运军粮六十五万石，加耗过坝，每石加七斗九升；不过坝，每石加六斗六升。外金花银十七万两，折米六十八万。凤阳、南京不在数中，存留在苏，岁七万石，河南岁漕三十万，浙江六十万。

祖宗时岁用省，以黄蜡一事言之，国初岁用不过三万斤，景泰、天顺间加至八万五千，成化以后加至一十二万。其余可推也。

正德十六年，工部奏巾帽局缺内侍巾帽靴鞋合用纻丝纱罗皮张等料，成化间二十余万，弘治间至三十余万，正德八九年至四十六万，末年至七十二万。（王鏊：《震泽长语》卷上）

掾曹胥吏

明初进取不拘资格。有掾史而置身青云者，自况钟外，不可悉数。如闽县吴复任工部侍郎，陈永祥任惠州知府，南平杨文达、惠安洪炬俱任太仆寺丞，连江孙瑛任吏部郎中，建安卢大政任吏部主事，侯官胡鼎任户部郎中，福清游元钦任济南通判，高世岳任承天通判。孙瑛洪武中，陈永祥宣德中，吴复、胡鼎天顺中，杨文达、洪炬正德中，卢大政、游元钦、高世岳嘉靖中。此条与徐𤊹《徐氏笔精》完全相同，盖乃转录得来者也。（周亮工：《闽小记》卷上《掾曹》，《说铃》本）

蒙古用人，重吏轻儒，七品文资，选为省掾，八品流官，选为令史。公卿多由此进，舞文弄法，殃民甚矣。圣祖革其乱政，惟崇儒术，然犹得铨京职，洪武中吏部主事谈士奇辈不可枚举。自儒入吏者，戊辰十一月，宗人府吏三名，以办事下第举人王章、尹启敬等为之。盖是时掌府事者为秦、晋、燕王，故重其事也。丙子正月，吏部具缺奏闻，选举人监生周原、张勤、李暹引奏，王命还监卒业，惟选无过吏为之。自此科目之士，无复少涸矣。凡吏途发轫，多至三品，无位八座者，惟靖难初北平布政司吏清苑李友直以告密谋，累擢至工部尚书，非年资也。永乐己丑正月，上御奉天门，户科都给事中南海李晟奏事，上谓吏部曰："吏员中多有才干者，然亦能害人，可令给事中保举，若非其人，则平日交结可知，其并罪之。"晟受命而出，乃奏保郎中万子雅、办事官前御史傅衡。诏试二人以事，然后任职，其慎重如此。已而，御史洪秉、龙士安等四人入见，上曰："御史，朝廷耳目之寄，须用有学术达治体者，安用吏为？"遂黜秉等为序班。

此后铨京职者，部属一途耳。宣德中，松江守进贤黄子威、苏州守靖安况钟，前后以郎作郡，各擅政誉，人谓南昌多贤胥。正统中，江阴徐孟晞，以郎中试兵部侍郎，镇甘凉，累迁至兵部尚书。为人谦慎有容，在县时三考皆兵房，有成绝勾丁而误及者，其人祈脱，贫无可馈，具酒食，令妻劝觞，而出避之。妻有丽色，晞绝裾而走，彻夜具文移成，明日向其人曰："女何至此！"卒为脱免。他事类此。在郎署时，同官一主事每向胥曹辄骂，意在晞，晞不为意。后主事没，晞为举殓，送之归。及为殿试读卷官，刻录惟书江阴人而已。其功名出苏、松二守上，胥掾中一奇士也。（黄瑜：《双槐岁抄》卷五《胥掾官至尚书》）

掾属

《古文苑》注王延寿《桐柏庙碑》人名，谓掾属皆郡人，可考汉世用人之法。今考之汉碑皆然，不独此庙。盖其时惟守相命于朝廷，而自曹掾以下，无非本郡之人，故能知一方之人情，而为之兴利除害，其辟用之者即出于守相。而不似后代之官，一命以上，皆由于吏部。故广汉太守陈宠入为大司农，和帝问在郡何以为理，宠顿首谢曰："臣任功曹王涣以简贤选能，主簿镡显拾遗补阙，臣奉宣诏书而已。"帝乃大悦。至于汝南太守宗资任功曹范滂，南阳太守成瑨委功曹岑晊，并谣达京师，名标史传。而鲍宣为豫州牧，郭钦奏其举错烦苛，代二千石署吏。是知署吏乃二千石之职，州牧代之，尚为烦苛，今以天子而代之，宜乎事烦而日不给。（隋文帝开皇二年罢辟署，令吏部除授品官为州郡佐官，其时刘炫对牛弘，以为往者州惟置纲纪，郡置守丞，县置令而已，其余具僚，则长官自辟。是知自辟掾属，即齐魏之世犹然。《宋史·选举志》："宋初内外小职任，长吏得自奏辟。熙宁间，悉罢归选部。然要处职任，如沿边兵官，防河捕盗，重课额务场之类，寻又立专法听举。于是辟置不能全废也。"）又其变也，铨注之法，改为掣签，而吏治因之大坏矣。

《京房传》："房为魏郡太守，自请得除用他郡人。"因此知汉时掾属，无不用本郡人者，房之此请，乃是破格。杜氏《通典》言：汉县有丞尉及诸曹掾，多以本郡人为之，三辅县，则兼用他郡。（《黄霸传》：补左冯翊二百石卒史。如淳曰：三辅郡得任用他郡人，而卒史独二百石，所谓尤异者也。）及隋氏革选，尽用他郡人。唐高宗时，魏玄同为吏部侍郎，上疏言："臣闻傅说曰，明王奉若天道，建邦设都，树后王君公，承以大夫师长，不惟逸豫，惟以理人。昔之邦国，今之州县，土有常君，人有定主，自求臣佐，各选英贤，其大臣乃命于王朝耳。秦并天下，罢侯置守。汉氏因之，有沿有革，诸侯得自置吏，四百石已下，其傅相大官，则汉为置之。州郡掾史，督邮从事，悉任之于牧守。爰自魏晋，始归吏部，递相祖袭，以迄于今。用刀笔以量才，按簿书而察行，法令之弊，其来已久。盖君子重因循而惮改作，有不得已者，亦当运独见之明，定卓然之议。如今选司所行者，非上皇之令典，乃近代之权道，所宜迁革，实为至要。何以言之？夫丈尺之量，所及者盖短；钟庾之器，所积者宁多。况天下之大，士人之众，而可委之数人之手乎？假使平如权衡，明如水镜，力有所极，照有所穷，铨综既多，紊失斯广。又以比居此任，时有非人，岂直愧彼清通，亦将竭其庸妄。情故既行，何所不至；赃私一启，以及万端。至乃为人择官，为身择利，顾亲疏而举笔，看势要而措情，加以厚貌深衷，险如溪壑，择言观行，犹惧不周。今使百行九能，析之于一面；具僚庶品，专断于一司，其亦难矣。天祚大圣，比屋可封，咸以为有道耻贱，得时无怠，诸色入流，岁以千计，群司列位，无复增多。官有常员，人无定限，选集之始，雾积云屯，擢叙于终，十不收一，淄渑杂混，玉石难分，用舍去留，得失相半，抚即事之为弊，知及后之滋失。夏殷以前，制度多阙；周监二代，焕乎可观。诸侯之臣，不皆命于天子；王朝庶官，亦不专于一职。故穆王以伯冏为太仆正，命之曰，慎简乃僚，无以巧言令色，便辟侧媚，其惟吉士。此则令其自择下吏之文也。太仆正，中大夫耳，尚以僚属委之，则三公九卿亦必然矣。《周礼》，太宰、内史并掌爵禄废置，司徒、司马别掌兴贤诏事，当是分任于群司，而统之以数职，各自求其小者，而王命其大者焉。夫委任责成，君之体也。所委者当，则所用者精。裴子野有言曰：官人之难，先王言之尚矣。居家视其孝友，乡党服其诚信，出入观其志义，忧欢取其智谋，烦之以事以观其能，临之以利以察其廉。《周礼》：始于学校，论之州里，告诸六事，而后贡之王庭。其在汉家，尚犹然矣。州郡积其功能，然后为五府所辟，五府举其掾属而升于朝，三公参得除署，尚书奏之天子。一人之身，所关者众；一士之进，其谋也详，故官得其人，鲜有败事。魏晋反是，所失弘多。子野所论，盖区区之宋朝耳，犹谓不胜其弊，而况于当今乎？臣窃见制书，每令三品五品荐士，下至九品亦令举人，此圣朝侧席旁求之意也。而褒贬未明，莫慎所举，且惟贤知贤，圣人笃论；身且滥进，鉴岂知人。今欲务得实才，兼宜择其举主，流清以源洁，影端由表正。不详举主之行能，而责举人之庸滥，不可得已。《汉书》云：张耳、陈余之宾客厮役，皆天下俊杰。彼之蕞尔，犹能若斯，况以神皇之圣明，国家之德业，而不建久长之策，为无穷之基，尽得贤取士之术，而但顾望魏晋之遗风，留意周隋之敝事，臣窃惑之。伏愿稍回圣虑，特采刍言，略依周汉之规，以分吏部之选，即望所用精详，鲜于差失。"疏奏不纳。

玄宗时，张九龄为左拾遗上言："夫吏部尚书、侍郎，以贤而授者也，虽知人之难，岂不能拔十得五。今胶以格条，据资配职，无得贤之实。若刺史县令，必得其人，于管内岁当选者，使考才行可入流品，然后送台，又加择焉。以所用多寡，为州县殿最，则州县慎所举，可官之才多，吏部因其成，无今日之繁矣。"（《柳浑传》：德宗尝亲择吏宰畿邑有效，召宰相语，皆贺帝得人。浑独不贺，曰：此特京兆尹职耳。陛下当择臣辈以辅圣德，臣当选京兆尹承大化，尹当求令长听细事。代尹择令，非陛下所宜。帝然之。）（《日知录》八卷）

吏胥

天子之所恃以平治天下者百官也，故曰："臣作朕股肱耳目。"又曰："天工人其代之。"今夺百官之权，而一切归之吏胥，是所谓百官者虚名，而柄国者吏胥而已。郭隗之告燕昭王曰：亡国与役处。吁！其可惧乎！秦以任刀笔之吏而亡天下，此固已事之明验也。

唐郑余庆为相，有主书滑涣，久司中书簿籍，与内官典枢密刘光琦相倚为奸。每宰相议事，与光琦异同者，令涣往请，必得。四方书币赀货，充集其门，弟泳官至刺史。及余庆再入中书，与同僚集议，涣指陈是非，余庆怒叱之。未几罢为太子宾客。其年八月，涣赃污发，赐死。宪宗闻余庆叱涣事，甚重之，久之，复拜尚书左仆射。（《唐书》本传）韦处厚为相，有汤铢者，为中书小胥，其所掌谓之孔目房。宰相遇休假，有内状出，即召铢至延英门付之，送知印宰相。由是稍以机权自张，广纳财贿。处厚恶之，谓曰，此是半装滑涣矣，乃以事逐之。（《册府元龟》）夫身为大臣，而有甘临之忧，系遯之疾，则今之君子有愧于唐贤多矣。

谢肇淛曰：“从来仕宦法罔之密，无如今日者。上自宰辅，下至驿递仓巡，莫不以虚文相酬应，而京官犹可，外吏则愈甚矣。大抵官不留意政事，一切付之胥曹，而胥曹之所奉行者，不过已往之旧牍，历年之成规，不敢分毫逾越。而上之人，既以是责下，则下之人，亦不得不以故事虚文应之。一有不应，则上之胥曹，又乘隙而绳以法矣。故郡县之吏，宵旦竭蹶，惟日不足，而吏治卒以不振者，职此之由也。”

又曰：“国朝立法太严，如户部官，不许苏松、浙江人为之，以其地多赋税，恐飞诡为奸也。然弊孔蠹窦，皆由吏胥，堂司官迁转不常，何知之有。今户部十三司，胥算皆绍兴人，可谓目察秋毫，而不见其睫者矣。”（《日知录》卷八）

法制

法制禁令，王者之所不废，而非所以为治也，其本在正人心、厚风俗而已。故曰居敬而行简，以临其民。周公作《立政》之书曰：“文王罔攸兼于庶言庶狱庶慎。”又曰：“庶狱庶慎，文王罔敢知于兹。”其丁宁后人之意，可谓至矣。秦始皇之治，天下之事无大小，皆决于上。上至于衡石量书，日夜有呈，不中呈，不得休息，而秦遂以亡。太史公曰："昔天下之网尝密矣，然奸伪萌起，其极也，上下相遁，至于不振。"然则法禁之多，乃所以为趣亡之具，而愚暗之君，犹以为未至也。杜子美诗曰："舜举十六相，身尊道何高。秦时任商鞅，法令如牛毛。"又曰："君看灯烛张，转使飞蛾密。"其切中近朝之事乎？

汉文帝诏"置三老孝弟力田常员，令各率其意以道民焉"。夫三老之卑，而使之得率其意，此文景之治所以至于移风易俗，黎民醇厚，而上拟于成康之盛也。

诸葛孔明，开诚心，布公道，而上下之交，人无间言，以蕞尔之蜀，犹得小康。魏操、吴权，任法术以御其臣，而篡逆相仍，略无宁岁。天下之事，固非法之所能防也。

叔向与子产书曰："国将亡，必多制。"夫法制繁，则巧猾之徒皆得以法为市，而虽有贤者不能自用，此国事之所以日非也。善乎杜元凯之解《左氏》也，曰法行则人从法，法败则法从人。（宣公十二年传解）

前人立法之初，不能详究事势，豫为变通之地，后人承其已弊，拘于旧章，不能更革，而复立一法以救之，于是法愈繁，而弊愈多，天下之事，日至于丛脞。其究也"眊而不行"。（语出《汉书·董仲舒传》。师古曰：眊，不明也。）上下相蒙，以为无失祖制而已。此莫甚于有明之世，如勾军、行钞二事，立法以救法，而终不善者也。

宋叶适言："国家因唐五代之极弊，收敛藩镇之权尽归于上，一兵之籍，一财之源，一地之守，皆人主自为之也。欲专大利而无受其大害，遂废人而用法，废官而用吏，禁防纤悉，特与古异，而威柄最为不分。虽然，岂有是哉？故人才衰乏，外削中弱，以天下之大而畏人，是一代之法度，又有以使之矣。"又曰："今内外上下，一事之小，一罪之微，皆先有法以待之。极一世之人，志虑之所周浃，忽得一智，自以为甚奇，而法固已备之矣，是法之密也。然而人之才不获尽，人之志不获伸，昏然俯首，一听于法度，而事功日堕，风俗日坏，贫民愈无告，奸人愈得志，此上下之所同患，而臣不敢诬也。"又曰："万里之远，嚬呻动息，上皆知之，虽然，无所寄任，天下泛泛焉而已。百年之忧，一朝之患，皆上所独当，而群臣不与也。夫万里之远，皆上所制命，则上诚利矣。百年之忧，一朝之患，皆上所独当，而其害如之何？此外寇所以凭陵而莫御，雠耻所以最甚而莫报也。"

陈亮上孝宗书曰："五代之际，兵财之柄，倒持于下，艺祖皇帝，束之于上，以定祸乱。后世不原其意，束之不已，故郡县空虚，而本末俱弱。"

洪武六年九月丁未，命有司庶务，更月报为季报，以季报之数类为岁报。凡府州县轻重狱囚，即依律断决，不须转发，果有违枉，从御史按察司纠劾。令出，天下便之。（《日知录》卷八）

守令

所谓天子者，执天下之大权者也。其执大权奈何？以天下之权寄之天下之人，而权乃归之天子，自公卿大夫至于百里之宰，一命之官，莫不分天子之权，以各治其事，而天子之权乃益尊。后世有不善治者出焉，尽天下一切之权而收之在上，而万几之广，固非一人之所能操也。（沈约《宋书》论曰："孝建、泰始，主威独运，空置百司，权不外假，而刑政纠杂，理难遍通。"）而权乃移于法，于是多为之法，以禁防之。虽大奸有所不能逾，而贤智之臣，亦无能效尺寸于法之外，相与兢兢奉法，以求无过而已。于是天子之权，不寄之人臣，而寄之吏胥。是故天下之尤急者，守令亲民之官，而今日之尤无权者，莫过于守令。守令无权，而民之疾苦不闻于上，安望其致太平而延国命乎？《书》曰："元首丛脞哉，股肱惰哉，万事堕哉。"盖至于守令日轻，而胥史日重，则天子之权已夺，而国非其国矣，尚何政令之可言耶！削考功之繁科，循久任之成效，必得其人，而与之以权，庶乎守令贤而民事理，此今日之急务也。

元吴渊颖《欧阳氏急就章解后序》曰："今之世，每以三岁为守令满秩，曾未足以一新郡县之耳目而已去。又况用人不得专辟，临事不得专议，钱粮悉拘于官，而不得专用；军卒弗出于民，而不得与闻。盖古之治郡者，自辟令丞，唐世之大藩，亦多自辟幕府僚属。是故守主一郡之事，或司金谷，或按刑狱，各有分职，守不烦而政自治。虽令之主一邑，丞则赞治而掌农田水利，主簿掌簿书，尉督盗贼，令亦不劳，独议其政之当否而已。今自一命而上，皆出于吏部。遇一事，公堂完署，甲是乙否。吏或因以为奸，勾稽文墨，补苴罅漏，涂擦岁月，填塞辞款，而益不能以尽民之情状。至于唐世之赋，上供、送使、留州，自有定额。兵则郡有都试，而惟守之所调遣。宋之盛时，岁有常贡，官府所在，用度赢余，过客往来，廪赐丰厚。故士皆乐于其职，而疾于赴功；兵虽不及于唐，义勇民丁，团结什伍，衣装弓弩，坐作击刺，各保乡里，敌至即发，而郡县固自兼领者也。今则官以钱粮为重，不留赢余，常俸至不能自给，故多赃吏；兵则自近戍远，既为客军，尺籍伍符，各有统帅，但知坐食郡县之租税，然已不复系守令事矣。夫辟官、莅政、理财、治军，郡县之四权也，而今皆不得以专之，是故上下之体统虽若相维，而令不一；法令虽若可守，而议不一。为守令者既不得其职，将欲议其法外之意，必且玩常习故，辟嫌碍例，而皆不足以有为。又况三时耕稼，一时讲武，不复古法之便易，而兵农益分。遇岁一俭，郡县之租税悉不及额，军无见食，东那西挟，仓廪空虚，而郡县无复赢蓄以待用。或者水旱洊至，闾里萧然，农民菜色，而郡县且不能以振救，而坐至流亡。是以言莅事，而事权不在于郡县；言兴利，而利权不在于郡县；言治兵，而兵权不在于郡县，尚何以复论其富国裕民之道哉？必也，复四者之权，一归于郡县，则守令必称其职，国可富，民可裕，而兵农各得其业矣。”

宋理宗淳祐八年，监察御史兼崇政殿说书陈求鲁奏：“今日救弊之策，大端有四：宜采夏侯太初并省州郡之议，俾县令得以直达于朝廷；用宋元嘉六年为断之法，俾县令得以究心于抚字；法艺祖出朝绅为令之典，以重其权；遵光武擢卓茂为三公之意，以激其气。然后为之正其经界，明其版籍，约其妄费，裁其横敛。"此数言者，在今日亦可采而行之。

《旧唐书·乌重胤传》："元和十三年，为横海节度使。上言曰：'臣以河朔能拒朝命者，其大略可见。盖刺史失其职，反使镇将领兵事。若刺史各得职分，又有镇兵，则节将虽有禄山、思明之奸，岂能据一州为畔哉！所以河朔六十年能拒朝命者，只以夺刺史县令之职，自作威福故也。臣所管德、棣、景三州，已举公牒，各还刺史职事讫，应在州兵，并令刺史收管。'从之。由是法制修立，各归名分。"是后虽幽、镇、魏三州，以河北旧风自相更袭，在沧州一道，独禀命受代，自重胤制置使然也。

祖宗朝，凡大府知府之任，多有赐敕，然无常例。成化四年七月，廉州府知府邢正将之任，以廉州密迩珠池，喉襟交阯，近为广西流贼攻陷城邑，生民凋弊，特请赐敕。从之。吉安府知府许聪将之任，以吉安多强宗豪右，词讼繁兴，亦请赐敕，俾得权宜处置。从之。（《日知录》卷九）

元史时由进士入官者仅百之一，由吏致显要者常十之九。帝欲起傅岩为吏部尚书，御史韩镛言，吏部掌天下铨衡，岩从吏入官，乌足尽知天下才。（姚之骃：《元明事类抄》卷六《政术门一·从吏入》）

凡今仕惟三途：一由宿卫，一由儒，一由吏。由宿卫及儒者十分之一，吏则十九有半焉。（姚之骃：《元明事类抄》卷十二《仕进门·除受仕三途》引《姚燧集》）

此外，日本宫内省藏嘉靖《武义县志》卷二《吏额》可以参考。

钱 法

道光《苏州府志》卷十七《田赋十·钱法》（清）。

傅应期，字愧石。……万历戊午乡举，授顺昌县知县。……莅任一载，盗散民安，会楚王造钱，商贾苦之。应期具启力争，以鼓铸为害，遂忤藩归。（同治《进贤县志》卷十八《人物》）

严清，字公直，嘉靖甲辰进士。……隆庆初，以右迁都御史巡抚四川。……奏改金钱当输京师者二十余万，就近抵陕西佐边费。……谥恭肃。（道光戴纲孙《昆明县志》卷六上，《黎献志》卷第十一上之上《宦绩》，第八页）

明洪武初置宝源局于应天府，铸大中通宝钱，以四百为一贯，四十为一两，四文为一钱，设官专管。又命各省置局，颁洪武通宝钱，有当十、当五、当三、当二、当一五等，重如其当之数。行小钱，重一钱，令照式铸之。

宣德间，诏南京工部铸宣德通宝钱。

弘治间，诏南京工部铸弘治通宝钱。

嘉靖间，诏南京铸嘉靖通宝钱，又诏准部议铜、锡等料，俱出南京，工巧而物贱，四六分派，未铸制钱，均归南京鼓铸。

又于宝源局续铸嘉靖制钱，继革镞车，以炉荡代，而私铸日盛，钱不流通，寻罢之。

万历间，诏南北直隶开局，两部照旧四六分铸万历通宝钱，又令南京工部分铸万历通宝钱。（以上俱《续文献通考》。）（乾隆《江南通志》卷八十二《食货志·钱法》）

崇祯时，钱法日坏，薄小如鹅眼荇叶。南京礼部右侍郎钱塞庵入相，携户部夹铸钱若干，欲上之，为乌程所阻。癸未冬，钱法侍郎□□请禁万历、泰昌、天启钱，止行崇祯钱，而崇祯钱少，一时苦之。都市常曰："拿崇祯来！"或应曰："崇祯能有几日。"识者知其非祥。（谈迁：《枣林杂俎》卷下）

今天下交易，所通行者，钱与银耳。用钱便于贫民，然所聚之处，人多以赌废业。京师水衡日铸十余万钱，所行不过北至卢龙，南至德州，方二千余里耳，而钱不加多，何也？山东银钱杂用，其钱皆用宋年号者，每二可当新钱之一，而新钱废不用。然宋钱无铸者，多从土中掘出之，所得几何？终岁用之，而钱亦不加少，又何也？南都虽铸钱而不甚多，其钱差薄于京师者，而民间或有私铸之盗。闽广绝不用钱，而用银低假，市肆作奸，尤可恨也。（谢肇淛：《五杂俎》卷十二《物部》）

国朝内库，以甲乙丙丁戊为号，而不及己。戊，茂也，取财物盈满之意。己，已也，止也，从此渐耗，故避不取，然势亦有所必至矣！

北江部用银千以上者题请，南自百以上即题，然亦未尝数数也。

钱一缗计一千，值银一两。唐盐利四十万缗，刘晏为转运使，至大历末，六百余万缗。以绢代钱者，每缗加钱二百，以备将士春服。其曰每贯者，八百五十文为一贯。今《大明律》与之迥异。（朱国祯：《涌幢小品》卷上《内库银钱》）

《清波杂志》载《钱谱》十卷，乃宋绍熙间李孝美所著。……周、秦后，钱之品样，悉为具之。《文昌杂录》又记史思明铸顺天钱之事，世无知者。《说郛》亦有《钱谱》一卷，言历代钱名。但《说郛》乃元陶九成所辑，不知何以直至国朝永乐通宝，岂古人先知，抑后人补之耶？必有说也。（郎瑛：《七修类稿》卷二十一《钱谱》）

甘薯

原甘薯一名朱薯，一名番薯，大者名玉枕薯（《稗史类编》云：岭外多薯，有发深山邃谷而得者，重数十斤，名玉枕薯），形圆而长，本末皆锐，肉紫皮白，质理腻润，气味甘平，无毒，补虚乏，益气力，健脾胃，强肾阴，与薯蓣同功。久食益人，与芋及薯蓣，自是各种。巨者如杯如拳，亦有大如瓯者，气香，生时似桂花，熟者似蔷薇露，扑地傅生，一茎蔓延至数十百茎，节节生根，一亩种数十石，胜种谷二十倍。闽广人以当米谷，有谓性冷者，非。二三月及七八月俱可种，但卵有大小耳，卵八九月始生，冬至乃止。始生便可食，若未须者勿顿掘，令居土中，日渐大，到冬至须尽掘出，不则败烂。徐玄扈云：昔人谓蔓菁有六利，柿有七绝。予谓甘薯有十二胜，收入多，一也；色白味甘，诸土种中特为复绝，二也；益人与薯蓣同功，三也；遍地傅生，剪茎作种，今岁一茎，次年便可种数十亩，四也；枝叶附地，随节生根，风雨不能侵损，五也；可当米谷，凶年不能灾，六也；可充笾实，七也；可酿酒，八也；干久收藏屑之，旋作饼饵，胜用饧蜜，九也；生熟皆可食，十也；用地少，易于灌溉，十一也；春夏种，初冬收入，枝叶极盛，草秽不容，但须壅土，不用锄耘，不妨农工，十二也。《南方草木状》：甘薯盖薯蓣之类，或曰芋之类，根叶不如芋，皮紫而肉白，蒸鬻食之。产珠崖之地，海中之人，皆不业耕稼，惟掘地种甘薯，秋熟收之，蒸暴切如米粒，仓囷贮之，以充粮糗，是名薯粮。大抵南人二毛者百无一二，惟海中之人寿百余岁者，由不食五谷，食甘薯故耳。《异物志》：甘薯出交广南方，民家以二月种十月收之，其根似芋，亦有巨魁，大者如鹅卵，小者如鸡鸭卵，剥去紫皮，肌肉正白如肪，南人当米谷果食，炙皆香美，初时甚甜，经久得风稍淡。《甘薯疏》：闽广薯有二种，一名山薯，彼中故有之；一名番薯，有人自海外得此种，海外人亦禁不令出境，此人取薯绞入汲水绳中，因得渡海，分种移植，遂开闽广之境。两种茎叶多相类，但山薯植援附树乃生，番薯蔓地生；山薯形魁垒，番薯形圆而长。其味则番薯甚甘，山薯稍劣。江南田圩下者，不宜薯，若高仰之地，平时种蓝种豆者，易以种薯，有数倍之获。大江以北，土更高，地更广，即其利百倍不啻矣。倘虑天旱，则此种亩收数十石。数口之家，止种一亩，纵灾甚，而汲井灌溉，一至成熟，终岁足食，又何不可？（《广群芳谱》卷十六）

《史公云中奏议》目录

史鹿野撰：《史公云中奏议》，《宫内善书目》卷二第 21 页著录

目录

卷一

交代疏

大虏屯边急设兵马相机防剿以弥后患疏

捷音疏

捷音疏

酌处提学官以广圣化疏

计斩攻墩达贼首级疏

遵明诏举孝诚以励众善疏

谢恩疏

请给马匹疏

严备御虏疏

急处夷情疏

谢恩疏

计处禄粮疏

酌处人材保安边镇疏

保升圣能官员疏

计擒妖贼谋逆以平危变疏

荐举贤能官员疏

卷二

恳乞禄粮疏

明《吴中人物志》目录及万元税户

《吴中人物志》十三卷，长洲张泉景春甫撰，隆庆刻本。

卷一　孝友（汉至明）

卷二　忠义（春秋至明）

卷三　吏治（汉至明）

卷四　荐举（晋至明）：沈玠（万四公曾孙）

沈玠，长洲周庄人，洪武初以人才擢奉训大夫户部仓曹员外郎。……初，吴中首称沈氏，曰万三公、万四公，昆季以力农致富，埒古素封者。其税率先两浙户家输，其税者万。上尝嘉叹，后复献白金以佐国用。

卷五　宦绩（汉至明）

卷六　儒林（汉至明）

卷七　文苑（汉至明）

卷八　闺秀（汉至明）

卷九　逸民（春秋至明）

卷十　流寓（春秋至明）

卷十一　列仙（秦至明）

卷十二　方外（西晋至明）

卷十三　艺术（春秋至明）

江苏长洲县官民田起科则例、户口类别及民壮、仓场

《长洲县志》（万历戊戌申时行序，隆庆五年顾存仁序）

初修　皇甫汸等纂（隆庆）

重修　张伯起（凤翼）等重修（万历）

目录

卷二又　田赋（附税课）

田地

宋之田，有充进军食者，曰公田……有没入官者，曰没官田，亦曰常平田……亩租高有差，高者不逾一石五斗，下至二斗而已。

皇朝洪武初，长洲官民田地若干顷有奇，官田地起科凡一十一则……民田地起科凡十则。

税粮

宋初尽削吴越钱氏白配之目……

皇朝……隆庆四年通计平米四十五万四千三十九石九斗九升八合五勺，内有新勘珊湖抛荒田地不等平米七千三百三十九石四斗六升二合三勺。

卷三　宦迹

赵忻，字子乐，鳌屋人。辛丑进士，（嘉靖）二十二年任。……比岁歉，循田野辨穰瘠，令上田输米而下入银，咸以为便。然指向有所锄抑，不复隐恤，自是法令滋章矣。（第十三页）

卷五　县治

堂廨

……后堂东西房贮黄册及军器。（第二页下）

卷七　户口

洪武起至隆庆五年止，原额：

军户二千六百三十户，男妇一万三百四十口：男子八千五百七十口，妇女一千七百七十口；

匠户二百三十三户，男妇七百九十七口：男子七百二十六口，妇女七十一口；

民户一十一万二千九百二十四户，男妇二十八万二千九百七十九口：男子二十一万一千九百五十九口，妇女七万一千二十口；

总计人户一十一万五千七百八十七户，男妇二十九万四千一百一十六口：男子二十二万一千二百五十五口，妇女七万二千八百六十一口。

卷九　兵防

民壮

民壮即古之乡兵也。历年增减，名数不一，嘉靖间所定赋役册，议设三百三十名，募民为之，募直取于里甲中，领之者或丞或簿，兵械自备，随苏州卫军以时教阅，有警用以应敌，无事摘取防守郡邑库狱，巡缉奸盗。应募多市井游惰之徒，缓急不得力。嘉靖三十三年，倭奴内寇，四郊多垒，不堪征剿，另为召募。隆庆元年，军门内择骁健者一百一十二名，编为战字号民壮，又取四十八名为摽兵，总领于卫官，训练以备。

卷十一　仓场

夫积贮者，国计所赖。而东南岁入，自昔称海陵之仓。若廪庾经置，则必于高垲，亦《周官》遗人之意也。今具录建置之由，兼附前代名迹，以备司国计者考焉。

本县仓场六，青丘、席墟、荻溪、苏巷、济农五仓，在娄门内东城下，总名东仓。旧有四仓，在葑门外王墓村曰东仓，在阊门外九都曰西仓，在葑门外二十五都曰南仓，在娄门外二十四都曰北仓。宣德间，周文襄公忱移建于此，所构廒宇轩豁，垣墙周峻，前后凿垣为门，门皆临水，中架木杠以通往来，连络如贯，役人便之。其曰济农者，文襄与郡守况钟专为赈恤农人设也。其仓不贮区粮，乃奉朝命，以官钞平籴及劝借民间之米，贮积以备凶荒。宣德六年遭旱，九年又大旱，发粟赈济，赖以全活者甚众。此法向后渐弛，更名预备仓，割数区以隶焉，收贮与诸仓等。文襄改建时，墙垣再仆，廒屋倾颓。至嘉靖十五年，县尹渭南贺府白于抚按侯公位、郭公宗皋，乃经画旧制，裁而新之。青丘六联联为廒十二，预备十二联联为廒十二，苏巷一十联联为廒二十二，席墟、荻溪合为一仓，共廒十二联，四联联二十八间，八联联九间。各仓廒上揭楼疏棂以通米气，廒下横木铺板以远地湿，故米不至红腐。每仓厅事三间，庖室咸备。惟预备仓厅事前建亭二，左立碑，右覆井。今亭已废。门道筑楼三楹，中栖仓神，左悬鼓。青丘仓中又有城仓一所，乃三十九年城民杨钦等白于巡抚赵公忻，遂得创建，以贮城中及附郭粮税。此仓既立，城居之民有坟墓籍于乡者，乡民不得累之矣。今预备仓中仍有济农仓，收贮杂色米谷，以待赈济之用。各仓之制，今亦更备于昔。

青丘仓中有城仓三间，共为廒七联联六间，又别有廒五间，御史徐某自建半，十九等都凡七区粮米于此收贮。

预备仓廒七联联六间，十一等都七区粮米于此收贮。中有济农仓廒二联十二间，一应罚赎及赢余之米于此收贮。

席墟仓廒七联联六间，上二十等都七区粮米于此收贮。

荻溪仓廒八联联六间，东十三等都八区粮米于此收贮。

已上二仓合为一所。

苏巷仓廒八联联六间，上十七都八区粮米于此收贮。

浒溪一仓在阊门内，又名西仓，亦文襄公所建，以便本县西境各都输纳。廒五联，岁久渐圮。至嘉靖十五年，县尹渭南贺府改建，经营裁制，一如东仓。周围缭垣，前后门道，莅事有厅，栖神有庙。廒屋十联，二联联十间，八联联六间，自一都至九都粮米于此收贮。

义役仓在县治西，宣德间已废。嘉靖四十一年，巡抚周公如斗复议役米随秋粮带征，收贮各仓，以助差役，仓不复置。

社仓，郡守蔡公国熙议建各区，以贮社米。社米者，募士民出粟万斛，分贮各社仓，每岁五六月间散之农人，至冬复敛入。本仓取息二分，十年后渐减其息。

前代仓场，吴两仓，西仓名曰均输，东仓周一里八步。春申君所建，时未置长洲，而东仓则长洲境也，汉唐无考。

宋南仓在子城西，北仓在阊门侧。今城内有南仓桥、北仓桥，是其遗迹也。又户部百万仓东、西各一，在阊门里，西仓开禧三年创，东仓嘉熙末创。朝廷命官专掌，以都司提领，以宪司措置。

元分百万西仓为二仓，曰西成、曰泰和。又分百万东仓为二仓，曰大德、曰和丰是也。今吴县和丰仓尚袭其旧。

义仓在东城下。今废。

论曰：夫吴擅天下之利，为日久矣。以区区百里之壤，上赡军国，下则流溢他所者，往往而在。若越王之请籴，于古则然。故仓廪在长洲者尤急，如《越绝》所称造两仓，其昉于此乎？然今之利不出二途，一则征敛以供转漕，一则积以待征发，亦仅无乏。若通计水旱，备九年之畜则未也。处脂膏者不自润，殆其然乎？至夫厚途暨辨燥湿、时覆藏，则吏啬夫之所详矣。

《长洲县艺文志》十卷（张凤翼等纂修）

卷一，济农仓记，王直（记周忱、况钟事），第 19 页下至 22 页上。

济农仓记　王直

君子之为政也，既有以养其民矣，则必思建长久之利，使得其养于无穷。盖仁之所施，不可以有间也。苏州济农仓，所谓长久之利，而思养其民于无穷者也。苏之田赋视天下诸郡为最重，而松江、常州次焉。然岂独地之腴哉？要皆以农力致之者。赋既重而又困于有力之豪，于是农始弊矣。盖其用力劳而家则贫，耕耘之际非有养不能也，故必举债于富家，而倍纳其息。幸而有收私债，先迫取足，而后及官租。农之得食者盖鲜，则又假贷以为生，卒至于倾产业、鬻男女。由是往往弃耒耜，为游手末作，田利减、租赋亏矣。宣德五年，太守况侯始至，问民疾苦，而深以为忧。会行在工部侍郎周公奉命巡抚至苏州，况侯白其事，恻然思有以济之。而公廪无厚储，志勿克就。七年秋，苏及松江、常州皆稔，周公方谋预备。适朝廷命下，许以官钞平籴，及劝借储备以待赈恤。乃与况侯及松江太守赵侯豫、常州太守莫侯愚协谋而力行之。苏州得米二十九万石，分贮于六县，名其仓曰"济农仓"。盖曰农者天下之本，是仓专为赈农设也。明年，江南夏旱，米价翔贵。有诏令赈恤，而苏州饥民四十余万户，凡一百三十余万口，尽发所储不足赡，田里多馁殍者。周公复思广为之备。先是，各府秋粮当输者，粮长里胥皆厚取于民，而不即输之官，逋负者累岁。公欲尽革其弊以惠民。是年立法，于水次置场，择人总收而发运焉。细民径自送场，不入里胥之手，视旧所纳减三之一。而三府当运粮一百万石，贮南京仓，以为北京军职月俸。计其耗费，每用六斗致一石。公曰："彼能于南京受俸，独不可于此受乎？若请于此给之，既免劳民，且省耗费米六十万石。以入济农仓，民无患矣。"众皆难之，而况侯以为善，力赞其决。请于朝，从之。而苏州省米四十余万石，益以各场积贮之赢，及前所储，凡六十九万石有奇。公曰："是不独济农饥，凡粮之远运，有素失及欠负者，亦于此取借陪纳，秋成止如数还官。若夫修圩岸、浚河道，有乏食者，皆计口给之。如是，则免举债以利兼并之家。农民无失所者，田亩治、赋税足矣。"是冬，朝京师，以其事咨户部，具以闻，上然其计。于是，下苏州充广六县之仓，以贮焉。择县官之廉公有威与民之贤者，掌其帐籍，司其出纳。每以春夏之交散之，先下户，次中户。敛则必于冬而足。凡其条约，皆公所定画，俾之遵守。又令各仓皆置城隍神祠，以徼其人之或怠惰而萌盗心者。宣德九年，江南又大旱，苏州大发济农之米以赈贷，而民不知饥，皆大喜，相率诣况侯，请曰："朝廷矜念我民，辍左右大臣以抚我，思凡所以安养之术，盖用心至矣，而又得我公协比以成之。往者岁丰，民犹有窘于衣食、迫于债负、不能保其妻子者。今遇凶歉，乃得安生业、完骨肉，此天子之仁、巡抚大臣之惠、我公赞相之力也。"

嘉靖河州里廓、水磨和永乐白话上谕文《红牌事例》

嘉靖《（临洮府）河州志》，四卷，八册，郡人吴祯编辑，知州金台刘卓校刊，抄本。（按所记有万历年间事，应为增修本。）

卷一　地里志：里廓（第十七至十八）

食货志：户口、贡赋（屯田附）、物产

贡赋

水磨一千三百六十八轮，每轮征银一钱五分，共银二百四两九钱。

屯田

永乐三年《红牌事例》（白话上谕文）（第二十九至三十三）：

谕天下屯田官旗军士人等知道：朕承太祖高皇帝福佑，君土天下，军与民皆朕赤子。即位之初便思量安养道理，只要使军民都得丰衣足食，共享太平。常想着太祖皇帝时，军士都着他耕种自食，又积攒起余粮，防备水旱，百姓免得转输，军士并无饥穷，这个法甚是两便。彼来被建文废弛了。如今天下平定，军士不受眠霜卧雪的劳苦，都安然无事。百姓每那几年遭建文苦害的好生穷乏，若只教那穷乏的百姓供给安坐的军士，百姓转见艰难，军士转见骄惰了；倘或百姓供给不前，军士他只得生受饥饿，两下都不便当。因此，上着你每官军依着定的分数下屯，专委官管领，定立赏罚则例，年终赴京比较。每一都司另拨旗军十一名种样田，只是要你众人勤耕力种，攒下粮食，官府起盖仓廪，替你每收藏起来。号令出去已及二年，近来宁夏种样田军士素或等遵守朝廷法度，好生勤谨，每名收得子粒折算细粮五十石有零，管屯的官与种田的军都重重赏赐，余剩的四十三石赏与他了。山西种样田的也收得子粒好生多，也都与了赏赐。其各处多有等管屯大小头目，不体朕心，因循度日，不肯提督，甚至恣肆奸贪，多方害军，或正当农作时月，私自差占；或巧立名色，科敛谷米财物；或指以点屯为由，勒令远接及需索酒食，稍有不从，便加鞭挞；或自己不肯亲自到屯，远在一二百里稳便处宿歇，都拘集屯军齐带盘缠前来，听他发放，往回便是十朝半月，及至将农务耽误了，却又向军家要罪过，使军士手足无措，如何能勾安心耕种；又有等本为占屯，但遇经过去处，有司都要他供给，又要人夫挑担行李，又抬轿等项，使百姓也不得安，如此百般无收也。有等屯军不遵守号令，懒惰撒泼，不肯尽力，或假以告讦为由，听候对理，虚度日月，投托官吏，假名隐占，全不干屯；或推称软弱，日睡一日，略不畏惧；或擅离田所，私出四散游荡，因而掠取民家资畜，都因是这等上头致令田土荒芜，子粒无收。及至比较，或捏作灾伤欺用，或虚报数目影射，一时纵然瞒过，日后军士大男小女将甚么来养活，甘自饿死。若朝廷差人盘粮，却又在下苦害军士，科敛陪纳。又如莒州千户所先遍奏说本处荒闲地少，都要守城关粮，不肯屯种，及至差人踏勘，尽有荒闲田地，每军拨与五十亩，着他尽力开垦，那管屯官员又行过违号令，不肯督军下屯，纵容懒惰，军士还在原营居住，中间止有开得地四五亩者，其余田地俱各荒芜。又有等管屯官员不肯用心提督屯种，将及年终比较，恐怕惧责，却纵容奸顽屯种，假以原拨田亩，冶海土碱沙瘦，水深泥洼，四散不成片段，所收子粒不及，捏词来告，他都不思量民人也有此等田土，递年办纳税粮不缺，况又承当一应水马站驿等项差役，又要养活家下人口，其军人所种田地种收子粒不过止是存与食用。又有等因见屯军所收子粒数多，除正粮外，本有余粮十二石，他不照原报见有之数从实收取上仓，却将原定比较例，见有余粮一斗至九斗无罪为由，收与旗军，传说互相推故，不肯从实上仓，事发到官，都依着法度废了。今虑恐你每众人递相仿效，陷入刑罚，逐一说将，远并将重别更改则例条列于后，各都要置立红牌一面，刊得明白，传递着看，以为警戒，管屯的官务要不离屯所，谨慎提督，不许循情纵放军人懒惰。又要公平抚恤，一毫不许擅科，一刻不许擅差，亦不许无故凌虐，屯种的屯军务要趁时耕种，朝作暮夕，不许推奸躲懒，不许听从大小官旗私下役使，亦不许倚势刁顽，不服本管官旗比较约束。若是遵着号令，自然号令田禾茂盛，子粒多收，各家常得饱暖，又得重赏。如或仍前坏法，定将犯人处以极刑，家小迁于化外。故谕。（嘉靖《河州志》卷一）

陕西延安府屯田、粮饷、边务

《延安府志》，嘉庆七年知府洪蕙纂修，八十卷，光绪十年知府刘本植重刊。

纪一：

恩泽纪，卷一

表三：

沿革表，卷二至三

大事表，卷四至六

封建表，卷七

考三：

舆地考，卷八至十一

建置考，卷十二至十四

水道考，卷十五至十六

略六：

吏略

卷十七至二十二，职官

卷二十三，荐辟、诸科、进士、举人

卷二十四至二十五，贡生（附馆学生）

卷二十六，武科、将材

卷二十七，封荫

户略

卷二十八，户口

卷二十九，田赋

卷三十，仓储

卷三十一，盐法

卷三十二，商税

卷三十三至三十四，物产

礼略

卷三十五，学校

卷三十六，祠祀

卷三十七，坊表

卷三十八，陵墓

卷三十九，岁时、习俗

卷四十，礼仪

兵略

卷四十一，军制

卷四十二，驿传

卷四十三，屯运

卷四十四，马政

卷四十五，粮饷

卷四十六，军器（附烽火）

刑略

卷四十七，里甲

卷四十八，五军道里、充徒道里

工略

卷四十九，衙署

卷五十，关梁

传录六：

前政传录，卷五十一至五十四

名人传录，卷五十五至五十六

孝义传录，卷五十七

忠节传录，卷五十八

列女传录，卷五十九至六十

前志传录，卷六十一至六十二

杂录一：

杂录，卷六十三至六十六

文征三：

金石，卷六十七

书目，卷六十八

著述，卷六十九至八十，诏敕……奏疏……诗

历代屯田附考

汉文帝从晁错言，募民以实塞下，屯田之制自此始。（陈志）

隋开皇三年，因边塞转输劳敝，戍卒苦饥，乃命朔方总管赵仲卿，于长城以北大兴屯田。（陈志）

唐德宗贞元三年，募戍卒屯田京西。上问李泌以复府兵之策。泌对以吐蕃久居原兰之间，以牛运粮，粮尽牛无所用，请发左藏恶缯，染为彩缬，因党项以市之，计十八万匹，可致牛六万余头，命诸冶铸农器，籴麦种，分赐沿边军镇，募戍卒，耕荒田而种之，约麦熟倍偿其种，其余据时价五分增一，官为籴之。来春种禾，亦如之。（《名臣奏议》）

宪宗元和中，以韩重华为振武京西营田和籴水运使，募人为十五屯，每屯百三十人，人耕百亩。就高为堡，东起振武，西逾灵州，极于中受降城，凡六百余里。列栅二十，垦田三千八百余顷，岁收粟二十万石，省度支线二千余万缗。（《唐书·食货志》）

宋神宗熙宁五年，知延州赵卨根栝闲田，及募弓箭手。诏如其请，行之。时陕西旷土多未耕，屯戍不可撤，远方有输送之勤。卨请募民耕，以纾朝廷忧。诏下其事。经略安抚使郭逵言：怀宁砦新得地百里，已募弓箭手，无闲田可耕。卨又言之，遂括得地万五千余顷，募汉蕃兵几五千人，为八指挥。诏迁卨官，赐金帛。（《宋史·食货志》）

初，鄜延地皆荒瘠，占田者不出租赋，倚为藩蔽。宝元用兵后，

凋耗殆尽，其旷土为诸酋所有。卤因诏，问曰："往时汝族户若干，今皆安在？"对："大兵之后，死亡流散，其所存止此。"卤曰："其地存乎？"酋无以对。卤曰："听汝自募丁家，使占田充兵，若何？吾所得者人耳，田则吾不问也。"诸酋皆感服归募，悉补亡籍。又简括境内公私闲田，得七千五百余顷，募骑兵万七千。神宗闻而嘉之。（《赵卤传》）

元丰五年，自麟石、鄜延南北近三百里地土，悉募厢军配卒耕种，免役。（《食货志》）

元延安路屯田四百八十余顷。（《元史·地理志》）

世祖中统十一年冬十月，命安西王府协济户及南山隘口军，于安西、延安、凤翔、六盘等处屯田。增陕西营田粮十万石。（《元史·世祖本纪》）

延安总管府，十九年，以拘收赎身、放良、不兰奚及满（漏）籍户计，于延安路探马赤草地屯田，为户二千二十七，为田四百八十六顷。（《兵志》）

二十三年，陕西行省言：延安置田鹰坊总管府，其火失不花军逃散者，皆入屯田。今复供秦王阿难答所部阿黑答思饲马及输他赋，有旨，皆罢之，其不悛者罪当死。

二十四年六月，以陕西邠、乾及安西属闲田，立屯田总管府，置官，属秩三品。（《元史·世祖本纪》）

二十九年三月，枢密院臣奏：延安、凤翔、京兆三路籍军三千人，桑哥皆罢为民。今复其军籍，屯田六盘。从之。（同上）

武宗至大四年十一月辛丑，命延安、凤翔、安西军屯田红城者，还陕西屯田。（《武宗本纪》）

明英宗正统四年，命陕西沿边空闲之处，许官军户下人丁尽力耕种，免纳籽粒。（《续文献通考》）

五年闰十一月题准，取延安、绥德二卫屯田余丁及本处守备军余，于寨堡附近给田耕种，量纳草束，以备补助。俱听协赞军务副使陈斌提督比较。（《世法录》）

七年，减延绥等处屯田军籽粒，每百亩岁纳六石者，止纳四石。又减延绥等处屯田籽粒，每百亩岁纳八石。

十年，添设陕西按察司副使一员，专一提督水利及屯田。(《明会典》)

宪宗成化六年，令陕西延绥等处屯田，每军百亩征草二束。

九年，令榆林以南招募军民屯田，每一百亩于邻堡上纳籽粒六石。(《明会典》)

都御史余子俊奏筑边墙，开设榆林卫，垦屯田以守边。子俊受命至延绥，相度边地，东起清水营紫城砦，西至花马池，每二三里为敌台、砦崖，连比不绝。又于中空筑短墙，横一斜二，如黻月状，以为侦敌避箭之所。凡为堡十二，崖砦八百有奇，墩九十有五，凡两月而功毕。又请即榆林堡置卫，以遣兵当勾及戍南土之子孙益之。凡内边旷土，皆垦为屯田，岁获数万石。(《登坛必究》)

十三年五月，户部尚书杨鼎等会议边方事宜：延、庆、绥三卫，原有屯田一万一百余顷，每军一名该地一顷，共纳籽粒五万六千余石，谷草七万九千余束，以供边用。年久多弊，乞行陕西都、布、按三司各堂上官，亲诣其地，勘量明白，编成册本，送官备照。每屯田给与印信、由帖收执。上从之。(《世法录》)

世宗嘉靖初，延安府军卫，户二千七百八十一，口四千三百四十，屯地三千五十三顷八十三亩，屯粮一万四千三百三十石，屯草二万一千二百八十三束，地亩银五百九十八两八钱七分。(马志)

明，延绥三卫各设千户五，一所统百户所十。每百户所，百户一员，总旗二，小旗十，领军一百名，地一百余分。以三分守城，七分屯粮。(陈志) (嘉庆《延安府志》卷四十三《兵略四》)

粮饷

明英宗正统三年，令陕西西安等卫边军有家小者月支粮六斗，无家小者四斗五升，余折钞。八年，令陕西西安左等卫调拨延绥等卫操备旗军有家小原支本色六斗者，添支一斗，无家小原关四斗五升者，添支五升。又令陕西卫所腹里旗军三个月全支米一石，余月米钞兼支；令延绥等处操备旗军有家小者，每名给赏布三匹，只身布二匹，棉花俱一斤八两。又令绥德、延安、西安等处卫、凤翔守御千户所正军校尉有家小者布三匹。九年，又令陕西延绥守边旗军有家小者月支米五斗、豆二斗，余三斗折布。十年，令陕西西、延、凤翔等卫所屯田旗军分调定边等营备冬者每名给赏布二匹，内折钞一匹，棉花一斤八两。又令陕西延庆二卫并西安左等四卫旗军原调守边备冬者，每名给赏布四匹，内二匹并棉花一斤八两给与家小，余布二匹再增棉花一斤八两给守边正军。（《明会典》）十四年，令陕西西安、延安等卫府官吏舍人所犯不系赃罪笞杖徒流及军民人等犯该笞杖不该立功者，定拨各堡纳草。（《续文献通考》）代宗景泰元年，令陕西延绥总兵镇守及管粮郎中、布按二司等官于秋草长茂之时，量起军夫趁时采取，每束重一十五斤，设法堆积，委官看守，以备支用。（同上）宪宗成化二年，陕西例将在边各营堡操守官军余丁尽数查出，于青草长茂之时，督令前去采打，有马者，每名采草一百八十束，各勾自己马匹六个月支用；无马者，每名照例采打堪中草一百二十束，运仓上纳，以备客兵之用。（《明九边考》）六年六月，命将征卢诏加延绥征进马草五十万束及运太仓，见收折草银五万两于军前买草应用，其马临征时，许日加料一升，屯守则如旧。（《世法录》）令陕西延绥二卫二卫（按：原文如此）旗军总旗月支本色八斗、折钞七斗，小旗月支本色六斗、折钞六斗，有家小军人月支本色六斗、折钞四斗。（《明会典》）八年，何京上御房车制遣赴延绥与镇臣议之；车施铁网，网穴发枪弩，行则敛之，宽止三尺；战则展之，广至六尺。每五十车为一队，用士三百七十五人。（《世法录》）九年，令延绥二卫在榆林备边者月支本色米六斗，折色四斗支银钱。又令延绥各堡马步军余采草，十一月终不完者，本堡把总官住俸。（《明会典》）孝宗弘治十三年，复命造御房车于延绥凡千辆，已复下车式于各边，间二载，陕西总督秦弦推广其制，车用只轮，前后约长丈四尺，在上发铳者二人，在下推车并发铳者四人，重可三石而止，遇险则四卒肩之以行，若遇贼可先发车十辆或五辆直冲其阵，前逐则首车向前，后袭则末车向后，其余车箱犄角夹攻陌贼归路，庶几万全，请名车曰"全胜"。（《世法录》）弘治中布政司文贵奏改西、延、庆三府东镇之税为抛荒折色二万余石，自是军用始窘。（《明九边考》）武宗正德五年，议准延绥镇墩车，除月粮二石外，照夜不收例，每日给米一升。（《明会典》）九年十一月，整理陕西粮储户部侍郎冯清奏，改奏西安、延绥等府粮草皆征折色银两解边，自是边用益窘，遂有米珠草桂之谣。（陈选《明纪》）世宗嘉靖二十五年五月，上深以延绥凋残为虑，允科道鲍道明、曹邦辅议，诏户部亟发兵银六万往赈，令总督亲诣抚恤，一应军饷趣陕西巡抚等官亟征所逋济之。（《世法录》）三十四年，题准延绥客兵行粮，贼至百骑，逾日不退，虽在百里之内，亦听支给。（《明会典》）四十五年，令各镇除民屯盐引外，每年延绥主兵发旧例银一十九万五千七十九两九钱八分，新增粮银二万二千一百八十五两二钱三分，客兵八万两，以后视此为准。（《明会典》）延绥年例，初不过一十万两，嘉靖时增至二十一万两，延绥主兵银十九万两，新增募军料银三万两，客兵银八万两。（《续文献通考》）穆宗隆庆二年，延绥镇年例主兵银二十四万七千二百六十五两二钱一分，客兵银八万两。五年，蓟镇客兵，部覆言在延绥者以十一月中旬起程，每名给犒赏银一两，有马死通支本色行粮，以恤其困。题准延绥三年，关领硫黄焰硝一次，延绥黄三千五百斤。（同上）神宗万历二年，令延宁二镇并延庆二府主客兵马俱属延绥管粮郎中兼理，凡遇出纳召买，该道挂号定价，郎中收放，互相参考。万历初，延绥镇见饷额主兵屯粮料五万六千四百八十七石三斗八升，草六万一千五百五束，地亩银一千四十六两一钱六分。民运粮料九万七千八百二十六石八斗九升，草七千九百四十二束，折色银一十九万七千四百三十三两。准浙盐一十五万六千四百八十二引，该银六万七千六百二十五两五钱二分五厘。京运年例银三十五万七千二百六十五两二钱一分，客兵准浙盐七万引，该银二万九千七百五十两。京运年例银二万二百五十两。（《明会典》）延绥年例银，万历中加至三十六万七千。（《明史窃·军法志》）熹宗天启三年太仓出数，延绥镇年例银四十三万三千七百三十九两八钱七分，司册主客兵钱粮分开，少四万七千二百五十一两五钱七分。（《世法录》）新安边营马七百八十二匹，粮料一千石，草六千束。靖边营马五百三十五匹，粮料一万九千二百六十七石，草一万七千九百四十五束。宁塞营马五百七十匹，粮料二千三百二十八石四斗，草二万九千九百二十四束。旧安边营马四百六十六匹，粮料六百石，草一万五千二百束。定边营马四百四十三匹，粮料五千八百石，草三万八千二百八十二束。龙州堡马三百七十七匹，粮料二千七百七十四石，草一千一百二十一束。盐池堡马一百一十八匹，粮料三百五十石，草三千束。镇靖堡马五百三匹，粮料二千七百石，草一万七千九百四十五束。（朱思本《舆地图》）延绥东起黄甫川，西止定边营，边长地远，为套虏充斥之地。考之先朝经略，如余子俊、杨一清、王琼辈，其所建置，修筑先焉，盖设险卫民实保塞至计也。然窃有说，此中军士更番入卫，疲于奔命，而又以地多沙漠，种植为难，刍粮不充，曾不宿饱，万一虏驻鱼河，粮道险远，镇城坐困，可不为之经理哉？议者欲于府谷至葭州由黄河而上，造舟转运以济清水木瓜孤山等处，亦为甚便。近虽题行，而建置仓庾，改征本色，未闻议及，皆今日之所宜汲汲者。（《续文献通考》）九边旧无客兵，止有主兵，岁输民运、屯盐足以自给，未尝有兵饷也，即余子俊初开榆林卫时，增置城砦，以民运不继，奏请江南折粮银以备缓急，不过一时之权计也。自后军政不修，屯盐渐废，请发帑金，岁以为常。嘉靖末，延绥一镇，军饷年例费以二十七万计，况万历以后哉！夫以九边数十万之众，不耕而仰食于民，国家之力几何而不困也？（《延绥镇志》）（嘉庆《延安府志》卷四十五《兵略四》，第五至十页）

明倪岳言边事疏

近岁毛里孩阿罗出孛罗忽乩加思兰，大为边患，盖缘河套之中，水草甘肥，易于屯劄；腹里之地，道路旷远，难于守御，拥众长驱，远者逾千里，近者不下数千百里，沿边诸将或婴城自守，或拥兵自卫，轻佻者挫衄，怯弱者退避，既不能折其前锋，又不能邀其归路。寇遂源源而来，洋洋而去，以致上廑庙虑，遣将徂征，然四年三举，一无寸功，杀伤我士卒，悉泯弗闻；掇拾彼器械，虚张声势。考其功籍所载、赏格所加者，非私家之子弟，即权门之厮养；而骨委战尘、血膏野草者，非什伍之卒，即转饷之民。天怒人怨，祸机日深，非细故也。况夫京营之兵，素为冗怯，临阵退缩，反赚边兵之功；望敌奔溃，久为敌人所侮。所宜留镇京师，以壮根本；顾乃轻于出御，以亵天威。且延绥边也，去京师远；宣府、大同亦边也，去京师近。彼有门庭之喻，此无陛楯之严，可乎？顷兵部建议，遂于宣府出兵五千，大同出兵一万，并力以援延绥，而不计其相去既远，往返不迨，人心厌于转移，马力罢于奔轶，万一此或有警，彼未可离，首尾受敌，远近坐困，谓为得计乎？臣又闻军旅之用，粮食为先。今延绥之地，兵马屯聚，刍粟之费，日赖资给，乃以山西、河南之民任飞刍挽粟之役，道路愁怨，井落空虚。幸而至也，束刍百钱，斗米倍直，不幸遇贼，身已掳矣，他尚何计？输将不足，则有轻赍；轻赍不足，又有预征。呜呼！水旱不可先知，丰歉未能逆卜，如之何其可预征也？至甚不得已，则令民输刍粟以补官，然媚权贵、私亲故者，或出空牒而授之，而仓庾无升合之入；又令民输刍粟而给盐，然恃豪右、专请托者，率占虚名而鬻之，而商贾费倍蓰之利，官级日滥，盐法日沮，而边储不克如故也。又朝廷出帑藏以给边者，岁为银数十万，山西、河南之民输轻赍于边者，岁亦不下数十万，银日积而多，则银益贱；粟日散而少，则粟益贵。或以茶盐，或以银布，名为准折粮价，实则侵克军储。故朝廷有糜廪之虞，士卒无饱食之日。由是观之，贼势张而无弭之之道，兵力敝而无养之之实。徒委西顾之忧于陛下，谁果分忧尽心效力乎？采之建白，察之论议，则又往往纷纭者，率谓复受降之故险，守东胜之旧城，则东西之声援可通，彼此之犄角易制，是非不善也。第二城之废弃既久，地形之险易未知，况欲复城河北以为之守，必须屯兵塞外以为之助。出孤远之军，涉荒漠之地，辎重为累，馈饷为难，彼或佯为遁逃，潜肆邀伏；或抄掠于前，蹑袭于后。旷日持久，露行野宿，人心惊骇，军食乏绝，进不得城，退不得归，一败涂地，声威大损。又谓统十万之众，裹半月之粮，奋扬威武，使河套一空，是亦非不善也。然帝王之兵，以全取胜；孙吴之法，以逸待劳。今欲鼓勇前行，穷搜远击，乘危履险，侥倖万一，运粮远随，则重不及事；提兵深入，则孤不可援。况其间地方千里，绵亘无际，既无城郭之居，亦无委积之守，彼或往来迁徙，罢我驰驱；或掩袭冲突，挞我困惫。寇贼安望于成擒，中国复至于大创，失坐胜之机、蹈覆没之辙必矣。甚者至谓昔以东胜不可守，既已弃东胜，今之延绥不可守，不若弃延绥，则兵民可以息肩，关陕得以安枕。夫一民尺地，皆受之于天与祖宗，不可忽也。向失东胜，故今日之害萃于延绥，而关陕骚动；今弃延绥，则他日之害钟于关陕，而京师震惊。贼逾近而莫支，祸逾大而难救，此实寡谋，故尔大谬。呜呼！一倡百和，牢不可移；甲是乙非，卒莫能合，功既鲜，高谈奚取焉？以臣论之，不若即古人已用而有成及今日可行而未尽者，举而措之，其为力也少，其致功也多。曰众将权，以一统制而责成功；曰增城堡、广斥堠，以保众而疑贼；曰募民壮、去客兵，以弭患而省费；曰明赏罚、严间谍，以立兵纪而觇贼情；曰实屯田、复漕运，以足兵食而舒民力。

倪岳边漕疏

今关陕所需，皆山西、河南所给，三方之地，俱河其间，虽有三门、析津、龙门之险，然昔汉唐粮饷，由此而通；即今盐船木筏，往来无滞。且以今户部所计，山西米豆必令运贮榆林及保德州县仓，河南米豆必令运贮潼关卫及陕州诸仓，其诸州卫地皆濒河，可通舟楫，蹈往古故迹而行，免当今陆运之害，公私之利奚啻万万也。况今河道当潼关之北数十里，接连渭河，可通陕西及凤翔、巩昌；渭河西流数十里，接连洛河，可通延安，及北上源可通边堡；渭河西流三百余里，接连泾河，可通庆阳。又龙门之上，旧有小河，径通延绥，倘加修浚，必可行舟。此宜简命水部之臣，示以必行之意，相度地势，按求古迹，某处避险，可以陆运；某处可立仓，以备倒运；某处可造船，以备装运。淤塞悉加导涤，漕河务在疏通，毋惮一时之劳，而失永久之利。如是则不但三方之困可纾，虽四方之物无不可致矣。

明杨琚移堡防边疏

河套屡为边患，近有百户朱长，年七十余，自幼熟游河套，亲与臣言，套内地广田腴，亦有盐池海子，葭州等民多出墩外种食。正统间，有宁夏副总兵黄鉴奏，欲偏头关、东胜关、黄河西岸地名一颗树起，至榆沟速迷都六镇沙河、海子山、火石脑儿碱石海子、回回墓、红盐池、百眼井、甜水井，黄沙沟至宁夏黑山觜马营等处，共立十三城堡、七十三墩台，东西七百余里，实与偏头关宁夏相接，惟隔一黄河耳。当时议者以为地土平漫难据已之，而实可因便修举者也。（嘉庆《延安府志》卷七十二《文征三·奏疏》，第一至五页）

涂宗濬边盐壅滞饷匮可虑疏

延镇兵马云屯，惟赖召买盐引接济军需，岁有常额。往时召集山西商人承认淮、浙二盐，输粮于各堡仓，给引前去江南，投司领盐发卖，盐法疏通，边商获利，二百年来，未闻壅滞。及至于今，商人苦称边盐不通，引积无用，其情甚苦，其词甚哀。细询其故，盖缘江南盐官失政，恣肆渔猎，弊窦多端，如边盐每引每包重止五百五十斤例也，而彼盐每引每包重至二千五百斤。人情孰不欲利，谁肯舍多而就少乎？是彼得利四倍，而边盐利少，无人承买，其困一也；边盐堆积三四年发卖亦例也，而彼盐朝中暮鬻，无容堆积，人孰不急于趋利，谁肯舍速而就缓乎？是彼获利捷径，而边盐迟滞，无人承买，其困二也；盐志开载，商盐必挨单顺序，候盐院委官盘掣而后发卖，彼盐不登单目，任意中发，既免守候之艰，又无掣盘之费，人皆乐趋，所以边盐壅滞，引不得售，其困三也；且彼盐发卖，执有小票，联艚贩运，江浙、吴楚之间何处不到，夫行盐之地有方，食盐之人有限，彼之余盐既已盛行，虽有边盐，寻无买主，其困四也；先年盐法通行，或边商安于故土，不乐远涉，则有南商来边收买盐引，引亦无壅。今小票便而得利广，孰肯驱驰数千里遐荒之路而贸引乎？近年以来，塞上无南商之迹矣。边商迫于官刑，纳粟中引，无人承买，赍之江南，株守累月，盘缠罄尽，虽减价而不得售，其困五也；边方淮盐每引官价五钱，并在彼加纳余价，共七钱五分，今江南价银止得四钱四分，是亏折本银三钱一分，边方浙盐每引官价银三钱五分，今江南价银止得一钱六分，是亏折本银一钱九分，然皆强而后售，共计淮浙二十二万六千余引，亏短价银五万七千余两，四五年间不能周转，及至还乡，债主逼索，变产赔偿，其困六也。如此六蠹率由私盐遍行，小票通而官引滞，所以山西之商忿折赍本，尽归原籍；土著之商力穷难支，逃亡过半，止余见在数家，号呼告退。新盐引目节行催派，并无一人承认，三路盐粮所藉以佐军储者，尽化乌有。司饷者日夜皇皇，束手无策，边事至此，深可寒心。夫三军之为国家效力者，恃有此月饷耳；月饷之所以充足者，恃有此盐商耳。今南方盐法阻滞，商盐不行，盐引不售，盐商不愿赴边纳粮中引，则军饷无所复出，三军枵腹荷戈，何以责之竭力以御意外之虞哉？伏乞敕下户部，从长酌议，务使盐法疏通，边饷充足，无狃目前之近，永贻社稷之安，熟数利害，覆请施行。

明蒋允仪选择有司疏

给军全凭足饷，况延镇黄沙四塞，无地可耕，本道折色俱仰给于民运，则民运之征解于州县者，最切最急。时有司率皆玩愒，或借名于花户逋负，或托言于加派不堪，或推诿于水旱不时，即有征者，辄那借用私充橐橐，遂至不可问。况功令严，而官之途穷甑破者，逆知出头无日，益肆诛求，漫无清楚，民且无死所矣，尚言军饷之足哉？则宽功令而择有司，以挽凋疲，随材而用，断不可拘以资格者也。故当选授之时，或调转之地，亦必为此疲地，另著一分眼界，即如荐扬之奏章、保举之次第，亦当念此苦地，另出一分照管，才真者勿拘常限，至如洛川、宜川等县，尤当用边才例，三年即准行取，不准调繁，如此则一年内转为充足之境矣。

蒋允仪积贮疏

安边之道，必以积贮为先，延绥兵马甲天下，宜乎积贮之多。奈近日民运遝次，京运愆期，仓库荡然。敌人幸就戎索，尚得苟延岁月，倘一旦告变，如辛酉故事，瘦马饿夫，欲以对敌，必不得之数也。若环而攻之，以老我师，能当半月之支持乎？此又不忍言也。且年来水旱不时，粒米如珠，势必不能取办于一时，则积贮一着最为吃紧。查广有库正项兵饷，专听正项召买给发外，不得已而后行借籴之法，合无于新库内暂借悬赏等项银二万两，并清查各堡节省赏银并易买抚赏节省银各若干，分发各路监收官，于就近米贱地方委贤能官，每人多不过千石，限以时日籴买，酌量某堡应贮多，某堡应贮少，其见在有粮者不必再贮，秋成买米入仓，另廒积贮，来春出旧籴新，一如常平法，各另置印簿，于院道查盘。然计利又须计害，恐召买之人播和糠秕，借口价值不等，各要精米足数，不许作弊克落骚扰民间。其中搬移倾倒，未必无升合之折耗，量照时价每斗多五厘，而买者不若苦于亏折，则可绳之以法矣。三年内，余米五百石，监收官并委买官即与优叙纪录，以示激劝，一以为军糈之先谋，一以为救荒之硕计，其于边疆利赖良非浅也。（嘉庆《延安府志》卷七十二《文征三·奏疏》，第十一至十四页）

明杨一清修理边墙疏

延绥城堡据险，宁夏、甘肃河山阻隔，贼虽侵犯，为患犹浅。惟花马池至灵州一带，地里漫城堡稀疏，兵力单弱，一或失守，寇众折墙入犯，诚非细故。成化时，宁夏巡抚徐廷璋修边墙二百余里，开浚沟堑一道。延绥地方边墙壕堑，又得巡抚余子俊修浚完固，北丁不复入套者二十余年。世平人玩，边备稍疏，连年雍众折入，我军动辄失利。一二年来，寇复大举，攻陷清水营，残破花马池，上厪宸虑，敕臣经理。臣自庆阳直抵灵州一带，边墙城堡墩台躬亲阅视，应广集众思，始有定论。其大要有四：修浚墙堑，以固边防；增设卫所，以壮

177

边兵；经理灵夏，以安内附；整饬韦州，以遏外侵。当务之急，莫先于此。伏见受降城，据三面之险，当千里之蔽。正统以来，舍受降而卫东胜，已失一面之险。又辍东胜以就延绥，则以一面之地遮千余里之冲，遂使河套沃壤为寇瓯脱，巢穴其中，而尽失外险，反备南河，此陕西北边之患，所以相寻而莫之解也。兹欲复守东胜，因河为固，东接大同，西接宁夏，使河套方千里之地归我耕牧，开屯田数百里用省内运。及今将延绥、宁夏一带边防设法整饬，贼来有以待之，或数十年未敢轻犯，我得休养生息，东胜之地未必终不可复也。（嘉庆《延安府志》卷七十二《文征三·奏疏》，第七至八页）

嘉靖南宫县里甲、马政、公田、正赋和杂赋、户口和役法、驿传和民壮

嘉靖《南宫县志》卷一，页四：

里甲

洪武初所置，皆元末土著遗黎，亦有邻邑之人避乱徙居于此者，谓之土民。凡十四里：在城社，城市；张家庄社，县北五里；贾城社，县西三十里；周家庄社，县西四十里；唐苏社，县西南十五里；午及社，县东二十里；丘村社，县东三十五里；六方社，县东五十里；慈达社，县东南四十里；都水社，县东南五十里；长樊社，县东南六十里；小六社，县东南六十五里；和生社，县东南七十里；大城社，县东南八十里。

永乐初，四方之民流寓于此，遂家焉，谓之顺民。其税有粮无草，以示优恤。凡二里：张马社、井村社。其民便宜定居，故散在各社。

永乐间，云雷初定，榛莽弥望，迁山西高平、长子诸县民四百余家，听其开垦荒地，以为永业，是谓迁民。凡四里：永丰社，县东五里；永乐社，县东南十五里；永安社，县东十里；永登社，县东南二十里。

成化中，生养蕃息，新增六里。嘉靖初，以消耗复减二里，谓之新析民。凡四里，实为二十四里，云永昌社、苏村社、新安社、李村社，合诸社之民为甲，故散在各社。

国朝制以十户为甲，十甲为里，是为一社，里设一长，十年一役，周而复始，此联属人情均劳逸之法也。成化、弘治间，必里中有

行义者，众共推为长，人亦以得里长为荣，今皆苦于诛求，辄箠笞榜械之辱，微知自爱者必百计祈解，嗜利无耻之属，甘心应役，科索户人，斯上下交征之为害，厥有由也。

外史氏曰：予初管南宫，集父老庭中，与语里甲供支云。故事县官不量用度多寡，撱于胥人荧惑之言，借口旧规，苟于督责，贪缘为奸，渔猎下户，岁费缗钱数千。予曰：此不可与撙节者，何纷然其扰也。乃为之推算经纪，约其所入，稽其所出，弛繁文以崇简俭，诸所尝得已，冗费颇减什之二三。近奉本府申明禁例，又裁去什之四五，斯民始稍稍息肩矣。

卷二，页四：

马场

牧马草地凡一十七处，牧地共一百二顷四分。

卷二，页八：

田赋第三

公田

原额征夏秋地一千一百五十顷五十六亩九分一厘六毫二丝。

外史氏曰：井田废而助法亡，何得有公田也？盖通计一县之地，凡八千余顷，起科者止千顷余。起科即为公田，其齐民之所自有固私田也，非先王什一而征之遗意乎？迩来多方之求、额外之取，视正赋杂赋之数不啻三倍，缘丘履亩，无复公私之辨，民始不聊生矣。

正赋

夏税九百四十九石九斗六升八合七勺，秋税二千一十九石三斗九升三合三勺，谷草三万二千八百一十七束，俱地赋。

杂赋

农桑丝三千六百三十四两五钱九分七厘一毫六忽六纤，折绢一百三十一匹二丈二尺八寸一分，花绒九百八斤一十两三钱五厘，俱地赋。京库盐钞三万三千三百七十五贯，折共银六十六两七钱五分；府库盐钞三万三千三百七十五贯，折共银六十六两七钱五分，俱丁地赋。京库丝折绢三百六十一匹一丈五尺，涿州库丝折绢五十匹，俱丁赋。岁办胖袄裤鞋一十四副，每副银一两五钱；岁办乳牛三只，每只银六两；京班柴薪皂隶五十一名，每名银一十二两；京班直堂皂隶二名，每名银十两；四季砍柴夫八百二十二名，每名银二两，路费银八十二两二钱，新添木柴银一百四十七两一钱，工部柴炭银一百二十六两七分；工部抬柴夫七十九名，每名银五两六钱；五城兵马司弓兵三名，每名银八两五钱；杨村口弓兵二名，每名银八两；真定县牌夫二十名，每名银七两二钱；接迎皂隶十五名，每名银七两二钱；柏乡县接递皂隶二十七名，每名银七两二钱；栾城县牌夫十六名，每名银七两二钱；巡抚察院奇兵银三百二十六两四钱，兵备道奇兵银八百七十四两四钱，民壮银六百七十六两八钱，守城民壮银四十八两，本县滹沱河桥梁银四两，本县祗候马夫等银悉有定额，俱丁地赋。

外史氏曰：江南之赋，大抵视地为低昂，今北边多摊派于丁，故编徭尤所慎焉。丁赋在成化、弘治间尠有不均之叹，近日清审之法转加详密，算及鸡豚，而百姓往往吁天无从者，岂长吏之不良哉，实时政之势使然也。自大司农告竭，卖官鬻吏之令屡下，富农巨商争相输粟纳银，为良家，为郡邑掾胥。既系籍于官，例当复其家，而所遗之赋，皆贫民更办之，如三等之户，九则之征，不过在贫民中通融调停耳。其高下殊相县者，固不得絜而衰益之也。予目击心伤，于是脱去格例，而大通之，检括未登役籍之子弟，使代其父兄。故上赋率皆饶益之家，而贫弱萌隶始得免于流亡矣。予故备书，以谂夫后之审编者焉。

户口

实在人户四千六百四十八户，军三百一十六户，民四千二百六十二户，杂役户七十户，口五万三千一十六口，男子三万四千七百九十口，妇女一万八千二百二十六口。

外史氏曰：天下乂安，生齿日繁，要在有仁政以养之。贫民无卓锥地，唯待哺于富厚之家，今皆困于赋役而不能以自养，又安能养人乎？长民者当思以为之所矣。

役法

正役则里长甲首，十年轮流应役，一度颛用催办钱粮，追摄公事。见年则有快手、青衣、皂隶、接递、扛夫、解人、上宿、灯笼、甲首，各社则有直亭老人，城市则有总甲，乡村则有保长、甲长，皆一年代换。杂役则均徭、审编、库子、门皂、禁斗、铺司兵、坛夫等役是也。

外史氏曰：上之役民与民之往役，义也。役之不均，则生怨矣。民有贫富，役有重轻，变而通之，与时宜之，有不系于其人焉者乎？

驿传

原额地一千一百五十顷五十六亩九分三厘六毫二丝，每亩征银二分一厘七毫，共征银二千四百九十六两七钱三分五厘四毫八丝七忽八微。近岁又加增每亩征银四厘三毫，共征银四百九十四两七钱四分五厘。内计恒山驿铺陈工料银共三百八十两九钱五厘九毫，加添银一百三十两六钱八分二厘五毫；赵州槐水驿支应银二百五十两，料银一百五十五两七钱三分八厘三毫；赵州递运所工料银八百九两二钱六分三厘三毫三丝；柏乡递运所工料银七百七十两九钱九分九厘；井陉递运所工食银八十三两一钱六分一厘五毫九丝三忽余，站银四十六两六钱六分六厘四毫一忽四丝八微；鄗城驿加添银三百九两一钱一分四厘；西乐驿加添银五十四两九钱四分八厘五毫。

兵防

原额本县守城民壮九十四名，岁发防秋四余月，止金小民壮二十人，给与工食银二两四钱，暂令把门，候防秋回日放归。嘉靖二十八年，井陉道呈请分为威武二班轮流团操，于本县漫无统摄矣。巡抚察院马步奇兵三十三名，兵备道马步民兵五十一名，本县快手二十名，知县叶恒嵩籍金市民三百余名，皆武力鼎士，暇日召集教场阅试弓马，诚令各安生理，卒然有变，则责之守城，亦古寓兵之意也。

外史氏曰：抚院及井陉道各兵壮上下班交代，肆意往还，各役骄恢日久，弓马习便，傲睨道路，往往生奸，以截劫椎剽为事，恐养虎遗患，势且不支。若不及今议处，必为将来之衅。赵人多侠气，轻生赴义，善制驭之，皆足为干城爪士之用矣，不可以不蓄计也。

马政

永乐十八年，议一丁养牡马一，三丁养牝马一，二年一算驹，并免税粮一半。至弘治六年，又建议地五十亩养牡马一，一百亩养牝马一，其地谓之马地，牡马一百二十四匹，地六十二顷，牝马四百九十六匹，地四百九十六顷，每年起俵马匹，春季六十二匹，秋季六十二匹，谓之备用焉。

外史氏曰：马者国之大事，制虏靖边，足民裕国，胥此焉出。昔人视马之蕃耗，定国之威衰，盖有由也。今天下治平日久，牧事不修，计宫邑牝牡之种，凡六百有奇，一年刍茭粟豆之费不訾，及综其所产，累岁不孕一驹，即有驹，又皆凡品下乘，不足以当公选，养马之家往往校地会钱，别售其大且良者，然后免于罪遣。计一匹费金数十锭，百匹费金数千锭，生民有不困乎？议者谓牧事得职，则一种三岁可得二驹，为种六百，十年可得三千余驹，充解运者才千驹耳。其余鬻之，可获利数千，以益军储，以蠲别赋，足国裕民，莫善于此也。其次无如召商平价，召商则骏骥云集，野无遗才，群无留良，平价则□□狡脍无所牟大利，斯亦补偏塞漏之急务也，未识其□之可据与否，姑并存之，以俟君子择焉。

嘉靖南宫县里甲、马政、公田、正赋和杂赋、户口和役法、驿传和民壮 —

明清恩县乡图、田赋、丁赋、均徭和马政

《（山东东昌府）恩县志》六卷五十三目，万历癸巳知县孙居相纂修，县学生雷金声编辑。万历己亥于慎行序并书。按此书乃重印本，漫漶已甚，字迹多不可辨。又按卷四人物，职官表记至天启五年（页又二十五），知为增刻本也。

舆地卷一

建置卷二

贡赋卷三

人物卷四

杂志卷五

词翰卷六

卷一　舆地

乡图（按宣统《重修恩县志》卷二《舆地志·乡图》："明制，在城曰关隅，在乡曰都，其属曰图。"）

邑有里甲，制也；里统十甲，甲统十户，各有长，亦制也。……欲一切均齐之难矣。乃近者里排揽赋剥民，间阎之蠹莫大焉。业为之罢，而输皆如期。夫排年存，逋负不支；排年去，输租恐后。吁，通变宜民，所以贵哉。

卷二　建置

驿传

闻之嘉靖中驿马编金徭户，并令支销，乘传旁午，数日荡中人之产。迨隆庆庚午变为招募，民困始苏。然恩金者才三十八匹，已不勘命，乃募久刁生，规图帮益，而粮金亦勒恩民益焉。此岂法之初与变

之意乎？非烛其情破之，恐终成膏肓也。

卷三　贡赋

田赋：田数起科地 13,285 顷 67 亩[+]，上地 12,889 顷 82 亩[+]（寄庄在内），下地 395 顷 84 亩[+]。

赋数：夏税折色银 2,552 两 6 钱[+]（下略），秋粮折色银 9,249 两 7 钱[+]（下略）。

旧有绵花地纳花绒，桑树地征农桑。后因裁伐无常，洒派阖县地亩中。

嘉靖三十? 年，参政张鉴躬踏官民地 2,568 围，每围 540 亩，共地 13,867 顷 20 亩[+]。附每丁编银则例。

丁赋　户口

洪武初年，户 3,135，口 14,284。

永乐十年，户 3,839，口 25,419。

天顺六年，户 4,327，口 32,035。

成化八年，户 4,721，口 40,043。

弘治五年，户 5,175，口 41,491。

正德七年，户 5,246，口 43,794。

嘉靖元年，户 5,837，口 43,794。

隆庆六年，户 6,112，口 44,947。

万历十五年，户 6,231，口 57,324。

万历十九年，户 21,717，口 41,223。

万历二十五年，户 22,817，口 42,667。

赋役均徭：银差，银 2,824 两 2 钱[+]；力差，银 2,880 两 6 钱[+]（下略）……

梁方仲先生按：此处漫漶不可辨，应以它本校之。

上地除优免实在 11,591 顷 17 亩[+]，每亩派徭站兵饷等银一分三厘八毛[+]，该银 16,041 两[+]。

下地除优免实在 387 顷 72 亩[+]，每亩派徭站兵饷等银六厘二毛[+]，该银 244 两 2 钱[+]。

寄庄上地 934 顷 13 亩[+]，每亩派寄庄兵饷银二分四厘，该银共 2,241 两 9 钱 1 分[+]；下地 8 顷 1 亩[+]，每亩派寄庄兵饷银九厘六毛[+]，该银 7 两 7 钱 6 分[+]。

七则人户共 42,669 丁，内除优免，实在 41,851 丁，共编银 3,653 两 7 钱 4 分。计：

上下户，实在 10 丁，每丁编银 9 钱 9 分；

中上户，实在 31 丁，每丁编银 3 钱 3 分；

中中户，实在 38 丁，每丁编银 2 钱 8 分；

中下户，实在 163 丁，每丁编银 2 钱 3 分；

下上户，实在 741 丁，每丁编银 1 钱 7 分；

下中户，实在 12,095 丁，每丁编银 1 钱 2 分；

下下户，实在 28,773 丁，每丁编银 7 分。

通计丁地寄庄共编银 22,188 两 7 钱 6 分[+]，各足前项额数。

马政：原额种马二百二十匹，牡四十四，牝一百七十六。分为五群，每群设长一人，头一人，医兽一人。以养马户为马头，五年一编，照概县地亩通融均派，上户为马头，余各贴办蒭秣等费。岁俵解骟马四十四匹，春秋二运。俵有本色、折色，后行坐派，本色每匹三十两，折色每匹二十四两。旧制岁孳生驹，择其老（?）者充俵，次补种。余皆变价，抵买俵之用，仍给其半以酬养马者之劳。隆庆间奉例减一百三十二匹，匹每年惟征草料银一两解太仆寺。余存养。轮该俵马年分，旧养马户与见养者一例买俵。万历九年有例，尽估惟存马□各色。今每岁于地亩内派银，充解纳草料、买马俵解之用数。见赋役。

卷五　杂志

兵变：

正德六年，流贼攻城几陷，忽遁去。

嘉靖二十三年，民间讹言有响马贼拒捕，格伤官军，县选民间成丁者上城守护。……

《恩县续志》，知县陈学海裁定，岁贡生韩天笃编辑。雍正元年陈学海序。

卷二　贡赋

田赋

通县大粮一例成熟地 13,018 顷 97 亩⁺，每亩征正杂银二分七厘七毛⁺，共征银 36,182 两 3 钱⁺；额外更名地 45 顷 93 亩⁺，每亩旧征六分二厘二毛⁺，顺治十三年奉文每亩外增租银三分，共征银 423 两 7 钱⁺。

丁赋

通县人丁 58,868 丁，内除乡绅举贡生员优免本身丁 571 丁，又康熙五十五年暨六十年盛世滋生增益人丁 530 丁永不加赋，实在人丁 57,767 丁，每丁征银五分六厘，共征银 3,234 两 9 钱 5 分 2 厘。

卷三　人物

职官　知县

张民望，奉天人，荫生，康熙二十五年任。编顺里甲，催科不扰，临米二麦编入大粮，民甚便之。

天启文水县丁赋和力役之法

说明：天启《文水县志》内容丰富，尤其是对有关国计民生的田赋，作了详细的记述，如均徭中力差的审定，列为三门九则。万历时清丈田亩，以十等定田，以下中之田任上中之赋，使民重困。梁方仲先生于20世纪30年代在中央研究院看到该志，并作了重点札抄，说明其学术价值。可惜该志是海内孤本，1996年李裕民教授才重新整理出版。承李裕民教授邮寄给我们，得据再版本校点，在此表示衷心感谢。

《（太原府）文水县志》十卷四册，天启乙丑知县蒲城米世发编次，邑人王在台、郑宗周采辑。

卷三　赋役志　户口　田赋　丁赋　岁额（附辽饷）　课程　屯田　学田　仓储

丁赋

按均徭银、力二差并里甲纲银、盐钞、匠价等，共额银9,401两7钱1厘7丝。县以人丁田产之贫富，定力差之重轻，列为三门九则：上上门征银9钱，上中门征银8钱，上下门征银7钱，中上门征银6钱，中中门征银5钱，中下门征银4钱，下上门征银3钱，下中门征银2钱，下下门征银1钱。又以门则之粮石，定徭银之多寡，亦列为三等。按徭簿有则人门下粮，曰有门粮，每石征差银二分，以有丁差，故从轻；按外处人定居本县坊都甲外名下粮，曰寄庄粮，每石征银1钱5分，以无门则，故从重。按门则外，余丁名下粮曰无门粮，惟此于审编后视丁差升擦之盈缩为增减，以补额差之数。

论曰：力役之法，至宋而有差役、雇役之法，讫今用之不易，丁赋之由来久矣。我国家设为编审，三年一考其虚实，新者入之，老者削之，富贡其财，贫输其力，法非不善也。顾今之策肥衣纨，曾不出半铢，以供军国之需；而家无立锥者，剜肉医疮，反不免赔累之苦。噫，是岂朝廷立法之初意哉！

岁额

论曰：……文田 8,016 顷有奇，征鞭银 57,820 两有奇，可谓地无遗利，人无遗力矣。考之国初，洪、永间田仅 6,920 顷有奇，历嘉、隆间皆然，何以一旦遽增 1,080 余顷之多乎？……夫以山坡河流俱作民田起科，其何能堪？说者又曰，方万历年清田时，当事者奉法稍峻，民往往以下中之田，而谬任上中之赋，斯所为重困也。……

按万历九年奉例清丈地亩，知县姜一鸣以十等定田：曰官地、水地、平地、基地、沙地、碱地、平坡地、退滩地、山坡地、河流地。十等总额地 8,016 顷 39 亩 5 分。

福建尤溪县户口、田土、四差派则和粮料盐钞派则（附官田演变民田例）

《尤溪县志》（崇祯九年），帝国图书馆藏。

赋役志

尤地岖确而鲜平衍，其田皆斗坼而线畛，终岁勤动，除公税私租外，所余以供俯仰资者原无几也。幸际国朝贡均敛薄，民熙熙泰平矣。近者边尘未靖，中土骚然，经用颇艰，持筹者不得不议及加派，然而屡厪圣衷体恤则催科抚字，吏于兹者诚不可不曲行其惠也。不然物力既诎于今，而掊括复倍于昔，奉行者又因以为厉，泰山之虎，荆湖之蛇，几何不令人痛哭耶？

户口

人户柒千伍百壹拾肆户。

实征男子壹万贰千壹百贰拾柒丁，每丁派料盐差银贰钱叁分玖厘捌毫肆丝陆忽壹微，优免止派料盐银捌分贰厘肆毫贰丝伍忽玖微。

妇女壹万肆千陆百柒拾口，每口派盐钞银壹分陆厘柒毫捌丝柒忽柒微。

田土

官民田园地池壹千陆百玖拾壹顷壹拾贰亩陆分肆厘陆毫玖丝伍忽，每亩科受民正耗米伍升贰合叁勺叁抄柒撮叁圭玖粟，官米壹升捌勺壹抄玖圭捌粟，计积壹拾玖亩壹分陆厘柒丝玖忽玖微，为民米壹石带官米贰斗陆合伍勺陆抄叁撮贰圭。

官米壹千捌百贰拾捌石贰斗柒升陆合勺壹抄玖撮。

民米捌千捌百伍拾石玖斗壹升伍合陆勺贰撮，每石派粮料银陆钱壹分玖厘伍毫捌丝叁忽肆微，官折银伍分玖厘贰毫贰忽玖微肆纤陆秒，肆差银陆钱捌分肆厘贰毫陆丝壹忽叁微玖纤伍秒，共银壹两叁钱陆分叁厘肆丝柒忽柒微壹纤壹秒，优免止派料折。

粮料盐钞派则

官民米本色改折粮银岁派银伍千肆百贰拾陆两柒钱伍分柒毫伍丝玖忽。

丁米料岁派银壹千叁百柒拾陆两玖钱伍分贰厘陆毫。

户口盐钞岁派银肆百肆拾玖两捌钱肆分肆厘叁毫陆丝。

以上粮料盐钞不论优免，每米壹石派粮料银陆钱柒分捌厘柒毫陆丝柒忽，每丁一丁派料银捌分贰厘肆毫贰丝陆忽，妇女一口派盐钞银壹分陆厘捌毫。

四差派则

纲岁派银捌百零叁两零捌分肆厘玖毫。

均徭岁派银壹千肆百柒拾柒两肆钱伍分。

机兵连闰共派银贰千陆百伍拾两捌钱。

驿站岁派银贰千陆百柒拾陆两壹钱五分零。

内纲、徭、机俱丁三米七分派，惟站银一差只以米派。四差总除有优免米丁不派外，每米壹石派银陆钱玖分玖厘陆毫贰丝贰微，每丁一丁派银壹钱陆分陆厘叁毫。

以上粮差二项共银壹万肆千捌百陆拾两捌钱捌分贰厘陆毫陆丝，总计之，无优免每石米派银壹两叁钱柒分捌厘肆毫，无优免每丁派银贰钱肆分叁厘柒毫，有优免丁米只派粮料不派差。妇口不论优免，均派盐钞。大约粮料不遇加编，年无增减。差银优免难以定额。今只照崇祯八年为例，大概既同增减，亦不甚相远也。

粮差解留大纲（其细款详《赋役书册》）。

按四差即旧时所谓徭役，有银、力二差，银差一百二十名，力差三百零三名，岁俱派银雇募应役。万历五年，奉巡抚庞有"一条鞭"之议，分其目为纲、徭、机、站，岁派银七千六百两零，民只照数纳银，更为简便。

官田志（附）

既志赋役矣，复志官田者何？盖以田属之官，则为公业，豪不得侵窘，亦不得鬻耳。乃失籍而昔所建置，今半化为乌有，不几孤前人加意创劝之初心乎？欲其泽之流于远而杜其侵鬻，则斯志不可不致详也。（崇祯《尤溪县志》卷三）

浙江乌程县《赋役成规》和《赋役全书》及税粮课程的征收

《乌程县志》（崇祯十一年），帝国图书馆藏。

亩

宋庆元四年，管田六十六万九千六百三十亩二十六步，官田五千六百二十三亩二角二十六步，民田六十六万四千六百六亩一角五十步。

元至正十五年，田土计一万一千三十五顷八十四亩一分八厘八毫。

国朝洪武二十四年，田土一万三百六十三顷三十九亩二分七厘四毫，内官房基地十一亩九分七厘三毫，官房二百八十五间半二十八厦二十四披一过道。

永乐十年，田土一万一千一百四十三顷六十一亩二分六厘七毫，内官房基地一十一亩九分七厘三毫，官房屋二百八十五间半二十八厦二十四披一过道，牛六只，田七千二百三十七顷一十四亩三厘七毫，地八百三十二顷二十四亩八分五厘二毫，山二千六百八十二顷八十二亩二分四厘七毫，荡四百七十九顷一十四亩五分四厘八毫，鱼池七亩三分，菱荷荡一十三顷八十四亩三分一厘，官房屋二百八十五间半二十八厦二十四披一过道，基地一十一亩九分七厘三毫，水牛三只。

永乐二十年，田土一万一千二百七十顷六十三亩六分一厘六毫，内官房基地一十一亩九分七厘三毫，官房屋二百八十五间半二十八厦二十四披一过道，牛一十一只，田七千二百三十七顷十四亩一分一毫，地八百三十三顷七十亩二分九厘三毫，山三千七百十一顷六十七亩五分六厘三毫，荡四百八十顷七十六亩八分七厘六毫，鱼池二十九亩三分，鱼丛八亩二分，菱荷荡十三顷八十五亩三分一厘，房屋二百八十五间半二十八厦二十四披一过道，基地十一亩九分七厘三毫，水牛六只，黄牛五只。

宣德七年，田土一万一千二百九十一顷一亩九分七厘三毫，内官房基地一万八百三十四顷十六亩五分九厘三毫，山二千七百二十三顷七十九亩三分二厘，荡四百八十一顷五十三亩一分七厘六毫，鱼池二十九亩三分，鱼丛八亩二分，菱荷荡十三顷八十五亩三分一厘，房屋二百八十五间半二十八厦二十四披一过道，牛十一只。

景泰三年，田土一万一千三百七顷五十五亩八分五厘九毫，内官房二百八十五间半二十八厦二十四披一过道，田七千二百三十九顷四十七亩五分五厘八毫，地八百三十四顷七十九亩三分二厘五毫，山二千七百三十四顷七十二亩九分九厘七毫，荡一百八十顷二十一亩一分九厘七毫，鱼池二十九亩三分，鱼丛八亩二分，菱荷荡十三顷八十五亩三分一厘，房屋二百八十五间半二十八厦二十四披一过道，基地十一亩九分七厘三毫。

嘉靖十三年，田土一万一千三百六十五顷三十亩，官田二千二百二十一顷，民田五千二十六顷五十五亩，官地二百三十二顷三十九亩，民地六百四十二顷二十三亩，官山一千三百九十顷八十九亩，民山一千三百六十顷八十六亩，官荡一百三十顷四十六亩，民荡三百四十六顷二十二亩，鱼池荡二十九亩，鱼丛荡八亩，菱荷荡十三顷六十九亩。

隆庆六年，清理各圩田额田七千二百七十八顷十五亩一分七厘，官滩荡成田十顷三十四亩四厘八毫，共田七千二百七十八顷四十八亩八厘一毫。

万历十二年，四区十三都二图范天衢告升满字四圩田十五亩，十三区朱应选告豁崩陷荡成田四十七亩九分一厘，共实该田七千二百七十八顷一十五亩一分七厘一毫。

万历十六年，立碑额后陆续共除田二顷一十八亩六分一厘七毫，内六区王子立告改荡科田九十四亩，徐性选心告改荡科田三十七亩六分，蔡瑞等告假途二圩啸沉河底田五十七亩一分九厘七毫。

万历三十四年，七区赵嘉定告改田科荡二十六亩八分二厘，十二区沈标告豁义塚田三亩，陆续共加告佃首改升科田十五亩八分二厘七毫，内三区张樗河滩成田十亩七分七毫，王玉瑞水荡成田一亩一分五厘，施侃山成田一亩一分五厘，九区方甫告升荡成田五分二厘，十五区顾言地成田一亩六分，十九区徐钦滩成田七分。

万历三十八年，实在办粮田七千二百七十六顷一十二亩三分八厘一毫。应升四十年六区尹宣升地荡成田八十一亩三分二厘，四十七年丈出三区沈一道田三十八亩七分八厘三毫，又地成田十亩三厘八毫，山成田五十九亩六分三毫，莫秀告升山成田七亩二分五厘一毫。

泰昌元年，实在办粮田七千二百七十八顷三分九厘五毫，每亩科米一斗七升九合三勺，征银一钱零五厘。

万历三十八年，实在办粮地八百三十四顷十六亩九分九厘七毫。应升四十六年区尹宣升科地二十一亩，四十七年丈出三区沈一道山成地三分，应减四十七年丈出三区沈一道地成田一亩三厘八毫。

泰昌元年，实在办粮地八百三十七亩二分五厘九毫。

万历三十八年，实在办粮山二千六百八十顷七十七亩六分八厘五毫。应升四十七年丈出三区沈一道山一顷九十亩五分二厘六毫，应减四十七年丈出三区沈一道山成田五十九亩六分二厘三毫、山成地三分，莫秀告升山成田七亩二分五厘。

泰昌元年，实在办粮山二千六百八十九顷一亩三厘八毫，每亩科米四合六勺，银五厘六毫。

万历三十八年，实在办粮荡四百五十四顷四十二亩四分二厘九毫。四十年六区尹宣升科荡二十亩。

泰昌元年，实在办粮荡额数如前，每亩米四合七勺，银一分一厘。（崇祯《乌程县志》卷二）

学田

十区三十都旧馆地方省字二圩田共八十五亩七分，每亩额租九斗五升，除办钱粮外，每亩折银一钱一分。十七区四十都三图塔字五圩田二十亩，每亩额租一石二斗，除输钱粮外，实征租米七斗，每亩该折银二钱八分。六区十八都一图户字一圩田四十亩，照前起租。二区九都一图北空字圩田四十亩，每亩一石一斗起租，除办钱粮外，止征六斗，又经详减，每亩止征二斗，每斗折银四分。五区王墅夹山右通字圩田三十四亩五分，系张贵入官田，册开前田积荒，除名办钱粮外，每亩派米四斗五升，折银一钱八分。四区十三都三图□字四圩田八亩一分三厘七毫，亦系张贵入官田。

嘉靖九年，知县戴嘉猷置义田三百四十五亩，除输钱粮外，岁积余谷五百三十五石，以备岁荒赈给，年久据占者多。天启四年，知县马思理准生员沈清远呈词，着各区塘保备查，或占种，或租种，明确具报。六区田五十亩，每亩该租一石，除输钱粮外，实该五斗，每斗折银五分。又田一百亩，学道洪承畴批允，田一百亩，每亩征米二斗五升。十五区三十八都四图膳字五圩田共五亩六分五厘。六区二十三都一图甲绝官民田一十二亩三厘九毫。三区十一都四图田八亩五分，每亩租米一石。四区十四都入官田地荡共一百三十七号，松竹山九十亩八分七厘。

知府陈幼学捐赎锾，委乌程县县丞李淳置买居民周怡田一百四十六亩七分九厘五毫，共价银五百四十一两九钱，每年租米共一百八十七石四斗九升四合，俱系水旱成熟，堪作学田、义田，申详抚按学道，以垂永利。六区艺字圩田六十一亩，杜字圩田十九亩。八区池字三圩田十六亩。五区益字二圩田一十四亩三分七厘，价银五十二两，每亩租米一石二斗。十二区庸字圩田二十亩三分二厘，价银□□。八区寒字四圩□号义田三亩，价银□两□钱，每亩租米□石□斗□升。

分守道程达捐赎锾五十两，置学田，坐落五区十六都二图既字三圩田四十四号十亩，除完钱粮外，实征米九石，每石折银五钱，岁征解府。

崇祯六年，知县王梦鼐查出十六区奸徒冒隔属吴宦寄庄名色实田一百四十七亩，每年收息赖粮。及清查，遂各潜逃。吴宦投揭鸣究，原田应按亩入官，即将前田没入本学，岁收租米，以资诸生会课。通申抚院罗汝元详批，诡寄田亩律应没官，准入县学执掌，收租会课，钱粮如额输办，置簿开销，造送查盘，不得冒破，致虚该县作兴之意。（崇祯《乌程县志》卷二）

赋役

郡志谓，吴兴自宋至国初，田野日辟，赋税日繁，盖甚盛也。今则辟者如故，繁者倍增，或增减不尝，且有增无减，而盛难乎其继矣。沈司寇演曰：钱粮一项，须以现在征解为主，而旧则亦须存以备考。此必命该房查确，裁以化笔，非他人所能赞一辞。盖文移非目睹、事规非手行，终不核也。因据《赋役全书》，参列嘉靖间成规数十条，俾以新额，核而查焉。主持世道者注意国计民生，特简宿胥，从公握算，纤巨不遗，务核其实。而今昔增减之数，编册间炯若列眉。试按古证今，用一缓二，足民因以足国，引领以伫。

宋庆元间，夏税绸绢共壹万贰千伍百贰拾陆匹，每匹壹丈柒尺捌寸贰分，绵玖千贰百肆拾贰两伍钱，秋粮米壹万玖百捌拾陆石伍斗捌升肆合玖勺。

元至正间，夏税丝壹万柒千壹百贰拾贰觔肆两肆钱，绵肆百陆拾捌觔肆两壹钱贰分伍厘，秋粮米正耗玖万叁千叁百肆拾伍石肆斗贰升柒合。

明洪武二十四年，丝贰拾贰万壹千贰百捌拾陆两伍钱肆分伍厘，绵伍千玖百贰拾捌两陆钱贰分，麦正耗贰百肆拾石柒斗壹升壹合捌勺，米正耗贰拾壹万贰千贰石肆斗捌升陆勺。宣德七年，敕减二三粮额及消耗户，作民田起科。丝贰拾肆万玖千贰拾贰两壹钱贰分，绵陆千玖百玖拾贰两伍钱，麦壹百捌拾捌石柒斗肆升柒勺，钞贰千柒百叁拾捌锭贰贯柒百壹拾壹文，小绢壹匹，米壹拾伍万贰千陆百捌拾伍石捌斗柒升捌合捌勺，马草玖万叁千陆百柒拾捌包柒觔贰两。黄册额迄今皆同。嘉靖十二年，知县钱学查出隐下无粮田叁顷叁拾柒亩，该丝壹千陆拾壹两，米壹拾肆石贰斗，钞肆百贰拾叁文，麦捌升伍合柒勺，但实征不一。

正统间，分别田轻重四等起耗。除伍斗以上田粮全与折银免派耗外，肆斗以上，每亩加耗伍升，米叁折柒，叁斗以上，每亩加耗柒升，米折相半；贰斗以上，每亩加耗壹斗，米玖折一；壹斗以上，每亩加耗壹斗伍升，俱征米不折。

天顺间革，正德七年复行四等，至十年革。十五年准知府刘天和议，官田一则、民田一则起科，事体画一，宿弊尽除，民为永便。

嘉靖二十二年，右布政欧阳必进通详巡按王刊定《赋役成规》。

万历四十一年，杭州府孙推官纂修《赋役全书》。今册官民一则，田据《赋役全书》开后。

户口人丁陆万伍千玖百柒拾玖丁口，内市民人丁叁千陆百壹拾陆丁，每丁科银肆分，该银壹百肆拾肆两陆钱肆分；乡民人丁陆万贰千叁百陆拾叁丁，每丁科银伍分贰厘，该银叁千贰百肆拾贰两捌钱柒分陆厘。按万历十六年，户口陆万伍千肆百叁拾叁口。

田柒千贰百柒拾陆顷壹拾贰亩叁分捌厘壹毫，每亩科米壹斗柒升玖合叁勺，该米一十三万四百六十石八斗九升九合九勺一抄叁撮叁圭；银壹钱伍厘，该银柒万陆千叁百玖拾玖两叁钱伍忽。按万历十六年，田柒千贰百柒拾捌顷伍拾叁亩捌厘壹毫，每亩科米壹斗叁升捌合贰抄贰撮玖圭柒粒肆黍柒栖捌秕，每亩银伍分贰厘贰毫捌丝贰忽柒微壹尘叁渺壹漠肆埃贰纤贰沙。

地捌百叁拾肆顷壹拾陆亩玖分玖厘柒毫，每亩科米壹升柒合玖勺，该米壹千肆百玖拾叁石壹斗陆升肆合贰勺肆抄陆撮叁圭。银叁分壹厘叁毫，该银贰千陆百壹拾两玖钱伍分贰厘陆忽壹微。常平仓添设馆基地，共壹拾肆亩伍分肆厘陆毫，例不起科。按万历十六年，地捌百肆拾陆顷柒拾贰亩柒分柒厘壹毫，内除仓基地叁拾肆亩肆分，每亩米壹升陆合柒勺，银壹分柒厘壹丝玖忽陆微玖尘玖渺。

山贰千陆百捌拾柒顷柒拾柒亩陆分捌厘伍毫，每亩科米肆合陆勺，该米壹千贰百叁拾陆石叁斗柒升柒合叁勺伍抄壹撮；银伍厘陆毫，该银壹千伍百伍两壹钱伍分伍厘叁丝陆忽。按万历十六年，山贰千柒百六顷肆拾亩柒分贰厘贰毫，每亩米肆合贰勺，银壹厘叁毫陆丝柒忽壹尘玖渺伍漠。

荡肆百伍拾肆顷贰拾贰亩肆分贰厘玖毫，每亩科米肆合柒勺，该米贰百壹拾叁石肆斗捌升伍合肆勺壹抄陆撮叁圭；银壹分壹厘，该银肆百玖拾玖两陆钱肆分陆厘柒毫壹丝玖忽。按万历十六年，荡肆百捌拾柒顷捌拾玖亩伍厘，每亩米肆合，银肆厘捌毫叁丝柒忽壹微肆尘伍渺伍漠。

以上共科米壹拾叁万叁千肆百叁石玖斗贰升陆合玖勺贰抄陆撮玖圭，银捌万肆千肆百贰两伍钱陆分玖厘柒毫陆丝陆忽壹微，内除优免银叁百贰两叁分叁厘柒毫，实征银捌万肆千壹百两伍钱叁分陆厘陆丝壹忽壹微。按优免银两在于积谷余银内扣抵，今查在于额派积余银内扣抵。沈司寇演曰：以一夫拾亩之家论之，一夫终岁勤动，可耕拾亩，壹亩米贰石，亦称有年，计为米贰拾石，一夫食用可五石而赢，粪其田可四石而赢，盖所存止十石矣。实征米银正税亩可六斗而办，止余米肆石耳。而妻孥之待哺，衣缕之盖形，皆取资焉。又将别立役银等项各色以困之，民寒伤国，足寒伤心，念及于此，宁不凛凛，又可轻言加派乎？（崇祯《乌程县志》卷三）

税粮

夏税额征麦壹百捌拾捌石柒斗肆升柒勺；丝绵贰拾陆万柒千叁百壹拾两玖钱玖分；租钞贰千柒百肆拾壹锭肆百伍拾文，按成规每贯折银贰厘；又小绢壹匹，按成规折银叁钱伍分解司。

起运

京库折银麦壹万贰拾贰石贰斗玖合，每石折银贰钱伍分，该银叁拾两伍钱伍分贰厘贰毫伍丝，每两滴珠路费贰分伍厘，续加贰厘，该银捌钱贰分肆厘玖毫壹丝柒微五尘，解府转解。串五丝一万四千三百四两，荒丝七万二千七百四十两，中白绵九千九百七拾两，以上共丝绵玖万柒千壹拾肆两，每两价银叁分玖厘陆毫，该银叁千捌百肆拾壹两柒钱伍分肆厘肆毫，征给解户收买本色解运上纳；每两加银壹厘，该银玖拾柒两壹分肆厘，征给解户夫船支用。折色中白绵壹千玖拾两，展该绵陆拾捌勣贰两，每勣折银伍钱，该银叁拾肆两陆分贰厘伍毫，解赴太仓银库交纳，以备神乐观乐舞生折绵支用。按万历初年，每两折银叁分陆厘。今查万历十一年间奉文每两加银陆毫，连前共每两叁分玖厘陆毫。折绢丝绵壹拾贰万伍千叁百玖拾柒两，准绢陆千贰百陆拾玖匹贰丈伍尺伍寸，内折色绢肆百伍匹，每匹折银柒钱，该银贰百捌拾叁两伍钱，解赴太仓银库交纳，以备神乐观乐舞生折绢支用；本色绢伍千捌百陆拾肆匹贰丈伍尺伍寸，每匹绢价贴垫银壹两壹钱柒分，该银陆千捌百陆拾壹两捌钱柒分肆厘伍毫，征给解户收买本色解运上纳；每匹外加银叁分，该银壹百柒拾伍两玖钱肆分伍厘伍毫，给解户夫船支用。按夏税一役，干系甚重，而赔累之苦不可胜言，署县事推官李达条议甚详。然其要在公编审搜，积弊则几矣。

南京合罗丝壹万捌千贰百肆拾伍两，每两丝价合罗银伍分肆厘壹毫，该银玖百捌拾柒两伍分肆厘伍毫。按万历初年，每两折银肆分，今查奉文加派同前。荒丝陆千贰百肆拾两，每两价银贰分肆厘，该银壹百肆拾玖两柒钱陆分。以上二项征给解户收买本色解运上纳外，加银壹拾两，以为贴役之费。

存留

布政司广济库小绢壹匹，折银叁钱伍分，解府转解。

本府织染局丝壹万玖千叁百贰拾肆两玖钱玖分，每两折银叁分柒厘伍毫，该银柒百贰拾肆两陆钱捌分柒厘壹毫贰丝伍忽，奉文加派银柒拾贰两捌钱肆分肆厘捌毫叁丝叁忽，共银柒百玖拾柒两伍钱叁分壹厘九毫伍丝捌忽，俱解府转解。丰德库钞贰千柒百肆拾壹锭肆百伍拾文，每贯折银二厘，该银二十柒两四钱一分九毫，解府支销。泰定仓麦陆拾陆石伍斗叁升壹合柒勺，全折每石折银五钱五分，该银三十六两五钱九分二厘四毫三丝五忽解府，内扣贡具银六钱二分解司。秋粮额征米壹拾伍万贰千陆百捌拾捌石伍斗捌勺。马草玖万叁千陆百玖拾壹包壹勷柒两内。按此系嘉靖成规，今查得起运京库折草五万六千二百包，南京定场草贰万壹千四百柒拾伍包。

起运

京库折银米伍万贰百柒拾叁石伍升叁合捌勺贰抄，每石折银贰钱伍分，该银壹万贰千伍百陆拾捌两贰钱陆分叁厘肆毫伍丝伍忽；每两滴珠路费贰分伍厘，续加贰厘，该银叁百叁拾玖两叁钱肆分壹厘壹毫壹丝叁忽贰微捌尘伍渺。折银草伍万陆千贰百包，每包折银叁分，该银壹千陆百捌拾陆两；每两加路费壹分贰厘，该银贰拾两贰钱叁分贰厘，解府转解。供用库白粳正米肆千肆百贰拾陆石叁斗玖升，准糙粳米肆千捌百陆拾玖石贰升玖合。酒醋面局白糯正米捌百柒拾石肆斗陆升贰合贰勺肆抄肆撮，准糙粳米捌百捌拾捌石贰斗捌合肆勺陆抄捌撮肆圭。二项每正米壹石连耗并春折，准征糙平米壹石伍斗伍升，共耗米捌千壹百壹拾贰石肆斗柒升玖合柒抄捌撮贰圭，征运户部交纳。每石加银玖钱，该银肆千柒百壹拾两肆钱陆分柒厘壹丝玖忽陆微，征给解户顾船车夫包索支用。按成规，供用库白粳米肆千贰百捌拾石叁斗贰升壹合，准糙米肆千柒百壹拾柒石壹斗伍升叁合壹勺。又成规，酒醋局糯米伍百贰石叁斗捌升柒勺，准糙米伍百伍拾贰石陆斗壹升捌合柒勺柒抄。又万历初数，酒醋局白糯米柒百伍拾叁石贰斗叁升肆合捌勺伍抄，准糙粳米捌百贰拾捌石伍斗伍升捌合叁勺叁抄伍撮。今查万历三十五年分纂修册开，万历三十六年间奉部文，加征米伍拾肆石贰斗叁升柒合叁勺玖抄肆撮，共准糙米伍拾玖石陆斗伍升壹勺叁抄叁撮肆圭。每石连耗并春折，准糙米壹石伍斗伍升。扛夫包索贴秋照加，向遵征解。天启四年，减派正耗共米柒拾壹石捌斗壹升壹合伍勺伍抄捌撮贰粒贰黍肆颗伍粺柒糠项下，又减派车脚夫银肆拾陆两叁钱叁分叁丝柒忽肆微贰尘捌漠贰纤柒沙。

光禄寺白粳正米贰千捌百贰拾石肆升柒合肆勺伍抄，准糙粳米叁千壹百贰石伍升贰合壹勺玖抄伍撮。白糯正米壹千壹百肆拾石肆斗叁升陆合伍勺伍抄陆撮捌圭肆粟伍粒，准糙粳米壹千贰百伍拾肆石肆斗捌升贰合壹抄贰撮伍圭贰粟玖粒伍黍。二项每正米壹石连耗并春折，准征糙平米壹石伍斗伍升，共正耗米陆千壹百叁拾捌石柒斗伍升贰勺壹抄陆圭玖粒柒黍伍粞，征运户部交纳。每石加银玖钱伍分，该银叁千柒百陆拾贰两肆钱伍分玖厘捌毫陆忽伍微贰抄柒漠伍埃，征给解户顾船车夫包索支用。以上四项每正米壹石外，加银壹钱，该银玖百壹拾玖两肆钱叁分叁厘陆毫贰丝伍忽捌尘肆渺伍漠，以为贴役之费。按北京白粮最为苦役，署县事推官李达条议甚详。与夏税同。浙东西二总兑盘剥耗米折银。万历四十一年加派柒拾柒两伍钱，四十二年加派肆拾捌两捌分，四十四年加派贰拾肆两伍钱伍分伍厘。此项原无定额，或间年行派，或连派几年，不能备载。浙西总项下派运上昌平仓边粮盘剥耗米折录。万历四十六年，加派贰拾玖两玖钱伍分，泰昌带征；四十七年分银捌拾贰两捌钱贰分伍厘，天启元年带征；四十八年分银贰拾肆两伍钱伍分陆厘伍毫。二项全书不载，沈司寇演查入。按此米原定折色，缘奉部文，为则或三年折征一次，或五年折征一次。如遇折色，每正白米壹石折银玖钱。全书缺载，今补入。

京仓兑运漕粮正米陆万捌千玖百壹拾柒石，每石加随船耗米肆斗，共正耗米玖万陆千肆百捌拾叁石捌斗外，芦席米壹升折银伍厘，该银叁百肆拾肆两伍钱捌分伍厘，俱交给官军领运。又三六轻赍米叁斗陆升，每斗折银伍分，该银壹万贰千肆百伍两陆分；解淮安府，每两加淮费陆厘，该银柒拾肆两肆钱叁分叁毫陆丝。天启四年，奉文改折漕粮正耗共米捌万壹千柒百陆拾石项下，又加芦席叁分，银捌拾柒两陆钱。南京供用库白粳正米伍百伍拾壹石玖斗贰升捌合壹勺，准糙粳米陆百柒石壹斗贰升玖勺壹抄，每正米壹石连耗并春折，准征糙平米壹石叁斗柒升伍合，共正耗米柒百伍拾捌石玖斗壹合壹勺叁抄柒撮伍圭，运赴南京户部交纳。每石加银贰钱捌分，该银壹百伍拾肆两伍钱叁分玖厘捌毫陆丝捌忽，征给解户夫船贴役支用。折色年分遵照部单征解。按成规，白粳米陆百贰拾叁石，准糙米陆百捌拾伍石叁斗。万历三十五年，白粮正米伍百伍拾壹石玖斗叁升捌合壹勺，准糙米陆百柒石壹斗贰升玖勺壹抄，每正白米折银玖钱。今查万历三十五年开载，此米原定折色，缘奉部文，为则或三年折征，或五年折征。近三十年以来，奉派本色每正米壹石连耗并舂折，准征糙平米壹石叁斗伍升柒合。又项下每石派船浅米贰斗，折银壹钱。又每正米叁拾石派夫一名，折银叁两。又外加派役银，每名捌分。如遇折色，每正米壹石折银玖钱。

各卫仓正米壹万叁千叁百肆拾肆石玖斗壹合捌抄肆撮柒粟伍黍内，实运南京各卫仓本色水兑正米壹万壹千叁百玖拾叁石叁斗陆升玖合玖勺陆抄叁撮壹圭陆粟伍黍，每石加进仓耗米贰斗伍升，随船耗米壹斗伍升，共正耗米壹万伍千玖百伍拾石柒斗壹升柒合玖勺肆抄捌撮肆圭贰粟肆粒柒黍，运赴南京户部交纳。每名加米贰斗陆合贰勺伍抄，每斗折银伍分，该银壹千壹百柒拾肆两玖钱肆分壹厘贰毫柒丝柒忽肆微伍尘玖漠贰埃陆纤伍沙，征给解户夫船支用。按成规，各卫正仓米壹万叁千叁百肆拾玖石伍斗肆升陆合，内本色米壹万贰千陆百陆拾陆石玖斗肆升伍合，内折色米陆百捌拾贰石陆斗零壹合，每石折银陆钱，太仓银库交纳。内实运南京各卫仓正米玖千玖百玖拾肆石玖斗伍升，内本色水兑正米伍千玖百贰拾肆石陆斗柒升捌合。今查得内柒百肆□□米壹斗肆升，原系派剩，续改本色，俱会计原每石加耗并船脚米陆斗伍升，内奉部文随正加耗贰斗伍升，运赴南京户部交纳，余耗米肆升，征给解户作为船夫支用。万历五年间，为稽查钱粮事，遵奉部文，酌量地里远近，议减耗米肆升叁合柒勺伍抄。万历十六年间，万历四十四年议复南粮水脚银肆百柒拾捌两伍钱贰分壹厘伍毫。派剩米壹千玖百伍拾壹石伍斗叁升壹合壹勺贰抄玖圭壹粟，系改拨光禄寺之数，每石折银柒钱，该银壹千叁百陆拾陆两柒分壹厘柒毫捌丝肆忽陆微叁尘柒渺，解太仓银库交纳。每两加路费壹分贰厘，该银壹拾陆两叁钱玖分贰厘捌毫陆丝壹忽肆微壹尘伍渺陆漠肆埃肆纤。定场仓折银草贰万壹千肆百柒拾伍包，每包折银壹分捌厘，该银叁百捌拾陆两伍钱伍分，解府转解。每两加路费陆厘，该银贰两叁钱壹分玖厘叁毫。

徐州广运仓改兑正米肆千贰百伍拾肆石，每石加随船耗米肆斗，共正耗米伍千玖百伍拾伍石陆斗，又芦席米壹升折银伍厘，该银贰拾壹两贰钱柒分，俱交给官军领运外，易耗米贰升折银壹分，该银肆拾贰两伍钱肆分，随同三六轻赍银两解淮安府听用。按万历间，每石加随耗肆斗贰升，今查万历三十五年册开前项正耗，每石共征米壹石肆斗，其耗米贰升征银壹分，随同三六轻赍解淮安府收贮。又按三十九年，徐州粮项下路费银柒两伍钱叁分陆毫，万历四十三年分奉文加派，天启四年分减派银壹拾肆两伍钱叁分伍厘捌毫其。科则无载。又按本色钞壹千壹百伍拾玖锭贰贯伍百文，该银陆两陆钱贰分陆厘伍毫肆丝贰忽伍微。今不开。永福仓米壹千柒百玖拾叁石，每石折银陆钱，该银壹千柒拾伍两，解府转解。每两加路费柒厘，该银柒两伍钱叁分陆毫。

存留

兑军行粮秋正米叁千叁百捌拾伍石陆斗伍升伍合壹勺壹抄。折米草壹万陆千壹拾陆包壹觔柒两，每包折米伍升，共米捌百石捌斗柒合壹勺捌抄柒撮五圭。二项每石加耗伍升，共正耗米肆千叁百玖拾伍石柒斗捌升伍合肆勺壹抄贰撮叁圭柒粟伍粒。每石折银陆钱，该银贰千陆百叁拾柒两肆钱柒分壹厘贰毫肆丝柒忽肆微贰尘伍渺。以银伍钱抵石，给军余银壹钱，解府贮库，听候司道明文拨给取用。崇祯八年间，卫所官旗呈详，抚案允行，仍征本色，未给军减银征米，于田地山荡上扣算加减。

随粮带征

兑军项下楞木松板米壹百捌拾贰石陆斗叁升伍抄，每石折银伍钱，该银玖拾壹两叁钱壹分伍厘贰丝伍忽，内银壹拾叁两柒钱捌分叁厘肆毫，以银肆钱准楞木一根，共准叁拾肆根肆分伍厘捌毫伍丝，余银柒拾柒两伍钱叁分壹厘陆毫贰丝伍忽；以银贰钱伍分准松板一片，共准叁百壹拾片壹分贰厘陆毫伍丝，奉文楞木每根加银壹钱伍分，松板每片加银贰钱，共加银陆拾柒两壹钱玖分肆厘柒丝伍忽，通共银壹百伍拾捌两伍钱玖厘壹毫，随同兑运漕粮交给官军领运。按天启四年分减派银壹百贰拾肆两伍钱叁分伍厘捌毫。崇祯六年间奉文，以七分解作充饷，以三分给军领用。

修河米折银肆百玖拾两柒钱叁分捌厘捌毫柒丝贰忽伍微肆尘，征解镇江府听用。每两加路费肆厘，该银壹两玖钱陆分贰厘玖毫伍丝伍忽肆微九尘一漠陆埃。

过江脚米银柒百叁拾壹两柒钱壹分，随同三六轻赍银两解淮安府听用。每两加淮费陆厘，该银肆两叁钱玖分贰毫陆丝。

俸给米折银伍百贰拾两，内支本县知县一员，县丞二员，主簿、典史各一员，巡简二员，俸米每石折捌钱，银壹百伍两陆钱，余银肆百壹拾肆两肆钱，概以伍钱抵石，扣给司吏俸粮并孤老二百名及重囚口粮等项。

盐粮额征米贰千叁百陆拾伍石玖斗贰升叁合柒勺伍抄内。

存留

兑军行粮正米贰千壹拾伍石玖斗贰升叁合柒勺伍抄，每石加耗伍升，共正耗米贰千壹百壹拾陆石柒斗壹升玖合玖勺叁抄柒撮伍圭。每石折银陆钱，该银壹千贰百柒拾两叁分壹厘玖毫陆丝贰忽伍微，以银伍钱抵石，给军余银壹钱，解府贮库，听候司道明文拨给取用。本县儒学仓盐米叁百伍拾石，每石折银捌钱，该银贰百捌拾两，听给师生俸廪。有闰加米壹百玖拾柒石壹斗陆升叁勺壹抄叁撮，每石折银伍钱，该银玖拾捌两伍钱捌分壹毫伍丝陆忽伍微，派作预备，解司充饷。盐钞额征。

起运

本色钞壹千壹百伍拾玖锭贰贯伍百文，该银陆两陆钱贰分陆厘伍毫肆丝贰忽伍微。折色铜钱壹万壹千伍百玖拾伍文，该银壹拾陆两伍钱陆分肆厘贰毫捌丝伍忽柒微壹尘肆渺叁漠。俱每两加路费壹分贰厘，该银贰钱柒分捌厘贰毫捌丝玖忽玖微叁尘捌渺伍漠柒埃壹纤陆沙。有闰加钞玖拾陆锭叁贯壹百贰拾伍文，该银伍钱伍分贰厘贰毫壹丝壹忽捌微柒尘伍渺。铜钱玖百陆拾陆文贰分伍厘，该银壹两叁钱捌分叁毫伍丝柒忽壹微肆尘贰渺捌漠。二项共加路费银贰分叁厘壹毫玖丝捌微贰尘捌渺贰漠壹埃叁纤陆沙，俱解府转解。

存留

本色钞银陆两陆钱贰分陆厘伍毫肆丝贰忽伍微。按本色钞壹千壹百伍拾玖锭贰贯伍百文。今不开。折色铜钱银壹拾陆两伍钱陆分肆厘贰毫捌丝伍忽柒微壹尘肆渺叁漠。按折色铜钱壹万壹千伍百玖拾伍文，该银若干。今不开。有闰加钞银伍钱伍分贰厘贰毫壹丝壹忽捌微柒尘伍渺。铜钱银壹两叁钱捌分叁毫伍丝柒忽壹微肆尘贰渺捌漠，俱解府支销。（崇祯《乌程县志》卷三）

课程

本县额征课钞壹千叁百肆拾叁锭叁贯捌百伍毫伍丝，有闰数同，俱每两加路费银壹钱，于概县渔户照前丁数通融征办，解府转解。万历元年，巡按御史庞准条陈渔户归民户纂入条鞭随粮带征，至万历三十六年水灾钱粮停征，惟渔户得利，丁钞似难概免，零征完库起解。四十一年间仍旧纂入民户条银一体征解。按今之渔丁，绝者多即百长，未必业渔，况入条鞭之后，其于渔绝不相于矣。奸胥时一挑弄，几至捕风捉影，手足无厝，良可悯叹。须贤明父母大为清审，从业渔之家，就其殷实者立为百长，而素不业渔者悉行开释，庶为公私两便。

王道隆《野史》云，甚矣湖州民力之不支也，有夏税之征，有麦钞之征，有局丝之征，有食盐之征，有马粮之征，有秋粮之征，有折银之征，有马草之征，有课程之征，有物料之征，有杂办之征，有军器之征，有鱼油翎鳔之征。其正役也，有坊长，有里长，有见年，有递年，有塘长，有总书，有里书，有粮长，有解户，有老人，有甲首。其杂役也，有富户，有马户，有民壮，有总小甲，有火夫，有守宿夫，有长短夫，有灯笼夫，有直日夫，有仓甲。其轮役也，有里甲，有均徭。计湖中户口田不满叁万顷，地不满六千余顷，山不满三万余顷，荡不满二千余顷，户不满二十余万，口不满五十余万。每岁春夏，除丝绵外，出银壹拾壹万余；秋冬，除粮米外，出银贰拾伍万余。而又加之以皇木金漆之派，庆贺表笺之资，俸薪器皿之备，杂项支应之烦，祭祀乡饮之费，上司供应之储，科举岁贡之礼，往来宾客之仪，书手工食之给，军匠清伍之劳，修造役料之出，海防守御之需，雇倩义勇之办，借拨听用之输。则每岁出银，又不知其几许也。以其所出，视其所入，其多寡大略相埒。故民间终岁困于里书纸笔之索，疲于胥吏科敛之渔，削于买办侵包之害，蠹于催粮卯酉之偿，苦于围图修筑之用，逼于掌赋倍取之虞，病于军解帮贴之扰。呜呼！湖州民力其可支乎？而又加以天时之旱涝，地利之丰凶，官司之克剥，指报之驱需，势豪之诈冒，强暴之侵凌，苞苴之揽讼，富室之觊觎。呜呼！湖州民力其可支乎？故殷实者因差徭而破产，不足者因多赋而愈穷。是以树艺三时而啼饥难免，十家蚕绩而九室无衣。或征科未毕而假贷已随，或粮额未输而衣笥已典，甚有佣工之不足而鬻男卖女者。呜呼！天地生财，止有此数，数增则国富，数尽则民穷，甚矣其可悯也。（崇祯《乌程县志》卷三）

明代云南赋役的征发

重印李元阳修《云南通志》卷十《官师志·政录（嘉靖以来申明政令)》，《里甲议处法则》（第三十至三十一页）：

查得里甲轮当，乃下贡上，故自二品以下文武官员皆无优免之例；均徭轮当，乃上役下，故自九品以上文武官员皆有优免之典。今轮当里甲，而妄图优免者，负上者也；州县官吏不察，而私惠市恩者，损下者也。先年听凭里长以一科十，是以官蒙不廉之名，民有浚骨之害。今定银数，十甲流编，分为十段，截长补短，挈矩均平，一丁一石，皆□□□有一定等则，吏书里长虽欲低昂而无从也，故官有廉名，民无枉费，诚有利无害之良法也。近因查盘委官察诘太严，州县支销簿内一应供亿细碎，不敢登记，遂使支销人役私碑暗陪，官吏里长别立小月之派，却将原征里甲银两反作支剩贮库，既公征之，又私派之，一事而重科，一民而两役也。今蒙两院准允司道议呈，别无委官查盘，则各该州县或征银，或不征银，从宜节省，但依原额定数支放尽绝，不得沾名别作支剩，亦不得分外暗立小月陪补之害，则此法万世可行也。

里甲供亿，在官视之，其事虽小；在民受之，其惠甚大。但今州县敛银在官，不肯以时发给，皆待查盘，故令里长先期借用，及查盘过后，多方支梧，纵有给赏，十无三四，此三四分只为里长销算，除去细民一毛不复沾矣，所以不宜查盘也。

《均徭十段流编法则》（第三十一至三十二页）：

抚按批允布政司通行事宜：一均徭优免官吏等项数目若干，该甲计算，不无偏重。今宜以州县优免丁田总数共若干除外，然后自造册年为始，各州县十甲丁粮分作十段，每年点金一段，每段丁各若干，粮各若干，常使十年之内，里甲均平，不多不少，一定不移，则飞走诡寄、影射埋没之弊，不革自无矣。

[均徭榜式] 首开通县人丁田粮总有若干；次开州县徭役银力差数共若干；三开授时任民勘合品级优免等则；四开州县乡官生吏应该优免丁田各若干；五开本年该编一段，自某都图某甲某户起，至某鄙图某甲某户止，实编人若干，丁米若干石；六开每丁石本年编银几钱几分，共银若干；七写榜身，照后格眼填人户丁米于上，填应编差银若干于中，填某差于下。此榜悬挂一月，不许该吏收藏，以恣贪索。

[榜身式] 大理均徭榜无法，故吏得而舞之。今于每徭户款内画为四格眼，第一格填曰某里某甲某户某人；第二格内填曰人几丁，粮几石斗；第三格内填曰该差银几两几钱几分几厘几毫几丝；第四格内填曰编某样银差几两几钱，某样力差几钱几分。榜悬二月，徭户承认，完日始收，免其掠吏之费。

[均徭帖法] 一均徭不许给由帖，盖旧时每差一帖，该吏作弊，给与当差之人，而不与出差之户，以致勒取倍追。今止许每户给帖一张，备开各差于下，斯无弊矣。

旧均徭分银、力二差，只为州县开一骗局，如库子斗级之役，多至破产，禁子之役，其费五倍，本司呈允，通行一例征银，不编力差，合省军民均沾恩泽，然其间亦有不尽然者，在上司察之耳。（万历《云南通志》卷十《官师志第六之二》）

重印李（元阳）修《云南通志》卷二《赋役志第三》（共目七：进贡、户口、田赋、课程、盐课、差发、民役）

云南布政司：

进贡

[金] 每年二次，上半年足色金1,000两，用价银6,363两；下半年成色金1,000两，用价银5,567两，俱于本司济用库收贮秋粮差发银内动买。

[宝石] 奉有勘合，每次给发银8,000两，于本司济用库并永昌

府秋粮银内动买。

［象只］奉有勘合，随进买进，每次 30 只。

户口

［汉户］398,630　［口］3,016,421

［晋户］93,600

［唐户］3,700

［国朝户］135,622　［口］1,606,361

田赋

［官民田］17,884 顷 50 亩 9 分 9 厘 3 毛 2 丝 8 忽

［夏税］36,019 石 6 斗 1 升 7 合

［秋粮］106,990 石 1 斗 8 升 9 合 2 抄 4 圭

课程

［商税］银 9,640 两 5 钱 9 分 6 厘 5 毛 9 丝 4 忽 8 微。

［门摊］银 256 两 5 钱 4 分 5 厘 2 毛 3 丝，麦 14 石 3 斗 4 升 7 合 6 勺。［酒课］银 617 两 7 钱 8 分 2 厘 1 毛，海𧵅660 索，米 6 石 6 斗 6 升。［鱼课］银 1,307 两 1 钱 9 分 9 厘 9 毛，米 35 石 5 斗，折钞银 62 两 1 钱 9 分 2 厘 1 毛，米 151 石 8 斗。［窑课］银 35 两 4 钱 2 分 6 厘 7 毛。［租课］银 20 两 7 钱 6 分。［房租］银 99 两 1 钱 2 分 4 厘 5 毛。［税契］银 8 两 9 钱 2 分 5 厘。［认办课程］银 332 两。［松课］银 75 两 5 分 1 厘 2 丝 5 忽 6 微。［果园］银 64 两 1 钱 4 分。米 8 石 1 斗 6 升 7 合 9 勺。［矿课］各场原额虽有定数，但矿脉丰啬不常，课银赢缩靡定，初年所解，全出官帑；季年所纳，半出民间。加以分理之委官重沓，而致更换之课长控诉无门，滇民之颠连狼狈，不知其底极矣。［盐税］银 172 两。

梁方仲先生按：以下各府州分数又有“矿课”“铁课”“锡课”（临安府）等细目。

盐课

［黑盐井盐课提举司］在楚雄府定远、广通二县之地，洪武十六年建，提举正一人，副一人，吏目一人。黑盐井盐课司大使一人。琅

井盐课司大使一人。阿陌猴井盐课司大使一人。

[井界] 黑井、白石泉井，俱在司治北三里。岩泉井，在司治北七里。琅井，在定远县宝泉乡。阿陌猴井，在广通县舍资村。

本司岁办 [课银] 有闰年 20,774 两 6 钱 1 分 1 毛 5 丝，无闰年 19,176 两 5 钱 2 分 3 厘 6 毛。

[白盐井盐课提举司] 在姚安府大姚县地，洪武十六年建，提举一人，吏目一人。白盐井盐课司大使一人。

[井界] 观音井、旧井、桥井、界井、中井、灰井、尾井，俱在司治前后。白石谷井，在司治南五里。阿并小井，在司治东十里。

本司岁办 [课银] 有闰年 8,636 两 1 钱 1 厘 7 毛 8 分，无闰年 7,971 两 7 钱 9 分 1 厘 6 毛 5 丝。

[五井盐课提举司] 在大理府浪穹县地，洪武十六年建，提举一人，吏目一人。诺邓井盐课司大使一人。大井盐课司大使一人。师井盐课司大使一人。顺荡井盐课司大使一人。

[井界] 诺邓井，在司治前。大井，在司治东南十里。山井，在司治东南十五里。师井，在司治西北五十里。顺荡井，在司治西北九十里。石门井，在司治东南十里。洛马井、石缝井、河边井，俱在司治南五十里。

本司岁办 [课银] 有闰年 4,475 两 5 钱 4 分 6 厘 5 毛 4 丝 5 忽 2 微 5 纤，无闰年 4,131 两 2 钱 7 分 2 厘 5 毛。

[安宁盐课提举司] 在安宁州西古阿宁地，洪武十六年建，提举一人，吏目一人。安宁盐课司大使一人。

[井界] 大井，在司治西。石井、河中井、大界井、新井，俱在司治东。

本司岁办 [课银] 有闰年 4,444 两 8 钱 2 分 4 毛 1 丝 8 忽 7 微 5 纤，无闰年 4,100 两 7 钱 4 分 2 毛 3 丝 7 忽 5 微。

[弥沙井盐课司] 在鹤庆府剑川州地，洪武十六年建，大使一人。

[井界] 弥沙井，在剑川州西南一百五十里弥沙浪乡。桥后井，在州治西南一百四十里。

本司岁办［课银］有闰年 215 两 5 钱 7 分 7 厘，无闰年 198 两 9 钱 9 分 4 厘。

［武定府只旧草起二井］在和曲州地。

本井岁办［课银］有闰年 215 两 9 分 6 厘，无闰年 199 两 8 钱 1 分 8 厘。

差发

［金］66 两。［银］8,431 两。［海肥］372,337 索。［米］9,163 石。［麦］78 石。［绵绸］15 匹。［绵布］1,700 段。［钞］6,000 锭。［花斑竹］银 1,549 两 2 钱。［牛］36 只，折米 128 石。［马］85 匹，折银 714 两。

民役

［均徭］各州县丁粮不论多寡，皆分十段，每年审编一段。其有五年一徭者，亦分为五段，每年审编一段。此在州县官爱民真切，自知其妙。

［里甲］各州县官不论多寡，皆分为十段，每年将合用银数计算明白，方将一段丁粮之数，与合用银两打量，每丁石应出银若干，榜示晓谕，征收在库，官吏支销。

［站役］永充困惫之极。总司呈准征银事宜，刻碑立法，官民两便。其有官吏故违者，许站户赴告。

［土军］名虽属卫，户在州县。初因操期不定，为卫所官旗百端科害。本司呈准，每年同汉军操三个月。以十一月十五日为始，至二月十五日归农，民乃息肩。［哨兵］［弓兵］［铺兵］三役有永久者、徭编者，各照常规。

以下各府细分数：

楚雄府［民役］碍嘉县系夷民，原无里甲。（第十七页）

亦无审编均徭，此照田粮 98 石 1 斗 2 升，征银 125 两 5 钱 6 分 7 厘。（第十七页）

曲靖府［民役］亦佐县实在人丁俱系夷㑩，原无均徭，税粮 158 石 5 斗，照数征银 505 两 3 钱 7 分 4 厘。亦凉州人民俱系夷㑩，税粮

799 石 4 斗 2 升，照征银 422 两 3 钱 4 厘。罗雄州，系夷方，无均徭，止照原额税粮 531 石 1 斗，递年征银 202 两 3 钱 4 分。（第十九页）

鹤庆府［民役］［均徭］顺州系夷方，无审编均徭。（第二十四页）亦无里甲。（同页）

姚安府大姚县［民役］税粮 1,482 石 2 斗 4 升，人丁系夷猡，每年照田粮编银 366 两 7 钱 3 分 1 厘。（第二十五页下）

广西府维摩州［民役］系夷方，原无人丁，秋粮 578 石 9 斗 6 合 5 勺，递年有额无征。（第二十六页下）

武定府［民役、里甲］各州县原无里甲，止照田粮征银，在官支销。（第二十九页）

元江府［民役、均徭］本府系夷方，原无实籍人户，额办银差 148 两。（第三十页）

丽江府［民役、均徭］本府并所属俱系夷方，原无审编均徭，凡遇除授流官，于各夷民征办。（第三十一页）

广南府［民役、均徭］本府州系夷方，原无实籍人户，审编额办柴薪等项，俱系土官通把于夷寨征解。（第三十一页下）

顺宁府［田赋］：［官民田］虽有田地，原无大（丈？）量顷亩。［夏税］本地多种杂粮，无税科收。［秋粮］照田段数征谷供差，亦无粮数。（第三十二页）

永宁府［民役、均徭］本府系夷方，原无审编，均徭额征银 72 两，夷民自行应办。（第三十二页下）

镇沅府［民役、均徭］本府系夷方，原无实籍人户，审编均徭、额办差发，听从夷俗征解。（第三十三页）

北胜州［民役］：［均徭］本州所辖人户，俱系西番力些、㑩人、摩些，不通汉语，原无审编均徭，共额征各衙门柴薪、马夫、隶禁等项银两，俱于本州高章二土官管下通把出办。［里甲］本州原无里甲，目把自办。（第三十三页下）

万历《安丘县志》、康熙《续安丘县志》

万历《安丘县志》十二卷，邑人马文炜撰，万历己丑知县弋阳熊元序。

卷一下　总纪下

洪武十九年丙寅大括田。此即鱼鳞册也，大约六尺为步，二百四十步为亩，所用尺，今钞尺是也。分上中下三则起科。后所用尺或增或缩，其弊多矣。

嘉靖十八年己亥春大饥。斗粟百余钱，人取树叶以食，死者枕藉。

三十二年癸丑立带征法。时田地飞诡者众，故赋多脱额，当事者不能稽查，正征外仍令倍出，名曰带征，民颇苦之。

四十五年丙寅罢马头役。此役人甚苦之，至是裁革，唯征银解驿。

隆庆元年丁卯春免田租之半。括地。所用步加钞尺四寸。

二年戊辰免田租之三。

四年庚午春大饥。时麦将熟，百姓争取食，有相斗杀者，而征赋且急并，死者无算。

万历元年癸酉免田租。

康熙《续安丘县志》

卷一　总纪

万历四十三年闰八月盗劫库藏。昌乐巨盗张国柱等据崇山，饥民从者至数百人，逾城大掠而去。……

万历四十四年秋谷秀二岐。是秋黍谷多不种而自生，不耘而自熟，且有收二次者。上岁斗粟三百，今秋止十三四钱耳。

天启五年乙丑春大括地。弓尺颇小，人称不便。

崇祯十三年大饥。斗粟至千余钱，人刮木皮、挑草根而食，间亦有饥死者。

顺治五年禁民畜马。弓矢戈矛俱禁。

十二年乙未春籴涌贵。斗粟千钱。括地。

十三年丙申春括地。

十六年己亥春大括地。察荒御史李腾龙行文用田字丘法，民素不谙，伤财费日，迄无成功，撤回另差。

十七年庚子春大括地。

康熙三年禁民畜马。

八年正月除社马。向令社下畜马，协应夫差。九月括地。清出新垦地八百余顷，本官数详上台，白民非隐，乃允三年起科。

十年弛马禁。

十五年夏四月括地。奉文督搜羡地，然麦禾遍野，不便下弓，里书冒报十分之一塞责，无欺隐者颇以为苦。五月初税街房。时讨吴逆需饷，晋抚达尔布疏陈查民间楼瓦草房，楼每一间征银四钱，瓦草房每一间征银二钱，后不为例。阖县共查出楼瓦草房四千二百一十四间。

初加征宦粮。科臣张惟赤疏陈宦户每正贡一两加征银三钱，待事平除免。自杂流而上未授职者俱以宦名，庭议甚疑其说，因措饷故权行之。然中外唾詈，其人无地自容，未几病死，盖始祸之报云。

二十年再税街房。房数依十五年所查，楼加银二钱，瓦草房加银一钱。

二十一年诏文武官半俸，仍旧支给。衙役工食明年照旧支给。停征宦户加粮。

卷八　赋役考第七

户口原额。崇祯年间报为一等三则，共丁33,662。壬午以后饥馑荐臻，兵燹叠见，仳离逃亡者三之二。自国朝顺治十一年间奉旨审编改为一例，除逃亡人丁16,115丁免派，又除乡绅举贡生员优免本身606丁，实在并积年审编新增行差人丁16,937丁，每丁征银2钱2分3厘5毛7丝6忽5微5纤5沙1尘6渺6漠1埃，共征丁徭银3,786两7钱7分[+]。

田土原额。崇祯年间不分等则，一例大粮地 13,882 顷 72 亩[+]。壬午以后荆榛者居其半，自国朝顺治十一年间抚按两院题明奉旨除豁荒地 4,127 顷 49 亩[+] 免派，成熟并积年开垦地 9,755 顷 25 亩[+]，每亩征银 3 分 4 厘 6 毛 7 丝 4 微 8 纤 5 沙 3 尘 7 渺 1 漠 4 埃 1 溟。官庄地 94 顷 19 亩[+]，每亩征银 1 分 2 厘。寄庄地 2 顷 81 亩[+]，除正项在原额地亩内派征外，每亩加征银 2 分。以上三项熟地岁共征夏税秋粮银 33,940 两 5 钱 8 分[+]。

更名_{旧名}_{德租}原额地 70 顷 84 亩 8 分，内除荒地 53 顷 29 亩 4 分[+] 免派，成熟并续垦地 17 顷 55 亩 3 分[+]，每亩新旧租银 2 分 8 厘 7 毛，共征银 50 两 3 钱 7 分 9 厘[+]。

额外荒田地 685 顷 27 亩 3 分[+]，每亩征银 1 分，共征银 685 两 2 钱 7 分[+]。

以上丁地共征银 38,463 两 1 分 3 厘[+]，内有桔梗一项，自康熙七年奉文永折，照依题定时价该减银 5 钱 5 分，实征银 38,462 两 4 钱 6 分[+]。此条鞭之大数也。外运军行粮遇闰月年应增折色银 46 两 9 钱 4 分[+]，黄丹增添时价银 9 两 4 钱 7 分 8 厘[+]，随正项增添脚价银 7 分 5 厘[+]，三项共增银 56 两 5 钱 1 厘[+]，随时酌派，不在此例内。

起运银 36,428 两 2 钱 9 分[+]，存留银 2,034 两 1 钱 7 分[+]。_{以上系十一年修志数目。}

康熙二十年审编合县行差人丁共 20,054 丁，大粮一例地 11,850 顷 51 亩 4 分[+]。

丁地共征银 46,674 两 3 钱 4 分[+]。

起运银 46,326 两 3 钱 5 分[+]。

存留银 347 两 9 钱 8 分[+]。

乾隆《遂安县志》所载社会经济资料

沈德潜《思南府知府毛抑斋传》："……先生讳士仪，字幼范，抑斋其号，浙之遂安人。……以贡，除新城县教谕，升宝坻令。……其宰宝坻也，邑为八旗屯牧，旗民杂处，素称难理。先生不畏强御，终其任凛然无黩法者。……皇庄地硗确，无泉不雨，水涸人渴。先生单骑遍视地形，至宽儿港，见界连运河，泉脉可引，但地属旗业，民议重价购数尺为渠。先生曰：'人众难以户晓，一人阻挠，则事败矣。'集工密浚，一夕清流涌泻。产主来争。谕之曰：'汝地亩岁收若干？'曰：'地咸岁获一斗。'先生曰：'淡水灌溉，所入几倍。开渠非独利民，亦利旗地。'其人心折而退。民德之，名其渠曰'毛公渠'……"〔梁方仲先生按：此事当在康熙丙申前十年左右，参下载胡书源撰《毛秋浦（抑斋之弟）传》便知。〕（乾隆《遂安县志》卷十《艺文·传》，第二十四至二十九页）

姜士崙（邑人）《承德郎余希纯公传》："余讳士依公字希纯……康熙甲午举于乡，雍正甲辰成进士。……己酉赴选。……补江西峡江〔令〕，甫下车即汰浮羡，催粮役不到乡，司出入者不得高下其手，民争输公。江西山无粮税，葬坟不分彼此，争斗致死者累累。命立丈步界限，以先葬者为主，自此争风渐息，生死咸安。地多无主荒山，春夏薙草，抢夺每成命案，出令傍山有田者，各照税田画界管业，民间不复抢夺。乾隆癸亥米价腾贵，捐俸五百金买谷，平价分粜，转运接济，价贱于邻邑十之二三。……调都昌。……地处鄱湖，湖有草洲，延袤数百里，五县薙草者以万计，强横殴伤，至一案八九人。分区立界薙草，给以印牌，悉知守法，各全其生。……乾隆四年行取以主事留任候补，丁卯夏……受暑发痁……告病调养……卒年六十有七。……"（乾隆《遂安县志》卷十《艺文·传》，第四十四至四十六页）

闵鹗元（湖州廉使）《奉直大夫直隶定州直隶州知州毛公传》："公姓毛氏，名览辉，字以翔，号友桐，世为浙之遂安人。……抑斋公生子四人，公其长也。……甲寅除直隶井陉令。……治井二年调抚宁令。抚治旗民杂居，案有数十年未结者。……值岁歉，公严禁烧锅以裕民食。有劣衿侯大舍刚者，揽烧锅一百余座，公请于宪司褫其衣顶，人遂不敢挠法。……乾隆丁丑年八月十有一日卒，寿六十有八。……"（乾隆《遂安县志》卷十《艺文·传》，第四十六至五十页）

清方犹（邑人）《上司农陈公司空刘公请改折京绢牛角书》："浙之有黄白生绢也，原以备糊窗赏赍之用，明时丝熟米贱，女桑尚劲，人易为办。然止额定绢价每匹八钱，垫费每匹一钱二分，价廉而绢粗，如是以止。其后丝价腾涌，米麦倍常，法久弊生，吏胥出入其手，民遂不堪命矣。幸……于顺治三年……具题折解并归工部织造，民乐更生之德，官免催征之累。乃九年三月内复奉有征解本色部文，市野惊惶，哀吁无路。夫昔时丝价每两仅值三分，至明季盈六七分，时小民赔累已有卖帑倾家不能完纳者。今则丝价腾涌至每两一钱五六分矣，视昔何啻数倍。昔时米价每斗数分，今则每斗三钱有奇，则织工之费又何止数倍。且兵革之后，桑树伐而女工荒，机户乘利，价必十倍。即如严州一府原额定绢四万七千匹，应征银四万余两，今机户腾价，每匹值四两六钱五分，则应征银二十一万四千余两，除原征，额外加派一十七万余两矣，分而计之，则每亩加派至二三钱也。……况如严属六县条绢等项不过八万有零，今绢价一项顿增至一十七万，是糊窗赏赍之派，反数倍于惟正之供。合郡闻之，即已极控抚按。蒙有万难加派，即赐具题之批。因奉旨改折一半，定价每匹一两一钱三分，征银，官织官解，残黎渐有生色矣。然一半本色之价，藩司行文仍每匹拟价四两二钱，较之原额则加派五倍有余矣。至其解京也，则押解有费，脚力有费；其到京也，则歇家有费，铺垫有费。万一驳退，则前此之费等之逝波，而后日卖帑倾家之事又起。……伏恳……

具题永折。至于牛角一差，即明之弓箭弦条也。弓箭已难全征，牛角况非土产。今民间所蓄黄犊耕牛，角甚短小，如求合式，必远采之闽广数千里外。承此役者，变产携赀，十无一返，不但家破人亡，而岁课终无完日。蒙按院杜于九年内具疏题允以前所欠牛角，每副折价四两。惟九年以后，仍征本色，俟后酌议。窃思牛角……非浙产。……无角之地何由上供。……并祈具题改折，著为定例。……"（乾隆《遂安县志》卷十《艺文·书》，第四十八至五十一页）

明尚书刘应节（山东）《养心黄先生署县去思碑》："万历癸未（十一年，1583）岁当大计，先时壬午（十年，1582）冬署沾化县事者武定丞也，至是亦以入觐行，巡按诸司佥注意章邱学博养心黄公继署焉。……公浙名士也。……沾额官牛三千头，每岁输金入官，实私橐。公令每牛纳谷三斗，共谷九百石，以赈民饥。有不足者，运章（邱）学俸，而济以粥。又给盐引八百，令贫民贸易自给，赖以全活者千余人。……"（乾隆《遂安县志》卷十《艺文·碑》，第五十七至五十九页）

《东华录》康熙朝蠲免钱粮及赈济事例

说明：《东华录》康熙朝蠲免钱粮及赈济事例较多，梁方仲先生录至康熙二十六年，以后尚有，未录。终康熙朝一直未停止该项恤民政策，说明康熙是比较重视民生的。

积欠钱粮及兵饷

康熙三年六月庚申，谕户部等衙门："各项钱粮关系国计民生，必征输起解，历年清楚，然后国用有裨，军需不匮，小民无催科之扰，官员免参罚之累，向因直隶各省自顺治元年至十七年拖欠银共二千七百万两有奇，米七百万石有奇，药材十九万斤有奇，绸绢布匹等项九万有奇，先曾有旨应作何催征，作何蠲免，著议政王贝勒大臣九卿科道会议具奏，今据奏将河南、湖广等省所欠钞粮内，有议蠲免者，有仍催征者，此累年积欠钱粮，岂尽属小民之故欤？前者假托催征，贪官污吏科派小民，侵吞入己者甚多，此皆贪污官吏侵克那移撮借，运粮官侵渔，解粮官役自用，盗贼抢夺，火烧水溺等项，拖欠至此，而追征之时，有将人系狱者，亦有实欠在民，虽遇恩诏未得尽蠲免者，今将此项严催小民，无故派征，见任官空受处分，且以此拖欠钱粮，拨给兵丁兵饷，缺额无益，况不肖官役严加追比，反借端多派小民，朕甚悯之。今将自顺治元年以来十五年以前所欠银米药材绸绢布匹等项钱粮，悉予蠲免，其先经议处官员人等不议外，见在催征监禁追比各犯之罪，俱著宽释，以后贪官奸吏若将奉旨蠲免款项，复借端苛扰派征，加等从重治罪。至直隶各省兵丁征剿守御效力，备极劳苦，惟需粮饷以资生计，向因新旧兼征，钱粮不完，以致兵饷亦多压欠。十五年以前所欠兵饷，理应找给，但民欠钱粮，俱经蠲免，不必复给，自顺治十六年以来所欠兵饷俱著找给，以后务按期支给，俾兵丁无内顾之忧，乃副朕军民一视同仁至意。如仍前将应给兵饷不实给发，及违禁侵克那用等弊，从重治罪。尔等通行晓喻，俾咸知朕意。"（以上卷四）

康熙朝田赋蠲免的统计

顺治十八年正月壬申，免湖广蕲州、广济县蝗旱赋，除陕西宜君县荒地赋。二月己丑，免江南崇明县逋赋。是月免河南磁州、安阳等十三州县旱灾额赋有差，免直隶新安县水灾额赋十之二，及江南崇明县逋赋。三月，是月免直隶丰润县水灾、湖南澧州、石门县旱灾额赋十之二。六月，是月免直隶霸州、保定等四州县水灾、庆云县蝗灾赋有差。七月，是月免江南宿州、盐城、萧县、睢宁旱灾、直隶新河、陕西同州、临潼、岐山、扶风、郿县雹灾赋有差。九月，是月免山东金乡、定陶县旱灾额赋。十月庚申以浙江定海县舟山人民内徙，免其顺治九年至十二年逋赋。十一月，是月免陕西伏羌、江南灵璧县雹灾、直隶新城县水灾额赋。十二月，是月免湖广沔阳州水灾、浙江钱塘等三十九县旱灾额赋。（以上卷一）

康熙元年二月，是月免湖北黄梅、广济、沔阳去年水灾额赋十之三。十一月，是月免直隶南宫、江南颍上等县水灾额赋。（以上卷二）

康熙二年正月，是月免河南陈留、湖广荆门等十八州县去年水灾赋。二月，是月免河南陈留、湖广荆门等十八州县去年水灾赋。（梁方仲先生按：两月所免同，不知有误否？）三月，是月免江南青浦十二县、江宁前卫等十五卫旱灾逋赋有差。四月免顺治十八年浙江旱灾赋已完者抵康熙元年额赋。是月免山东、福建二省被灾州县旧欠田赋及江西、河南、陕西去年被灾州县额赋。五月，是月免湖广兴国沔阳等八州县卫、浙江西安余姚等五县去年被灾额赋。六月，是月免四川邛州、名山、黎州等八州县卫所去年被水额赋。七月，是月免陕西礼县去年水灾及贵州丹平司去年荒地逋赋。九月，是月免直隶霸州武清雄县等十四州县水、江南凤淮扬府属十五州县卫江西玉山等十二县旱、陕西庄浪宁州雹灾赋有差。十月，是月免直隶庆云、浙江江山等十四县、湖广衡阳等三县被灾额赋有差，赈八旗被水屯地米二百余万。十一月，是月免直隶南皮等六州县、江南太和等三县、四川建昌等卫被灾额赋有差。十二月，是月免湖广安乡等十四县卫、云南昆明等七县卫、江西鄱阳等四县、浙江桐乡县、贵州都匀等七卫所被灾额赋有差。（以上卷三）

康熙三年二月，是月免江南寿州等五州县卫、湖广嘉鱼澧州等二十二州县去年被灾额赋有差。免陕西秦州元年被水额赋十之三。三月，是月免湖北黄冈等十三县卫去年水灾额赋有差。四月，是月免湖广兴国等三州县去年被水额赋。免陕西礼县元年水灾额赋十之三。五月，是月免湖北石首县去年被水额赋十之三。六月庚申，谕户部："……今将自顺治元年以来十五年以前所欠银米药材绸绢布匹等项钱粮，悉予蠲免。……"（另条）是月免江西余干、安仁二县去年被水额赋。七月，是月免贵州新添卫去年被水额赋。八月，是月免直隶霸州等四州县被水额赋。九月甲辰免浙江衢州府属荒地粮，仍招民开垦。是月免直隶乐亭等八县、山东章邱等三县水灾额赋。十月，是月免江南宿州等九州县卫、陕西西宁卫水灾额赋。十一月，是月免江南泗州、湖广沔阳、浙江西安、陕西河州等四十八州县水灾额赋。十二月，是月免湖南耒阳、福建闽县等十二州县水灾额赋。（以上卷四）

康熙四年正月，是月免浙江慈溪等五县、江西南昌等四十一州县去年被灾额赋。二月，是月免江苏太仓等五州县去年被水额赋。三月辛卯以星变地震，肆赦免顺治十八年以前逋赋。以山西去年旱，有司不时上闻，致饥馑失所，诏吏部议罪，免晋省积逋及今年赋。免福建盐课积逋。是月免湖广石首等三县去年蝗灾额赋。五月，是月免山东乐陵等十一州县去年旱灾额赋。六月戊午免山东今年租赋。戊辰免水西额粮，招垦成熟后起科（按五月庚戌以水西初定，给民牛种并发粟赈之）。辛巳命山东及山西大同太原所免今年租，已征者抵明年正赋（按因饥馑之故，见七月己酉吏部奏）。七月壬子免长芦今年灶课。是月免江南徐州等十州县旱灾额赋。八月甲寅朔，减广西盐引额十之六。八月，是月免直隶开州等十一州县旱灾额赋。九月，是月免陕西肃州等五州卫、江南颍州等六州县卫、直隶沧州等六州县卫被灾额赋有差。十月，是月免河南安阳等二县、陕西狄道、江南江都水灾额赋。十一月，是月免直隶永年等七县水灾额赋，仍发粟赈之。免浙江安吉等九州县卫、江南山阳、陕西河州卫、河南武安、江西南昌等四十二州县被灾额赋。十二月，是月免直隶霸州等三十七州县卫、湖南益阳等二十五州县卫、陕西镇原等三州县、广西临桂等五州县被灾额赋有差。（以上卷五）

康熙五年正月，是月免江南长洲等十一州县、直隶无极县去年水灾额赋有差。二月，是月免湖广沔阳等十一县卫、河南虞城等三县去年被灾额赈有差。四月，是月免浙江仁和等八县、湖广蕲州等十一州县卫去年被灾额赋有并。五月，是月免怀远堡、绥德州、威武、清平卫去年被灾额赋。六月，免江宁、上元等卫节年未完黄快丁银。九月，是月免安阳等四县水灾额赋。十月，是月免安徽泗州等三州县水灾额赋。十一月，是月免浙江宁海等五县、湖广江夏等十二县卫、江西宁州等三十五州县被灾额赋有差。十二月，是月免邳州等五州县被灾额赋有差。（以上卷六）

康熙六年正月，是月免安徽五河等四县卫去年被灾额赋。二月免浙江处州府属荒地赋，仍招徕开垦。是月免江南桃源等二县、湖广沔阳巴陵等二十一州县卫所去年被灾额赋有差。三月，是月免陕甘兰州岐山县去年被灾额赋十之三。四月，是月免甘肃镇原县去年被灾额赋。五月，是月免甘肃会宁、吴堡等县被灾额赋有差。六月，是月免山西繁峙、陕西泾阳淳化等五州县卫被灾额赋有差。七月，是月免江西宁州、湖南安化等四州县去年霜灾额赋有差。九月，是月免浙江奉化等十七县卫、福建龙溪等五县六年旱灾及象山等五县去年水灾额赋。十一月，是月免直隶静海等三十四州县、江西宁州等三十一州县被灾额赋有差。十二月，是月免直隶武清、湖广通城、陕西平凉等二十八州县卫所被灾额赋。免山东齐东县蝗灾额赋十之三。（以上卷七）

康熙七年二月，是月免直隶景州、奉天承德、浙江临海、陕西宁州等十七州县卫去年被灾额赋。三月，是月免江南邳州、陕西邠州、甘肃宁州等四十七州县所去年被灾额赋。以宁州、安化等五州县民疾疫，并免其丁银。五月，是月免直隶东光、山东海丰县去年被水额赋十之二。六月，是月免直隶固安、甘肃庄浪等八县被灾额赋。九月，是月免湖广黄冈、浙江宁海等二十县旱灾额赋。十月，是月免安徽泗州等八州县水灾额赋。十一月，户部遵旨议覆保定等府属水灾照例再加一分蠲免。（见另条）是月，免直隶顺天、江南淮扬、河南磁州、湖广潜江、浙江山阴等一百一十四州县水灾额赋，其安阳、临漳仍赐复三岁，田地为水所坏者永豁除之，免保安州雨雹、浏阳旱灾赋十之三。十二月，是月免山东地震州县田租。（以上卷八）

康熙八年正月，是月免直隶昌平、陕西郿县等五州县去年水灾额赋，地废者永豁除之。八月，是月免江南盐城所屯田去年水灾额赋。十一月，是月免直隶无极、江南江宁、山西汾西、河南睢州、湖广黄梅等三十州县卫被灾额赋有差。除陕西南郑县水坍田赋。十二月，是月免江南五河、湖南平江等九县被灾额赋。除安徽泗虹等五州县虚增开垦及水坍田赋五千余顷。（以上卷九）

康熙九年二月，江宁巡抚马祐奏："桃源县等处连年水灾，请免带征漕米。"得旨："漕粮例不蠲免，但该抚既称桃源等处屡被水灾，民生困苦，与他处不同，著确议具奏。"寻议："康熙六、七两年分未完漕米一万六千六百四十石，应准其蠲免，后不为例。"从之。是月，免江南桃源等县六年、七年被水漕粮。闰二月，是月免福建龙溪等五县去年水灾额赋。江南高邮等六州县八年以前漕运三属、山东沂州、鱼台等四十州县卫起存银二十二万有奇。三月甲戌，谕户部："江南寿州卫自顺治六年大水，卫军死徙，田地荒芜，减存月粮银两无从征收，著豁免，仍令漕臣设法招垦。"七月，是月免直隶博野等二十九州县水灾额赋有差。免江南丹徒、金坛逋赋。八月，是月免直隶赞皇江南泰州等十二州县卫水灾、湖广汉阳河南磁州等十五州县卫旱灾额赋。九月，是月免直隶保定、山东潍县等十一县被灾额赋，以浙江嘉兴、湖州水，免耗米八万有奇。十月甲午，谕户部："淮、扬所属地方岁比不登……但被灾之民，既无耕获，何以输粮。如再加催科，愈不堪命。今年淮、扬所属被灾地方应征钱粮共该若干，尔部速行酌议蠲免，以副朕恤灾爱民至意。"是月，免山东济东、济阳等二十九州县被灾额赋有差。十一月甲戌以淮扬数被水灾，特命高邮、宝应等十五州县应征康熙九年并带征七、八年漕粮漕项概行蠲免。是月，免江南高邮等十五州县水灾漕粮及直隶开州、河南考城、山东商河、湖南浏阳、江南太仓等六十州县卫被灾额赋。十二月，是月免江南高邮等十二州县、浙江乌程等五县水灾额赋。（以上卷十）

康熙十年二月，是月免直隶行唐、浙江石门、江西新喻等二十县荒地赋，行唐等三县废地永除其租，免浙江加增屯饷。四月，是月免直隶文安县水坍地赋。七月，是月免山东馆陶、直隶霸州、安肃等二十八州县被灾额赋有差。八月，是月免直隶丰润县旱灾额赋。九月，是月免安徽定远、临淮二县水灾额赋。十月，是月免湖广蕲州、江夏等十七州县、山东聊城等三县旱灾、宁海州、文登县、陕西甘州左右二卫、山丹卫水灾额赋有差。除浙江温、台二属遭粮。十一月甲戌，免江南淮安、扬州二府属被水州县遭赋。是月免直隶霸州、文安、江南凤阳、河南陕、安阳等一府七十三州县卫被灾额赋。免山东堂邑、冠县、湖广衡州卫旱灾额赋十之三。十二月，是月免江南六安、上元、浙江杭州、湖广荆门、茶陵等九府一百十七州县卫所灾荒额赋有差。免江南高邮、宝应、盐城等十一州县所去年水灾额赋。（以上卷十一）

康熙十一年正月，是月免江南上海青浦、湖广茶陵卫去年旱灾赋有差。免山东临清州去年虫灾赋十之二。三月，是月免江南兴化县去年水灾额赋。四月己卯，谕户部："江南连年水旱相仍，灾伤甚重，若将旧欠钱粮一并追征，民生愈致困苦，朕心不忍。其以前未完钱粮实系拖欠在民者，著行停征，俟民力稍苏时再行请旨。"是月免江南清河等三县田租及淮安、大河二卫去年水灾赋。五月，是月免江南泰州、江都、山阳、临淮、灵璧、山东沂水、新城、邹平、青州遭赋，及兖、曹、单、金乡治河冲损地赋。六月，除贵州省二十七山场小税。是月免山东堂邑等三县雹灾赋有差，免陕西宝鸡县旱灾赋十之三。秋七月，是月免直隶霸州水灾赋之十三及江南高邮州去年旱灾湖地税、湖广衡州卫通饷。闰七月，是月免直隶固安、江南沭阳、河南汲县、山东鱼台等九县被灾额赋及浙江处州、西安等属通赋。八月，是月免江南高邮、山东潍县、山西潞城等十一州县被灾额赋。九月辛巳，上谕大学士等："江西庐陵、吉水、上高、宁州四州县暨南昌、九江卫频年荒旱，灾疫流行，荒芜田地五千四百余顷，命户部蠲其通赋，仍敕巡抚速行招垦。"是月免江南沭阳县水灾、山东博平等五州县蝗灾赋。十一月，是月免直隶清苑、江南亳、怀远、湖广嘉鱼、监利、河南安阳、山西岢岚等五十三州县灾荒赋，桃源等县去年漕米并免之。十二月，是月免江南长洲、兴化、湖广江夏、浙江杭、嘉、湖、绍等三十五县灾荒额赋。大河等县，仍免去年漕米，邳、沭阳等州县加免十之二。（以上卷十二）

康熙十二年四月，谕户部："江南苏、松、常、镇、淮、扬六府连年灾荒，民生困苦，与他处不同。朕心时切轸念，除今年钱粮已经派拨兵饷外，其苏、松等六府康熙十三年分地丁正项钱粮特行蠲免一半，以昭朕存恤灾黎至意。"七月，是月免山东青州左卫旱灾额赋有差。九月，是月免直隶青县等五县被灾额赋。十一月，是月免直隶霸、宝坻、江南六安、赣榆等十四州县卫水灾、浙江仙居等二县旱灾额赋有差。十二月除江南邳州滨河被水田赋。是月免湖广浏阳等三县旱灾、江南高邮卫水灾赋十之三。（以上卷十三）

康熙十三年正月，是月免江南清河县、淮安卫、河南辉县水灾额赋。七月，是月免山东青城等十一县旱灾、直隶霸州水灾额赋有差。八月，是月免直隶南皮、山东禹城等三十九县旱灾、陕西庄浪卫雹灾额赋有差。十一月，是月免江西南昌等十二州县、山东栖霞等六州县水灾、河南信阳等六州县旱灾额赋有差。（以上卷十四）

康熙十四年二月，是月免湖北武昌等七府去年旱灾赋，仍发粟赈之。（卷十五）十二月，是月免河南陕州、灵宝、阌乡旱灾额赋有差。

（卷十六）

康熙十五年二月，是月免江西南昌、宁州等十七州县卫去年旱灾赋。三月，是月免直隶永清等五县去年被水额赋。五月戊戌，免陕西延绥所属被寇州县赋十之三，中部等三州县十之二，已完者抵今年正赋。六月戊寅，抚远大将军、都统大学士图海奏："……臣等遵旨到秦，见流民满野，不但陷贼地方不得耕种，即未被兵之百姓因转运大兵粮草，亦困苦至极。乞特加轸恤，凡民间拖欠之钱粮，并解运汉中被劫粮石脚价，一并免追。其陷贼不得耕种之钱粮，祈敕部酌议暂行蠲免，以息残喘，俟少有起色，再行催征。……"寻议政王大臣等行文该督抚，查明被兵各州县钱粮额数及旧欠追征数目，一并蠲免。从之。（卷十七）十一月壬寅，免江南山阳等七州县本年分河决水灾额赋十之三。十二月，是月免江西东乡县旱灾、陕西泾州雹灾田租。（卷十八）

康熙十六年正月，免湖北襄阳、宜城等县去年水灾赋。二月辛酉，谕户部："闽地经海孽扰害，又遭逆贼暴征横敛，民困已极，今年钱粮尽与蠲免。其遭乱窜避人民，俱招徕还籍，俾各安本业。"五月，免南昌等三十三州县去年水灾赋。六月，免陕西用兵州县历年租赋。（卷十九）九月，是月免江南泰州、宿迁水灾及定远等四州县荒地赋。十月，免江西新建等十三州县旱灾额赋。十一月，免江南徐州、山阳等十一州县去年水灾及江西浮梁、安仁前年旱灾赋。十二月，免直隶任县、陕西宁夏被灾额赋。（卷二十）

康熙十七年二月，免江西丰城等九县去年水灾赋。闰三月丙辰，谕议政王大臣等："海寇盘踞厦门诸处，勾连山贼，煽惑地方，皆由闽地濒海居民为之藉也。应如顺治十八年立界之例，将界外百姓迁于内地，仍申严海禁，绝其交通。但穷苦之民一旦迁徙，必弃其田舍，难以为生，殊可悯恻。可将本年地丁额赋差徭杂项尽行豁免，该督抚拣委能员料理，俾安辑得所，勿致苦累。"五月，是月免江西万安县去年水灾赋。六月癸酉，谕户部："浙江江山、西安等十九县、温、衢各卫所逼近闽中，首先被陷，百姓困苦。其康熙十六年钱粮概从蠲免，并令该督抚多方招徕避贼黎庶，各还故土，俾事耕垦。"是月，免江南徐州水灾额赋。（卷二十一）八月，是月免江南高邮州水灾赋。十一月庚戌，谕内阁学士噶尔图屯泰曰："遵化所属有附近汤泉之娄子山、袁格庄、启新庄、石家庄、梁家庄，此五庄供办徭役，其一年地丁钱粮俱令蠲免。如今岁已经征收，准于来岁蠲免。至鲇鱼关城内外居民七十一家，免其一年正供外，仍每户赐银二两。尔等从户部支取，亲阅分给。……"是月，免江南宿、寿、霍邱等十八州县及河南上蔡、遂平、广东南海县水灾赋。十二月，是月免直隶任县、河阳、汝阳、江西宁州等十七州县旱灾、江南海州、湖广兴国二十州县水灾额赋。（卷二十二）

　　康熙十八年正月戊申，谕户部："山东、河南二省被灾，民致饥馑。……确查被灾轻重之处，无论正项钱粮或漕粮或一应杂项钱粮，酌动赈给饥民。……"是月免浙江西安等五县旱灾、江南宿迁等七县水灾额赋。二月己巳，谕户部："江西旧欠钱粮，屡经督抚及科道等官奏请蠲免，朕已洞悉。但当逆贼煽乱之时，各省地方与贼接壤者被其侵犯，迫而从逆，情非得已。故于平定之后，其旧欠钱粮，悉行蠲免。江西于贼未到之先，地方奸徒辄行倡乱。……所在背数，忠义全无……轻负国恩，相率从逆。……逋赋未蠲，职此之故。但思逆寇渐经歼除，地方凋敝，旧欠追比，民困愈深。朕心殊为不忍，其康熙十六年以前旧欠钱粮，著尽行蠲免。……"三月，免陕西新复州县康熙十四年赋。四月庚寅，免江南康熙十二年以前逋赋。是月免宿迁水灾逋赋。（以上卷二十三）七月，是月免山东新泰雹灾、长山等县旱灾额赋。八月，是月免山东莒州、江南徐州等十州县旱灾赋。九月，是月免江南宿迁前年水灾额赋。十月庚辰，免湖北康熙十三年至十七年赋。庚寅，除江西兵荒赋。是月免山西辽州、文水、寿阳雹灾额赋。十一月，免广东广州、肇庆二府康熙十二、十三年逋赋。是月免山东邹平等十州县及长芦灶地旱灾赋。十二月，免福建海澄等十三县被兵逋赋。丙子，上问户部尚书伊桑阿曰："各省灾荒共蠲免钱粮几何？"伊桑阿奏曰："见今所报江南等省约五十万，尚有数省未经报到。"上曰："被灾省分，若不蠲免钱粮，民生可悯，应将该省所报，逐一查明，使百姓获沾实惠。"是月免直隶、江南、山东、湖北、河南等属旱灾额赋，灾甚者仍发粟赈之。免浙江黄岩等六县旱灾赋。（以上卷二十四）

康熙十九年二月，是月赈湖广武昌等府，免陕西吴堡、湖广安化等二十六州县去年旱灾额赋。三月，是月免江南山阳、山东淄川等二十四州县去年被灾额赋。五月，是月免江西宁州、南昌等六十六州县卫所去年旱灾额赋有差。（以上卷二十五）七月，是月免山东益都等五县雹灾、直隶广平县去年水灾额赋有差。闰八月，是月免直隶武清等十四县卫、山西大同、辽州、山东济宁等州县被灾额赋有差。九月乙酉，免广西逋赋。是月免直隶武清等十四县卫、山西大同、辽州、山东济宁等州县被灾额赋有差。十月，是月免福建泰宁县去年水灾、江南泰州、清河等二十三州县卫水灾额赋有差。十二月，是月免直隶唐县等十三州县卫旱灾额赋有差。（以上卷二十六）

康熙二十年五月戊寅，谕大学士等："宣府大同诸处……三月中大风坏麦，不得收刈，虽行赈恤，犹未能苏。……著将应征康熙二十年诸项钱粮及历年带征钱粮概行蠲免。户部仍遣贤能司官往同巡抚设法赈济，务使均沾实惠。……"六月癸巳，免云南新复地方本年夏税。（以上卷二十七）八月，是月免直隶保安、霸州、山西榆社被灾额赋有差。九月，是月免直隶武清等十四县卫、山西大同、辽州、山东济宁等州县被灾额赋有差。十月，是月免福建泰宁县去年水灾、江南泰州、清河等二十三州县卫水灾额赋有差。十一月，是月免直隶霸州、湖广江陵、监利被灾额赋。十二月，是月免江南六合、直隶文安及江西新建等十四州县卫所、浙江黄岩等十二县卫被灾额赋有差。（以上卷二十八）

康熙二十一年二月，是月免广西柳州、贵州庆远康熙十八年逋赋及江南海州、沭阳等三州县去年被水额赋。三月，谕户部、刑部："……自逆贼吴三桂倡乱……殄灭凶渠……盛京为国家肇基重地。……奉天、锦州二府属康熙二十一年地丁正项钱粮著通行蠲豁，其官役垫补包赔等项应追银两，察果家产尽绝，亦并豁免。……"四月，是月免湖北沔阳、潜江等县卫去年水灾赋十之三。（以上卷二十九）八月，是月免直隶元城、广宗等十八县旱灾赋。九月壬戌有诏。（另条）九月，是月免浙江富阳等十一县所旱灾、江南沭阳、宿迁、江西宁州、进贤等五县卫、湖广黄梅、广济、蕲州、山东长山、新城水灾额赋有差。十月，是月免山东邹平、江南安东水灾、山西清源县、平定州旱灾额赋有差。十二月，是月免直隶唐山等十一县、湖北沔阳等十州县卫、江西宜春等十县卫所被灾额赋有差。（以上卷三十）

康熙二十二年正月，以四川建昌、永宁、夔州用兵，免前年额赋。是月免广西平乐、藤县水灾赋十之三。二月，是月免广西河池州去年虫灾赋十之二。三月丁未，免福建侯官等二十六州县逋赋。四月辛巳，谕户部："黔省为滇南孔道，地瘠民贫，大兵凯旋，挽输刍糗，供应人夫极其浩繁，且起解吴逆家口，络绎运送，不无苦累。……所有本年秋冬及来年春夏应征地丁正项钱粮尽行蠲免。……"庚子，户部议覆。山西巡抚穆尔赛奏："太原、大同二府属地亩荒芜，人丁逃亡，无征钱粮二万四千四百余两，均请蠲免，应自康熙二十一年起准其豁免三年。"得旨："依议。人民逃散，皆由地方巡抚以下及有司各官平日不能抚养百姓，督劝力田，于常平等仓不行积谷备荒，以致猝遇凶年，小民失业。该抚以下各官本应从重处分，今姑宽免，著严饬行。"是月免湖南华客、平江、安乡三县水灾赋十之三。六月，是月免江西萍乡旱灾赋。（以上卷三十一）七月，是月免甘肃靖远卫旱灾额赋。八月，是月免甘肃庄浪所雹灾、庆阳卫、安化县旱灾额赋十之三。九月，是月免山东新城县水灾赋之十三，免宁夏平罗所水坍田赋。十二月，谕户部："陕西西安、甘肃等处，前当大兵征剿之时，转输粮糗，办运刍茭，一应军需皆取给闾里小民，由陆路供亿，劳费繁多，今既经荡平，朕心特切轸念。康熙二十三年应征地丁各项钱粮，著蠲免三分之一，以昭朕眷念民生劳苦至意。又山西崞县、忻州、定襄、五台、代州、振武卫新经地震，被灾颇重，虽经遣官赈济，仍应量行加恩，以示赈恤。其被压身故民人所有康熙二十三年应

征地丁钱粮，著与全免，其房舍倒坏力不能修者，丁银全免，地亩钱粮著免十分之四。……"（以上卷三十二）

康熙二十三年八月，是月免直隶榆社县水灾额赋。九月丁亥，诏曰："……车驾所过（直隶郡县及山左等处），赐复一年。江南、浙江、江西、湖广自用兵以来，供应繁苦，其明年漕粮免三之一。……"是月免湖广江夏等四县卫水灾赋有差。十一月己卯，上诣（曲阜）先师庙。……免曲阜县明年租税。是月免河南磁州、汤阴、安阳县雹灾额赋有差。十二月，是月免江南宿迁县及江西分宜等十七县卫所旱灾赋有差。（以上卷三十四）

康熙二十四年三月辛巳，谕大学士等："朕南巡时，见闾阎疾苦，深为轸念，所经过地方如此，其他省可知。今国帑充足，朕欲蠲免直隶各省明岁钱粮，以舒民困。尔等会同户部豫行酌议，俾天下均沾实惠。其直隶顺德等府正在饥荒，且此地供应甚多，徭役殷繁，今宜即行议蠲，畿辅抚循得所，尤为有益。尔等会同户部议奏。"四月戊戌，大学士会同户部遵旨议覆："直隶永、顺、保、河等处圈占地方应征康熙二十一年地丁钱粮，已经奉诏蠲免，所有直隶八府康熙二十三年未完地丁钱粮应尽豁除，其永、顺、保、河未经圈占地方及真、顺、广、大等处康熙二十四年地丁各项正赋俱免三分之一。"上问曰："康熙二十三年直隶八府未完地丁钱粮，其数几何？"户部尚书科尔坤奏曰："约有六十余万。"上又问曰："康熙二十四年所免三分之一，其数几何？"科尔坤奏曰："约有五十余万。"上曰："朕御极以来……惟以爱养民生为急。迩来四方大定，犹恐民气未复，时廑朕怀。今军国之需，撙节制度自可足用。……况畿辅重地，频年旱灾，尤可悯恤。这所奏著候谕旨行。"辛丑，谕户部："……直隶地方频遇旱灾，小民匮乏，宜加恩恤，顺、永、保、河等处圈占地方应征康熙二十一年地丁钱粮已经通行蠲免，所有直隶八府康熙二十三年未完地丁钱粮尽与豁除，其顺、永、保、河未经圈占地方及真、顺、广、大等处康熙二十四年应征地丁各项正赋俱著免三分之一，尔部速行该地方官遵行晓谕，务使人人得被膏泽。……"是月免山东济宁、海丰、沾化水灾、江南徐州、江西宜春等四县卫前年被水额赋有差。五月，是月免山东临清等二州旱灾、湖广沔阳州水灾田租及湖广黄冈等十一州县去年旱灾赋。六月，是月免山西邢台等二十州县去年旱灾赋。（以上卷三十五）九月，是月免江南邳州、山西徐沟、河南太康等十八州县水灾、江西上饶等九县旱灾额赋有差。十一月，户部议准侍郎苏赫往勘淮、扬水灾，奏请免被灾百姓钱粮，将运丁所余米麦赈济。谕大学士等："今国用亦云充足，曾令详察各省钱粮于来岁蠲免，夫欲使民被实惠，莫如蠲免钱粮，朕南巡时观宿迁、邳州百姓生计，今年尚可支持，淮、扬等处饥民已经被灾，不能办纳钱粮，今仅免本年钱粮，百姓沾恩有限，须将明岁钱粮一并蠲免，庶于民大有裨益。至直隶各省遇灾钱粮亦欲蠲免，尔等会同户部将被灾地方蠲免钱粮数目，一并察明，详议具奏。"庚申，谕户部："……朕御极以来，宵旰图治，未敢即安。……欲使群生乐利，比户丰盛，惟频行减赋蠲租，庶万姓得沾实惠。前用兵以来，河南、湖北两省民人转输供亿，劳费繁多，特沛仁恩，以昭轸恤，所有康熙二十五年应征地丁各项钱粮，著予蠲免一半，其康熙二十四年未完地丁钱粮，亦著尽予豁除。又直隶献县、河间县、河间卫、江南宿迁、兴化县、邳州、高邮州、盐城县、山东郯城县、鱼台县地方今年重罹水灾，小民艰苦，亦应加恩轸恤，所有康熙二十四年下半年、二十五年上半年地丁各项钱粮俱予豁免。……"是月免湖南武陵、邵阳、湘乡旱灾、山东济宁州水灾田租。（以上卷三十六）

康熙二十五年四月丙戌，免江南徽州、庐州、凤阳府属逋赋。六月丙辰……九卿等（皆）曰："政事以爱民为本，爱民莫大于蠲租，今皇上凡遇直隶各省水旱饥荒，蠲免征赋，虽数百万亦所不惜。……"（以上卷三十七）七月，是月免江南沛县雹灾赋。八月，是月免湖广兴国、通山、崇阳、通城、浙江西安等九县水灾额赋有差。九月庚寅，谕户部："……今直隶畿辅重地，天下根本，宽租之诏屡沛，但顺、保、永、河较之畿南诸府差役倍多，供亿尤剧，应加轸恤。又湖南、福建、四川、贵州地方，昔年为贼窃踞，民遭苦累，今号获有宁宇，更宜培养，以厚民生。应一体蠲免，用昭恺泽。直隶顺、永、保、河四府及四川、贵州两省所有康熙二十六年应征地丁各项钱粮俱著蠲免，二十五年未完钱粮，亦著悉与豁除。湖广、福建两省所有康熙二十六年下半年、二十七年上半年地丁各项钱粮及二十五年未完钱粮，亦与尽行豁免。……"免直隶武清、文安、保定水灾赋有差。十月，是月免直隶霸州、宝坻、甘肃归德所、保安堡屯地水灾赋有差。十一月，是月免直隶玉田、丰润水灾、江南徐州、六合、沛、萧蝗灾额赋有差。十二月戊辰，谕户部："……频行减赋蠲租，庶万姓得沾实惠。前念直隶顺天、永平、保定、河间四府差役繁多，已免明年正赋。比虑兵饷或有不敷，畿南未行蠲免，今闻此四府人民间有艰苦，朕心深为轸念，著将真定、顺德、广平、大名所属明年额赋一体蠲免。"是月免江南灵璧县蝗灾赋。（以上卷三十八）

康熙二十六年五月甲辰，免湖南去年额赋并今年明年额赋之半。是月免直隶丰润县水灾额赋十之二。（卷三十九）八月，是月免山西沁州雹灾赋。九月乙未，大学士等查江宁七府、陕西全省应免钱粮共计六百万两有零。"亘古以来，未有蠲免如此之多者，臣等因为数太多，不敢遽议。"上曰："朕念切民生，即多蠲亦所不惜。尔等拟谕旨来奏。"九月，是月免山东博兴水灾赋。十一月辛丑，免江苏、陕西明年额赋，今年未征者并除之。是月免江西万载等七县旱灾额赋有差。（以上卷四十）

民国《福建通志·列传》

福建额外提编

徐浦，字伯源，浦城人。嘉靖癸丑进士，知弋阳县，奸民叶世豪聚众煽乱，亲诣谕之。又设方略擒其魁三十三人，余党悉定。擢工科给事中。三十六年疏言："浙、直、福建近因军兴经费不足，额外提编，以济一时之急。比以奉行非人，因公倍敛，民不堪命。今事势稍息，正宜培植休养，而总督胡宗宪、巡抚阮鹗乃于加征存留之外，仍前提编，节年所费，漫无稽考，乞敕禁止。复劾户尚书方钝昏庸依附，难司邦本，宗宪、鹗提编虐民，吕希周侵牟军帑，皆事有指佐，而钝题覆故为两可以示调停，其不可重任可知。"不报。出为广西按察司佥事，从俞大猷剿饶平贼，贼平致仕归。流贼侵县境，以身为乡勇先，贼遁去。卒年四十六。（道光旧志）（民国《福建通志·列传》卷二十五《明九》，第二十二页）

浒墅关船钞

赖先，字伯敬，永定人。……弘治庚戌进士。……除户部主事，督浒墅关。旧制船五尺以下者不征，后皆滥征。先于支港量尺寸，伐石闸之，听自往来，商尤称便。……正德初……（民国《福建通志·列传》卷二十二《明六》）

风俗

林同，初名大同，龙溪人，字进卿。天顺庚辰进士，授工部主事，历户部郎中，撮《钱谷枢要》，作《指南录》，后人皆以为便。成化六年……擢江西参议……民不以时葬，出令劝谕之，无主者，官为买地丛瘗。……弘治三年……（民国《福建通志·列传》卷二十《明四》，引道光旧志）

吴源，字道本，漳浦人。天顺八年进士。……弘治五年浙东西大水，敕源（以户部右侍郎）兼都察院左佥都御史往视其地。……严禁溺女……（民国《福建通志·列传》卷二十《明四》，引《怀麓堂集》《闽书》）

邱山，字安重，别号拙庵，莆田人。……成化丙戌成进士，观政工部。……明年授温州府瑞安县知县……贫富生女多不举，山叹曰：民俗之弊一至此乎。即严令禁之，而教以婚嫁之宜。……（民国《福建通志·列传》卷二十一《明五》）

张治具，字明遇，号洞斋，晋江人。……隆庆辛未进士，除永淳知县……贾人子赂当道请凿矿，治具力争之，不能得，则为设重税，俾输郡帑以困之，卒报罢。移临海……治临海七年，入为御史……巡按南畿……豪家蓄无赖辈，以术禁人儿女，鬻以为利，名曰囤户。民遮道诉之，遣吏穷治其奸，所出数百人。已按湖广，楚俗贫而自鬻者至奴于其族，更数世犹隶役如旧，不得讲宗礼，治具革之，俗稍稍变。……迁江西按察副使，备兵赣州……奸人挟养砂术，聚众且为乱，悉擒治，解其党。进参政，分守饶州，饶故淮王封，又尚方陶器所出也，治具核宗禄，以时给；禁"埏户"毋得道鬻。有以陶器馈者，拒弗纳。（民国《福建通志·列传》卷二十六《明十》）

四川风化问题

陈肃初，名大观，字文叔，闽县人。洪武四年以孝弟力田荐……除淮安知府……擢四川按察使，令民毋火葬，官给之地。父母在者勿异庖，妇人勿预讼……皆关风化之大者。……超拜礼部尚书，命下而卒。（道光旧志）（民国《福建通志·列传》卷十七《明一》）

明代闽山无课

陈山，字汝静，一字伯高，沙县人。洪武癸酉举人。……宣德二年二月拜户部尚书。……（永乐十一年间）山侍（皇）太孙读，尝诵"福建山无租，江西水无苗"句，言二地山水无所出也。及宣宗即位，忆山语，特颁宽恤令，永不起科。闽山无课，山潜移之力也。（民国《福建通志·列传》卷十七《明一》，引《八闽通志》《闽书》、道光旧志）

庆远民徭

林庭㭿（瀚子，闽侯人），字利高，南京右府经历，擢庆远知府，庆远杂民徭，每新郡守至，土官辄馈金为贺，庭㭿婉辞却之。……前官尝征银为使客费，岁凡三四次，民卖田鬻子，多逃亡。庭㭿痛革之，民始复业。居九年，乞养归。……（民国《福建通志·列传》卷二十一《明五》）

四川里甲支应

张峰，字维直（岳弟，惠安人）。嘉靖庚戌进士。……升四川按察司佥事，备兵川北。保宁绫名天下，机户苦征索，峰严禁之。……蜀道上官络绎，舆马胥役外复有歌童乐器，悉取里甲，费不支，峰一切革之。忉州县毋远迎送，台使者闻而韪焉。……（民国《福建通志·列传》卷二十三《明七》）

英德均平金

张宇，字仲矩（岳兄子也），嘉靖间以选贡授英德知县。邑多例金，宇悉裁革。有均平金为上官过客途费，贮之官，多干没，宇为备编船。两广军兴，时至掠行旅船以供，至是有编船，行者德之。（民国《福建通志·列传》卷二十三《明七》，引《闽书》）

正德晋江黄润政举

黄润，字以诚，晋江人。正德辛巳进士，知武进县。武进赋重，先是巡抚周忱奏折布以轻之，匹布抵粮一石。继而吴廷举为巡抚，议征其价，匹银五钱。润争之曰："三吴每石粮价，丰岁三四钱耳，折布固将轻之，若裁定五钱，是重之也。"乃改征匹三钱。邑大饥，赈粥有法。……出为松江知府，以八事定赋役，九事考里甲，二事正征徭，至今守其法。又修葺庙学，给学田二百余亩。寻丁忧去，郡人曰："黄公惟饮吾松水耳。"作三清堂，祀前后贤太守，润与焉。服阕，补东昌，至官不三月，擢河南按察副使，备兵信阳，平舞阳盗魏进朝等，已而章华台、青衣岭、三点山诸剧盗盘踞流劫，复讨平之。会西北寇猖獗，巡抚咨润兵事，润为画立团营，下诸郡团操之，提兵守井陉，寇引去，即擢润山西左参政，俄以母老乞归。张岳语人曰："黄以诚辞吏科吏部可能也，其令武进、守松江，百万赋中，锱铢不染，至贫不可为家，当于古人中求之。"……（民国《福建通志·列传》卷二十三《明七》，第三十三至三十四页，据道光旧志）

莆田林应标反对严嵩家族歉钱

林应标，字君仪，莆田人。嘉靖癸未进士。……转江西右布政使，迁左。江西岁出籍钱数十万市上方物输内府，严嵩当国，前官率听其子若婿与驵侩之徒司之。应标至，嵩女婿袁应枢复以请，力拒之。先是藏中无名钱，前使辄括以遗嵩。应标诚封识慎笐库，无纤毫阑用。坐调山西，晋府以子钱蚕食诸王子禄，应标每给禄必召诸王子，以次面受。晋府积空券，无从泄愤，撼他事诬讼阙下。……（民国《福建通志·列传》卷二十四《明八》，引《万姓统谱》、道光旧志）

明代钞法

方良永，字寿卿，莆田人。弘治庚戌进士。……（正德九年后，浙江左布政使）时钱宁倚宠黩货，以钞二万发浙江十一府，易银三万两，同列受其托，欲抑取于民，良永力争不得，乃上疏曰……疏至，通政司私以示钱宁，钱宁欲中以危法，或说曰，害之适成其名，乃留疏不下，遣校尉捕假势鬻钞者，以自饰于帝，而以钞值还之民，阴召还前遣使。钱宁初欲散钞遍天下，先行之浙江、山东，山东为巡抚赵璜所格，而良永复白发其奸，自是不敢鬻钞矣。……及世宗即位，拜右副都御史，抚治郧阳，寻廷推提督操江，又推兵部侍郎，以母老再疏乞终养。……久之，母卒。……服除，以故官巡抚应天，即家赐敕，至衢州，疾作，连疏乞致仕，未报，遽归卒。卒后复有南京刑部尚书之命，已不及知矣。……谥简肃。（《明督抚年表》卷四引实录：嘉靖六年四月庚戌，命原任抚治郧阳右副都御史方良永巡抚应天。十一月丁亥，总督南粮右都御史方良永南刑部尚书。）（民国《福建通志·列传》卷二二《明六》，据《明史》《闽书》《明外史》修）

林硕，字茂弘，闽县人。永乐壬辰进士。……宣德间巡按浙江……温、台四卫士卒旧例月给粮二斛，俾专守海，后给其半，而远役之。硕疏复如故。在浙九年，严而不苛，人怀其惠。累奏言洪武初钞重物轻，故当时定律，官发吏受赃枉法八十贯律绞。方今物重钞轻，苟非更革，刑必失重，乞以粮米为准。不听。……（民国《福建通志·列传》卷十八《明二》，引《崇相集》）

饷税之关系

蔡应科，字思诚，龙溪人。……隆庆戊辰进士。……万历三十五年以右副都御史巡抚广西……云南夷凤酋聚众倡乱，抚臣奉旨往征，乞饷金广东西以五万，旨已下矣。应科上言："云南之求助于两广者，坐窘饷也；两广之不能为云南助者，坐饷窘也。溯厥所由，则由国税之未停罢也。盖未税之前，则以税为饷；既税之后，则移饷为税。而饷缺势必取公帑矣；公帑匮，势必渐去兵；兵少，势必生戎心、召外患矣。窃谓今日陛下倘免云南之税，何须求助于广东西；倘免广东西之税，亦何至莫助于云南。此特在九重之上一言之宽耳。"三殿重建，贵州当采运，黔抚复以困匮为言，工部请责广西协济贵州木价银十万，以五年为期。应科复言："陛下尝念贵州贫，免贵州税矣；尝念辽东边，撤税使，以辽税充辽饷矣。广西与贵州等贫，而宗禄兵饷之匮乏为甚；与辽东等边，而物力逊之，陛下何不以念辽念贵者念西人也？"帝又欲以四川税使来兼广西税。应科又陈其可虞者二，不便者三，事已。西兵持广东盐为饷，东人欲增课，应科争之；东人税及西人米，又争之。四十一年进南京户部右侍郎，兼右佥都御史总督漕储，累辞不允。四十三年迁南京都察院右都御史，上疏累言，今……有第一善事，则矿税之罢免也，内帑之给发也。……并见嘉纳，寻卒官，赠太子太保，赐祭葬。（民国《福建通志·列传》卷二十六《明十》）

输纳费用

郑岳，字汝华，莆田人。弘治癸丑进士。……迁湖广按察司佥事。宗藩侵民田，判归之。……属县输粮远卫，率二石致一石。岳以其直给卫，而留粟备振，民获济。……迁江西按察使……就迁左布政。宸濠夺民田亿万计，民立寨自保，宸濠欲兵之，岳持不可。（民国《福建通志·列传》卷二十二《明六》）

林茂达，字孚可，莆田人。……弘治壬戌进士。……嘉靖初，擢四川布政使。边粮率二石致一石，输者荡产。茂达计储远近、费多寡，融征分解，督以官，民用勿困。（民国《福建通志·列传》卷二十二《明六》，引《闽书》《兴化府志》）

王大用，字时行，莆田人。……正德戊辰进士。……（嘉靖八年后）巡抚大同。……疏陈备边四事……又言：……士卒月廪必具转车人徒赍至（大同之）大边，率二石致一石，而为区脱及房获者不与焉。……（民国《福建通志·列传》卷二十三《明七》，引道光旧志）

张岳，字维乔，惠安人。慎之子也。……嘉靖十六年春，岳条上（安南）不可讨六事：……兵兴十万，日费千金，永乐中用八十万人入交，今就折半言之，亦当四十万人。屯食两广，飞刍挽粟，约以二石致一石，何处措备，不可五。……（民国《福建通志·列传》卷二十三《明七》，引《闽书》）

用水

林元甫，名普长，以字行，更字秉仁，莆田人。父梦，字良弼，敦行好义。值岁大旱，邑豪绝陂上流，下田将涸，梦劝之，弗从，白于官，决之。下田不病，为之勒石。元甫第成化乙未进士。（民国《福建通志·列传》卷二十一《明五》）

折纳

黄嘉宾，崇安人，嘉靖三十八年以进士知常熟县，频遭倭患，继以旱涝。嘉宾抚绥疮痍，输赋者布缕鸡豚皆收纳。……（道光《苏州府志》卷七十四《名宦六》，引龚志）

谢杰，字汉甫，长乐人……万历甲戌进士……擢户部尚书，督仓场。时四方遇灾，率请改折，杰请岁运必三百万以上，方许议折。从之。三十二年漕运愆期。……（民国《福建通志·列传》卷二十七《明十一》，引《闽书》《明史》《明外史》《东越文苑》）

李开芳，字伯乐，永春人。……万历癸未进士……擢南京太仆寺卿。归，邑有永宁卫之例，屯田皆输本色，开芳与从弟开藻力请于官乃免，军民德之。（民国《福建通志·列传》卷二十七《明十一》，引《闽书》、道光旧志）

正史食货志索引

《宋史》卷184 食货下六茶下（食货志第一百三十七）

《宋史》卷185 食货下七酒、坑冶、矾、香附（食货志第一百三十八）

《宋史》卷186 食货下八商税、市易、均输、互市舶法（食货志第一百三十九）

《辽史》卷59 食货志上

《金史》卷46 食货一户口、通检推排（志第二十七）

《金史》卷47 食货二田制、租赋、牛头税（志第二十八）

《金史》卷48 食货三钱币（志第二十九）

《金史》卷49 食货四盐、酒、醋税、茶、诸征商、金银税（志第三十）

《金史》卷50 食货五榷场、和籴、常平仓、水田、区田、入粟鬻度牒（志第三十一）

《元史》卷93 志第四十二食货一经理、农桑、税粮、科差、海运、钞法

《元史》卷94 志第四十三食货二岁课、盐法、茶法、酒醋课、商税、市舶、额外课

《元史》卷95 志第四十四食货三岁赐

《元史》卷96 志第四十五食货四俸秩、常平义仓、惠民药局、市籴、振恤

《明史》卷77 食货一户口、田制

《明史》卷78 食货二赋役

汉唐酒价

历阳郭次象多闻，尝与仆论唐酒价。郭谓前辈引老杜诗"速令相就饮一斗，恰有三百青铜钱"，以此知当时酒价。然白乐天《与刘梦得沽酒闲饮诗》曰："共把十千沽一斗，相看七十欠三年。"当刘、白之时，酒价何太不廉哉？仆谓不然。十千一斗，乃诗人寓言，此曹子建乐府中语耳。唐人引此甚多，如李白诗曰"金尊沽酒斗十千"，王维诗曰"新丰美酒斗十千"，崔辅国诗曰"与沽一斗酒，恰用十千钱"，许浑诗曰"十千沽酒留君醉"，权德舆诗曰"十千斗酒不知贵"，陆龟蒙诗曰"若得奉君欢，十千沽一斗"。唐人言十千一斗类然。一斗三百钱，独见子美所云，故引以定当时之价。然诗人所言，出于一时，又未知果否一斗三百，别无可据。《唐·食货志》云："德宗建中三年，禁民酤以佐军费，置肆酿酒，斛收直三千。"此可验乎？又观杨松玠《谈薮》，北齐卢思道尝云"长安酒贱，斗价三百"。杜诗引此，亦未可知。仆因谓郭曰："曾知汉酒价否？"郭无以应。仆谓汉酒价每斗一千。郭谓出于何书，仆曰："此见《典论》，曰：'孝灵帝末年，百司湎酒，一斗直千文。'此可证也。"（宋长洲王楙：《野客丛书》卷三）

宋代物价与京师火灾

药方中一大两，即今之三两。隋合三两为一两。（宋江休复：《江邻几杂志》，《稗海全书》第八函）

近岁都下裁翠纱帽直一千。至于下俚，耻戴京纱帽。御帽例用京纱，未尝改易也。（同上）

舒之望江，有富翁曰陈国瑞，以铁冶起家。尝为其母卜地……逾年，始得吉于近村，有张翁者业之。……其子（国瑞子）于是伪使其冶之隶，如张家，议圈豖，若以祷者，因眺其山木之美，而誉之曰："吾冶方乏炭，此可窑以得赀，翁许之乎？"……遂以钱三万成约。……明年清明，拜墓上。……顾王（术者建宁王生）曰："使不以计胜，则为直当几何？"曰："以时贾商之，虽廉犹三十万也。"国瑞……辇钱缗三百……为翁寿。翁错愕曰："吾他日伐山，而薪不盈千焉，三万过矣，此恶敢当？"国瑞曰："不然！葬而买地，宜也；诡以为冶，则非也。余子利一时之微，以是绐翁。人皆曰直实至是，用敢以为请。"（宋相台岳珂：《桯史》卷二，《稗海全书》第八函）

淳熙辛丑，舒之宿松民汪革以铁冶之众叛，比郡大震。诏发江、池大军讨之，既溃，又诏以三百万名捕，其年革遁入行都，厢吏执之以闻……枭于市。……革字信之，本严（州）遂安人，其兄孚师中尝登乡书，以财豪乡里，为官榷坊酤。壬午、癸未……归益治赀产，复致千金。革……闻淮有耕冶可业，渡江至麻地，家焉。麻地去宿松三十里，有山可薪，革得之，稍招合流徙者，冶炭其中，起铁冶其居旁。又一在荆桥，使里人钱某秉德主焉。……邑有酤坊，在仓步白云，革讼而擅其利，岁致官钱不什一。别邑望江有湖，地饶鱼蒲，复佃为永业。凡广袤七十里，民之以渔至者数百户，咸得役使。革在淮，仍以武断称，如居严时。……炭山皆乡农……惟冶下多逋逃群盗。（岳珂：《桯史》卷六）

云间酒淡，有作《行香子》云："浙右华亭，物价廉平，一道会买个三升，打开瓶后，滑辣光馨。教君霎时饮，霎时醉，霎时醒。听得渊明，说与刘伶，这一瓶约迭三斤。君还不信，把秤来秤。有一斤酒，一斤水，一斤瓶。"呜呼！岂知太羹玄酒之真味哉？（宋临川陈随隐：《随隐漫录》卷二，《稗海全书》第八函）

余始寓京邸，于绍兴二年五月大火，仅挈母妻出避湖上。此时被毁者一万三千余家。及家山中，六年十二月京师复火，更一万余家。人皆以为中兴之始，改元建炎致此。然周显德五年夏四月，城南火作，延及内城，忠懿王避居都城驿，诘旦且焚镇国仓，王泣祷而灭，计一万九千余家。但临安扑救，视汴都为疏。东京每坊三百步，有军巡铺，又于高处有望火楼，上有人探望，下屯军百人，及水桶、洒帚、钩锯、斧杈、梯索之类，每遇生发，扑救须臾便灭。（百岁寓翁：《枫窗小牍》卷下）

崇宁更钱法，以一当十，小民嗜利忘命，犯法者（指私铸）纷纷。（宋李元纲：《厚德录》卷一，《稗海全书》第八函）

唐宋明清米价、物价

景龙三年，是岁关中饥，米斗百钱。（《资治通鉴》卷二〇九）

永淳元年四月，关中饥馑，斗米三百。（《资治通鉴》卷二〇三）

武后乾李峤《在神都留守请车驾还洛表》："今三秋告稔……谷石五钱。"（《文苑英华》卷六〇〇；《全唐文》卷二四五；《旧唐书》卷九十四本传）

白居易《白氏长庆集》卷四《阴山道上》："五十匹缣易一匹（回纥马）。"《新唐书》卷二一七上《回鹘传》："每纳一马取直四十缣。……帝（代宗）不忍重烦民，为偿六千（匹）。"

刘晏于扬子置十场造船，每艘给钱千缗。……其后五十年有司果减其半。（《资治通鉴》卷二二六；《唐语林》卷一；《苏东坡文集》卷三十一《论纲稍欠折利害状》，运米钱；《新唐书》卷一四九《刘晏传》；《新唐书》卷五十三《食货志》）

关中兵荒，斗米直钱五百，及（韩）滉米至，减五之四。（《资治通鉴》卷二三一，兴元元年五月）

贞元初，关辅宿兵，米斗千钱。（《新唐书》卷五十三《食货志》；《资治通鉴》卷二四七，会昌四年七月辛卯，李德裕言……）

文彦博《文潞公文集》卷二十三《言运河（熙宁九年）》，运费：自江浙淮汴入黄河，顺流而下，又合于御河，计每处所运江淮之物必不能过一百万斛。臣勘会前年自汴入黄河，运粳米二十二万五百余石，至北京下御，止用钱四千五百四十余贯，和雇车乘搬至城中临御河仓贮纳，若搬一百万斛至北京，只计陆脚钱一万五六千贯。……假使黄河入御河，无决溢淤淀之患，每年搬得及一百万石，其费与顺河而下至北京，止费脚钱一万五六千贯。

《耶律抹只传》："迁开远军节度使。故事：州民岁输税，斗粟折钱五，抹只表请折钱六，部民便之。"（《辽史》卷八十四）

《天祚纪》："初令群牧运盐溙仓粟，而民盗之。议籍以偿，雅里乃自为直，每粟一车偿一羊，三车一牛，五车一马，八车一驼。左右曰：今一羊易粟二斗且不可得，乃偿一车。雅里曰：民有则我有，若令尽偿，民何堪。"（《辽史》卷三十）

"榷永两盐院，合煎盐二十二万硕，合卖钱三十九万贯文。"（《三朝北盟会编》卷十四）

《燕云奉使录》：宣和五年正月二十五日，良嗣答……承平时斗粟不过百钱，今兵火荒歉凋残之余，斗粟千钱，自应十倍，岂可以此为定？（《三朝北盟会编》卷十三）

《文献通考·田赋考三》："长兴九（元）年敕天下州府……其纳绢、紬、布、绫、罗，每匹纳钱十二文足。……鞋每量（两）纳钱一文足。"匹帛钱又作"匹段钱"。（《册府元龟》卷四八八）

庄季裕《鸡肋编》："建炎之后，江浙、湘湖、闽广流寓之人遍满。绍兴初，麦一斛至万二千钱，农获其利倍于种稻；而佃户输租，只有秋课，而种麦之利，尽归客户。于是竞种，春稼极目，不减淮北。"

汉灵帝熹平三年，牂牁饥，斗粟千钱。

明嘉靖二十七年，普定旱，大饥，斗米银四钱。万历二十九年夏四月不雨，五月大饥，斗米四钱。

清顺治六年，思南复大饥，斗粟三两，遵义荒疫，大饥，斗粟四两。十七年旱，大饥，巡抚卞三元请动楚运米三千石赈之。雍正七年，大有年，黔省各属及新辟苗疆所产稻谷粟米之属，自一茎两穗至十五六穗不等，稻谷每穗四五百粒至七百粒，粟米每穗长至尺有奇。（以上见乾隆《贵州通志》卷一《天文·祥异》）

雍正七年进《瑞谷图》，上谕："又据广西巡抚金锭折奏：今年粤西通省丰收，十分者十之九，九分者十之一，谷价每石自二钱以至三钱二三分，乃粤省从来未有之事，等语……"（乾隆《贵州通志》卷三十三《艺文·谕》）（参张广泗《进嘉禾疏》，乾隆《贵州通志》卷三十五《艺文·疏》）

清田雯（德州人，进士，康熙二十七年任巡抚）《积谷说》："余于戊辰八月入黔视事，值岁丰谷贱，凡一金可籴六斛，于是谋共事黔省者相率出俸钱以易之，得谷三千石有奇。……"

田雯《盐价说》："……黔独无（盐），仰给于蜀，微蜀则黔不知味矣。……所转致者惟戎州耳，又不可以舟车通，肩疮蹄血而后至，其来也不易，则直不得不昂，直昂而民之艰食等比比矣。……当其匮也，代之以狗椒，椒之性辛，辛以代咸，只诳夫舌耳，非正味也。……盐之直取于谷，谷日贱而盐不肯平，十钟不能易一豆，安得而不苦其乏？……"（乾隆《贵州通志》卷四十三《艺文·说》）（参慕天颜《题覆盐价疏》，乾隆《贵州通志》卷三十五《艺文·疏》）

米每石二十四两。（《明史》卷二七五《左懋第传》）

崇祯十五年六月，开封被围，麦一斗由二钱五分增至五钱。八月，令郡王乡绅以金折米，每石八十金至一百二十金。（《明史》卷二六七《高名衡传》；《太梁守城记》；《汴围湿襟录》）

顺治四年丁亥夏县大旱，斗米银一两。自六年以来，斗米银五钱，是岁（九年旱）更昂贵。康熙十九年大饥，斗米银一两。（同治《平江县志》卷五十《五行志·祥异》）

《宋学士全集》卷十八《故翰林侍讲学士中顺大夫知制诰同修国史危公（素）新墓碑铭》："（顺帝至正）二十年拜通奉大夫、参知政事。……其参知政事也……都事倪晦与刘哈剌不花同官丞相太不花，数以公事忿争，刘怒，欲中晦，阴结监察御史刘君楚，俾挤之。会晦至燕都，囊故人所寄买马白金，君楚攦其囊，得金，下晦狱，令自伏为赃状上中书，公疑，亟为白出之。……其承旨翰林也（按：在至正二十四年），翰林修史，有司日奉餐钱方为之，否则敛手而坐。公谓同列曰，吾等以史为职，且禄已厚矣，奚俟餐钱而后为邪？因次第修之。……居官清慎节俭……仓吏进禄米赢七斗。时斗可易白金五两，公命归之官。奉敕书徽政院使秃满达儿神道碑，其从子以白金五十两为寿，公却之曰，国体当尔。居中书，凡请文来谢者皆不受。……"

顺治三年丙戌大旱^{时江西尚未甚平定}，斗米千余钱，民皆食糠秕、棉仁、野草。（同治《临江府志》卷十五《祥异》）

顺治四年丁亥春夏大水，斗米至银七八钱。^{聂志}乾隆七年壬戌饥，谷价腾踊，石一两三四钱。^{罗志}道光十一年辛卯大水，米价乙石五千零。（同治《进贤县志》卷二十二《禨祥》）

姚梦麟，字献征，蒙自县举人，乾隆八年任。……始至，值谷价腾踊，每石二千，而仓储所余止四百余石，不供平粜，民大哄。（同治《进贤县志》卷十六《循吏》）

腾志云，顺治十八年大兵进缅，腾越斗米一两（按：此为米贵时之价格）。……（师范：《滇系》十二之一《杂载》，乾隆《腾越州志》卷十一《杂记》同）

嘉靖二十三年自六月至九月不雨，斗米直钱五分，民饥疫死。

崇祯十四年春夏大水，秋大旱而蝗，米石三两，民多饥死。（康熙《无锡县志》卷二十四《祥异》）

万历十一年水，改折漕粮正耗米一万二千六百七十六石六斗零，每石折银四钱二分八零。

万历十六年旱，改折正兑漕粮三分，每石折银五钱，省免银二千一百三十八两三钱零。

崇祯十四年大旱、蝗，斗米四钱。

顺治八年大水，斗米三钱。（康熙《无锡县志》卷三十《蠲振》）

天启奢崇明、安邦彦反，贵州巡抚王三善败没，兵燹之余，斗米值一金。（民国《福建通志·列传》卷二十八《明十二·蔡复一传》）

崇祯十七年，宜兴斗米三钱五分。

顺治八年水、疫，斗米四钱。（光绪重刻康熙《常州府志》卷三《祥异》）

陆自岩，字鲁瞻，武进人，崇祯进士，知湖州。岁饥，每米一钟

值万钱，民聚众掠食。……（光绪重刻康熙《常州府志》卷二十四《人物三》）

（明万历间？）韩耕远（武进人）往江西，值乱后，白骨如山（盈路），贫人以竹篱拾骨货卖（贫者拾卖之），每百勖值二钱。耕远日买数勖（埋之）。……（光绪重刻康熙《常州府志》卷三十八《摭遗》，亦载道光《武进阳湖合志》卷三十六《摭遗志》）

国朝，旧志，乾隆二十年大旱。八月陨霜杀谷，米石四千，麦三千，大饥，民食黑土。

乾隆五十一年春大饥、疫，米石五千，麦四千，夏麦大熟，冬大有年。

嘉庆三年夏旱，米石二千。十二年夏大旱、饥，米石三千。十九年夏大旱，秋饥，米石四千。

道光三年五月大霖雨水、饥，米石四千。十四年春，米石钱五千。（以上光绪《武进阳湖合志》卷二十九《杂事·祥异》）

清代米价自康熙后渐增，康熙时稻谷登场时，米价每石不过三四钱（据杨锡钹《陈明米贵之由疏》，见《皇朝经世文编》卷三十九）。到雍正年间，广东、福建等地米价已增至一两以外（据雍正十一年广东总督鄂弥达《请官开米局疏》及雍正四年浙闽总督高其倬《仓谷平粜疏》，均见《皇朝经世文编》卷四十）。乾隆中，米每石价一两四五钱已成为常价乾隆二十九年（1764）十二月三日刑部尚书舒赫德等题湖南省文泉县蒋国先戮伤胡克明一案有说："借米五斗，算该价银七钱五分。"案米五斗价银七钱五分，是石米该银一两五钱（见本所整理档案）。乾隆末，又增至二两以外。乾隆五十三年（1788）九月一日福建省漳州府海澄县钟葵殴伤苏尚身死一案（题本者名衔均缺）有云："钟葵向苏尚买米六升，议明价钱一百五十文。"又乾隆五十七年（1792）十二月十五日管理兵部刑部户部三库阿桂等题河南省汝宁府新蔡县阎常桂砍伤马大身死一案有云："赊米一斗五升，该钱三百文。"案米六升价一百五十文，是石米约值银二两五钱也。米一斗五升价三百文，是石约价银二两（均见本所整理档案）。及到嘉庆年间，再增至三两外，嘉庆九年（1804）五月二十一日管理刑部事务董诰等题四川省顺庆府大竹县夏盛才踢伤罗泳亮身死一案有云："买米四升，当交钱一百文，下欠三十文未偿。"按米四升价值钱一百三十文，是石米约值银三两二三钱（见本所整理档案）。道光以后，石米三两，遂以为常值矣（据《曾文正公奏稿》卷一《备陈民间疾苦疏》）。以上所引为各地之记载。若以一地之记载来看，如乾隆时浙江萧山县史学家汪辉祖《病榻梦痕录》叙乾隆五十七年（1792）其家乡物价云："是年食米一斗，制钱二百八九十至三百十余文不等。忆十余岁时米价斗九十或一百文，间至一百二十文，即共讶其贵。乾隆十三年（1748）价至一百六十文，草根树皮俱尽。地中产土如粉，人掘以资生，名曰观音粉，有食之致死者。十余年来，此为常价。或斗二百钱则以为贱矣。"又叙乾隆五十九年（1794）萧山物价云："夏间米一斗钱三百三四十文，往时米价至一百五六十文，即有饿殍，今米常贵而人尚乐生，盖往年专贵在米，今则鱼虾蔬果无一不贵，故小贩村农俱可糊口。"按汪氏乾隆五十七年时六十三岁，其十余岁时即乾隆初年。就彼记载乾隆五六十年间萧山一地物价的增高与上引各地记载参较，虽不尽一一相符，而乾隆末年物价较乾隆初以前激增，则各地的趋势都是相同的。以上所考，固嫌材料残缺不全，然自康熙以后米价与时俱增，至嘉庆后石米三两为各地常价的大势，则已可看出。至于详细的稽考，惟有待于经济史家的精密统计了。（罗尔纲：《绿营兵志》，重庆：商务印书馆，1945 年，第 294 页）

案康熙时每石三四钱，至乾隆末年米每斗钱三百三四十文，即三两三四钱一石，是此时米价较康熙时贵至八九倍。乾隆初年米价七八钱一石，是乾隆末年较初年贵至四倍。又木棉花在乾隆初年三四十文一斤，至乾隆末年八十余文一斤，亦贵两倍以上。（据汪辉祖《病榻梦痕录》，并请参看上文清代米价注。）（罗尔纲：《绿营兵志》，第 294 页）

乾隆休宁大旱，斗米千钱。（钱穆：《中国近三百年学术史》，上海：商务印书馆，1937 年，第 306 页）

唐宋明清米价、物价

咸丰七年丁巳三月，澂匪马复初、徐元吉等（倡乱，呈贡）升米三金，呈人饥死省中已及数百。……十年十一月初一日再復呈城。……（军门属员）范清恤民禁扰，较有天良，每日需粮米三十余市石，并油盐薪蔬，日费斗金。时呈市米价每升钱至七八百文，民以草莱充腹，积米养兵，责令绅士备粮。……［光绪《呈贡县志》卷四《续修兵防（附戎事）》］

《抚军设誓》："康熙年间米价不过七八钱一石，至末年抚军吴公存礼抵任，米价骤长，亦不过一两一石，金云抚军粜米出洋所致。……由今（乾隆十五年以后）现之，一两一石真贱价也。要知目前之贵价即将来之贱价，总由生齿日繁，物产有限。……"［乾隆五十年平江洒然道人顾公燮（字丹午，号澹湖，又号担瓠、吴郡老诸生）：《消夏闲记摘抄》卷上，页三十九］

《苏抚安公（宁）任内事二则》："乾隆初年，米价每石钱一千二百，钱串七。四十三年亢旱，（四月）米价至二十文一升。……乾隆二十年，秋虫为灾，粒米无收。次年瘟疫时行，道殣相望，至八月始安，米价至三十五文一升。……"（顾公燮：《消夏闲记摘抄》卷上，页四十二）

《乾隆五十年乙巳旱荒》："乾隆五十年，江南旱魃为虐，几至赤地千里，较之二十年尤甚，与康熙四十六年仿佛。二十年不过苏属偏灾，尚有产米之区源源接济。今则两湖、山东、江西、浙江、河南俱旱，舟楫不通，贫民在在失业，米贵至四五十文一升，肉价每斤一百五六十文，其他食物或贵至二三倍，以致死亡相望，白日抢夺。……至五十一年三月停（粥）厂，物价渐平，民心稍安。时钱串九十，此自康熙四十五年以来未有之奇荒也。……"（顾公燮：《消夏闲记摘抄》卷上，页四十四）

《连年水旱》："康熙四十六年苏郡大旱，大树自焚，是时米卖七文一升，竟长至二十四文。……四十八年又大水，虽较前稍逊，而米价亦昂。"（顾公燮：《消夏闲记摘抄》卷下，页十六）

庆阳西北行二百五十里为环县。……驿廪稍供稻米，盖买诸庆

阳，粟一斗得稻米一升。薪木则买诸开城，开城亦小邑，去环八十里。……（陆容：《菽园杂记》卷一）

乾隆三十四年腾越大饥，斗米银一两七钱。三十五年秋岁大有，斗米银三钱。古者斗米数钱，以钱文计也，今曰银三钱则准钱三四百矣，犹称岁大有乎？盖斗斛不同也。（乾隆《腾越州志》卷十一《杂志·灾祥》，光绪《腾越厅志》卷一《天文志·祥异》）

万历二十四年霪雨伤禾，斗米五十余贝，饿殍满野。（光绪《姚州志》卷十一《杂志·灾祥》，页九）

嘉庆二十一年丙子，风秕无收，斗米数千钱，民饿死者甚众。（光绪《姚州志》卷十一《杂志·灾祥》，页十一）

同治十年辛未七月至八月久雨伤禾谷尽，风秕，民大饥，斗米三千钱。……（光绪《姚州志》卷十一《杂志·灾祥》，页十二下）

王樑《曹封翁甫修先生传》：“曹氏为兴隆望族。……先生讳维宁，字甫修。……顺治庚子岁，斗米千钱，人不死乱，辄死饥。……”［嘉庆《（贵州）黄平州志》卷十《艺文中·传》］

柳诒征：《江苏各地千六百年间之米价》，《史学杂志》第二卷第三四期合刊（1930年9月）

杭州谓切肉片曰批片儿。按《东皋杂录》记顾子敦肥伟，号顾屠，东坡戏掷三十钱与之，曰，快批四两来，则亦宋中州语耳。然《庄子》批大郤，疏谓郤交际之处，用刀而批戾之。《释文》一音铺迷反，批字音义始见此。《说文》作捭，训反手击也。（马叙伦：《读书续记》卷一，第二十七页下至二十八页上）

宋袁遇昌，吴之木渎人，以塑婴孩名扬四方，每用泥抟埴一对，约高六七寸者，价值三数十缗。其齿唇眉发与衣褶襞积势似活动，至于脑囟，按之胁胁。遇昌死，其子不传，此艺遂绝。（道光《苏州府志》卷一〇六《人物·艺术下》，引卢志）

……茶至明代不复碾屑，和香药制团饼，此已远过古人。近百年中，壶黜银锡及闽豫瓷，而尚宜兴陶，又近人远过前人处也。陶曷取诸？取诸其制以本山土砂，能发真茶之色香味。……至名手所作，一壶重不数两，价重每一二十金，能使土与黄金争价，世日趋华，抑足感矣。……（明江阴周高起伯高：《阳羡茗壶系》，《粟香室丛书》本）

（阳羡）岕茶之尚于高流虽近数十年中事……

第一品，（阳山）老庙后……地不一二亩。……茶皆古本，每年产不廿斤。……（明江阴周高起伯高：《峒山岕茶系》，《粟香室丛书》本）

吴中人士崇尚技术，群书所载尚矣。著录于此，以为拾遗补阙之资。王渔洋云：近日小技著名者尤多，皆吴人，瓦壶如龚春、时大彬，价直二三千钱。……《居易录》道光中叶有徐某居城北，用玛瑙厚刀押葫芦阳文，偶制一枚成，即为人购去，大率一金一枚，得直即沽酒独酌，须酒尽再制。……《前尘梦影录》……苏州有黄玉麐者，善制宜兴茶器，选土配色，并得古法。黄故诸生，落拓不羁，家极贫，然非义不取。其壶每柄售两金，须极穷乏时始再制，否则虽百金弗能强也。《萝窗小牍》（民廿二《吴县志》卷七十九《杂记二》）

……曰"蟹"，亦出滇池，熟而卖于市，一枚直钱一文。……滇池多藻，出细鰕，渔人干之，鬻于市，百钱一筐。（道光戴絅孙《昆明县志》卷二《物产志第四》，页八）凡县之米市量以儋_{曰儋}十斗_{曰斗}斗_{曰斗}十升_{曰升}升_{合曰合}十合_{曰勺}十勺，计每升衡之得七勊，丰岁升不过八九十钱，即偶歉亦不过百四五十耳。然县之田所出恒不足供一县之食，必仰给于邻郡，县人众故也。……贫家作苦，计菜二器，饭数盂，日费四三十钱，而腹已果，然岂待过求哉？（页九）杉亦松之类，而统于松，故滇人曰杉松，其材中橑榜，南方之地皆有杉，惟滇产为上品。滇人锯为板而货之，名洞板，以四大方二小方为一具。板至江浙值每具数百金。（页十七）今之天马千箭麻叶豹，一切皆出于滇，由滇匠缀缉狐皮而并成之。一领之价辄数十金，且百金。余尝游滇郊，见狐皮百千张，略无可盼而缉成之，即为席珍矣。昆明人有赴禄劝鼠街者，见猓猡囊一物，就睬乃元狐，亟以千钱市之，归，裁为帽边，价百倍。滇南何所不有哉！

（页十九）

……呈之人多种西瓜，其用力独苦，而其为利甚微，成熟之日，先贡邑宰以为献新，久之以数计，官若干，吏若干，又相沿日久，众以为珍味。……予承乏兹土，愧无尺寸之劳、丝毫之补，而乃腼然食人之食，非所以上体各宪之心而下安黎庶也。于是选钱一百文，命童子买瓜一圆，剖而誓曰，敢言取者有如是瓜，瓜之免自今日始。康熙五十五年八月呈贡县知县饶启心撰。（光绪《呈贡县志》卷七《艺文》，《西瓜说》，饶启心）

竹垞太史谓近日瓷碗颇极精巧，惟有识者辄以为不然，鸡缸之直五镒，而有力者不少惜。此岂精巧之果逊于鸡缸，抑亦人情之偏好（新旧）耶？（光绪重刻乾隆屠修《腾越州志》，黄炳堃序）

清代物价、旅费及其他事业费

一、乾隆间成都之物价

余年来浏览若干西文传教史，其间亦有不少教会以外之资料，而尤以关于社会、经济及人类学者为多；随览随译，竟积得数十条，兹择其一二，先在本刊发表，以供同好。

李安德者，陕西城固人也。康熙二十八年（1689），曾往澳门及暹罗犹地亚求学；雍正三年（1725）任天主教司铎，传教广东、福建、四川、湖广等省；乾隆三十九年（1774）卒。安德自乾隆十一年（1746）起，即以拉丁文作日记，迄二十八年（1763）止，先后凡十八年；所记除教会事迹外，亦可窥见当时社会经济情形，盖书中多日常琐事，为史籍方志等所不屑载也。其书至光绪三十二年（1906）始出版，然至今亦将近四十年矣，而国人鲜有知者，顾外人则颇为推重，盖安德于拉丁文造诣颇深，清新可诵，不仅史料丰富而已也。

原书第 340 页，记乾隆十九年（1754）Lefebvre（华姓氏待考）司铎抵成都后，购置日用品多种，详列价格，颇足觇当时之成都物价，兹为译出如后。

皮袍一件，四两三钱；

凉帽一顶，二两五钱；

蚊帐一顶，一两零八分；

袜子四双，三钱二分；

鞋袜各一双，三钱二分；

木箱及提篮各一，一圆半；

锡酒壶及茶壶各一，一圆；

小刀及铁炉各一，二钱；

木茶桶及木面盆各一，二钱二分；

饭碗十只，一钱六分；

镜子一面，八分；

乌木念珠百串，一两一钱二分；

波罗麻袍一件，一两二钱。

以上共用去二圆半又银十二两零三分。

按天主教诵《玫瑰经》，亦用念珠，故上表有"乌木念珠"一项。

又按该书下页有十八两八钱一分五厘等于二十五元三两零一分又五厘；故每元合七钱四分。

二、乾隆间澳门至成都之旅费

乾隆十九年（1754）Lefebvre 自澳门至成都，所用旅费，李安德日记（第339页）亦有详细记载。计：

随仆王雅谷及陆亚勒自广州至澳门又自澳门回广州舟资，六圆；

自广州至乐昌，十六两三钱六分；

自乐昌至宜章，五两二钱；

自宜章至郴州，九两七钱六分；

自郴州至湘潭，三两四钱；

自湘潭至沙市，三两四钱；

自沙市至重庆，十五两；

王雅谷自重庆至成都，十三两；

Lefebvre 自石门至成都，八两五钱；

又车、轿及挑夫，二钱；

朱路济回澳门，三两二钱；

陆亚勒工资，一两七钱。

总计 Lefebvre 自澳门至成都共用一百四十七两二钱六分，值一百九十九圆一钱八分。途中膳食及其他开支一并计算在内。

三、咸丰初广州至贵阳之旅费

法文《广西天主教传教史》（1903 年巴黎刊印，非卖品）第 43 页有咸丰四年（1854）阳历二月十七日马司铎 Chapdelaine 致 Libois 书，详述自广州至贵阳之经过，节译如后。

自广州登程时，携洋五十圆，又碎银一块，不详其值。在韶关遇盗，劫取碎银四分之三，付船主十圆，借予城中某教友三圆。又为人取去二十三圆。至乐昌，将碎银出兑，约得二十六圆。时身畔尚有四圆，共三十圆，乐昌教士 Lalanne 赠旅费三十圆，合共六十圆。雇舟至衡州，需费八圆，在衡宿陆（?）神父处两日，付二圆。自乐昌同来之某仆，重返乐昌，付川资二圆半；为学生购服装一圆；杂用半圆。自衡州雇舟至常德府七圆半；在常德府宿某教友家付半圆。自常德府至施秉，舟资十七圆。自施秉至贵阳，乘舆，需七圆半。抵贵阳后，约余八圆。其余悉用于途中伙食。自衡州伴行至常德之随仆，本须付三圆半（一切费用在内），因恐旅费不足，且系教友，遂未付。自常德至贵阳之随仆，应酬以五圆，即在余剩之八圆中支付。

据上函观之，自乐昌至贵阳，三人（一学生一仆）共携旅费六十圆，抵贵阳时，仅余八圆，复在此八圆中以五圆酬常德同来之随仆，故实际仅余三圆；惟衡州至常德之随仆，应付工资三圆半，未付，若当时付讫，则抵贵阳时，不惟不能有余剩，且尚不敷半圆，可知自乐昌至贵阳，三人共需旅资六十圆半。函中记入者仅五十一圆半，余九圆用于膳食。又自广州至乐昌，携有川资五十圆，途中为人取去二十三圆，抵乐昌时，仅余四圆，可知共用去二十三圆。是全程之旅费，实为八十三圆半也。虽云当时生活低廉，但三人长途跋涉（仆人沿途时有更易），据另函（见原书第 41、42 页）知于咸丰三年阳历十一月二十六日离广州，次年阳历二月初到达贵阳，途中历时约两个半月，而所费如此之少，亦可谓俭矣。

四、同治初贵阳育婴事业所需之经费

法文《贵州天主教史》（1908 年巴黎刊印，三巨册，非卖品）第二册十三章四节（第 532 等页）述贵阳天主教育婴堂所需之经费，兹译同治元年（1862）之决算如下：

半岁以下婴孩一六四名之乳娘费，七九六·二五佛郎；

男孩五三名之教养费，三、七五〇·〇〇佛郎；

女孩三三名之教养费，二、二五四·二五佛郎；

入学儿童六名之教育费，六七五·〇〇佛郎；

一五四名死婴埋葬费，一五五·七五佛郎。

又（第 534 页）说数年后，育婴事业逐渐发达，所收婴孩多至五百名，月需二千佛郎，即每一婴孩每月需四佛郎，易言之，每日每名仅需佛郎一分三厘。〔同治九年（1870）安顺天主教堂收婴孩二四〇名，月需一百两银，据当时估计，每日每名仅需佛郎一分一厘。〕

又据咸丰七年（1857）报告（原书第 535 页）二十二两银，约合一六五佛郎，即一两约值七佛郎半。

［方豪：《清代西文中国经济史料四则》，《东方杂志》第 39 卷第 4 号（1943 年 4 月 30 日），第 48—50 页］

清代户籍编审

《清内阁旧藏汉文黄册联合目录》，民国36年，北平故宫博物院、北京大学、中研院历史语言研究所联合出版。

叙录（单士魁、王梅庄）

户部　计18类

户籍类　清代户籍，八旗与各直省人丁分别编审。今所存者，均为各省造报人丁之册，有编审丁口，丁口征银，及民丁、屯丁、灶丁、军丁之别。除军丁四年一编审外，余均五年编审一次。《康熙会典》卷二十三："顺治十五年议准，各省编审人丁，五年一次造册具题。"册内分别府县，开列各项人丁数目，或附应征银两，由各省巡抚布政使等按届造报。康熙间，丁赋以五十年编审之数为定额，岁有羡余，曰盛世滋生人丁，永不加赋，册内列有康熙五十二年恩诏云："嗣后编审增益人丁，止将滋生实数奏闻，其余征收办粮，但据五十年丁册定为常额，续生人丁，永不加赋。"故以后之册，恒著滋生增益人丁字样。按编审制度，初为十年，继定三年，后改五年，乾隆三十六年谕令停止，惟运漕军丁仍照例举行，今列五目。

地丁类

杂赋类

宋代寿山艮岳

徽宗登极之初，皇嗣未广，有方士言京城东北隅地协堪舆，但形势稍下，倘少增高之，则皇嗣繁衍矣。上遂命工培其冈阜，使少加于旧。已而果有多男之应。自后海内乂安，朝廷无事，上颇留意苑囿。政和间，遂即其地大兴工役，筑山，号寿山艮岳。命宦者梁师成专董其事。时有朱勔者，取浙中珍异花木竹石以进，号曰花石纲。专置应奉局于平江，所费动以亿巨万计。诸民搜岩剔薮，幽隐不置，一花一木，曾经黄封，护视稍不谨，则加之以罪。剧山辇石，虽江湖不测之渊，力不可致者，百计以出之，至名曰神运。舟楫相继，日夜不绝。广济四指挥，尽以充挽士犹不给。时东南监司郡守二广市舶，率有应奉。又有不待旨，但进物至都，托宦者以献者。大率灵璧、太湖诸石，二浙奇竹异花，登莱文石，湖湘文竹，四川佳果异木之属，皆越海渡江，凿城郭而至。后上亦知其扰，稍加禁戢，独许朱勔及蔡攸入贡。竭府库之积聚，萃天下之伎艺，凡六岁而始成。亦呼为万岁山，奇花美木，珍禽异兽，莫不毕集。飞楼杰观，雄伟瑰丽，极于此矣。越十年，金人犯阙，大雪盈尺，诏令民任便斫伐为薪。是日百姓奔往，无虑十万人。台榭宫观，悉见毁拆，官不能禁也。余读国史及诸传记，得始末如此。每恨其它不可得而详，后得徽宗御制记文，及蜀僧祖秀作《华阳宫记》读之，所谓寿山艮岳者，森然在目也。因各撮其略，以备遗忘云。《御制艮岳记》曰，云云。于是按图度地，庀徒僝工，累土积石，设洞庭、湖口、丝溪、仇池之深渊，与泗滨、林虑、灵璧、芙蓉之诸山，取瑰奇特异瑶琨之石，即姑苏、武林、明、越之壤，荆、楚、江、湘、南粤之野，移枇杷橙、柚、橘、柑、椰、桅、荔枝之木，金蛾、玉羞、虎耳、凤尾、素馨、渠那、末利、含笑之草，不以土地之殊，风气之异，悉生成长养于雕阑曲槛，而穿石出罅，冈连阜属，东西相望，前后相续，左山而右水，后溪而傍陇，连绵而弥满，吞山怀谷，其东则高峰峙立，其下则植梅以万数，绿萼成蹊，芬芳馥郁，结构山根，号萼绿华堂。又旁有承岚、昆云之亭，有屋外方内圆，如半月，是名书馆。又有八仙馆，屋圆如规。又有紫石之岩，祈真之磴，揽秀之轩，龙吟之堂。其南则寿山嵯峨，两峰并峙，列嶂如屏，瀑布下入雁池，池水清泚涟漪，凫雁浮泳水面，栖息石间，不可胜计。其上亭曰噰噰，北直绛霄楼，峰峦崛起，千叠万复，不知其几千里。而方广兼数十里，其西则参、术、杞菊、黄精、芎劳，被山弥坞，中号药寮。又□禾、麻、菽、麦、黍、豆、粳、秫，筑室若农家，故名西庄。上有亭，曰巢云，高出峰岫，下视群岭，若在掌上。自南徂北，行冈脊两石间，绵亘数里，与东山相望，水出石口，喷薄飞注如兽面，名之曰白龙渊、濯龙峡、蟠秀、练光、跨云亭、罗汉岩。又西半山间，楼曰倚翠，青松蔽密，布于前后，号万松岭。上下设两关，出关下平地有大方沼，中有两洲，东为芦渚，亭曰浮阳，西为梅渚，亭曰云浪，沼水西流为凤池。东出为研池，中分两馆，东曰流碧，西曰环山，馆有阁曰巢凤，堂曰三秀，以奉九华玉真安妃圣像。东池后结栋山下曰挥云厅，复由磴道盘行萦曲扪石而上，既而山绝路隔，继之以木栈，倚石排空，周环曲折，有蜀道之难，跻攀至介亭。此最高于诸山，前列巨石，凡三丈许，号排衙。巧怪崭岩，藤萝蔓衍，若龙若凤，不可殚穷。麓云半山居右，极目萧森居左，北俯景龙江，长波远岸，弥十余里，其上流注山间，西行潺湲为漱玉轩。又行石间，为炼丹亭凝观圌山亭，下见高阳酒肆清斯阁，北岸万竹苍翠蓊郁，仰不见日月，有胜筠庵、蹑云台、消闲馆、飞岑亭，无杂花异木，四面皆竹也。又支流为山庄，为回溪。自山蹊石罅逶条下平陆，中立而四顾，则严峡洞穴，亭阁楼观，乔木茂草，或高或下，或远或近，一出一入，一荣一凋，四面周匝，徘徊而仰顾，若在重山大壑幽谷深岩之底，而不知京邑空旷坦荡而平夷也，又不知郛郭寰会纷华而填委也。真天造地设，神谋化力，非人所能为者，此举其梗概焉。祖秀《华阳宫记》曰：政和初，天子命作寿山艮岳于禁城之东陬，诏阉人董其役，舟以载石，舆以辇土，驱散军万人，筑冈阜高十余仞，增以太湖、灵璧之石，雄拔峭峙，功夺天造，石皆激怒觝触，若蹲若啮，牙角口鼻，首尾爪距，千态万状，殚奇尽怪，辅以蟠木瘿藤，杂以黄杨对青荫其上。又随其旋斡之势，斩石开径，凭险则设磴道，飞空则架栈阁，仍于绝顶增高榭以冠之。搜远方珍材，尽天下之蠹工绝技而经始焉。山之上下，致四方珍禽奇兽，动以亿计。犹以为未也，凿地为溪洞，叠石为堤捍，任其石之性，不加斧凿，因其余土，积而为山，山骨疏露峰棱如削，飘然有云姿鹤态，曰飞来峰。高于雉堞，翻若长鲸，腰径百尺，植梅万本，曰梅岭。接其余冈，种丹杏鸭脚，曰杏岫。又增土叠石，间留隙穴，以栽黄杨，曰黄杨嵫。筑修冈以植丁香，积石其间，从而设险，曰丁香嶂。又得赪石，任其自然，增而成山，以椒兰杂植于其上，曰椒崖。接众山之末，增土为大坡，徙东南侧柏，枝干柔密，揉之不断，华华结结，为幢盖鸾鹤蛟龙之状，动以万数，曰龙柏坡。循寿山而西，移竹成林，复开小径，至数百步。竹有同本而异干者，不可纪极，皆四方珍贡。又杂以对青竹十居八九，曰斑竹麓。又得紫石，滑净如削，面径数仞，因而为山，帖山卓立，山阴置木柜，绝顶开深池，车驾临幸，则驱水工登其顶，开闸注水而为瀑布，曰紫石壁，又名瀑布屏。从艮岳之麓，琢石为梯，石皆温润净滑，曰朝真磴。又于洲上植芳木，以海棠冠之，曰海棠川。

寿山之西，别治园圃，曰药寮。其宫室台榭卓然著闻者，曰琼津殿、绛霄楼、萼绿华堂。筑台高九仞，周览都城，近若指顾，造碧虚洞天，万山环之，开三洞，为品字门，以通前后苑，建八角亭于其中央，槷椽窗楹，皆以玛瑙石间之，其地琢为龙础，导景龙江东出安远门，以备龙舟行幸东西撷景二园。西则溯舟造景龙门，以幸曲江池亭，复自潇湘江亭开闸通金波门。北幸撷芳苑，堤外筑垒卫之，濒水莳绛桃海棠芙蓉垂杨，略无隙地。又于旧地作野店，麓治农圃，开东西二关，夹悬岩磴道隘迫，石多峰棱，过者胆战股栗。凡自苑中登群峰，所出入者，此二关而已。又为胜游六七，曰跃龙涧、漾春陂、桃花闸、雁池、迷真洞。其余胜迹，不可殚纪。工已落成，上名之曰华阳宫。然华阳大抵众山环列于其前，得平芜数十顷，以治园圃。以辟宫门于西入径广于驰道，左右大石皆林立，仅百余株，以神运昭功敷庆万寿峰而名之。独神运峰广百围，高六仞，锡爵盘固侯，居道之中，束石为小亭以庇之，高五十尺，御制记文，亲书，建三丈碑，附于石之东南陬。其余石若群臣入侍帷幄，正容凛然不可犯，或战栗如敬天盛威，或奋然而起，又若偻取，其怪状余态，娱人者多矣。上既悦之，悉与赐号守吏，以奎画列于石之阳，其它轩榭庭径，各有巨石，棋列星布，并与赐名，惟神运峰前巨石，以金饰其字，余皆青黛而已。此所以第其甲乙者也。乃命群峰，其略曰：朝日昇龙望云坐，龙矫首玉龙万寿。老松栖霞扪参衡，日吐月排云冲斗。雷门月窟蹲螭坐，师堆青凝碧金鳌。玉龟叠翠独秀抽，烟霏云风门雷穴。玉秀玉窦锐云巢，凤雕琢浑成登封。日观蓬瀛须弥老，人寿星卿云瑞霭。溜玉喷玉蕴玉琢，玉积玉叠玉丛秀。而在于渚者曰翔鳞，立津涘者曰舞仙，独踞洲中者曰玉麒麟，冠于寿山者曰南嶻小峰，而附于池上者曰伏犀怒猊仪凤乌龙，立于沃泉上者曰留云宿雾。又为藏烟谷滴翠岩拄云嶻积雪岭，其间黄石仆于亭际者，曰抱犊天门。又有大石二枚，配神运峰，异其居以压众石。作亭庇之，置于寰春堂者曰玉京独秀太平岩，置于蓴绿华堂者曰卿云万态奇峰。括天下之美，藏古今之胜，于斯尽矣。靖康元年闰十一月，大梁陷，都人相与排墙避虏于寿山艮岳之上。时大雪新霁，丘壑林塘，粲若画本，凡天下之美、古今之胜在焉。祖秀周览累日，咨嗟惊叹，信天下之杰观，而天造有所未尽也。明年春，复游华阳宫，而民废之矣。（张淏：《云谷杂记补编》卷一）

清代矿产和矿课

康熙《大清会典》卷三十五《户部十九·金银诸课》。

雍正《大清会典》卷五十三《户部三十一·矿课》。

乾隆《大清会典》卷十七《户部·杂赋》。

凡五金之产，为器用所必需，其藏于山岩土石之中者曰矿。小民入山开采，以资生计，有司者治之，因赋其什一，曰矿课。

广西、云南、贵州产黄金、白金、赤金、锡、铅、铁、水银、丹砂、雄黄；山西、四川、广东产赤金、锡、铅、铁；湖南产赤金、锡、铅、铁、水银、丹砂、雄黄。皆召商试采，矿旺则开，竭则闭，各省赋入，视出产之众寡，岁无常数。

深山穷谷资斧不能继，及近民墓宅田地，均不开采。承商鸠工，必用土著。辨奸良，四方客民走集者禁，争讼滋事者禁，以牧、令、丞、倅掌其戒令，戍之弁兵，以防奸宄，其经理之不善者，论如法。（按乾隆《大清会典》所载只如上。）（乾隆《大清会典》卷十七《户部·杂赋》，第三页）

光绪《大清会典》卷十八《户部》："山西、湖南、广东、广西、云南、贵州有矿课。"

序号	名称	额课银	备注
1	开化府属马腊底银矿	706 两 8 钱[+]	遇闰不加
2	中甸属古学银厂	568 两 5 钱[+]	遇闰不加
3	建水州属黄泥坡银厂	661 两 1 钱[+]	遇闰不加
4	云南府属兴隆银厂	3,132 两 6 钱[+]	遇闰不加

（续表）

序号	名称	额课银	备注
5	永昌府属募乃银厂	300 两	遇闰不加（系孟连土司自行抽收，按年交纳）
6	南安州属石羊银厂	22,390 两 3 钱+	遇闰加银 29 两
7	又马龙银厂	698 两 5 钱+	遇闰不加
8	又土革喇银厂	60 两 8 钱+	遇闰不加
9	楚雄县属永盛银厂	3,375 两 9 钱+	遇闰不加
10	鹤庆府属蒲草塘银厂	421 两 8 钱+	遇闰加银 24 两+
11	邓川州属沙涧银厂	1,302 两 6 钱+	遇闰加银 106 两+
12	临安府属个旧银厂	33,613 两 7 钱+	遇闰加银 38 两
13	新平县属方丈银厂	68 两 0 钱+	遇闰加银 4 两+
14	永昌府属茂隆银厂	收课多寡无定额	
	总计	67,300 两 6 钱	201 两

谨案：嘉庆十七年，云南新旧各厂，文山县属马腊厂，楚雄府属马龙厂、永盛厂，南安州属石羊厂、土革喇厂，鹤庆府属沙涧厂、蒲草塘厂，维西州属红坡吉咱厂，建水县属摸黑厂，永善县属金沙厂，永平县属三道沟厂，临安府属个旧厂，丽江府属回龙厂，耿马土司所属悉宜厂，顺宁府属募乃厂，昭通府属乐马厂，会泽县属金牛厂，新抚司属绵华地，又涌金铜厂坡、白沙地、白羊等银厂，每年额课银六万二千五百八十九两九钱五分。自咸丰六〔年〕军兴之后，五金厂课均已停办。所有光绪年间新开各矿，俱系尽收尽解。（光绪《钦定大清会典事例》卷二四三《户部·杂赋·金银矿课》，第一页）

清代云南铜矿铅矿

道光二十九年，己酉（1849），公六十五岁。

宣宗询公以滇省开矿章程，公举出四事：

（一）宽铅禁：滇省向因黑铅攸关军火，曾有比照私卖硝磺办罪之案，故炉户所余底销皆为弃物，亏本愈多。查黑铅一项，或锤造锡箔，或炒炼黄丹颜料，所用亦广，原非仅为制造铅弹之需。律例内并无黑铅不准通易之文，且贵州之柞子厂，四川之龙头山，黑铅均准售卖。滇省事同一律，如准将底销出售以补厂民成本之亏，庶不至于退歇。况售卖底销必有行店，其发运若干，令厂员验明编号填给执票，俟运至彼处即将照票赴该地方衙门缴销，既可杜其走私于军火，藉得沾有利益于厂民。

（二）减浮费：查云南各属无论五金之厂，皆有厂规。其头人分为七长，每开一厂，则七长相议立规，名目愈多，剥削愈甚。查历办章程，迤东各厂硐户卖矿，按所得矿价每百两官抽银十五两，谓之生课；迤西各厂硐户卖矿不纳课，惟按煎成银数每百两抽银十二三两不等，谓之熟课。此外有所谓撒散者，则头人书役之工食薪水出焉；有所谓火耗、马脚、硐主、硐分、水分，以及西岳庙功德合厂公费等名目者，皆头人所逐渐增添也。虽不能尽裁，亦必须大减。

（三）严法令：厂中极易兴烧香结盟之习，故滇谚有云"无香不成厂"。其分也争相雄长，其合也并力把持，始而恃众欺民，渐而抗官蔑法。是以有矿之地，不独官惧考成，并绅士居民亦皆懔然防范。今兴利必先除害，非严不可。即如所用铁器除锤、錾、锅、铲、菜刀准带外，一切鸟枪刀械全应搜净方许入厂。其驻厂弹压之印委员弁皆准设立枷杖等刑具，有犯先予枷责或插耳箭游示，期于小惩大戒。若厂匪胆敢结党仇杂多命闹成巨案，或恃众强奸盗劫扰害平民，拿获审明详定之后，请照现办迤西匪类章程就地请令正法，俾得触目惊心，庶可惩一儆百。

（四）杜诈伪：查矿厂向系朋开，其股分多寡不一，有领头兼股者，亦有搭股分尖者，自必见有好矿而后合伙。滇省有一种诈伪之徒，惯以哄骗油米为伎俩，于矿砂堆中择其极好净块作为样矿示人，啗以重利怂恿出货，承揽既多身先逃避。良民不敢开采多以此故。又厂上卖矿买矿之时，复有一种积蠹插身说合，往往私抽厘头为之装盖底面，颠倒好丑，为贻害厂务之尤。此等匪徒皆当加重惩办，庶可除弊棍而示劝惩。（《查勘矿厂情形试行开采折》）（魏应麒编：《林文忠公年谱》，上海：商务印书馆，1935年，第187—188页）

王文韶，浙江仁和人。咸丰二年进士，以主事用，签掣户部。……七年，以捐铜局办理捐输认真奏保，俟补缺后以本部员外郎遇缺即补，先换顶戴。……［光绪］十六年正月，抵云贵任。二月，疏陈地方情形，略谓："滇省地处极边，实为西南一大都会。……滇民生计，向来视铜厂为盛衰。军兴以后，铜政废弛，民生日困。现经前抚臣唐炯督办矿务，创设公司，招集商股，整理旧厂，开辟新场。上年冬间，云南之巧家、贵州之威宁两厂，已报'成堂'。成堂者厂中谚语，谓矿务已成局面也。闻成堂之矿，足供数十百年采取，可以用之不尽。此后起运京铜，必可较前顺手，裨国计而益民生，此事自关运会。臣忝任地方，遇有应行会商之处，亦不敢以督办有人，稍涉推诿。此云南之大概情形也。"（《清史列传》卷六十四《王文韶》，第十一页下）

云南矿厂

金：（他郎厅采访）他郎新开坤勇厂采金。

银、铜、铅，（思茅厅采访）俱出白马、乾沟、蛮丹等山厂，以地近边徼，曾禁开采。光绪间京铜供用不敷，如白马厂亦偶开采，但矿苗稀少，旋开旋封。（威远厅采访）威远有跨山铜可试采。（《普洱府志稿》卷十九《食货志六·物产》，第四页）

宁洱县

（《大清会典事例》）宁洱县白龙铜厂，坐落宁洱县地方，康熙四十四年总督贝和诺题开。（《云南铜政全书》）乾隆十四年封闭。（案册）光绪二十年知府舒之翘招商集股，禀请开办，矿苗稀少，旋开旋封。二十二年督办矿务大臣唐炯委员朱映奎复行开办，尚无起色。

思茅厅

（旧志）思茅厅旧有乾沟厂产铜，亦名猛萨厂，康熙四十四年总督贝和诺题开，乾隆十四年封闭。

威远厅

威远厅旧有金、银、铜、铅等厂，以地方毗运夷地，恐滋扰生事，奉行永远停止，不准开办。（旧志）威远猛烈乡铁厂在府城北七十余里，额征银七两一钱。

他郎厅

（旧志参采访）坤勇金厂在厅城东北四十里，道光间开，产金多寡及课额一切，兵燹后案阙无考，惟布政司厂课房卷载承平时每年征银三四百两不等。同治十三年署通判魏广心禀请试办，明年二奉批拟照银厂例，每出金一两，抽正课金一钱、撒散金三分，俟试办丰旺，仍照一钱五分抽课，由司颁发连三串票行使，地方官截根汇缴，按月册报。光绪元年九月通判周瑞璧委知事凌瀛洲开办，增定新章，按火房上中下，每所上等者征九钱，次六钱，又次三钱，布政使司仓景愉批准依照石羊厂章程，按火房一所征银六钱，内以二钱一分作厂费开支，办理均无成效。六年厂匪王世元、余国选滋事，通判尹元亮会同旧任周瑞璧遵札齐团驱散，复定新章，禀设课长、受事各四名，洞长三名，街长二名，请员专办，奉布政使司批归厅办理，仍旧征课，火房编入保甲。八年署通判傅鹏接办，禀按摇船烙印征课杜私，布政使司唐炯批准照办。十年通判李秉塈复禀摇船无人请领，有碍课款，奉布政使司李德义批驳照前办理。是年署通判杨继震禀委员专办布政使司史念祖发库帑三千两刊钤记，委州判黄^{名失考}办理，以厂之大洼子为官尖，命名宝兴，继委州判田昌稼接办，复禀请招练十名，请建行署火房，奉批准行，委员月给薪水银二十四两，练丁每名月给工食银一两六钱，亦无成效。十八年厂匪余老六滋事，通判张洪裔禀奉总督王文诏委普洱镇总兵官马维琪拏办，四月拴获该匪归案办讫。二十一年署布政使司岑毓宝委典史高凤翔征收定章，每月除开支外，解正课银五十两，遇闰照加，讫未报解。

　　（他郎厅采访）他郎得宝硐坐落厅城西北八十里，嘉庆二十年行人于彼获银笋二枝，故名。厅人即于是处开办得矿，每斤撒银七八分、五六分不等，因未报明，旋即封闭。后有试办者，砂稀不敷开支，遂罢。（《普洱府志稿》卷二十《食货志·矿厂》，第二十九至三十一页）

清代顺德南海丝织业

丝部

土丝为吾邑出口之大宗。缫丝之法，咸同间，用手机，俗称手
缲，亦曰大缲。光绪初，又用足机，俗称踩缲。及光绪中叶，用汽机
缫丝者日盛，俗称鬼缲，又曰丝偈。《龙山乡志》云：乡之有汽机缫丝厂，自
同治甲戌始。又《采访册》云：光绪初，
大良北关创建怡和昌汽机缫丝厂，有女工五六百
人，由九江大同招女工教习，特其时未盛耳。手机成本轻，起丝亦少；足机
起丝稍多，而沽价亦贱。惟汽机则费用虽繁，然丝条柔而价值高，其
法尤良，其利尤巨。计土丝一项，全省每年所出约值四千万，吾邑占
四之三，此就光、宣间言之。丝从茧出，必好茧乃得好丝。验茧之法，先秤茧
一勚，分四堆，每堆重四两，由卖茧之客指出一
堆，买主即将此堆茧开壳去蛹，焙至极干，再秤准重若干，共得茧若干枚，以此重数
匀计之，每茧重约二分四五厘者为好身。又将不开壳之茧约四两，命女工缫之，丝长
而不断口者为好口。若身薄而断口多，是谓烂茧，缫之亦亏损矣。此丝厂所以最重买
手也。至每勚丝，约用干茧四勚十余两，次则五勚八两，如茧身薄者，用至五勚十余
两亦有之。从前未有机器缫丝，只用手缲，其丝略粗，不过供土人纺织之用。近来
洋庄丝盛行，其价倍昂。洋庄丝居十之六七，土织丝居十之三四而已。《采访册》。

粤丝自咸丰初已销流外国，其最先输出者为七里丝，又称手缲
丝。后有所谓括丝，与今日之日本
式括丝不同。计每年出口约仅万包。逮咸丰中叶，
有南海陈启元者具新思想，游历欧美，考察粤丝销流状况，归国后本
其所得，于光绪初年创办机器缫丝厂，用蒸汽发动机制作，《龙山乡志》
谓：乡之有
机器缫丝厂，始自同
治甲戌。与此略异。其时风气未开，咸加诽谤，陈遂设厂澳门试办，制出
之丝别为两种，一曰四角丝，运销美国；一曰六角丝，运销欧洲，成

效渐著。继复设厂于南海西樵，为内地倡。于是各处闻风兴起，纷向南海、顺德产茧地方竞相设立，桑蚕区域亦逐渐扩充，至光绪末，全粤丝厂已有百一二十间。时又有孖结丝一类，与车丝并行欧美。其制法用脚踏机，^{即晒
缸}虽规模略小，女工多则百十人，少则六七人，然年中输出额亦占粤丝三分之一。惜其工作不能画一，劣点极多，较之机器车丝大相悬绝，故近来脚踏机丝绝迹于欧美矣。美国丝业团尝来粤考察丝业，殷殷以改良相劝勉，谓宜效法日本，用复缫机缫丝，以期适应彼国织造家之需求。丝业中人深韪其说，有岑某者，顺德五区人，首先仿效，增设复缫工厂，一时同业靡然风从，自是昔日之四角车丝一变而为复缫式之六角车丝。此广东丝业沿革之大概情形也。经兹改革后，成绩颇优，价格日增，销路日畅，蓬蓬勃勃，有不可遏抑之机，再能锐意研求，其发展宁有限量欤？所虑者，政府税率日增，成本渐高，获利自少，加以日人、意人努力竞争，大有取而代之之势，我国丝商既苦供亿之繁，复遭损失之惨，救死不赡，遑论改良，遂令大好丝业日形凋敝，能不痛哉？政府若不体恤之、维持之，粤丝将来命运何如，未敢臆断也。《广东丝业研究所册记》

谨按吾邑出丝之多，第五区为最，第一、第十区次之，其余各地均有业此者，其丝悉售与洋商供其织造。迩来商战剧烈，失败时虞，空言改良，亦复何补。论者谓当于水藤、乐从、容奇产丝等处增设丝业研究分所，派员赴日本、欧洲考求新法，归而教授女工，精益求精。此举诚不容缓，然必要求政府减轻税率，不至以终岁之所得，供无艺之诛求，俾商人安心营业，有余力以改良，出而与外人争衡，庶乎有济也。

右物产。（民国《顺德县志》卷一《舆地》，第二十五至二十七页）

桑之生长，每年六造，六造完后，则为寒造，俗名桑花，多少不一，每亩多可得四五十斤，少或二三十斤。（平均头造四五百斤，二、三造七八百斤，四、五造四五百斤，六造三四百斤，计一年每亩约得桑三千四百斤。）咸同以前，丝业未盛，少养寒造蚕者，往往任人采摘，等诸遗秉滞穗而已。光绪中叶，洋庄丝盛行，茧价日昂，农人多养寒造蚕，爱惜桑叶，禁人摘取，于是因争桑花而械斗者有之，构讼者有之，各乡局藉名养勇，将桑花由局开投，得款充饷。近又有于寒造酌增勇费，桑花仍听农人自摘，办理似为持平。然或保护不力，亦无以餍农人之望。平情论之，农人纳租承耕，则寒造桑花亦农人自有之利，似宜由政府通令将寒造亦视同六造，其利概归佃户，乡局酌定练勇看守工食，正造寒造一律保护，庶可永息纷争矣。（民国《顺德县志》卷一《舆地》，第二十三至二十四页）

机器缫丝创于简村堡陈启沅，名曰丝偈，以其用机器也；又名鬼絚，以其交洋人也。丝比用手絚更细滑光洁，售价亦贵三之一，每间丝偈大者女工六七百位，小者亦二三百位，每日每工得丝三两四两不等。肇于光绪壬申之岁（梁方仲先生按：民国《顺德县志》卷二十四《杂志》第二十八页作"肇于同治壬申"，余文大致相同。壬申乃同治十一年，光绪无壬申，《南海县志》误也），期年而获重利，三四年间南、顺两邑相继起者多至百数十家，独是洋庄丝获利，则操土丝者益少。辛巳岁蚕茧歉收，土庄丝愈寡，至市上无丝可买，机工为之停歇，咸归咎于丝偈之网利，群起而攻之。织机工人素性浮动，一倡百和，纠合数千人毁拆丝偈，先毁学堂乡一间，次将及于简村，与陈启沅为难，幸得官兵弹压解散。由是各丝偈闭歇年余始复旧业，计每丝偈以五百位为率，每年发出女工银约二万六七千员，远近胥蒙其利。复设小机器，每人一具，携归家自絚，缫出之丝无多寡，市上均有店收买之，其利更溥。据《采访册》（宣统《南海县志》卷二十六《杂录》，第五十六至五十七页）

陈启沅，字芷馨，简村堡简村乡人。少孤贫，笃学。……咸丰年间，洪、杨发难，中国乱离。启沅慨然曰："四方多故，内讧外侮，相逼而来，天下非十数年不能大定，民生凋敝，宁忍坐视。然运筹帷幄，决胜疆场，既非所长，亦非吾志，惟天既生我于中国，睹此干戈扰攘，战争未息，岂可跼蹐乡间，以流离转徙了此余生乎？"于是决计远游，冀有所得以还哺祖国。岁甲寅（咸丰四年，1854）至南洋，遍游各埠，考求汽机之学。壬申（同治十一年，1872）岁返粤，在简村乡创设缫丝厂，名曰继昌隆，容女工六七百人，出丝精美，行销于欧、美两洲，价值之高，倍于从前，遂获厚利。先是乡间缫丝循用旧法，闻启沅提议创用汽机，咸非笑之。及工厂已成，果著成效，机房中人又联群挟制，鼓动风潮，谓此风一开，则工人失业，生计立穷。无知之民相率附和，几欲将丝厂毁拆，经当道劝谕，其事乃寝。启沅知汽机之利实足兴起蚕业，勉力提倡，后人必有德我者。当风潮最剧时，亲友危之，宗族议之，亦绝不为动，其魄力之雄毅有如此者。然以事招众忌，乃改创缫丝小机，以便小资本家经营，功用则与大机无异，而小机之利尤普。卒之，风气日开，南、顺各属群相仿效，今则全省缫丝均用机器，多至百数家，妇女之佣是营生者十数万人，而前途之发达犹未可量。华货之流行于外洋者只茶、丝两宗，而尤以丝为大利，土丝出口现已达四千余万。挽回利权，培植国脉，实启沅提倡之力，时人称之为实业大家。……有韶州许炳芳者，与龙、马两姓争采锑矿，构讼莫解。粤督陶模聘启沅查勘，启沅为陈曲直，两造俯首，案遂结。陶奇其才，委办锑矿，得大利。士大夫耳启沅名，多与纳交，有劝之入仕者。启沅曰："我岭海农夫也，仕非所愿，亦行吾素志而已。"尤喜施予，办善举，解囊资助略无吝色。有关于振兴实业地方公益者，靡不极意提倡。……卒年六十有九。著有《蚕桑谱》一卷……《算学》十三卷，均行于世。^{据《采访册》修}（宣统《南海县志》卷二十一《列传·艺术》，第四至六页）

光绪七年，江浦司属织机工人数千，毁抢洋庄丝偈。（宣统《南海县志》卷二《舆地略一·前事沿革表》，第六十六页）

十八年五月佛山晋隆店因厘厂苛罚，激众毁厂。遂定罚章，漏号五钱以上，罚倍；五两以上，半货入官。（宣统《南海县志》卷二《舆地略一·前事沿革表》，第六十九页）

关于继昌隆、裕厚昌等丝房被毁事，可参看乌程徐赓陛《不自慊斋漫存》卷五、卷六《禁止丝捐晓谕机工示》等件。

按顺德……力农尤便，至于桑田鱼池之利，岁出蚕丝，男女皆自食其力，贫者佃富者田，而纳其租，惰安者盖少矣。其他为匠，为圬，为场师，又或织麻鸣机，编竹作器，一艺一业，往往遍于乡堡，相效成风。大率耕六工二，余则贸迁，其事诵读而试有司者不及十一焉。民懦而畏法，富家弥甚。……（咸丰《顺德县志》卷三《舆地略·风俗》，第三十五页）

南京云锦简介

朱　枫

"云锦"是南京的丝织工艺品，纹样造型，丰富典雅，结构谨严。因为是用彩色丝线和金线织造的，所以色彩非常绚烂。

"云锦"的品种有：粧花、库缎、库锦三种。

"粧花"是在缎底子上织上彩色花纹的一种锦缎，花纹用金线绞边。粧花织造有"过管"和"抹梭"两种方法：过管法是织工在织造时根据经验随时配色的，色彩丰富；抹梭织造就是一梭子到底的织造法，所以色彩不如过管织造的繁复。"粧花"云锦中有一种名为"金宝地"的，最为富丽美观。这是用彩色丝线、园金线和扁金线织造的。用园金线织成金色的锦底，上面织彩花，一部分花纹用扁金线来织。

"库锦"，一般的是用一种色线，或者是用金线或者是用银线织造的。也有用金色线、银色线混合织造的，称为二色库锦；也有用几种色线织造的，称为彩色库锦。

"库缎"是在缎底子上织明暗花纹，一种颜色。另外有一种在部分花纹当中，织上金线，称为装金库缎。例如五幅捧寿的纹样"寿"字织成金色，也有特殊的风趣。

云锦的纹样繁多，最常见的有龙、凤、狮、鹤、麒麟、蝶、金鱼、蝙蝠、牡丹（又称"富贵"）、莲花、芙蓉、玉兰、长春、虞美人、梅、兰、竹、菊、八吉、八宝、八仙、福寿、如意、三多（桃、石榴、佛手）、柿子、博古，等等。它的构成上有缠枝、满花、散花、么二三皮球、推磨、匀罗摆、正剖光等等。还有一种用几何纹样构成的"锦群",称"天华锦"。

云锦纹样内容大多含有吉庆的意思。

本期封底所介绍的两幅云锦图案,其中一幅,据织云锦的艺人说,叫"仙鹤衣",含有灵仙祝寿的意思。这种纹样在一百年前已经流行,老艺人根据西藏的来样(成品)复制下来,云锦研究组的同志又根据老艺人的复制加以整理和临摹。它是一幅粧花稿,纹样用扁金线绞边织造。另外一幅是库锦,缎底金花,用缠枝莲构成图案,显得非常匀整美观。在这两幅纹样中,可以看出,云锦不论在织造技术上和纹样风格上,都是继承了民族艺术的优秀传统的。

(原载 1957 年 1 月号《雨花》,第 28 页)

《佛山忠义乡志》

《佛山忠义乡志》十一卷，陈炎宗修（乾隆壬申），今未见。

《佛山忠义乡志》十四卷，吴荣光撰（道光十年），史语所藏。

《佛山忠义乡志》二十卷，冼宝干纂（民国十二年），史语所藏。

民国《佛山忠义乡志》

卷四　赋税志

按关厂挂销号税，省、佛皆有，而佛山受害较早，至今言者犹有余痛，历任关督为调剂诸役、应付内务府贵人条荐起见，特设此税，随役月占一二日，即敷浇用，挂名者或三二人占一日，亦足备送干修，其入息可想。光绪壬寅阖镇商民激而罢市，势将毁关。大府檄协镇及县前往弹压，问计于镇绅戴鸿惠。戴绅以苛例不除，何计之有。镇、县亟禀大府如议行，大众乃散。及关督出示，苛例免否，无只字道及。戴绅愤甚，谒大府，请即动弹章，毋代人任过。大府示意监督，始将苛例革除，泐石示禁，关役亦稍为敛迹，久之如故。广州总商会愿岁报捐十万金，请裁撤此厂，亦不批行。盖岁捐有限，以罚款比较，不啻数十倍蓰，岂肯辞多受少乎？及光绪三十三年岑制军春煊兼权关督，洞悉其害，毅然奏罢之。是时唐少村绍仪为财政部尚书，主持尤力，内外一心，故百年弊政，一旦廓清，如摧枯拉朽，有由然也。……

补抽厘厂。……按关卡之设，必在水陆要冲，操乎其所不能遁。大关之外，复有子卡，以防绕越，可谓严密矣。然以之御暴，则稽征之地，何莫非设险之谋，在用之得当而已。

卷六　实业志

首列机器制造工业，次列各行工业。

机房
土布　行。　光绪季年大机房二十余家，小者六七十家，工人二千余，多织丝品，丝由顺德各乡购回，出品颇多。……售于本地者十之二三，外埠四乡量亦相等，运赴外洋则十之三四。……按土丝织品滞销，由于洋庄丝出口日多，复重抽坐厘，原料值昂，成本既重，销售良难。至土布则日趋发达，花样改良，货色鲜美，为原日机房工人研究之力，惜绵纱颜料仍仰给外人，漏卮不塞，致外溢利权，岁逾巨万。……

布箱行、顾绣行、绒线行、头绳行、栏杆行、丝绒行、麻线行、红布行、布袜行、染房行、晒布行、礴布行、覆染行、扑布行、抓布行……

银业行（炒卖铺）、按押行、平码行（九八行）、钱行……

京布行、兴宁布帮、齐昌布庄……

《护沙篇》

说明：《护沙篇》原无出处，可能是从民间传抄而来，从未出版过，地方文献也缺载，研究沙田的学者也没能引用，又因其学术价值较高，故保存于此，供学人研究利用。

护沙篇上

自井田之制废，助法莫行而民病矣。中山昔名香山，初隶东官，由大小黄埔以抵澳门，或面于海，或流为河，昔之水道匪如今日狭也，有海之渍、河之潦，水退可治农，招民垦之，欲便民计口而给，滨海之民争趣焉。乃析以卷，泯其争也。是时之田，名鱼游鹤立，农而渔矣，或谓托始于赵宋云。时山场乡为盐场，吾族徙邑初亦居是也，既可艺蔬，可煮盐，于时乃名斥卤，斥充斥也，卤渍盐也，渐可艺五谷矣。遂有粮之征，管粮有户，户亦选民司之，土受于官家，计家而给，犹井田之余意也。粮入于官，其微不及百一，仍不失周人之彻乎。久之乃有增升之名，而大农并小农田，尽属私有矣。农乃佃其田，久之粮以外沙捐之费起。沙捐始于逊清，以四夷多事，兵燹频兴，其名为捐，亦劝民为卜式助边意耳。有司以此可富仓廪也，而捐其名，征其实，永定为税收之一，而贡之制成矣。田既有主佃之分，民乃有劳逸之别，粮与捐虽征诸有田者，然有田者实以是厚薄其期价赁田之金，吾邑名曰期价。，价易升而艰于减，赋既定亦何由寡取。乐岁腹以歌，安知凶年粪田不足，弱者转乎沟壑，强者乃铤而走险哉。于是乎沙匪乃生，沙匪生而护沙之制设，辟阡陌虽以富秦，而秦实以是累。助与彻不行，吾邑遂病于贡焉。

护沙篇中

护沙亦守望相助义也。昔者沙田患于盗，有田者给耕者以兵，部勒之以御盗者也。选隆于德、敏于事者董其事，名之曰护沙局。其始则名某都局，理田事，谋公益，排难解纷，且御盗匪，一举而数善备也。由逊清至民国十二年，厥制为民选而官任也，局司护沙之策，划与其费之征收队，司防守御盗之责，而统于局政府之沙捐费则委局代征焉。护沙费年收一元以至一元五角，分上下两造^{吾邑之稻年二熟，熟之期名曰造。}征之，沙捐则年收大洋五角而已。民国十年护沙归有司主理，故护沙之制，其始都局统于县局，董之者绅也。选举时，以田为业主之，所有耕者之所务，乃集二者以举之，被选者限于有田之人，然获选者仍多知名士也，故舆论翕然。惜其制毁于农民协会，惑于耕者有其田之说，强夺以代，然短于才，卒偾其事，民国十三年遂归诸有司主理云。队之制，邑设总队分局，辖地大者设大队，辖地小者设中队或小队，大队辖中队三，中队辖小队二或三不一，分局之队以大农^{耕田多者曰大农}长之，队长乃择农人以入伍，盖护沙为农人切身之事，以守望之责任之宜也。

护沙篇下

助之用大矣哉，殷之助公私交助，互得其利，制之最善者也。然阡陌既辟，地利不一，私有其田，民习已久，生今之世，强反古道，井田之利未见，纷乱之迹突呈，非策之善者也。农民协会所谓耕者有其田，亦新莽之学《周礼》耳。若耕者卫其田，则护沙任之宜也。然稽之当时，良农任会务者尚鲜，市井之徒利之，而叫嚣浮燥无学直儿戏矣。以儿童自任保姆，则其利必不可得，而害乃先见矣。是皆未得助之意。然则归诸有司如何，曰："今之有司，邑人也，以邑人治邑事善矣，苟有司而非邑人，不习于邑事，助之用究未知也。然则子将何取乎？"择邑人而董之，非邑人勿用也，选各乡之士而助之，则官以咨民，民以达官，上下之意达矣。丈其田，立之籍，则无匿报之病矣，仿都局意理田事，外谋公益，而排难解纷，不必另谋自治所之费，而区之事因此以举，亦助之意乎。至于护沙队之伍额，每为队长所虚报，验其全队则须离防而来，非防守义也。分视之，察诸甲地备矣，然察乙地时参以甲地之伍矣。润一人而危其地，宜有以革之。吾意队必有籍，籍有三：一掌之总局，其二分区与队各掌之，入伍必呈其像，像附于籍则有所稽矣。他如傍船拖谷禾熟则刈之，将贩于外，名曰出口，出口时用船必商之护沙队，任其保护（关于出口事，另有文论之），而队自行征费，名曰傍船费、拖谷费。之制，更须集业佃订定之，其费由局征之。总局则一其据，庶病农之事日少，而助之道以行乎。

珠三角沙田纪事

　　顺德、香山之讼，惟争沙田。盖沙田皆海中浮涨之土，原无税业。凡讼沙田，皆没入官，讼自息矣。何也？昔者五岭以南，皆大海耳，渐为洲岛，渐成乡井，民亦蕃焉。故邑曰南海，田皆沃壤。顺德、香山又南海之南，洲岛日凝，与气俱积，势也。顽民见利交争，讼所由梦，有司常不能断。如遇沙田之讼，按其籍曰：若田何年报税？果曾报税，按籍给之；无籍，没官、召买。若曰：吾所承业，从某户某田崩陷代补者也，则奸民之尤也，勿听，仍没之官，则奸难售，讼可省矣。是听沙田之讼之策也。《渭崖文集》

　　按：沙坦拨虚抵补之例，固为奸民借口。若不问所从，概以为伪，又无以持平而息争也。是在良有司之善为谳决而已。

　　顺民多食香税。叶石洞〔春及〕万历志言：桂洲南青步海中叶沙等处，与香山接壤之田五百余顷。当弓田时，民移籍于香以避丈。知县叶初春至，始正之。此香田顺税之所由起也。不宁惟是，顺地狭民稠，惟香山环海，病土满，大、小黄圃之沙坦弥多，顺民告承接踵，每讼浮生新税所归。若万历四年间，业户区大纯、何泮者不一，县、府司不能决，上之，殷制府折衷其间，乃命民有顺籍则告承顺税，有香籍则告承香税。谓：田，王土也；税，国赋也，何分畛域？其后世为挈（律）令，大南等沙皆然。顺农力勤，工筑日盛，而顺税日滋矣。又香田租入与顺等，而价则廉，谓浮产也，易为势攫。凡民兼有二邑之业者，苟急而变产，必香焉先，值受者无香籍，难于归户，辄推顺税鬻之，输将既便，相传日久，载入广册。所鬻者顺而人（香）之，所受者香而顺之，习不复察矣。更一易主，愈益难辨其实，以田替田，以税易税，额无遗溢，从民之便，不能诘也。且广属南、番、顺、东、新、香均称大邑，壤地毗连，户籍交置，故顺田而南税者四百四十八顷五十三亩五分零，番税者五十三顷六十三亩八分零，新税者六顷九十五亩九分零，香税者四十八顷一十六亩七分零，三水税者一顷一十八亩二分零，从化税者一十九亩零。纷纭如是，由建县割里时遗留已然，盖犬牙相错故也。之彼之此，何县蔑有？奚独于顺税而疑之？《木末山房集》

俗以祠堂为重，大族祠至二三十区，其宏丽者费数百金，而莫盛于碧江。龙津、古楼大族亦二三十座，一楼费数千金，以铁为门，下有基，高一丈，中有板阁。负郭田为圃，名曰"基"，以树果木，荔枝最多，茶、桑次之，柑、橙次之。龙眼则树于宅，亦有树于基者。圃中凿池畜鱼，春则涸之播秧，大者至数十亩。若筑海为池，则以顷计。

顺德割南海三都膏腴，人民富庶，水乡为多，聚族以处，烟火稠集。楼房高至五六丈，遥望之，如浮阁高出林表，参差不一。最富豪者有回字楼，高倍之，四檐落水，内阁三层，中有八柱厅，下有井、有窖，积柴、米其上，虽有寇盗，可数十日守，俨若一城堡焉。《五山志林》

按：明末俶扰，每恃此备盗。其制出而愈巧，防火则四墙皆可喷水，或盗已入，则抽其机，而室地忽陷于穴，因获焉。本朝承平久，十毁其八矣。（咸丰《顺德县志》卷三《舆地略·风俗》，第三十五至三十七页）

《焚余录》云：顺德有水乡，曰陈村，周回四十余里，涌水通潮，纵横曲折，无有一园林不到。夹岸多水松，大者合抱，枝干低垂，时有绿烟郁勃而出。桥梁长短不一，处处相通，舟入者，咫尺迷路，以为是也，而已隔花林数重矣。居人多以种龙眼为业，弥望无际，约有数十万株。荔枝、柑、橙诸果，居其三四。比屋皆焙，家取荔枝、龙眼为货以致富。又尝担负诸种花木分贩之，近者数十里，远者二三百里，他处欲种花木、荔枝、龙眼之属，率就陈村买秧。又必使其人手

种缚接，其树乃生且茂，其法甚秘，故广州场师以陈村人为最。^{俱全}上

按：种树、艺花，今盛于佛㴐，去陈村仅数里，场圃殆遍一村。《黎简集》所称"百花村"者是已。岂即陈村遗法近而得传耶？其焙果则仍为陈村故业。

菊圃多在陈村。陈村艺菊之盛，自黄东野始。家章甲，宅边列画町畦，种法甚善。黄慈利《菊圃记》云："龙津之壮甲，乔木森耸。余宗兄世居焉。"壮甲，即章甲，土名同也。《采访册》

大良多尼庵，龙江等乡亦不少，其来已久。近复有静修一流，不薙发而奉佛诵经，各居其家，而以时会于其师所居室。其宗与尼无异。（咸丰《顺德县志》卷三《舆地略·风俗》，第三十八至三十九页）

按唐代租庸调，即古者粟米、力役、布缕之征。明初税科凡四，曰夏税，曰秋税，曰马草，曰徭役。夏、秋二税但兼租调，即杨炎两税法，而力役则自为一科。开国时用隔征，踵行已久，隔征者，今年征去岁之粮、夏秋税、马草是也；现征为徭役、驿站、兵饷、场圃毕登，而后从容办赋，官署上考，而民享乐利。隆庆四年正月，海忠介公瑞抚江南，尝陈一条鞭法。御史庞尚鹏亦请行于广东，嘉靖间数行数止。万历七年，张居正当国，令丈天下田土，先后设矿税监，开捐例，至三十六年始定行一条鞭法，三征遂并为一。凡额办京库岁需以及土贡方物，一切名色编归正赋，当时称便。盖此法行，而催科分数亦因以立矣。其后遇额外事，如杂派差徭之属，复加派焉，则额外中有额外矣。四十六年，有辽饷之征，既又加征练饷，石增二钱有奇。沿及崇祯，百费俱兴，日甚一日，借粮比乐输之秕政出，而国亦亡。国初轸念民依，尝稽考万历间则例，切切讲求，故一条鞭之法遂沿至今。康熙中，正供外收火耗，多寡不定。雍正七年，巡抚傅泰题定每两一钱六分，以备通省公用者四，院司养廉者三，各官养廉者九。九年，加奏销刑名部费九厘，至定设养廉而止。（咸丰《顺德县志》卷六《经政略一·税赋》，第十四至十五页）

《顺德县志》等记载社会经济
及黄萧养起义情况

吴梯，字秋航。……嘉庆辛酉乡荐第一，九上春官皆报罢。……调（山东）禹城。……县有庄丁，得罪庄主，逃去变姓名，匿邻县。其母诬以因奸主女杀儿没尸控告，更数官，控益急。女欲自尽者数矣，梯莅任，庄丁之母上控，勒限完结。梯念庄主女不到案，则案不结；脱不实，到案后畏羞自尽，污人名节，且杀人，因谕庄主悬千金重赏购庄丁，数日果获之，诬控乃白。……（民国《顺德县志》卷十七《列传》，第七至九页）

黄乐之，号爱庐。……举道光壬午顺天乡试。……授贵州遵义府知府。乐之到任，见辖县不知蚕桑，但种青枫、养山蚕，蚕熟结茧又为鸟啄害，乃刻《农宝要书》，立赏格，申劝买棉子，教之树艺，并制纺织器具，分颁村庄，厥利甚广。山王坳私开银矿，亲往逐之。……癸卯擢浙江杭嘉湖道。……（民国《顺德县志》卷十七《列传》，第十至十二页）……孙建笮，字花农。由直隶通判办天津招商局轮船事务、会办电政事，以劳绩保道员。光绪癸巳、甲午三署津海关道。李鸿章督直，办新政，倚如左右手。……又赴沪办理各国商约。擢湖南按察使。……辛丑升江宁布政使。……乙巳以足疾乞休。卒年五十七。著有《电学新编》《寄榆盦书画稿》行世。……（第十二至十三页）

何应志……明云南布政使淡后也。父维仁，贸易高州水东墟，应志往助父，敦谊重诺，父业大起。……咸丰四年，土贼起。应志曰："此皆饥驱耳。"捐米万石，乡人无从贼者。……（民国《顺德县志》

卷十八《列传》，第十三页）

何家饶……少孤，祖母冯抚育成立。同治癸酉举武科，丙子成进士、营用守备。……冯勤俭善治家。佃户岁纳谷，自舂磨食，有余，辄鬻置田，咸、同后多变基塘，获利较丰。冯殁数十年未尝加佃户租。老佃农来见，辄曰："吾批耕时，封翁犹在襁褓中也。"家饶常谕诸儿曰："置产时地价贱，利息已优，吾衣食粗足，何忍再刻削农人。"光绪中叶，丝价飞涨数倍，乃招佃户至，咸情愿量加一二，亦不肯易佃，曰："此辈一家衣食所出也。"（民国《顺德县志》卷二十《列传》，第八页）

陈遂贤……候选道。少往南洋，矿业起家。凡创建书院善堂、修筑桥路、施赠棺药各善举，莫不乐与题捐。光绪二十九年钦旌"乐善好施"。（民国《顺德县志》卷二十《列传》，第十五页）

（咸丰四年）四月，红巾贼起。（五年三月）十九日官军复县城，二十二日设顺德团练总局。……获匪正法约一万三千余名。^{《凤城识小录》}（民国《顺德县志》卷二十三《前事》）

同治元年立抽厘法。^{《龙山乡志》}（民国《顺德县志》卷二十三《前事》）

景泰元年庚午夏四月，贼首黄萧养据五羊驿僭伪号。

五月，都督同知董兴为左副总兵讨贼，萧养伏诛。（逆贼黄萧养者，潘村小民也，家贫佣工，一目^{陈志，貌甚陋，眇一目。异。}赤，有胆略。因强争田土，殴死人命，收本府监，遇赦得释。凶恶不悛，恣行海面为盗，官军复捉收，断事司监问拟海洋强盗罪。正统十四年己巳^{按己巳为正统十四年，陈志作十三年九月，误。}正月，卧床枯竹转青渐生叶，同系江西商人谓曰："此祥瑞也。"因教以不轨，使人藏斧橐馕中，破钳铁。三月初八夜在狱打开监门，重囚俱从。^{陈志云十九人。}隶卒追之，挥斧行莫敢近。冲入军器局夺取军器衣甲枪刀，到司衙府衙撞门不得入，都司即率兵跟赶，贼撞开东门夺得民船，其党亦舣舟以待，遂出海行劫。官军追捕，复起各乡民夫船二十只及潭村屯军张百户船三只海面截捕。五月十三日在赤冈海口战败，杀张百户，由是贼益肆志。回潘村海口造船，愚民闻风惶惧，群盗从之者至万余人。廿三日有指挥船七只前往陛峒，被群盗抢，合同萧养连日行劫，来往海上，共船约一百五十余。六月攻桂洲、逢简，七月攻大良，八月攻马齐，各村无拒敌者，龙江萧碧等十二人设壮防拒。八月十九日贼船二十到龙江新开涌口，身穿红衣，头缠红帕销金勇字为号，乡民彭二仔内应，潜引散贼入村，烧毁房屋二十余间。是夜腰斩二仔，贼见事露退去，碧等议资外援，与北村、沙头、龙山、九江、大同等堡会同策应，各筑烽堑，日烟夜火为号。廿五日贼船二十余只复来龙江，与交锋，斩贼首数颗，杀伤无数，贼委靡奔遁。廿七日贼船约五百余只，自韦涌一路放火，连烧至广州城外，火烧三日，立更铺包围过城，造云梯、吕公车，日夜冲城，迫甚。有副总兵王清率兵赴援，至沙角尾，舟胶水浅，贼夺住家船只，载柴奔进，若避贼状。官军问萧养所在，言未脱口，伏兵突出柴中，缚清至城下，胁谕开门，清大骂不屈，遂遇害。贼据五羊驿为行宫，潜称东阳王，授伪官百余人，招诱愚民十余万，四出剽掠。九月初六日，有安乡伯自广西来，无谋轻进，至白鹅潭，被贼打夺，死于㦸船澳。贼势益张，三司登城望之，刃矢森发，相顾涕泣。越数日，贼差伪天下大总兵都元帅邓都统领船七百余只攻北村、吉利、藤涌等处，在龙江对海水藤村前操练，令伪称驾前指挥使周征向村叫喊归服。次日泊船，擂鼓喧天，炮声震地，为碧等所破，大颓贼阵，斩首数十级，死伤百余人，获船十三只，旗鼓器物甚多，复出兵救应沙头等村。十月初十日，萧养亲统大船三号及贼舟共二千一百余只，攻九江。九江初设七镇，奸民关仲庸内应，引贼占其五。是夜众将仲庸碎尸，碧等复率勇往救应，战退贼船，杀伪称驾前指挥谭明等首级七颗，获神机大炮两口，各五百余斤。朝廷闻，令都督董兴、总兵都指挥同知姚麟、兵部侍郎孟鉴、佥都御史杨信民总两广兵及南京总兵和兼同广西参将范并起田州等处狼兵来讨，寻命信民为巡抚，分军船为三哨，布散海面。贼闻大军至，亦分为两哨，一使伪都统曾贤统之，从东海波罗庙而来，至东坝与南京总兵和、布政使葛稽、都指挥胡英、姚麟、张通等船对敌。萧养自统大哨从西海白蚬壳进白鹅潭，与都督董兴、参将并各府狼兵船对敌。大军三鼓而进，大颓贼阵，获贼船五只，斩首无数。萧养中流矢，生擒之，时景泰元年四月十七日也。首贼既获，徒党奔散，大军追至贼巢，烧毁营寨，有贼将黄大牙复走大良立寨。廿一日往征大良，有从东海而入破其北面，有从碧鉴而入破其水栅，不数日而贼人就获，斩首如陵。五月初五日移军逢简，破其营寨。初八日破水藤、马村、小榄等处营寨。仅及一月而草寇荡平，海宇奠安。先是天文生马轼随军至江西，夜闻鸡声。兴问曰："此何祥也？"对曰："鸡不以时鸣，由赏罚不明，愿严军令。"经清远峡，白鱼入舟，轼曰："武王伐纣，有此逆贼授首之兆也。"萧养方聚船河南，众请益兵。轼曰："兵贵神速，益不及事。"兴从之。三月五日夜，有星坠于河南，占曰："四旬内破贼必矣。"信民旧为广东参议，有惠政，将至，贼众渐散。民走诉有为官司所系者，信民出之，与押印公据数万，散布四方，曰："纵为盗，有此据者悉免。"令招民入城赈之。萧养求见于城濠之南，信民单车出，止水次。萧养曰："岂真吾杨父母耶？"信民下车，挥左右岸帻示之，贼众罗拜。四月十一日，兴率官军至大洲头，与贼遇，大破之。信民使人持檄谕降，萧养曰："杨大人父母也，当徐思之。"贼获巨鱼以献，信民受而斩数十裔赐各部。贼出叹曰："兆不祥矣。"叛萧养渐众，留者不满千。会信民中毒卒，鉴益招徕萧养手下衣貌同者数十人，官莫能辨，乃以响箭向空而射，萧养仰视，一箭直贯其喉，遂为官军所擒，伏诛。诏鉴代信民。（《明史》、陈志、邓爱山《平寇略》）（咸丰《顺德县志》卷三十一《前事略》，第一至二页）

梁方仲先生按，民国《顺德县志》附《郭志（即咸丰志）刊误》卷下，第三十六至三十七页：按黄寇倡乱在正统十四年（乙巳）三月，僭号在八月，命杨信民等讨贼在九月，擒萧养在景泰元年四月。《刊误》作番村。

胡友信（《明史》有传）……浙之德清人。隆庆戊辰进士，又二年庚午来莅县。……县自俞思诚（广西马平人，隆兴庆元年任。卷九《职官表一》，第五页）以来，赋役无艺，奸回多上下其手，取赢者常十而三，拨以杜吏胥口者岁且八百金，征输之隶，率没入己橐，小民但赂隶，时号月钱。正供累千百可悬欠，否则虽少，亦遭鞭扑。袭萧养故俗，盗并起，为害行旅。友信下车……析三限，与民约，岁至县仅三日，多寡听自纳，不假手豪蠹，民便之。新旧赋毕登。……辛未大祲，斗米值百钱，出谷赈。……（咸丰《顺德县志》卷二十一《列传一·文传》，第九至十页）

　　周齐曾，字唯一，浙江鄞县人。起家进士，出令顺德。崇正甲申也，途次闻闯贼陷都城。……香山在县东界，中多沙田，积水成坦，久之可以树艺，本以地力涨生，无主之业，民争趋之。豪强每视为利薮，其黠者往往投势豪，不耕而获，一至秋收，则相率而肆刈夺，农民稍与撑拒，立毙拳械下。积案如山，莫可穷诘。齐曾辄躬自按行捕治讯实，即麾其甲长乡正缚而投诸水。临时以牍陈悔或自辨求缓，即并牍置其人侧并沉之，不复取阅。先后凡投数十人，奸宄畏凛，抢刈之风始息。经界既整，贫佃资升斗以活，于是万口欢呼曰"周青天"。偶从他处夜归，持烛炬迎者千人，光可数里，其见爱于民如此。至于……禁革征输火耗……无不毅然次第行之。时明社已屋，南都将覆，而粤省尚未隶版图，才智之吏转得行其志。齐曾以乱离之余，多方振奋，卒招人忌，抏而去之，在任计期月矣。民环聚数千众赴诉两台乞留，闭城门者三四日，而齐曾……去志遂决不可挽矣。……本朝既定鼎，遂弃官为缁流，自号"六自"。……^{张府志、姚志}（咸丰《顺德县志》卷二十一《列传一·文传》，第十五至十六页）

　　梁储传（咸丰《顺德县志》卷二十三《列传三·明二》，第十五至二十六页），于《明史》及毛奇龄说有辨正。

　　张拱辰传（咸丰《顺德县志》卷二十三《列传三·明二》，第四十八至四十九页），《明史稿》有传。与盐法有关。

　　梁有誉传。（咸丰《顺德县志》卷二十三《列传三·明二》，第五十六页）

董仕正……嘉靖乙卯举于乡。……迁令桐庐，禁溺女。……改南宁教授、靖江王府纪善。以归，先产尽以让兄。……身后田不满百亩，士论重之。^{张府志、姚志}（咸丰《顺德县志》卷二十四《列传四·明三》，第一页）

欧大任传（咸丰《顺德县志》卷二十四《列传四·明三》，第八至十二页），盐法（官私盐、折银）（《两淮屯盐疏》），隆庆四年屯田附。

苏其寀（附张景良传）（万历?）……外家中落，举妇奁田三十亩悉归之。（咸丰《顺德县志》卷二十四《列传四·明三》，第十四页）

薛藩（《明史》），平秀吉寇朝鲜时使朝鲜。（咸丰《顺德县志》卷二十四《列传四·明三》，第十六至十七页）

岑永清传附子之豹……领天启甲子乡荐，乙丑成进士。……授江阴令。奸猾恒藉豪庇，以粮头苦累贫户。之豹召豪势至，猝令自具田产实数，籍记之。清除投寄十之四五，赋役遂均。里胥铺户岁派万金，曰公堂礼，详请革之。……乡宦……以书［请］托，不听，即以事中去之。（咸丰《顺德县志》卷二十四《列传四·明三》，第二十一页）

梁元柱（《明史》）。（咸丰《顺德县志》卷二十四《列传四·明三》，第四十一至四十五页）

黎弘业（《明史》）。（咸丰《顺德县志》卷二十四《列传四·明三》，第四十六至四十九页）

陈邦彦（号岩野，第四子恭尹）。（咸丰《顺德县志》卷二十四《列传四·明三》，第五十六至六十三页）

陈恭尹。（咸丰《顺德县志》卷二十五《列传五·国朝一》，第三至四页）

何太青，字乐俞，又字藜阁。……祖元襄……足迹半天下，赀尽耗，复以发铁矿大起，客负数万金，悉毁其券。……太青举嘉庆甲子乡试，己巳成进士，改庶常。……先是其父毓峰素豪，迭商盐铁，折阅双累，家遽落。太青方弱冠，为诸生，拮据无以为养。妇叔梁使从其师之任游，供其脩食，得潜心向学。……（咸丰《顺德县志》卷二十七《列传七·国朝三》，第六至八页）

吴敏……少警捷。鬻分田得八十金，贸易迁江，亿屡中，习劳。……致巨万。……（咸丰《顺德县志》卷二十七《列传七·国朝三》，第十页）

黄昆……嘉靖丙子举人，庚辰进士。初任应城，调浦江。……浦江山县，水陆商旅不至。输赋必以制钱，会银价贵，多赔解。或劝谋于殷户，稍加其耗。昆曰："赔解止损官，议加则更数百年成法，害及百里，何忍行哉？"收钱如故。以亏额落职，邑人皆掩袂泣思。……（咸丰《顺德县志》卷二十七《列传七·国朝三》，第二十七页）

李滋然，字命三，四川长寿人。光绪己丑通籍即束装来粤。……甲辰调署顺德。……适办江尾教案，以持正不阿，忤洋人意。又邑团练局征收亩捐，每石米抽银四两七钱，滋然以附加比正供，增至八成以上，不肯带粮征收，复忤贵绅意。……粤督岑春煊勒县捐征余蛮子军费三万金，滋然廷辩，抗忤，自请撤参，岑大怒，夺职去。……（民国《顺德县志》卷十六《列传·职官》，第四页）

斜文布 ^{出桃村，夷舶四倍价，令倍度织之，明年货至，洋织盛而土机衰矣。} 按女布遍于县市。自西洋以风火水牛运机成布，舶至贱售，女工几停其半。（咸丰三年《顺德县志》卷三《舆地略·物产》，第四十五页）

梁方仲先生按：此志经始于道光十四年甲午年（1834），至咸丰二年壬子始成，三年癸丑刻。见卷首《例目》第五页下。

卢满殿，字康民，羊额人。生平仗信义。营丝业，发明水结，功用纺之为纱，织之为布，挽回绝大利权。……闽人程某游幕台湾，全台陷后，飘泊粤城。满殿慨赠以白金三百两作舟车费。光绪癸卯程某子树德、满殿子德荫均领乡荐，互电驰贺，一时传为佳话。弟满郡……与兄满殿在河南创一出口席庄，并在东莞、连滩等处分设支店，以工厂安插失业贫民，族内无赖少年为之绝迹。（民国《顺德县志》

卷二十《列传》，第十五至十六页）

何淡，字中美，顺德人。天顺丁丑进士。除知山东滨州。适蝗旱，淡至，以劝相耕农为首务。定粮役料物，以贫富为差，书为由帖预给之，听以粟麦布绢通融折纳，其病民者一切罢之。及期，不待督而输赋集。……（《粤大记》卷十八《献征类·藩监宣劳》，第十九页）

海南、雷州社会经济史料

　　蓝敏（嘉靖间知县？）奏准水冲田一百一十九顷九十六亩，该米五百九十石一斗零，每石折纳银二钱五分。昌利赖之。（光绪《昌化县志》卷八《职官志·名宦》，第十八页）

　　陶元淳，字子师，常熟人。康熙甲子举顺天乡试，戊辰成进士。出宰昌化。时邑再罹兵燹，册籍尽毁，奸民隐占，贫弱逃亡。元淳力行清丈，定为科则，民复业者千余家。^{《大清一统志》}乃作鱼鳞册，度隙地，立墟市，招流亡，劝开垦，予以牛、谷，不起征。县故与黎为界，旧设土舍制其出入，官吏因缘为奸，至是撤去。揭榜出峒，有冤者得诣县陈诉。黎民乐业。……郝通_志（光绪《昌化县志》卷八《职官志·名宦》，第二十至二十一页）

　　高维岳，宣城举人。万历二十九年授雷州府推官。……时远近地震，琼郡尤甚，田亩陆沉，官署、民居俱毁。维岳奉委摄琼，矢心擘画，不半载积逋顿完，堂宇复立。时矿徒万余人将聚为乱，以计解散之。……阮通_志（咸丰《琼山县志》卷十七《官师志一·宦绩》，第四十七页）梁方仲先生按：道光《琼州府志》卷三十《官师志·宦绩中》第四十二页同，亦引阮通志。

　　吴篯传载："万历三十三年地震，琼民压死以千百计。篯躬自稽察得实，捐俸金埋葬之。震荡之后，百役并兴，调度有方，民不苦役。"（咸丰《琼山县志》卷十七《官师志一·宦绩》，第四十六页）梁方仲先生按：道光《琼州府志》卷三十《官师志·宦绩中》第四十一页同，引贾志。

明徐闻教谕曾唯（临高人，县贡）《条陈兴革事宜书》，论田赋诸弊颇详。

条陈兴革事宜书

临高自昔称殷实，由无征役之害也。宏治庚申，符南蛇贼煽乱，几陷城邑，民户始耗。嘉靖辛丑，大兵徂征崖贼，凶荒交作，用资不足，时方兴名为差，然亦不至于疲敝焉。请以临敝之端、积敝之始言之。起解京库者名为京米，其则有上中下之异而均之，无差役之扰，收虽倍加耗息，民亦乐输，间有倍纳逃亡，而民不觉其为重也。然谓之上则者谷少科多，民不乐于趋兑；谓之下则者，科少谷多，而豪宦饶民争趋兑之，故琼、澄人民每寄庄于此焉。其起运解司、拨补各仓及存留仓者，科虽不同，而用重矣。征收之时，再加耗息及小钱之类，益见其重也。故耕者之所入，不足偿其差纳之所费，民财益竭，输办无措，耕作皆废，以致鬻田遗粮，于是多逃亡之民焉。如一户丁逃，责令现丁赔纳；同里逃，责令现甲赔纳。赔纳不起，相继而逃，赔者日积，逃者日多。前虽有五十二里户，而今止三十二里户，中亦有虚数焉。此临之所以日敝也。约属为裁减，且不足以资实用，况其为全设者乎？逃丁绝户，虚列版图，而存者少。遇均平均差，豪户则贿吏书匿其粮差，而编审者计登其数，始有鬻丁调丁之弊，而差穷民矣。至大造之年，奸户通同书算诡寄苗粮，以贻里排之累。盖以下图逃绝无人，而诡名以寄之者，利其岁久，洒为逃亡之粮。而马裊耗户，灶丁亦诡名以寄之者，利其优免，而粮差得以影避。于是富丁日饶，而耗丁日索，书算又有落粮之弊，愚民尽遭飞洒之害。故赔者不可胜计，而民生日促。此临之所以日敝也。信能清宿弊，正苗粮，并其户口，平其赋役，如徭差则征其正贴二纲以备用，而放民归农；均平务轻其正数以便民，而革其余耗。至编审之时，鬻丁调丁之弊，一切芟除，则役使均矣。若粮差京米之下则者，官米则增其二分，民米则减其二分。而远年难于追纳者，申请蠲免，或与停征，复示之以抚恤之至意，则散亡者可以招复矣。既复之后，令其现耕纳，而远年之逋负者不必追究，则民皆乐业矣。不然，今始复一人，而追取钱粮者群至，则逃者不能安心来归，而存者日以继亡也。此一邑生灵聚散攸关，而救时之急务，因条陈焉。（道光《琼州府志》卷四十《艺文志·书》，第二十五至二十七页）

曾唯，临高人。……初任广州训导，后升徐闻教谕。……尝留心邑志，编有志稿。谋锓诸梓，未就。牛志（道光《琼州府志》卷三十五《人物志·儒林》，第十九页）

苏恩，字从仁，华亭人。与程昌同年，为监察御史。嘉靖五年巡按至广，首抑权豪，革和买，且与藩臬佥议水夫为头领者，最为民害。乃定随粮带征之法，民甚德之。檄广州知府范槔礼请编修黄佐重修郡志，垂成以互相纠劾去任，士民垂泣送至清远云。（道光《广东通志》卷二四三《宦绩录十三》，第四二四八页，引黄志）

毛可珍，字美仲，原名元铠，香山人。……万历癸卯（三十一年，1603）举于乡。知诸暨县。……诸暨有义冢，势家溺堪舆言，欲尽夺之。可珍持不可。乡人名其地曰"毛公地"。俗多溺女，为严连坐法，由是存活者众。贫民以男女质钱。逾期，没为奴婢。可珍计其佣直，还诸父母。调静海。时庐田久为豪家私庄，岁耗课额。可珍下车，不数月宿弊顿清。……（道光《广东通志》卷二八二《列传十五·广州十五·明》，第四八八一页，引郝志）

刘如性，字淡然，番禺人。由南海学万历己酉（三十七年，1609）举于乡。七赴春官不第。授英德县教谕，擢广西贺县知县。……所属多金银铅锡矿，上官每藉之为利。一日郡守檄取锡二百觔。吏白："此往例也。每锡百觔折银百两，皆派于矿户。"如性曰："吾官可罢，吾民可重苦耶？"遂以白金市锡如数以献。果被劾，降江西建昌府经历。崇正间朝廷重简民牧，廉得其状，因补授云南阳宗知县。……迁赵州知州。（道光《广东通志》卷二八三《列传十六·广州十六·明》，第四八八八页，引金志）

陈纲，字文举，潮阳人。景泰辛未贡入太学。成化间需次铨曹。时议者以郡县长吏例不得仕于其乡。纲请仿古制，凡一切与选之士，无论科贡，但当论其才适于用。不得辄拘乡贯，以便民俗。从之。于是纲始授为本省高州石城知县。寻以都御史韩雍荐，擢高州通判，再迁庆远同知。……（道光《广东通志》卷二九三《列传二十六》，第五〇四三页，引郝志）

郑凤，邵武贡士。嘉靖间判万州，平易谦恭，收支不染，军民咸德之。继任有戴龙者。州民谣云："郑凤再来天有眼，戴龙不去地无皮。"[道光《（琼州府）万州志》卷九《宦绩录》，第十二页]

杨论，临桂举人。（梁方仲先生按：崇祯？遍检卷二《职官表》，亦未载其年代）以府同知署州事，政简刑清，恬静爱民，用均平不扰里甲，审户口，按米均摊。时值举兵征黎，编夫运米，州夫四百名，每名议银十二两，公为详减。又值狼兵经过，善为调停，不致骚扰地方。……［道光《（琼州府）万州志》卷九《宦绩录》，第十四页］梁方仲先生按：道光《琼州府志》卷三十《官师志二·宦绩中》第四十五页稍有异文，引《万州志》。

张文豹（西陵人，知县），《详革陋规碑记》（康熙二十七年戊辰），征收陋规有六。［光绪《（琼州府）定安县志》卷三《经政志》，第三十二至三十四页］

（琼州府）会同县正德七年户口数［乾隆《会同县志》（嘉庆续修本）卷四《赋役志》，第二页］：

户 1,062

民口 70.2（原作七十零二）

军口 57

梁方仲先生按：二"口"字疑为"户"字之误，数字亦有错误。

杂役［户］294

马站户 28

窑冶户 4

蛋户 88

弓铺兵祇禁户 76

寄庄户 5

口 3,910

男子 2,650

成丁 1,967

不成丁 683

妇女 1,210

梁方仲先生按：正德以前但分户、口两大项，其下不再分。至万历十一年又增灶户、木匠户、女户三项。

国朝（清）：

户口男妇 1,948 丁口（内除已故 9 丁，又帮贴灶丁 220 丁，例不派三差盐钞外，实编男妇 1,719 丁口）

男子成丁 888 丁（内有优免人丁本身全免丁 368 丁，例不派三差盐钞）

实全编 520 丁（每丁例派猺差民壮均平银 1 两 3 钱 2 分 6 厘⁺，共银 689 两 7 钱 1 厘 5 毛）

妇女 831 口（每口只派盐钞银 3 分 6 厘 3 毛⁺，共银 30 两 2 钱 2 分）

二项共征银 719 两 9 钱 3 厘 5 毛，遇闰加银 31 两 2 钱 2 分 6 厘 9 毛。

乾隆元年届编审。报滋生人丁 13 丁，食盐课 13 口。钦奉恩诏永不加赋。

第十二至十四页载明朝人丁岁派钱粮则例（应为条鞭行后之事）。

第三十二至三十四页载明朝俸粮（多已折银）。

民国《感恩县志》卷十七《人物志·耆寿》，第九页上，清：杨性直，县城人，康熙戊午生，乾隆庚子卒，寿一百零三岁。梁方仲先生按：其余九十岁以上者数十人。

同书卷十一《经政志·兵制·明代民壮乡兵》。

道光《（雷州府）遂溪县志》卷六《兵防志》，第十至十六页《屯田》。

道光《（雷州府）遂溪县志》卷五《赋役志·户口》，第十五至十六页：

天顺六年

民户 1,673

军户 4,721

灶户 725

校尉力士户 1

弓兵铺兵防兵堠夫户 16

各色匠户 15

坊都三十里

万历四十一年

户 7,423

军户 4,722

民户 1,960

灶户 718

力士户 2

铺兵户 6

杂役户 15

丁口男妇 18,859

男子 15,079 丁

成丁 15,051

未成丁 28

妇女 3,780 口

崇祯十年户口同前。

第十七页：按丁户自康熙十五年奉旨以本年丁册定为常额，续后滋生人丁永不加赋。康熙五十五年奉旨将丁粮摊入地粮，永行遵照。今载康熙十二年至雍正十年丁口所征，丁赋系就摊入地粮中分晰开载，非地粮之外又有丁赋也。

乾隆元年至二十六年五届编审。盛生滋生丁口，男丁 16,118 丁，食盐课口 11,603 口。

按丁赋摊入地粮，则妇女已无可征之项，业经奉停编审妇女。今仍载乾隆元年五二十六年五届编审食盐课口，乃照前款以存虚名，非妇女尚有计口纳钞也。

第十八页：乾隆三十七年奉上谕，编审之例永行停止。

户口增加之速：

嘉庆十五年

册报县民屯户 41,283

男 123,849 丁

女 85,602 口

道光二十八年

册报县民屯户 75,341

男 164,906 丁

女 109,366 口

梁方仲先生按：康熙十二年至雍正十年编审男妇共 5,301 丁口，男丁 3,565 丁，妇女 1,726 口。

民国《赤溪县志》卷四《经政·户口》，第三页："按县属山多田少，人民生活维艰。查近二十年来，县民挈眷往南洋各埠寄居谋生者，计每年不下数百家。故历次编查户口多有漏报，合注附于此。"

梁方仲先生按：同页记民五编查册报户 9,715，口 80,669。（民二、民三、民四户口数大致相同。）

道光《琼州府志》卷十二《经政志二·禄饷》，第九至四十页。

光绪《昌化县志》卷四《经政志·屯田》，第一页："万历八年定本折四六兼征法。，，时议复本色，屯军苦累。副使唐可封始定本折四六兼征，每石钱四百二十文。

"每军一名岁种二石，受田二十石，获米一十八石，，，内除十二石，准其一岁月粮，以余六石纳官。"（梁方仲先生按：以上《琼山县志》同。）

第六页下："以上不论入由单。"

第十一页下至第十二页上："按昌化地亩原额 444 顷 20 亩 7 分[+]，弘治年间被水冲埋额田 119 顷 96 亩 4 分，遗虚米 590 余石。……未蒙开豁。万历九年唐知县奉文清丈，取盈原额，一概坐撒各图。有粮无田，百姓赔累逃绝。至崇祯三年张知县遵照履亩丈量，通完结算，比原额失过 152 顷 52 亩 9 分[+]，该米 489 石 6 斗 2 升[+]，该银 504 两 9 钱 5 厘。再照户口比原额计少 102 丁，该虚丁银 50 两 4 钱 7 分[+]。……"

咸丰《琼山县志》卷七《经政志三·户口》，第十二页下：

顺治九年实编男妇 33,040 丁口，内：

男子成丁 13,285 丁，内除员役优免并匠灶蛋本身

全免丁 2,476 丁（例不派徭差民壮均平盐钞银）

实丁 10,809 丁（每丁派徭差民壮均平银 3 钱 9 厘，不派盐钞）

妇女口 19,755 口（每口派盐钞银 1 分 1 厘[+]）

咸丰《琼山县志》卷七《经政志五·屯田》，第十九页（所载较《昌化县志》远为详尽）：

正德初准令每石正粮折银三钱。照纳原仓外加耗银一分五厘。

嘉靖初准令正粮一石折铜钱三百文。照给军粮。

梁方仲先生按：道光《琼州府志》卷十三下《经政志五·屯田》同。

隆庆四年准令屯粮俱纳府广丰仓。每石耗银一分五厘并解贮库，听支卫所首领柴薪及奖赏之用。

以下清屯田则例甚详，待抄。

咸丰《琼山县志》卷七《经政志六·科则》载：

明田地山塘分官民等项共二十二色。本县一十二色，余十色无。

曰职田[有]，曰大小屯[有]，曰学院[有]，曰僧寺[有]，曰抄没[有]，曰拨赐[无]，曰伤边[无]，曰献官民租[无]，曰叛贼[无]，曰张天[无]，曰山园[无]，曰民田粮田[有]，曰粮地[有]，曰桑丝[有]，曰苎麻[有]，曰芝麻[无]，曰黑豆[有]，曰绵花贝园[无]，曰蓝靛[有]，曰民塘[有]，曰坭沟[无]，曰车池[无]。

覆丈科则：

上则米三升四合零二勺。

中则米二升六合零七勺。

下则米二升零四勺。

梁方仲先生按：道光《琼州府志》卷十三下《经政志六·科则》所载更详尽。

道光《琼州府志》卷十三下《经政志六·科则》，第二十至二十三页：

郡属田地山塘分官民等项共二十二色。

官曰职田（琼、澄、文、临、儋、万六处），曰大小屯（乐、昌、陵、感无），曰学院（乐、昌、感无），曰僧寺（同职田），曰抄没（俱有），曰拨赐（文昌），曰伤边（万州），曰献官民租，曰叛贼（俱澄迈），曰张天，曰山园（俱儋州），曰民田粮田（澄、陵加黎田，儋分黎源、近江、张天，万、陵、崖加僧道，感加灶田，总曰民田），曰粮地（琼兼陆地，澄分民、黎，会、乐、昌、感无），曰桑丝（定、儋、崖三处无），曰苎麻（琼、澄、定），曰芝麻（琼、澄、临、儋无），曰黑豆（琼山），曰绵花贝园（临、崖、昌、感），曰蓝靛（琼、乐），曰民塘（澄迈分民、黎，定安无），曰坭沟，曰车池（澄迈）。

科则一十八（官有十七则，民有五则，内四则官民俱有）。

一则三斗五升（学、职、僧、屯、没，田、地俱有，塘惟抄没），一则三斗二升（抄没俱有），一则三斗一合（抄没、拨赐田地，没兼桑地），一则二斗八升（学院田），一则二斗七升二合（抄没、田、塘俱有，地分桑丝、芝麻、棉花贝园、蓝靛），一则二斗四升（田有学、职、没，地惟没、粮），一则二斗一升六合（学院田），一则二斗（田有学、职、僧、屯、献官、没、贼，地无献官、公职，屯兼芝麻），一则一斗六升（田有学、职、僧、没，地惟献官，桑丝、没兼芝麻），一则一斗（抄没田），一则八升（田有学、没、备边，地止抄没、山园）。

以上俱官田地塘。

一则五升（田止民、僧、道，塘有官、没、屯及民、黎），一则四升（田兼屯、民，地土民粮、桑丝），一则三升五合（田兼官屯、民田、近江，地惟官没、芝麻、绵花），一则三升二合（官没、芝麻），一则三升（田有官学、屯、僧、献官，民兼僧、道、黎灶、张天，地有官屯、寺、献官、粮，学兼桑丝、拨赐、棉花，民兼黎粮、桑丝、芝麻、黑豆、苎麻、蓝靛、

绵花
贝园，一则二斗八合^{民地桑丝改科}，一则一升六合^{官地、抄没、芝麻}。又计座科米者二则，一则一石二斗^{泥沟}，一则一石五升^{车池}。以上惟官塘一亩一分、民塘七十六顷四十五亩四厘及泥沟、车池无耗，余俱每升科耗七勺。后复清丈，概罢诸田，并入民田，改科上、中、下及下下、地、塘等则列后。

上则：

澄迈三升七合六勺。临高三升。安定二升七合二勺。文昌二升八合五勺，塘同。会同一升八合三勺，塘同。乐会一升九合九勺，今折额三升，中、下仿此。儋州三升五合四勺，塘同。昌化复旧。万州六升八合零，塘同，无耗。陵水一升七合。崖州二升三合三勺，内抽官二合五勺。感恩官屯二升。

中则：

澄迈三升九勺。临高一升三合，塘同。定安一升九合八勺。文昌二升四合五勺。会同一升五合三勺。乐会一升六合九勺。儋州三升。万州五升四合四勺，地同。陵水一升四合。感恩官地二斗正。

下则：

澄迈二升一合六勺，塘、地同。临高一升五合四勺。定安一升五合。文昌一升六合，地同。会同六合八勺。乐会一升零八勺。儋州二升四合一勺，粮地、塘同。万州四升二合三勺。陵水八合零。崖州一升四合二勺，内抽官二合四勺。感恩民田三升，地同。

下下则：

定安一合九勺。文昌六合六勺。

地则：

临高一升二合一勺。会同二升九合零七勺。乐会三升七合零一勺。陵水桑地一升四合零三勺，粮地六合零五勺。儋州三升一合零二勺。感恩桑地科丝一钱四分。

塘则：

乐会三升一勺。陵水八合零六勺。崖州一升二合零一勺，内抽官七勺零。感恩复旧无耗，二升。

琼山县覆丈科则：

上则米三升四合零二勺。

中则米二升六合零七勺。

下则米二升零四勺。

夏税米一百八十一石零七升二合，内官米二石四斗八升七合外，新垦一斗六升八合。

秋粮八万五千八百零五石六斗九升五合，又新垦米九十九石九斗一升零，内官米二万二千九百零一石五斗零四合。

共科夏税秋粮官民米八万五千九百八十六斗七斗六升八合，又新垦米一百石零七升九合。

咸丰《琼山县志》卷八《经政志七·四差考附》：

均徭

明

役法率以审实丁粮丁免故绝，米免冲崩及咸伤二分，后大林都民林一鹖等告准三分。，分上中下户上户编银八钱，中户七钱，下户六钱。隆庆初上户或至二两外，下户不减二两。及银、力二差丁多差力，粮多差银。有十年一编者，有免编者黎图及盐、灶、蛋等户，皆视当下粮多寡为差多则派轻，少则派重，余以拨补丁粮稀少州县如崖、感、昌等处丁粮不足，每以琼、澄、定、文等县拨补。。后以力差苦累库子、解户等役无不破家相望，陆续改编觅役以御史庞尚鹏奏改民差通行。。万历甲申后始入一条鞭行之，续经裁革衙门，省减冗役府首领递运税课及各巡检司宾宰等驿与铺兵、斗级、门子之类。。及近免济边各役先免济边弓兵役，续免济边皂兵、门禁、库子、斗级、渡夫各等役，皆令免编，以苏民困。。

万历戊午，除裁省冗役充饷外，编各役工食银三千六百五十五两七钱八分四厘二毫五丝八忽数见郡原志。。

民壮

民壮旧出兵制，宏治末始用丁差。嘉靖壬寅复议追银，不过五两始抽民壮二百七十二名，追银一千三百六十两，以给勇兵用。　。辛亥后再抽追银，通改七两四钱。丙寅后又以客兵岁增，加编解司充饷 ^{按抚议将各州县不系盗贼生发地方及暂有盗贼而素称肥饶者，扣编九两八钱，给工食六两，哨守者给七两二钱，余俱解司充饷。本县以地瘠民贫，得减一两。} 寻以地皆兵荒，通融编解后留水寨船兵之用。　。隆庆末复增二分之一编银，兼派丁粮，而民不堪命矣。万历丁丑始罢增编，丙戌、辛卯续免济边，减银以苏民困。而前项加编 ^{解司者} 及续增防守 ^{续增本县三十七名，每名编银六两二钱，共银二百二十九两四钱。}，仍旧编金，民有重差之苦焉 ^{先豁济边者，止免七两四钱，未豁加编二两零二厘三毫三丝一忽；续免者止豁工食六两二钱，未豁加编及扣解充饷银一两二钱之数者为重差。}。万历戊午全书实编本县银四千一百七十九两一分五厘二毫八丝一忽。

　　均平

　　都里旧例止输物料、给差使。景泰后，凡百官需悉令出办 ^{凡岁祭、表笺、乡饮、科贡、料价、夫马等项}，民苦之。宏治末，副使王继始减则例，定均平钱 ^{人丁一丁出钱三百文，米一石出钱三百三十四文，谓之均平，不敷则另派补。}，而额外之供有甚于则内者。嘉靖乙未，御史戴璟虽定《均平录》，而不能禁班头、埽柜之扰 ^{同知王某始立班头，知县林应采因之，令各里输钱班头收柜，月终余钱尽没入己派下手，谓之埽柜。}。己未，御史潘季驯乃定《永平录》行之。今合并厢里八一条鞭 ^{旧例厢长只答应家伙什物，免纳均平。万历戊寅，四厢告准一体出办，如通里例。}。戊午，除充饷外，编岁祭各项银一千一百七十七两二钱五分九厘五毫四丝 ^{数见原志}。

　　驿传

　　本县旧设琼台、白沙等驿及海口递运一所，例置夫马船只，籍水马站户八百一十有六充之，十岁一编，周年递替，料以粮派，夫以丁 ^{每石派金银三钱} 。正统间革去白沙等驿 ^{夫马俱出州县}，始计粮朋金，定为夫马一百六十五名 ^{海口递所及宾宰各四十名，乌石二十五名，琼台六十名。}，每名编米八十石 ^{每米一石一钱}，各追银二两为置船 ^{二只，在递运所}、买马 ^{一十四匹，琼台六匹，宾宰四匹，乌石各二匹} 及铺陈什物之需。嘉靖年间，复革宾宰、乌石等驿^{以举人陈表}_{建议裁革}。戊午，奉扣马价、廪粮、铺陈各项银两解济边饷^{廪粮、马价半解，铺陈全解。后总督吴}_{桂方议改司饷，寻留白沙船兵之用。}。隆庆戊辰，奉部劄裁革各驿马夫，通追充饷。万历年实编琼台驿银四百一两五钱六分四厘，递运所一百六十两。

梁方仲先生按：民国《感恩县志》卷六《经政志一·均徭均平》（第四页）所载同，惟略有异文。如银、力二差下云："有十年一编者，有三四年两编者，有免编者，我邑五年一编。"光绪《临高县志》卷六《赋役类·均徭均平民壮》所载大致亦同，但较《琼山县志》更略。

咸丰《琼山县志》卷八《经政志七·豁除积弊附》，第二十七至三十二页：郡伯于霈《为备陈海南派累积弊事》（乾隆五年）。

咸丰《琼山县志》卷八《经政志七·豁除积弊附》，第三十三至三十五页：知县杨宗秉《为请除派书积弊等事》（乾隆九年七月）。

咸丰《琼山县志》卷八《经政志八·盐法（鱼课附）》：

宏治年间复折银，纳广盈仓，每石折银三钱。

正德初（四年）盐法佥事吴廷举查复优免例。

明初灶户除正里甲正役纳粮外，其余杂派、差徭、科派等项悉皆蠲免。后来州县官吏不体盐丁之苦，科役增害。至正德初佥事吴廷举查申。……

天顺年间……奏准大引折米一石，小引折米五斗，不拘父子，每丁岁办课米一石五斗五升。

万历四十五年查点大引 414 丁，每丁办盐 615 觔，折米 1 石 5 斗 3 升 7 合，折银 4 钱 6 分 1 厘 2 毛⁺；小引 365 丁，每丁办盐 410 觔，折米 1 石 2 升 5 合，折银 3 钱 7 厘 5 毛；大小引正办人丁 779 丁。其盐引米银额数仍旧。

明渔课米：每石折银 3 钱 1 分 5 厘，例不派四差。

咸丰《琼山县志》卷八《经政志九·榷税》：

明

商贾所征，与河泊所及各州县地土所产、物力所出者，皆差定钞额，折征铜钱，岁解府库，备官员俸钞。凡一十四项。……

右食盐钞一项，旧以妇女每口月征钱五百文，然后以官盐计口散给，岁久成例。官盐不下而额钞照征，后以钞法不行，每贯止折铜钱二文；五贯为一锭，折十文；七十锭折一两。

咸丰《琼山县志》卷八《经政志十·土贡》：

元

坡跟子〔永乐志作巴豆。外纪注为槟榔，谓顺土音怪字也。今城间讹语犹然。〕。

明

麈皮〔每张价值钱二百。〕，生漆〔每勐价钱四十，或银六分，或银七八分不等。〕，翠毛〔每个价钱一百。〕，槟榔及大腹子〔俱每勐价银四分。〕，大腹皮〔每勐价银贰分。〕，黄蜡〔每勐价银二分。〕，芽茶〔每勐价银二分。〕。

以下载历年派入随粮带征（奉户、工、礼部等勘合派各种物料）。

道光《琼州府志》卷十三下《经政志七·赋役（土贡附）》与县志同，但较略。

光绪《临高县志》卷六《赋役类·土贡》，第十七页：元曰拔榔子（下同）〔顺蒙古语作字也。〕。

茶芽〔勐价银八分正。〕，鱼胶〔勐价四钱，闰加二勐。〕。

咸丰《文昌县志》卷四《经政志·田赋》，第四页：

田赋：按开方法伍尺为步，一步即一弓也，积二十四弓为一分，积二百四十弓为一亩，每亩约得十六两升，种子一斗五升，每百亩为一顷。

梁方仲先生按：上记为清代情形。

胡瓜以张骞使西域得种，故名。又隋大业四年避讳改为黄瓜。今俗以《月令》王瓜生为黄瓜，误矣。王瓜，即土瓜也。〔《本草纲目》〕（道光《琼州府志》卷五《舆地志·物产》）

苦瓜，原出南番，今闽、广皆种之。〔《本草纲目》〕（道光《琼州府志》卷

五《舆地志·物产》）

菠薐菜，即菠菜，一名赤根菜。刘禹锡云，种出自西国，有僧将其子来，云是颇陵国之种。语讹为菠薐耳。^{《嘉话录》}（道光《琼州府志》卷五《舆地志·物产》）

红蓝花，即红花。叶颇似蓝，故有蓝名。《博物志》云，张骞得种于西域。今人家场圃多种之。花可染红，又作胭脂。主治产后血晕。（道光《琼州府志》卷五《舆地志·物产》）

波罗树，自萧梁时西域达奚司空携子二枚栽于南海庙，即佛氏所称优钵昙也。^{广州志}按木本者实重数十斤，味香甜而腻，土人名曰波罗蜜。其草本者，大仅如柚而多刺，俗名番波罗。其叶可抽丝、绩麻、织布，为波罗麻布。文昌、安定多产之。（道光《琼州府志》卷五《舆地志·物产》）

指甲花，其树高五六尺。……与耶悉茗、茉莉皆雪白，而香不相上下。番人自大秦国移植于南海，而此花极繁细，如米粒之半。……一名撒沫花。（道光《琼州府志》卷五《舆地志·物产》）

产鲜万金。安土重离，不事远贩。惟货本土槟榔及黎村米谷，次则皮张、绵花、苏木、沉香及布帽、油蜡、蒟蒻等杂物，皆不甚抵价值。故产计万金者，城落无数家。（道光《琼州府志》卷三《舆地志五·风俗》，引黄泰泉通志）

儋州民……专务农业，不事商贾。……多艺吉贝织布，人无佣佃。^{阮通志}崖州……妇女不事蚕桑，止织吉贝。家自耕植，田无佣佃。_{康熙十五年牛天宿《琼州府志》}（道光《琼州府志》卷三《舆地志·风俗·礼俗》）

庞尚鹏：《百可亭摘稿》（师俭堂藏版）卷一《奏议》。

明清嘉应州社会经济情况

光绪《嘉应州志》卷十三《食货》:

户口

嘉靖十一年，人户 3,099 户，人口 38,366 口:

民户 2,604 户;

军户 118 户;

各色匠户 32 户;

捕鱼船户 29 户;

酒醋户 3 户;

僧户 2 户;

捕鱼户 13 户;

渡蜑户 76 户;

官吏生员户 15 户;

水站递运防夫户 144 户;

弓兵皂隶拘驿铺兵户 62 户。

男妇大口 19,126 口，小口 9,240 口。

梁方仲先生按:至崇祯五年，户口数均减，户名与上大致同。惟酒醋户作酒户，又有捕户、生员户、弓兵拘驿铺兵户。此外增立:医生户 3 户，阴阳户 13 户，外县寄庄附籍户 77 户。崇祯八年，增捕猎户 3 户。

以上官吏水站弓兵等户条，明初以本等名色占籍。今籍名虽存，但官吏千员已非旧，而水站弓兵等役亦随时于均徭内编签，不复以此为限。

顺治八年增"仵作户一户"。以上俱葛志。

（温）仲和案：葛三阳以顺治八年任程乡县，聘李二何太史所修《程乡县志》，其书久佚。此次志局采得残本。……康熙间刘广聪修《程乡县志》，多所刊削，王志因之，遂使有明一代之制无从仿佛。……（梁方仲先生按：今按朱士嘉综录不载《程乡县志》。）

第十六至十七页，附录州人李象元《钱粮则议》："议得地丁钱粮按则征收，旧例遵行已久，但不知程邑昔时上则之田何以派亩少，因之征银亦少；下则之田何以派亩多，因之征粮亦多。今如册书所算，上则官民米一石，额征银及带征丁口匠价银共七钱八分八厘有零；下则官民米一石，额征银及带征丁口匠价银至一两二分二厘有零。中则且无论，是上下二则相差至二钱三分四厘零。上田亩必宽，土必腴；下田亩必狭，土必瘠，而征银之多少相反如此，似非均平赋役之道。况自明迄今数百年，田之买卖，粮之收割，纷错互换。如契书上则者，其户册无上则，则割中则；书中则者，其户册无中则，则割下则。有肯出价之赢者，田虽中下，亦割上则；不者，中下随便，田自田，契自契，从未有案田书真则者。今之上中下则，多非昔之上中下则矣。钱谷之务，易藉以取利，故掌籍者挪移变换，难保无弊。大户习事者犹知每届清理，小户愚弱者罕能案册稽查，暗中亏累者谅不乏人，故世宦素封之后，多有田卖尽而粮犹贻者，承追官亦受其累。管见似可稍为变通，如前署州守林公所酌定粮米额单，合通州官民米匀派，不计亩顷，而计斗石。每官民米一石，不分上中下三则，均派征银九钱二分零，上则比旧例增加一钱四分，下则比旧例减一钱零，庶可免偏枯之患。方册之造，则仍旧规，实征之册，改从新便，即至奏销，合之全书总数不差毫厘。其要在刻颁由单，使人易知易行，则诸弊易悉。户户田有三则，故户户皆愿通融。自林公起议后，未闻有一人言不便者，信宜民之政也。惠属海丰、陆丰二邑，从来照米石征派，不论则亩，上下相安。林公曾令其地，知其简便，故推其法，欲议行于此，惜署篆未久。望后之贤太守俯顺舆情，断自己见，勿为胥吏摇惑，叙明委曲，详请上台，倘得允行，合郡戴德无涯。见王志。"

附录州宪周怀济《由单传并条例》：

赋税之有由单，直省奉行已久，惟边隅向循旧俗，惮于更新，上中下则纷纭参差，户书飞粮走亩，侵渔百出，不惟花户受累，抑且官长蒙欺。州主周公怀济洞悉民情，勤理庶务，夙夜不遑，奋然举申行由单定式，统三归一，使民间执单投输，不事案稽，了如指掌，虽至愚莫之或欺，民甚便焉。所谓寓抚字于催科之中，劳与拙两免，推实意于良法之内，国与民俱全也。士民勒石州署，永垂不朽，亦得窥良司牧兴利剔弊，为上为下之一班云。时董其事者贡生王威武，襄厥事者优行生员侯垲、监生张云嶂、候选县丞萧士、贡生钟应文、副榜贡生李岩、廪生杨为樆、候选州同萧式濬、监生陈梦槐、监生李峻、贡生饶槐。

第十九页下云："……外有积微成忽，积圭成撮，名为卷扫，总计十三图并溢官民米 17 石 1 斗零，内该溢银 15 两 9 钱零，溢折米 1 石 7 斗零，溢本米 7 石 2 斗零，是皆积少成多，自然盈溢。（按全州额配官民米共 9,134 石 9 斗 2 升⁺，额征地丁银共 8,495 两 5 钱 4 厘⁺，额征折米共 930 石 5 斗 7 合⁺，额征本米共 3,864 石 6 斗 5 升⁺，案亩配米，案米派征，法有一定，本无盈缩。……州主周公……将本州额粮悉案照全者以核算，共上田每亩应配官民米 3 升 7 合⁺，中田每亩应配官民米 2 升 8 合⁺，下田并夏秋桑山每亩应配官民米 2 升，上塘每亩应配官民米 3 升 2 合 1 勺。……其额官民米每石应征银 9 钱 3 分 3 忽，征折米 1 斗 1 合⁺，征本米 4 斗 2 升⁺。……）百十年来手手相沿，皆所以补各图逃亡之户缺额之粮，并帮解粮一切运脚之费。自正月颁发由单，恐僻乡愚有赴领之艰；除收粮米并拆立子户，虑户书有需索之弊。……至由单发纸户给领，不令胥役经手，原为杜需索之弊起见，今据呈僻处乡民不无户领之烦，姑照所请发各图差顺带分给，每张仍照由串之例，给钱三文，倘敢额外多取，察出严究。……伏惟州主行一条编之美政，协十三图之舆情，各户现领由单已可遵完本年银米，复可存为下年输额。遇有收除，另行换给。既已勒石州门，今复补编志乘。……俱见文志。"

第三十三至三十四页有蜑家史料，投靠大家以避赋役。待抄。

鱼课

洪武十四年，立程邑河泊所以榷鱼利，遣校尉于各产鱼之处点视，遂以所点额设课米。邑旧志，洪武二十四年，米一百八十九石。永乐十年，米二百四十四石四斗五升。宣德七年以后，米二百石七斗七升，内鱼课米一百五十六石四斗，岁办船料米四十四石三斗二升。后渔人办纳不敷，有例折征米每一石半纳本色，半折银二钱五分。宏治七年，御史吴一贯奏准，每石不分本折，通征银三钱五分，渔人甚便之。今米二百石七斗七升，折银六十三两二钱四分二厘五毫五丝，闰月加一十六石七斗三升八勺，共折银六十八两五钱一分一厘七毫五丝二忽，又比附课钞五十四锭三贯三百一十五文。嘉靖十一年，裁革河泊所，其折银及比附钞本县带征。^{葛志}

籍蜑户为南厢一图，有里甲以供鱼课。蜑户者仆麦苏吴李五姓世舟居，性情音语别为一种，土人贱之，彼亦自贱，不列于齐民，操鱼船施网罟取鱼，岁输鱼课。宏治七年，御史吴一贯奏准，每石不分本折，通征银三钱五分，蜑户甚便之，计折银七十两零。自裁革河泊所，其银归县带征，而蜑户人贱且蠢，势豪往往鱼肉之。则投诸大家求庇，各里大家乃以秋夏税粮寄南厢，日久弊生，所寄粮悉蜑人完纳，于是蜑人受代贩之累。本朝康熙十年，知县王仕云清还大家粮，而蜑户止办鱼课，额载赋役。^{王志}

仲和按《舆地纪胜》，梅州景物有蜑家，注云即江淮所谓鱼蛮子也。王志名宦颜榑^{开禧间知梅州}传云：赣贼陈三枪率众迫梅城，榑合蜑船布水阵，攒矢射之。是南宋时已有蜑家。其时有鱼课与否，无从而知，或以蜑家为陈友谅水师逃此，其殆未详考欤？

第三十七至三十八页，光绪十三年，两广总督张之洞《请开两广铁禁疏》云：窃据两广盐运使王毓藻会同广东布政使高崇基详称，各省铁斤铁器定例不准下海，所以预防移济洋盗也。海禁既开，今昔情形迥异，每岁外洋钢铁入口不下数千万斤，所售枪炮器具不下数百万件，销银不止数百万两，有来无往，理殊不平。近年来各省讲求矿务，率以煤铁为大宗，粤铁尤属精良，而销路不广。即欲行销沿海各口，陆运脚费既烦，海运又冒法网，徒使洋铁到处通流，大利尽为所夺。广东现在矿政局鼓舞商民，应请将两广铁斤铁器免禁出洋，至出口之处，一体照例完纳税厘，详请具奏前来。臣查粤铁出产素饶，行销不广，听其顿滞一区，不惟洋铁偏行，漏卮难塞，即粤铁盈积，私贩亦难尽绝，徒令矿法多一窒碍，工商少一营生。伏查光绪九年十二月，臣在山西巡抚任内会同北洋大臣李鸿章，奏请将山西铁斤准由天津出口，转运各处。奉旨：着照所请。钦此。现在晋铁由津出海，转运奉天省，久已钦遵办理。广东广西事同一律，且广东现在开办矿政，该司道等所请援案免禁出洋，系为利民通商起见，相应据情奏恳天恩俯准两广铁斤铁器海运出洋销售，以兴矿务而惠商民。仲和谨案，其初试办三年，以出口完纳之税厘比较额饷有赢无绌，已奏准通行矣。

第四十二页，役法。王仕云论之曰：嗟夫！明季当值之敝，甚矣其惫也，虽曰排年十年一次，然有以民米一石而答应日期费至八九十金至百金者，征求无艺而横敛日加，民穷走险，往事可鉴矣。我国家定鼎以来，厘剔殆尽，庶几民有起色。然犹有未尽者，如新官家物动以一二百金计，兼之铺行有答应，烟灶有科派，皆足以劳扰民生者。康熙七年冬，仕云到任悉去之。……^{刘志}

第四十三至四十四页，黄香铁曰：国朝康熙间，邑中士绅有暴富者，相传民间惮于征徭，因尽以其产归之士绅，故士绅皆坐获连阡广陌之利。按明封川令方尚祖事纪，万历以前两广徭壮均平水夫等役每三年一编，民自亲当，及有大月小月该征差解之劳不胜烦费。^{按南雄志，嘉}靖三十九年行均平法，时官吏征求，民甚苦之，潘季驯巡抚（应为"按"）广东乃行均平里甲法。 ……名《永平录》。……但法久弊生，按亩加派，仍属均平项下，至本朝康熙中乃除之。至万历五年丁丑奉行条鞭例，将军民匠等户该徭壮均平及粮料水夫盐钞随丁粮多寡编作一条，谓之条鞭。令民亲自秤纳投柜封锁，毫厘不于里长之手，民极称便。^{条鞭法，御史庞昌（尚）鹏所上。}（梁方仲先生按：以下论三饷加派及清代摊丁入地甚详，待抄。）惟自万历四十六年以辽东边备故，通令天下土田以二十年所定田所为准，每亩加三厘三毫，广东以新垦，通派如其数，而止每亩加二厘七毫。续总督都御史许定纲、巡按御史王命璿悯念民穷，疏请半派，每亩止派银一厘四毫有奇。然自后万历四十七年、四十八年、泰昌元年、天启元年、二年俱因辽饷，每亩加七厘零三丝六忽。而国朝胡璿续事记顺治十五年戊戌，因连年粮差繁重，荒乱频仍，现役里户逃去八图，惟坊场一图独当一县公务。十七年庚子，谷贱输艰，民皆流散，粮饷渐逋。康熙三年甲辰，二甲现役里户逃走无人，立平图之法以应公务。康熙六年丁未，立平甲之例以应公务，上下无弊，迄今便之。又按《广东通志》，康熙四十一年壬午，巡抚彭鹏革里甲均当法，原正供外，每粮一石，另派银一两六钱五分，以充公用，至是革除。五十年编审，丁谷著为定额，续生人丁永不加赋。五十五年丙申，诏丁银添入地粮夫，按户编丁，即计丁定役，力役之征由来旧矣。明时一应经费取给于里甲，吏胥因缘为奸，民乃大困。国初仿其制，然富者田连阡陌，丁粮转少；贫者地无立锥，犹苦征役。至是将丁口摊入地粮，酌盈济虚，民甚便之。雍正七年己酉，匠饷并入地丁。先是，粤东匠饷始自前明，至顺治八年豁免，康熙十九年复征，计银四千零八十七两零。贫民糊口，屡苦征输；胥吏舞文，复多苛索。布政司王士俊申请豁免匠银，均入正赋，每亩仅派银一毫二丝，于粮无重累，而穷民均沾实惠。合封川志、通志以观，民困、民苏可得其故矣。国初沿明之制，圣祖初年军兴屡动，未暇悉除。至逆藩削平后，一切困民之政次第汰革，百余年来民耕田凿井，几忘帝力于何有。父老述鼎革时，至有甘送田产于人以避征徭者，以今日之民较之，真生于唐虞之世哉！^{《石窟一征》}

第七十七页载粮房加索私收之弊（光绪二十五年），甚详待抄。又载银圆贴水等弊端。

本州粮房近年有加索私收之弊，光绪二十五年，房库书吏因争房息私利互讼，州宪周公经檄谕保安总局绅黄遵谟查覆。因与梁国瑞、黄锡铨等查悉舞弊加收确据，禀请申明旧章，将现在加收之房礼、串票、补水三款名目概行禁革，并将逢壬大造册费、分立子户费、收割粮米过户费三款，仿照旧章，酌定数目，不许加增。又请将承充户房典吏缴费一款，援照文前宪任内承充不得过千两之数，及奉批仅禁革房礼一款，其余皆不置议。于是局绅自与户吏订实章程，自后凡逢壬大造，花户领粮册一份，限给册费钱壹百伍拾文；凡拆立子户，新开户眼，每一户收公费银肆元，皆永远不能加增，即刊新章分派照行。至于补水串票等款，应宜裁革者，现尚未经商妥，兹查旧志所未详备者，开列于后。

本州有田叁仟陆佰伍拾陆顷零壹亩余，每顷百亩，每亩约出田谷叁石。三则通均，每亩科官民米贰升捌合捌勺，每斗官民米转亩凡叁亩肆分柒厘贰毫贰丝叁忽，每年额征粮米玖仟壹百叁拾余石，每粮米壹石内派官米壹斗贰升柒合柒勺柒抄，派民米捌斗柒升贰合贰勺叁抄。每官民米壹石，分三色完纳，计地丁银为一色，又名征银。应纳银玖钱叁分，遇闰加叁分叁厘；折米为一色，应纳米壹斗零贰合；本米为一色，应纳米肆斗贰升叁合。征银者，解于布政司转解户部；折米者，将米折银解粮道省营米及惠州协左右营米；本米者，将米解潮镇中左右三营粮料米及惠协陆路提标营兵米。

本州完纳三色钱粮正项杂项定章，分别开列：

每完纳征银壹两，

带纳耗羡银壹钱陆分玖厘，

解司坐平倾销银捌分伍厘，

平余银壹钱捌分，

门印银壹分零肆毫，

共应完纳库平银壹两肆钱肆分肆厘肆毫。

又带纳典吏办公银玖厘，

办理文册等项工墨银五厘，

库房办公银叁厘，

各宪衙门^{奏销}_{盘查}等项册规银肆分，

解上下两忙钱粮盘费及神诞费用共银壹分，

解潮郡粮料米石盘费银柒厘，

掌稿工墨及开征三节酒席等项共银肆分，

刊刷流水簿册等项工纸银壹分贰厘，

共带纳银壹钱柒分伍厘陆毫。^{按此即房科应得之款，}_{名房息，又名水费。}

以上共纳正项杂项银壹两陆钱贰分。

卷十四《仓储（附育婴堂)》。

乾隆四十八年《（嘉应州）镇平县志》卷二《赋役志·序》："……省方观民，翠华所临，一切转挽，皆计人计日，而官予之值，盖并古先王所谓力役之征者而亦无之。紧邑望县，大概可见。镇平虽地处炎徼，而太平无事之民，正供外，耕田凿井，鼓腹含哺，嗥嗥乎无不在煦妪覆育中也。"

卷二《赋役志·风俗》："镇（平）人……力田者多置产于台湾，春往冬归，岁以为率。亦有尽室寄居者。"

卷三《典礼志·名宦》："魏燕超，正定举人。康熙六十年任县令。……先是镇人以地窄人稠，多就食于台湾。而海防例严，苦无以渡。燕超请于上官，并移咨闽省，准镇人给照赴台耕作，每岁资入无算。……"

民国花县社会经济概况

农业

森林　森林日就荒废，约立木之山，居十分三四，人工造成之林，亦惟山松，疏密无度，滥伐无节，大抵仅足本地之用，而无多输出。其余杂树，则概由天然野生，且属小数。故森林一项，无多可述。

萃芳园　此园地址土名赤岭，在沥贝村之北，面积约七十余亩，严文义祖之荒地也。光绪三十年，批与江联富、严朝辉等，集资种植，以五十年为期，股本二千一百元。所植以荔枝、梅树为多，只以地土硗瘠，收获不丰，故至今仍无成效可睹。

耕地状况　县内土质硗瘠，水旱不常，故农业无甚发展。今分区论之，第一及第六区以在北部多山，故虽常得山水以资灌溉，旱患较少，但土多砂壤，表土亦薄，其质又未免硗瘠。第二区为平山墟、小馆一带，土质似比第一区略优，但旱魃常见。第三区除在西南之黄岐山、小朱村、马步坳一带较多水灾外，其他则水灾均少，土质松厚，为全县中之最佳者。然其田底多砂，易于透水，且水道缺乏，农民大抵须于田畔开井，以桔杆取水灌溉，虽能免旱，其费力亦多矣。第四区以近西南，地势低，水道缺，故旱潦均甚，虽土多冲积，表土常厚，而农业之受损失者最多。第五区土质砂壤为多，而水旱不常，盖亚于第四区云。

耕作情形　第一区、第六区居民近山者多种松杉，每当两龙墟期，其运出山货如柴板与各种农用木器以求售者甚夥。其田则以种稻为主，而兼种烟叶。第二区除种稻外，以种花生、竹蔗为多，但花生则比之光绪二十年前实减少十分之六七，果树如荔枝等亦有多少。第三区则种稻外，以种麦与马蹄为多，蚕桑亦渐有经营者，而荔枝则全县以本区三华店毕村为盛。第四、五区则大抵种稻，若丫髻岭附近之蔗糖业从前固盛，而近则渐衰。又四区之炭步芋、五区之鸡锦山沙梨亦有名云。

田地租价　第一、二区田价每亩自七十元至百六十元，年租自百五十斤至二百五十斤；第三、四区田价每亩自五十元至二百五十元，年租约二百斤左右；第四、五、六区田价每亩自二三十元至百二十元，年租二三十斤至百五六十斤。长短工价，长工年约价四五十元；短工忙时，男每日八毫，女四毫，闲时，每日男二毫，女一毫，均另供膳。

产品价　以在县城中等时价计算。

稻谷百斤四元，蔗糖百斤十元，松柴百斤五毫，花生百斤四元，猪百斤二十二元，炭百斤一元五毫。其他产品无甚大宗。又如沿粤汉铁路各地及第四、五区以交通颇便，物价与广州市无大异。

竹蔗　此业从前颇盛，故广州市糖行亦有花县片之称，但至今则较衰，比前者实减十之五乃至三之二云。今查第二、三区之平山至横潭墟一带，第四、五区之宝鸭湖、丫髻岭、国太墟一带，约有蔗糖寮共六七十所，每所每年植蔗约八十亩至百二十亩耳。推其衰落之故，一因匪患多，一因地瘠收量日减也。

花生　第二区为多，第一区、第六区次之。第二区农家每以田一半种水稻，一半种花生，递年轮作，近则渐衰，每家年只种花生二三亩，多用平田种之，两龙附近现在花生产额，年共百余万斤云。

旱马蹄　旱马蹄以第三区种者为多，近则三华店新街一带种植颇盛，可谓为现在比较大宗产品。

种地　以水田表土四五寸深，底土黄赤色者为良，若表土过深则难收获，底土灰黑则所生产马蹄皮黑欠黄净。留种及育苗法，当冬间收获时，取其小形根茎藏之瓦缸，至明年夏至节，开缸取种，排置于阴地，敷以沙，酌行淋水，乃移于苗圃，每株相距一寸五分许，迨大暑前后，苗高一尺，可行移植，每株相距二尺五寸至三尺二寸。莳毕，常放水溉之，并施花生麸作补肥，每亩约三百斤，分三次施之。另八月秋分间，施以石灰，每亩约四十斤，至霜降后即行排水。

赶早市者，或于八九月即行收获，通常则自十月起至正月不定，每亩收量一千五百斤至四千斤，销路多售诸广州市果栏，价格因时期及货色上下而异，每约百斤自二元，自（至？）八九元。

烟　第一、二区、第六区年产烟叶约三数十万斤，但品质平常，油少而叶脉较粗，比之清远产每百斤常低二三元。然迩来烟价日昂，业此者每获利，故种植多也。

茶　第一区之单竹坝、李婆洞、曹洞等处从前种茶颇盛，当前清同治、光绪年间有茶行十余间，设在县城，收买该处茶叶，为办洋庄之用，特立一公共茶秤，每交银一两扣用三分，而此秤年可投银千元，近则以农民作伪，故致茶商裹足，现在此公秤连承五年，亦只投银百元耳。此可见昔盛今衰之大较也。又第三区之三华店附近，五六十年以前亦多种茶，年产约万余担，近则多伐去茶树，而改种荔枝，约只存十之一云。

黄豆　凡芋田大抵夹种黄豆，小满下种，八月收获，每亩收量约八斗至二石，就地出沽，每石价银约三两云。

水稻　早造种以矮仔早、六十日熟、红头禾、花罗粘为多；晚造种以油粘、鼠牙粘为多，次为寒露粘，则早熟而米质佳良云。早造多用铲秧，晚造多用旱秧。至收量则以有桔槔之田为最优，每亩一造可收四五百斤至六七百斤云。

炭步芋　此芋为有名产品，县之赤坭及骆村等多种之。种法大抵与姜夹植为多，其所胜者，是处表土松厚，堆培得宜，故收量优而品质且佳也，计每亩约可收芋三千斤、姜千余斤云。

荔枝　县中荔枝出产以第三区为多，第二区次之，而第三区中尤以三华店为盛。试观三华店于其北部基园上遍植荔枝，绵亘约五里许，每年收益千余元至二千元，是不特可藉以荫护全基，而获利亦不少，诚一举而两得。至于品类，以怀枝为多，次糯米糍、桂味。蕃殖概用驳折苗，从前所种者株距只得丈许，实属过密，近则以一丈八尺为度，较为得也。至管理则嫩树尚有除草施肥之事，大树则甚粗放也。除荔枝外，尚有佳锦山沙梨，亦颇有名。其他如桃、梅、榄等皆有种植，惟非大宗。

蚕桑　县东隅多旱，西隅更水旱均多，与其以种稻而失收时闻，无宁提倡种桑，则较耐水旱，而失败自可减少。且在西隅土多冲积，表土颇厚，以之种桑，实觉合宜。乃查现在情形只石角、李溪一带有营蚕桑事业，其他则殆无之。第三区前时亦有业蚕桑者，以家数太少，桑叶常感有余不足之患，有生员黄瀛峰拟提倡蚕桑计划，大意主张组合公司，多种桑树，凡欲养蚕者得向公司领取蚕种及桑叶与租借蚕具，异日蚕造收成时，由茧价内取回蚕种桑叶之值，若失收则免之，蚕具借租则以蚕沙为偿。此诚得提倡之善法，而可资取用者也。

灌溉　曩曾有人主张以为欲减免东隅之旱患，可开辟百步梯水道，盖距百步梯之北约二百丈，即苏氏家塾前有一铁炉口水，再迤两约百丈至大馕岭更有一羊石水。季冬时，铁炉口水面阔约五尺，深四寸，每二十秒间，水流速力约一丈；羊石水面阔约八尺，深八寸，每十秒间水流速力约一丈。春季及夏秋时，铁炉口水常深一尺，羊石水则常深二尺。若凿一水道，引此二水流过百步梯而分注于东隅各处，更酌设水塘于其间，时为蓄水之预备，则灌溉有资，而东隅之旱患应大减少。所凿水道大抵长二百余丈，阔八尺至丈许，便可适用，更加以酌设水塘，所费当匪甚巨，要其为费少而获益多，可以预决，但现仍未有人实行之耳。

输出品　输出农产品以糖为较多外，无甚大宗产品，但矿产之石灰石，近年输出颇多云。

工商业

香粉碓　烂泮、龟石、上背、李婆洞、高东等处，在城东北二十余里，有土人在该处借用山水力设机舂香粉，其机设碓六架，每碓重力八十斤，每日可出香粉六七百斤。机轮周围八尺又四十八叶，最奇者其机不用油，另以小管接取山水为之，半山下又设水闸，以时启闭，务尽水之功用，此亦天然之利也。

矿业

飞鼠岩石矿　光绪年间，土人偷采，运销各处灰窑。事为大吏所闻，派员查勘，见其石质佳极，可作士敏土，于是收归国有，由广东士敏土厂专员坐办。

中洞山煤矿　光绪年间，有商人集股开采，因其煤质尚嫩，不适用，缺本云。

牛㞗尿山石矿。

双石山石矿。

青石海灰石矿　在横潭墟之东，离墟约三里许。其石青色可制白灰，以供建筑及肥料之用。现有灰窑数间，销流甚广，邑中农田多赖之。

石岩塘灰石矿　离城三里许，相传咸丰间重修城垣，曾经采石造灰，以供建城之用。

山下岭煤矿　离城东门二十五里，前经开挖。

象山、元田两乡之煤矿，咸、同间元田卢桂芳曾介绍南海富商区彬秀、易连山等集资开采，寻被骆秉章奏请封禁，且通缉各商，而县属之煤遂无敢开采。至光绪末年，虽下诏弛禁，第产煤之地无多，如石角岭、山下岭、长山王姓岭，当经陆续开采，惟煤苗非旺，均损失甚巨，以致停办。现查西岭、长馈、裕丰庄等处煤质颇佳，然不甚多，故虽开采，亦难获大利。惟九湖村东、北之岭冈，现为炎塱公司开采，煤质虽不甚佳，而煤苗颇旺，该公司故能获重利。查其初开时，与德兴公司因争矿区界线涉讼，损失资本颇巨。而德兴公司虽得官厅划明界线，准予开采，奈所得矿区煤苗极小，未几因本阙停办。现炎塱公司得亦可以偿失矣。（民十三《花县志》卷六《实业志》）

铁路

长房缩地，亥步稽天，八纮九埏，真有瞬息千里者，诚哉九州攸冈，四境毕达矣。但陡诞吹雨，虿毒嘘烟，驿骚乎半壁，蔓延乎百城，间有道路梗塞，荆棘难开，此乱世之事，非盛平之轨也，可勿论焉。作铁路。本邑之有铁路，惟粤汉铁路一线通过全境，南自番禺郭塘入境，中经新街、三华、军田诸村落，北从银盏坳山麓出境，陡蜒三十七里有几，入清远界。该路建设起于光绪二十六年，盛宣怀以督办大臣名义与美国合兴公司订约承筑，所有勘路、购地、购料，概由该公司出资建设，订期三年可以竣工，如通车后二十五年，得由中国收赎。所有该公司用过资本若干，每股票百元加贴二元半，并经美国总工程公司李治由鄂、湘勘路至粤，即于光绪二十七年先在粤筑三水枝路。二十九年该公司股票多为比国人占购，因发生权利争执，遂于三十年停止工作，清理账目。是时枝线已完竣通车，干线购地至本邑三华店地方，筑至高塘，铺轨至棠溪而止。光绪三十一年两湖总督张文襄公以合兴原约系美商承订，竟暗附比国人股份，致生轇轕，实为违约。且以粤汉为全国南北干线，未便授权外人，倡议废约自办，廷议准之。张文襄遂电致美公使梁诚与美商交涉废约，议订赎路，全款为美金六百七十五万元。另售出之金元小票二百二十二万二千元，照九扣实数在总数内扣除，由中国随时自行赎回，即由湘、粤、鄂三省督抚会同绅商向香港政府借英金一百一十万磅作赎路之用。议既定，即由张文襄咨请两广总督岑春萱查照筹办，旋由岑督委派王道秉恩等接收粤路干枝两路。是时路事即为粤政府主持管理，张文襄赎路之初原主官办，拟增收各项厘税，三省各筹各款，为筑路及还款之用。岑督即派司道广府南、番两县，邀集粤省绅商到广济医院筹议办法，各绅商以加抽各项经费，徒增人民负担，未表赞同。言论间遂起冲突，番禺县知事柴维桐遂逮捕大绅黎国廉示威，致激动全省公愤。时番禺许绅应骙在籍，各绅商邀请到广府学宫会议，一致力争。广州总商会九善堂乘时倡议招股，改归商办，议定每股五元，头期先收一元，二期一元五毫，三期收二元五毫。岑督许之，并力助进行，不旬日间遂招八百余万股。此光绪三十二年丙午春事也。是年四月商办公司成立，所有粤政府从前接收合兴公司一切事宜及占三水枝线七分之三权利，概行移交商办公司接管，遂定名为商办广东粤汉铁路有限总公司。八月间工程开始进行，三十三年丁未六月通车至江村，三十四年戊申正月本邑之新街站正式通车，同年二月三华店、大迳桥两站通车，四月通车至军田，八月至银盏坳，十月至源潭。宣统元年己酉八月通车至琶江，二年至横石，其后陆续展筑，将来直通武汉之期当不远矣。商公司成立之始，邑人之附股者甚为踊跃。自通车以来，旅客、货物运输日增，邑人交称便焉。粤路轨间系四英尺八英寸半，轨条用汉阳厂制品，每码八十五磅，每条长三十英尺，以本地松木作轨枕，每轨一对以枕木十二条承之。其通车经本邑者类多平地，倾坡度甚缓，惟军田站北十余里类皆傍山行，倾斜度至大，为每一百四十三尺倾斜一尺，即千尺斜七尺也，其湾度最急者为六度至七度之间，其桥梁皆美国钢桥公司所制，然在本境长桥尚不多睹，仅新街墟、桅夹石间一桥较长耳。自大迳桥一里许，有福禄寿山，此山当建筑时凿土取路，而土壁间现福禄寿三字纹，宛若书成。通车之日，诸贵人多在此下车参观，车上旅客有知其事者，当车过时亦常留心观察，咸叹为奇观云。

附电报

本省电报线路有广韶一线通过本境，沿铁路北挂，只在英德、源潭两处设有分局，而本邑尚无分局收发报务。惟铁路、路用电报挂有两线，除收发路用电报外，尚可代转，但只限通报于粤汉铁路各车站范围之内，在本邑者有新街、军田两站可以通报，将来铁路与电报局接线后，或可收发各地电报云。（民十三《花县志》卷三《建置志》，第十六至十七页）

津梁

津梁之设，自古已然。……但津之利多于梁，听民自为，争端易起，故有饷渡之规定，无官渡处不准创设，递嘉庆六年又示乡城得多置津渡。……光绪间轮渡盛行，改为轮船拖渡三，自粤汉铁路通车至新街，而轮渡先后停闭其二矣。……（民十三《花县志》卷三《建置志》，第十一至十二页）

（花县）通县人丁田土岁派四差一条编银 8,437 两 4 钱 9 分[+]。……（《岁派》，第八页）照万历十八年例，每亩派银七厘三丝八微[+]。（《岁派》，第七页）

旧制一百一十户为一里，推粮多者为长。里为一册，册为一图，图分十甲，轮生（年？）应役，十年而周。轮值在官者曰现年，休闲者曰排年。其应免役者不计外，现役里甲随丁赋钱于官，以待一年之用，名曰均平。后或革去均平，只于各户内照丁田应役，以出役之米为算。米多者役多，米少者役少。乃有奸豪遇役期将庙（届），诡飞别户避役，役后收回。惟限以役期在二三年内者，计其推收欠（久）近起派役务多寡，则奸无所容，民鲜争讼矣。（《里役》，第十七页）（民十三《花县志》卷五《政经志》）

《耶苏教入花县记》，耶苏教人温光远来稿。（民十三《花县志》卷四《经政志·宗教》，第二十页）

布类：棉布，乡中妇女纺绵织以自用者，坚厚耐久，曰家机。按邑中女红以纺织为业，近洋纱自外国至，质松价贱，末流趋利，以充土纱，遂多失业矣。（民十三《花县志》卷六《实业志》，第一页）

邑绅利普遗稿有《贫妇佣田叹》，节录数首，民俗之忧劳勤苦于此可见。县属妇女多蓬头赤足，皆佣田趁值，以赡其家。因民人贫瘠，郊外连阡接畛皆富家业，丁男俯仰无资，衣服多归而谋诸妇。因感而作。

平明结队出前村，田主家中试叩门。人众主人酬值贱，半含嗔恨半难言。

主人笑骂妇无闻，可怜心里苦家贫。佣田得值赡家计，汗湿青衫泪湿巾。

朝朝日日事佣田，清晨早起夜方还。感谢主人留一饭，囊中余米复余钱。

依花县杂志修利普稿，各处题壁诗甚多，以事无关于风俗未载。（民国《花县志》卷二《舆地志》，第三十页，《节序》）

利普，号仁甫，小馆村人。道光诸生。卓有文名，久困棘闱。……著有《蕉鹿山樵诗集》四卷，藏于家。（卷九《人物志·列传》，第十九页）

《蕉鹿樵诗稿》一册，利普撰。兹编合古近体诗一百八十余首为一册。……考其生际道光，时称平世，而苍凉弔古感愤无端，斯得情之正者为可尚也。（卷十《艺文志》，第三页）

广东新会县史料索引

康熙《新会县志》，贾雒英主修，记明洪武至万历间户口、田地数字颇详。

新会《三江赵氏族谱》记明代赵族历年管业、田地亩数、嫁女奁田亩数，以及由于沙坦虚税所发生的诉讼，和将浮生沙坦发卖抵补虚税的情形。

《陈冲陈氏族谱》亦有类似记载，唯简略得多。又有关于蚕桑业的记载。

《河村李氏族谱》记元末有以商业起家。

《潮连乡志·人物略》，卢纵庵，卢鞭人，在佛山经营铜铁业。崇祯间三饷行后，田主们多将田地赠送给他，多到他不想要，闭门拒绝。开门时，田契已累累填满门隙中。

道光《新会县志》，林星章主修，《艺文》载，成化中知县丁积订"四礼仪式"："婚礼定三等：四十顷为上户，五顷至九顷为中户，一顷至四顷为下户。商贾之家，较其所积多寡，准是为差。无财产者，通为一等。"

《白沙子集》，《悯雨寄黄叔仁》《喜雨》《与李白洲副宪书》。

新会县城洪武二十四年（1391）初筑土城，自成化十年（1474）至万历三十五年（1607），一百二十余年间经过四次扩建和维修，规模越来越大。

伍有庸《闻香馆续吟》卷三，记苏州山塘桥街有岭南［会］馆。又云："吾邑于前明已建岗州馆，数百载矣。"

陈吾德《谢山存稿》，《条陈东粤疏》（隆庆三年，1569年作）记东莞乌艚、新会横江（大船）被征发轮差所受之打击。

所见顺德县志要录

《顺德图经》 明曾仕鉴撰。南海志。

《顺德县志》 明钱溥撰。阮通志。

案此书已久佚，今阮通志艺文不过据陈志序著录而已。序略云：邑自明成化太史钱公溥宰邑，创作邑志。

《顺德县志》十二卷 明吴廷举修，李承箕撰，弘治庚辰。黄通志。

《顺德县志》十卷 明邓炳、钟华辑。同上。

案此书久佚，通志亦不著主修姓名。

《顺德县志》十卷 明叶初春修，叶春及、梁柱臣撰，万历乙酉。（序略）

《顺德县志》 国朝张其策修，康熙癸卯。陈志。

案此书署县张其策因万历志增入科第、明经二册。

《顺德县志》 国朝黄培彝、张学孔修，余象斗等撰，康熙壬子。阮通志。（序略）

《顺德县志》 国朝姚肃规修，余象斗、薛起蛟撰，康熙丁卯。（序略）

案姚志各门多引叶志论赞，而不著所自，大似当时同局纂修之言，为例颇陋。

《顺德县志》十二卷 国朝柴玮修，梁麟生、陈份、严大昌、薛宁伯撰，雍正己酉。（序略）

案志以天文、地舆、疆域、建置、祠祀、赋役、官师、镇守、选举、人物、艺文、杂记各名曰部，而次以十二地支。志首敬述谕旨，各著为恭纪之词，或骈体，或四言韵语。又以令丞教典及县绅宦之稍显者，与举贡生监挨次其名为撰述。皆他志之所无者，为例甚奇，而固据薛氏之言，则成化志局中已不可见矣。

《顺德县志》十六卷 国朝陈志仪修，胡定撰，乾隆庚午。（序略）

案邑凡八志，今见者惟万历叶志、康熙姚志、雍正柴志、乾隆陈志四部耳，余并佚。

附录

《石硝乡志》 明张仿撰。姚志。 （咸丰《顺德县志》卷十七《艺文略一·史》，第十二至十八页）

邑人之为外邑作志者：

《大埔县志》 明梁亭表辑。大埔志。

《怀集县志》 明区昌修。广西通志。

《武缘县志》 明郑学醇修。内阁书目。

以上地理类州郡之属。

《两粤镇乘》 明曾仕鉴撰。阮通志。

《辽阳全书》 明区龙贞撰。姚志。

《抚粤政略》 明薛起蛟撰。陈志。

以上地理类边防之属。（咸丰《顺德县志》卷十七《艺文略一·史》，第十九至二十页）

……黄萧养乱平，景泰三年分南海之三都及番禺新会地为［顺德］县。……今纪载自立县起。……（咸丰《顺德县志》卷三《舆地略·立县缘起》，第二页）

都、图、甲、户之分。（咸丰《顺德县志》卷三《舆地略·立县缘起》，第十三页）

城池

邑城自明景泰三年知县周瑄始竖栅为木城，五年知县余玠因而垣之。天顺八年，县丞徐勤筑土城。成化元年知县钱溥易以砖石，高丈有五尺，厚如之。周六百五十有五丈。……隆庆五年知县胡友信作石城，视旧高七尺。（咸丰《顺德县志》卷四《建置略一·城池》，第一至二页）

顺治间冲鹤潘掀垣有奴导贼弑其主，因而焚掠，乡间受害。……（咸丰《顺德县志》卷五《建置略二·坛庙》，第十二页）

津渡、墟市。（咸丰《顺德县志》卷五《建置略二》，第二十九至三十页）

读书笔记零拾

《埤雅》

宋陆佃撰：《埤雅》二十卷，明叶自本茂叔参阅，郎奎金公在纠讹。

卷一至二　释鱼

卷三至五　释兽

卷六至九　释鸟

卷十至十一　释虫

卷十二　释马

卷十三至十四　释木

卷十五至十八　释草

卷十九至二十　释天

卷四《释兽·狼》（页五至七）："……古之烽火用狼粪，取其烟直而聚，虽风吹之不斜。《玉藻》曰：君之右虎裘，厥左狼裘，明以武猛卫上如此。或曰：狼骈胁肠直，其粪烟直，为是故也。内则曰，狼去肠，岂以此欤。……"

马蹄金

芦城赤隐吕毖辑著《明朝小史》（《玄览堂丛书》第92册）卷十八《弘光纪·马蹄金》："帝在位，内阁马士英权势震耀，仕路争以贿赂倖进，俱登要津。初犹馈银，既而银数太多，不足为重，争以黄金投献。江南金价腾贵，有至十五六两白银始易一两者，相率号曰马蹄金。"

《白下愚园集》

（光绪）八年壬午（1882）徐州程观察檄余办利国（铁）矿。先是左文襄公来督两江，议创利国矿务。又于奏极增船炮大厂，复陈海防善后两疏，皆极言利国之铁不可不办，因下其事于徐州道程敜之观察，令其查勘确实，遴员举办。余继子光国适在差次，观察程公以其事委之，坚辞不许，因以余对，余固逊谢不敏也。……因与吴子实学士、方彦卿司马二三同志各出赀本延矿师巴尔往勘矿苗。……今录其奏稿并自拟劄记煤说于左。……［江宁胡恩燮煦斋：《患难一家言》（版心题《白下愚园集》卷八）卷下，pp. 11－20］

历史上的江南

京口东通吴、会，南接江、湖，西连都邑，亦一都会也。其人本并习战，号为天下精兵。俗以五月五日为斗力之戏，各料强弱相敌，事类讲武。宣城、毗陵、吴郡、会稽、余杭、东阳，其俗亦同。……（《隋书》卷三十一《地理志下·扬州》）

［咸和中代温峤为平南将军］都督江州诸军事，领江州刺史，假节。……是时朝廷空罄，百官无禄，唯资江州运漕。而胤商旅继路，以私废公。有司奏罢胤官。（《晋书》卷八十一《刘胤传》）

以钱易马（《梁书》卷二十七《明山宾传》，并见《南史》卷五十《明僧绍传附山宾传》）

元嘉二十七年［魏主焘引兵至瓜步］焘不饮河南水，以骆驼负河北水自随，小骆驼负二十斗。（《宋书》卷九十五《索虏传》）

世宗延昌三年春，有司奏长安骊山有银矿二，石得银七两。其年秋，恒州又上言，白登山有银矿八，石得银七两，锡三百余斤，其色洁白，有逾上品。诏并置银官，常令采铸。（《魏书》卷一一〇《食货志》）

江南为国盛矣。……会土带海傍湖，良畴亦数十万顷，膏腴上地，亩直一金，鄠、杜之间，不能比也。（《宋书》卷五十四《史臣

论曰》）

历代钱制参考索引

梁顾烜：《钱谱》

唐封演：《续钱谱》

宋洪遵：《泉志》

明胡我昆：《钱通》

清倪模：《古今钱谱》

戴熙：《古泉丛话》

唐与昆：《制钱通考》

李佐贤：《古泉汇》

鲍康：《大钱图谱》

王锡棨：《泉货汇考》

《王静安遗书》第 26 册《释币》卷上

刘师培：《周礼古注集疏》（《刘申叔遗书》第 5 册）

说文月刊丛书"古钱"

卫挺生：《清季中国流行之货币及其沿革》

丁福保：《古钱学纲要》

戴家祥：《貝字说》（清华学校研究院《国学论丛》二卷一号）

王名元：《殷周货币考》（《中山大学文史学研究所月刊》三卷三期）

王名元：《先秦"物品货币"的研究》（江西赣州出版《时代中国》第八卷第五、六期合刊）

量器

姚萧谓："古人大抵计米以石权也……计粟以斛量。"（《惜抱轩笔记》卷四。《前汉书补注》卷二十四上亦引之。）

北京大学《国学季刊》七卷一号（1950 年 7 月）

王重民《千顷堂书目考》，杨联陞《汉代丁中、廪给、米粟、大小石之制》，金毓黻《沈阳故宫新发见的明代史料》〔一、木刻利玛窦《两仪玄览图》八大幅；二、绘本《明代九边图》十二大幅，嘉靖十三年（甲午，1534）灵宝许论作；三、辽阳察院和山东备倭都司档案，起永乐间，讫万历三十八年〕。

楼船索引

《晋书》卷八十五《刘毅传》，《宋书》卷一《武帝纪》，《隋书》卷四十八《杨素传》，《北史》卷四十一《杨敷附素传》，《魏书》卷一〇一《食货志》。

明时安吉民变

安吉乡民团聚攻围大姓，劫其庄居之物。断之可两言决耳，大姓不宜横于平日，以犯众怒；乡民不宜逞于一旦，以干宪法。惟其横于前，则乡民今日之罪似可末减；惟其逞于今，则大姓前日之罪亦难深究。故凡田产子女有契书中证者弗论，若狐疑不明者给还，此待大姓者也。团聚攻围，虽不系城郭，然奸不可长，风不可开，必须谕令为首者到官论罪，余乃从轻，此待乡民者也。某尝考景泰时，苏州沿海民困荒饥，大户闭粟不发，始而乞贷，中而强取，卒乃抢掠，放火焚居，守土闻之朝，敕中丞王文到苏勘处。王公不能善处，概抵为反锻，成大狱，幸赖廷尉薛敬轩公论救，始得稍缓，而王亦竟被祸于复辟之初。夫苏州因饥荒，民则不为强横，而大户固无罪；安吉为强横，以其不缘饥荒，而乡民亦可怜也。然须亲临其处，遍询情实，以定两造之罪，庶乎上下情通，彼此意释，则一举而抚今善后咸宜矣。（《与谢分巡书》）（《盐邑志林》卷又三十九，钱薇：《钱太常海石子外篇》卷上，第二十至二十一页）

蓝田君论事凿凿曰："昔游京师，在弘治间，士大夫彬彬以礼自饬，诸勋戚乃有侈而泰者，正德时奢乃在士大夫，石斋阁老与宁堂辈序约兄弟，每饮，赏庖役白金或多至二百。噫！宴劳之滥，自此始

矣。"（党蓝田志）（钱薇：《海石子外篇》，第十四页）

　　湘按：漕船料价，成化以前，其病在民。^{时派料各省，民苦征解故也。}成化以后，其病在军。^{免民解料，拘于芜、杭抽分银数，军士每有陪补之苦。}嘉靖以后，其病在厂。^{船归厂造，军免陪补，但船日增，而料日缩，致将别项银两借造。}夫治艘以漕粟，国之重计；兴利以除害，漕之永图也。今厂之病蹙矣，不思有以起之，可乎哉？夫原议芜、杭料价，有定数也。今船日增矣，而料独不增可乎？况人匠军办等银，皆额料之旧也。今委任不得其人，征解不及其数，如之何其有济也？……（《玄览堂丛书》第五十三册，遂宁席书元山编次，归德后学朱家相增修：《漕船志》卷四《料额》，第二十四至二十五页）

宋代晒盐四法

　　元丰初，卢秉提点两浙刑狱。会朝廷议盐法，秉谓："自钱塘县杨村场上流，接睦、歙等州，与越州钱清场等，水势稍淡，以六分为额。杨村下接仁和县汤村，为七分。盐官场为八分。并海而东，为越州余姚县石堰场、明州慈溪县鸣鹤场，皆九分。至岱山、昌国，又东南为温州双穟、南天富、北天富，十分。著为定数。盖自岱山及二天富，皆取海水炼盐，所谓熬波也。自鸣鹤西南及汤村，则刮碱以淋卤，以分记之，十得六七。盐官、汤村用铁盘，故盐色青白，而盐官盐色或少黑，由晒灰故也。汤村及钱清场织竹为盘，涂以石灰，故色少黄，竹势不及铁，则黄色为嫩，青白为上，色黑多卤，或又有泥石，不宜久停。若石堰以东，虽用竹盘，而盐色光白，以近海水咸故尔。"后来法虽小变，公私所便，大抵不易卢法。（姚宽：《西溪丛语》卷上）

宋代茶的生产

　　建州龙焙，面北，谓之北苑。有一泉，极清淡，谓之御泉。用其池水造茶，即坏茶味。唯龙园胜、雪白茶二种，谓之水芽。先蒸后拣，每一芽，先去外两小叶，谓之乌蒂。又次取两嫩叶，谓之白合。留小心芽置于水中，呼为水芽。聚之稍多，即研焙为二品，即龙园胜、雪白茶也。茶之极精好者，无出于此。每胯计工价近三十千。其他茶虽好，皆先拣而后蒸研，其味次第减也。

茶有十纲。第一、第二纲太嫩，第三纲最妙，自六纲至十纲，小团至大团而止。第一名曰试新。第二名曰贡新。第三名有十六色：龙园胜、雪白茶、万寿龙芽、御苑玉芽、上林第一、乙夜供清、龙凤英华、玉除清赏、承平雅玩、启沃承恩、雪叶、雪英、蜀葵、金钱、玉华、寸金。第四有十二色：无比寿芽、宜年宝玉、玉清庆云、无疆寿龙、万春银叶、玉叶长春、瑞雪翔龙、长寿玉圭、香口焙、兴国岩、上品拣芽、新收拣芽。第五次有十二色：太平嘉瑞、龙苑报春、南山应瑞、兴国岩小龙、又小凤、续入额、御苑玉芽、万寿龙牙、无比寿芽、瑞雪翔龙、先春太平嘉瑞、长寿玉圭。已下五纲，皆大小团茶也。（姚宽：《西溪丛语》卷上）

唐代钱法

唐《食货志》云："武德四年，铸'开元通宝'，钱径八分，重二铢四絫，积十钱重一两，得轻重大小之中。其文以八分、篆、隶三体。"又云："开元二十六年已后，钱甚恶，诏所在置监铸'开元通宝'钱，京师库藏皆满。肃宗上元元年，以'开元'旧钱一当十。"

孔毅夫云："'开元通宝'钱，给事中欧阳询撰其文并书，回环可读，俗不知，以为'开元'钱明皇所铸。《六典》谓之'开通元宝'。"司马光云："薛珌《唐圣运图》云：'初进蜡样，文德皇后掐一甲，故钱上有甲痕焉。'"凌璠《唐录政要》以为窦皇后。是时窦后已崩，文德后未立，今皆不取。李审言《记闻》云："唐之钱文如'乾元''开元'曰重宝、通宝，世俗浅者有云'乾重''开通'，朝士尚有如此言者，尤可笑也。"

马永卿云："'开元通宝'，盖唐二百八十九年独铸此钱，洛、并、幽、桂等州皆置监，故开元钱如此之多，而明皇记号偶相合耳。"（姚

宽：《西溪丛语》卷下）

饮茶盛于唐

饮茶不知起于何时？欧阳公《集古录跋》云："茶之见前史，盖自魏晋以来有之。"予按《晏子春秋》，婴相齐景公时，食脱粟之饭，炙三戈五卵茗菜而已。读《晏子春秋》者，多疑此文缺误。予后见《太平御览·茗事》中亦载此，其文正同，初非阙误也。又汉王褒《僮约》有"武阳一作武都买茶"之语，则魏晋之前已有之矣。但当时虽知饮茶，未若后世之盛也。郭璞注《尔雅》云："树似栀子，冬生叶，可炙作羹饮。"然茶至冬，味苦涩，岂复可作羹饮邪？饮之令人少睡。张华得之，以为异闻，遂载之《博物志》。非但饮者鲜，识茶者亦鲜。至唐陆羽著《茶经》三篇，言茶者甚备。天下益知饮茶，其后尚茶成风。回纥入朝，始驱马市茶。德宗建中间，赵赞始兴茶税。兴元初虽诏罢，贞元五年，张滂复奏请，岁得缗钱四十万。今乃与盐酒同佐国用，所入不知已倍于唐矣。（张淏：《云谷杂记补编》卷一）

饮茶之始

饮茶，或云始于梁天监中。事见《洛阳伽蓝记》，非也。按《吴志·韦曜传》，孙皓时，每宴飨，无不竟日坐席。无能否，饮酒率以七升为限。虽不悉入口，皆浇灌取尽。曜所饮不过二升。初见礼异时，或为裁减，或赐茶荈以当酒。如此言，则三国时已知饮茶，但未能如后世之盛耳。逮唐中世榷利，遂与煮酒相抗。迄今国计赖此为多。唐人所饮，不过草茶。但以旗枪为贵，多取之阳羡，犹未有所谓腊茶者。今建州制造，日新岁异，其品之精绝者，一饼直四十千。盖一时所尚，故豪贵竞市以相夸也。（《南窗纪谈》）

宋代沅湘间刀耕火种

沅湘间多山，农家惟植粟，且多在冈阜。每欲布种时，则先伐其

林木，纵火焚之，俟其成灰，即布种于其间。如是则所收必倍。盖史所谓刀耕火种也。（张淏：《云谷杂记补编》卷一）

《兰台法鉴录》

《兰台法鉴录》，二十卷，何出光著。

"万历己丑岁，扶沟中寰何君代狩恒山，创为《法鉴》一书。……丙申安邑岐冈陈君详加校阅，力督成事，迄丁酉始告竣焉。……自洪武迄今，上下二百三十年，登是录者四千一十人有奇。……"万历二十五年岁次丁酉晋阳爱所褚鈇撰（序）。

镐京立山孙丕扬序

卷一至二　洪武朝

卷三至六　永乐朝

卷七　宣德朝

卷八　正统朝

卷九　景泰朝

卷十　天顺朝

卷十一至十二　成化朝

卷十三　弘治朝

卷十四　正德朝

卷十五至十七　嘉靖朝

卷十八　隆庆朝

卷十九至二十　万历朝

卷十七

顾廷对，字子俞，直隶泰州人。嘉靖三十八年进士。四十年由平湖知县选福建道御史，督理屯马，巡抚江西，降涪州判官，升嘉善知县。

宋缣，字伯敬，河南商丘县人。嘉靖三十八年进士。……四十四年巡按应天，隆庆元年巡按山西，四年升顺天府丞，累升吏部尚书卒。

张振之，字仲起，直隶太仓州人。嘉靖三十八年进士。四十三年由处州府推官选浙江道御史。四十四年巡仓养病。隆庆二年降临清州判官。升广信府通判。累升浙江副使卒。

卷十八

邓林乔，字子桢，四川内江县人。嘉靖四十四年进士。隆庆四年由余姚知县选福建道御史，巡按广西。五年升湖广佥事。累升副都总督三边卒。

卷二十

梅国桢，字客生，湖广麻城县人。万历十一年进士。十六年由固安知县选河南道御史。……

何出光，字兆文，河南扶沟县人。万历十一年进士。十六年由曲沃知县选贵州道御史。十七年巡按真定，十九年巡按山东，二十一年升太原府知府，京察调完县知县。

茅国缙，字□□，浙江德清县人。万历十一年进士。十七年由章丘知县选广东道御史。……二十一年补浙川知县。二十三年升南工部主事。升工部郎中卒。

《皇明法传录》《皇明法传录嘉隆纪》《三朝法传录》

《皇明法传录》（一名《皇明通纪法传全录》），东莞陈建著，武林高汝栻订，云间吴桢增删，高鼎熺、高鼎焯等较，二十八卷，自洪武迄正德十朝。

《皇明法传录嘉隆纪》六卷，崇祯柔兆困敦之岁西湖高汝栻辑，南州喻士铎参，高鼎焯、高士临校。

《三朝法传录》（《神宗〔光宗〕迄熹宗三朝续纪》），十六卷，圣湖高汝栻辑。

洪武以下共十五朝，共计五十卷。

《三朝法传录》卷一，第二十三页：万历四年六月重修《大明会典》，会典创于弘治十五年，续修于正德四年，再修于嘉靖二十八年，万历四年题准重修，十五年进呈，礼部刊行。其条例大约出洛阳、余姚之手。(《皇明从信录》卷三十四,"出小品")

第二十六页:万历五年三月……户科光懋言赋役之法,以赋属之田,以役属之人。夏税秋粮,因其地为等则,有三壤咸则之宜;至银差则顾役之遗也,力差则力役之遗也。论户丁而籍之,谓之均徭。稽籍定役,无与于田。至嘉靖末年创之条鞭,不分贫富,一例摊派,甚将银力二差与户口盐钞,并之于地,而丁反不及与焉。商贾享逐末之利,农民丧乐生之心,于民甚不便。(此条上端批语云:"南唐按民田以肥瘠定税、调兵、兴役,及他赋敛,皆以税钱为准,此江南条鞭所由始也。")

高汝栻曰:"……[唐] 两税之法,即今之条鞭,条鞭以地产为率,而不计其资,故农困而商宽,此疏与 [陆] 宣公所陈,大略相似。"

卷二,第四页:万历七年四月……诏行考成法,此法既行,正赋不亏,府库充实,皆以征解不爽为定。江南贵豪,如华亭、金坛、上海等县,各恃其势,若奸滑巧避匿,而不肯完赋,与泻卤蟹螺之民,错居莫能辨析,固命选择大吏精悍者,严行督责,赋以时起。自是奉行者速,小民不胜楚朴,相率而归怨于相君。

(《皇明从信录》卷三十四作庚辰万历八年十一月,所记较详。)诏度民田。高皇帝时,天下土田八百五十万顷,至弘治十五年,天下土田已减二十七万。岁久滋伪,弊孔百出,有所谓飞诡者,影射者,养号者,挂虚者,过都者,受献者,久久相沿。豪民有田无粮,穷民摊派受病矣。张居正请行清丈,凡庄田、屯田、民田、职田、荡地、牧地,皆就疆理,无有隐奸,贫民不至独困,豪民不能兼并,天下奉行惟谨焉。右佥都御史萧彦上疏,条陈清田事宜,极言清丈之弊,各省不便,因列三款:一曰期限之当宽;二曰土宜之当审;三曰摘查之当慎。……

第十七页:万历十年四月浙江市民变,巡抚张佳胤讨平之。……上虞人丁仕卿素舞文,与市大侩相结……大掠诸巨室。……

宋代驿传

《（梦溪）笔谈》（卷）十一曰："驿传旧有三等，曰步递、马递、急脚递，急脚递最遽，日行四百里，唯军兴则用之。熙宁中，又有金字牌急脚递，如古之羽檄也，以木牌朱漆黄金字，光明眩目，过如飞电，望之者无不避路，日行五百余里。有军前机速处分，则自御前发下，三省枢密院莫得与也。"案宋高宗以金字牌召岳飞即此。今俗讹传为金牌。（马叙伦：《读书续记》卷四，页四十三下）

清初田赋史研究大纲

本项研究工作之进行，暂拟分为如下之步骤：

一、奏销制度的研究　从本所抄录之各种档册再参证以公私著作，以研究奏销之负责编制人员，奏销之手续，以及奏销册之形式、内容、体例、种类各项。注重在综合的说明，而各时各地的变迁以及之。

二、明末清初赋额变迁的研究　从顺治、康熙初年追溯至明万历间田赋额收，以明此七八十年间田土赋税负担的变迁。故可能范围内特注重在实征实收方面（主要参考材料为《万历会计录》、毕自严《度支奏议》、清代《赋役全书》、本馆抄存之各种档册，如时间久许，或更证以各地方志）。

三、清初赋法之沿革　注重在阐述顺治间里甲黄册赋法与康熙、雍正以后之条鞭法的嬗递的关系。

早婚

汉宣帝时王吉上书："世俗嫁娶太早，未知为人父母之道而有子，是以教化不明，而民多夭。"（《汉书》卷七十二《王吉传》）

明施武《宝井词》

明施武《宝井词》：宝井在姚关万里外，非容易至。贩宝者止于缅中交易，缅中多瘴疠，除三冬与初春通夷者不敢出。缅

中花落满蛮山，千两鸦青马上还。寒食雨飞防瘴疠，汉人不敢出姚

关。鸦青，宝名，时适有是宝，重一两三钱，价三十贯。（光绪《腾越厅志》卷十九《艺文志·七绝》）

明代张弼草书

草书入我朝，故当莫驾于张东海汝弼……当时丐书者塞户，几于铁门限声誉。而远夷求募，至以十金购书一纸。今没世未久，搜访真迹，不可多得矣。……（明吴兴陈霆：《两山墨谈》卷九，第一页，《惜阴轩丛书》本）

明代六安茶

六安茶为天下第一。有司包贡之余，例馈权贵与朝士之故旧者。……予谪宦六安，见频岁春冻，茶产不能广，而中贵镇守者私征倍于官贡。有司督责，豆芽一斤，至卖白金一两。山谷窭民有鬻产卖子以买充者，官司视之漠然，初不为异也。……（明吴兴陈霆：《两山墨谈》卷九，第五页）

明代矿盗

崇祯六年高迎祥"窜入卢氏山中。卢氏崇山造天，牙踞趾错，矿盗盘阻，鸣吠相呼，贼因其向导，循山间走，直抵内乡。……"（吴伟业：《绥寇纪略》卷二）

古代的货币

说明：《吕刑》是春秋时代吕国的刑书。罚锾，说明当时已出现以货币赎罪的制度。"锾"是当时的货币单位，注家说是六两曰锾，大约当时已经在用金属货币了。

《吕刑》：罚锾，注家说六两曰锾。

周代耕器称钱，而泉布多作耕器形。秦废泉而行钱，钱泉便由耕

器之名完全转变而为货币之名。（郭沫若著《中国古代社会研究》第249页，参徐中舒《耒耜考》。）

破天荒钱（《摭言》，《辞源》丑一二七引）。

明清钱文

明

洪武钱文

洪武通宝　十　福

《吉金所见录》卷十四云："右洪武当十钱，背上十下福字，按此品当是铸于闽省者。"

又洪武通宝　福

《吉金所见录》卷十四云："洪武小钱一背下福字，《西清古鉴》云：背文福字，盖行省所记，如唐会昌钱制也。"

当二钱文

二　福

《古泉汇利集》卷十一云："当二钱者，重二钱也；二福者，闽中所铸之。当二纪地兼纪直也，当二纪地者仅见此。"

当五钱文

五　福

《古泉汇利集》卷十七云："当五钱，背，纪重纪地纪直同前。"

隆武钱文

隆武通宝　户　工

清谭尚书撰《春草堂集》云："唐王因郑鸿逵等奉至福州，六月即位，改元隆武，铸隆武通宝钱。"其钱背有一星，又二品，背文户字、背文工字。

清

耿精忠钱文

裕民通宝　裕民通宝　一分　裕民通宝　壹钱

《茶严逸考》云："耿精忠叛据闽中，僭号裕民，铸裕民通宝

钱。"今录三品，第一品似仿小平钱；第二品背右一分二字；第三品背文右壹字，左钱字。（《福建金石志》金二，第十一至十二页）

明代奴变

崇祯十六年春，张献忠"连陷广济、蕲州、蕲水，入黄州。……麻城人汤志者，大姓奴也，杀诸生六十人，以城降贼。献忠改麻城为州"。（《明史》卷三〇九《张献忠传》）

崇祯十五年十二月，张献忠"攻黄梅。……楚士大夫仆隶之盛甲天下，麻城尤甲于全楚，梅、刘、田、李强宗右姓，家僮不下三四千人，雄张里闾，其泰已甚。寇既作，思齐以尺伍为捍蔽，听其下纠率同党，坎牲为盟，曰里仁会。诸家竞饰衣甲以夸耀之。其人遂炮烙衣冠，推刃其故主而投贼。献忠名曰新营，倚为导。……十六年……四月，献忠连破麻城，里仁会之首曰汤志，杀诸生六十人，而推其中之与己合者曰周文江以应贼，贼改麻城为州"。（吴伟业：《绥寇纪略》卷十）

《湖广通志》卷一〇二《纪事》。

田地分配

周绣者，南界者乐村老农也。家有常稔之田百亩，称富户焉。嘉庆丙子初夏……（光绪《姚州志》卷七《人物·补遗》，第七十页）

兵饷索引

搭放制钱。（嘉庆《大清会典事例》卷二〇四，《清史列传》卷四十三《陆费瑔》、卷三十八《梁章钜》）

役田、义田

华察，字子潜，嘉靖五年进士。……拜侍读学士，掌南院事，遂乞归。割产助役，清丈田亩，划去虚粮六千石，括未科田一十六万有奇，为乡里惠。林居前后三十年，家本素封，田园第宅甲于江左。

……（康熙《无锡县志》卷二十《文苑》）同卷，华云，字从龙。

参《延祥上区华氏役田记》（王世贞）（《古今图书集成·经济汇编·食货典》卷一五一《赋役部》，艺文四之十八），县志卷四十《碑记》，《华氏（从龙）义田记》（唐顺之）。

植物之移殖

李可芳，贵池人。万历戊子举人，授郧阳推官。……其在郧阳，尝携池州糯种自给，至今人传为李公黏云。（《江南通志》卷一四八《人物志·宦绩十·池州府》，第一百四十页）

云南货币：贝、银、铜

滇中用贝，今已渐少，而近边夷妇尝蓄之以为首饰，俗曰肥。其用以一枚为一妆；四妆为一首；四首为一缗，亦谓之苗；五缗为一卉，卉即索也。一索值银六厘，而市小物可得数十种，故夷民便之。按古泉刀贝古所通用，今惟用贝。许氏《说文》曰：古者货贝而宝龟，至周而有泉。秦乃废贝行泉。《汉书》：王莽时有大贝、小贝之名，谓之货贝。《货殖传》曰：贝五种，大贝、牝贝、公贝、小贝、不成贝。滇之所用，皆小贝、不成贝耳。秦变法时庄蹻王滇，未必奉行。侵寻至南诏段高犹仍用旧俗，明时尝盛行。（师范：《滇系》卷十二之一《杂载》，第二十一页）

滇之民或凿于山，纵斧于石，或泅水而入龙蛇之宫，或跣足而走岚瘴之乡，冒虎狼之险，贸而得之，皆长物也。滇人无所用之，五方良贾贱入而贵出之，利之归本土者十不一焉。铜以供天下贸易，近为圜法之府，而本地又自以兼金易紫贝。其价日益月增，欲滇人无贫，不可得也。又其半则四方行脚方士释子募缘者取给焉。宇内一切出世佛皆由滇出，欲滇人无好佛好玄，不可得也。（师范：《滇系》卷十二之一《杂载》，第二十九页）

市中贸易者昔多用贝，俗称肥子。至明启、祯间贵银钱，肥遂滞不行。本朝钱法流通，民称便益，久不用贝。今仍志之，从旧俗也。

（康熙《云南府志》卷二《地理七·风俗》，第四页）

日中有市，率名曰街，以十二支所属为街期，如子日曰鼠街，丑日曰牛街，其例也。（旧志云）街期昔多用贝，俗曰肥子，一枚曰庄，四庄曰手，四手曰苗，五苗曰索。今无矣夫。（道光《昆明县志》卷二《风土志第三》）

……县城凡大商贾多江西、湖广客。其领当帖、设质库者，山右人居其大半，迩年来始有三四土著人为之。故县之产非贫也，人性皆驽缓，而惮习劳，又不能居奇赢、权子母。有工于营运之才，凡山泽所产，皆为外间人以心计攫之，赢縢而来，捆载以去。嗟乎！（道光《昆明县志》卷二《物产志第四》）

龚定庵：《戊戌送林则徐南下禁烟序》。

《经国雄略》目录及赋徭考

《经国雄略》，温陵郑大郁孟周编订，南安伯郑芝龙飞虹等鉴定，晋江蔡鼎无能参阅。《天经考》三卷，《畿甸考》五卷，《省藩考》四卷，《河防考》四卷，《海防考》三卷，《江防考》三卷，《赋徭考》二卷，《赋税考》二卷，《屯政考》二卷，《边塞考》六卷，《四夷考》二卷，《奇门考》三卷，《武备考》九卷。（分钉二十四册，卷首有广东肇阳罗道关防印。）乙酉年（公元 1645 年，隆武元年，即顺治二年）序，三槐堂较梓。

《赋徭考》卷一，赋徭（页三）："国朝征输之法，始于欧阳铎；条鞭之法，行于刘光济。当时议条鞭之善者，以为均丁粮，消冒滥，息赔累，简名目，寝觊觎，屈市猾，平贫富，清册籍，一举而官民积重之弊皆反，天下孰有愉快于斯者乎？而行之十余年，群弊蝟起，差银之输官者，轻用而易费；贪吏之逮输者，恣睢而抑勒，坊里之祗应，仅易十二，总称八班，改值月曰值日，而诛求如异时，则长雇却虑，何道之出可以断而后行，主于一定百利乎？（玉荣馆时务选最。）"

徭役（页十五）："国初徭役之法，十岁一轮，下户多役其人，上户多征其直，盖参差役雇役而并行之也。今诸上供之需取办于常赋之外者，有里甲公卖，又有杂役之均徭，水陆之冲，又有邮传之役，岁役于民者，其纳有四，而其目不可胜穷，今总而混一之曰条鞭。夫概一邑之丁田而通计之，猾吏不能隐射，便一；综一邑之士绅而尝籍记之，不得重冒优复，便二；总揭为尝数，而狡黠不得欺诒其田畯，便三。然举十岁之役而役之，每岁并三时之征而征之一时，非用一缓二意也，害一；征入用重法，散直用轻等，渔入私囊，民多白役，害二；土产贱售，将银完官，农且日病，害三；贱直市物，差及肆贾，责之里胥，害四。（《经制考》）"

梁方仲先生按，《隋书·食货志》："（文宣受禅）始立九等之户，富者税其钱，贫者役其力。"

《三才图会》目录及明代田制

类书《三才图会》，云间元翰父王圻纂集，潭滨黄晟东曙氏重校。《天文》四卷，《地理》十六卷，《人物》十四卷，《时令》四卷，《宫室》四卷，《器用》十二卷，《身体》七卷，《衣服》三卷，《人事》十卷，《仪制》八卷，《珍宝》二卷，《文史》四卷，《鸟兽》六卷，《草木》十二卷，共分十二集。槐荫草堂藏板，万历己酉序。

《地理》第四卷页二十以下，《漕运说》。

《地理》第十六卷页三十四以下，有：区田、圃田、围田、架田、柜田、涂田、梯田、沙田、井、沤池、方田、直田；梯田、勾股田；眉田、圆田；牛角田、环田；四不等田、林角田；梭田、鼠矢田；弧田、三广田；圭田、蛇田；今田、古田等图。

明代长工

明都印著《三余赘笔》："吴中田家凡久佣于人者谓之长工，暂佣者谓之短工。"工亦作功。《唐书·百官志》："凡工匠以州县为团，四月至七月为长功，二月、三月、八月、九月为中功，十月至正月为短功。"按此以每日工作晷刻定差等也。

明周顺之著述

明仙源讷溪周怡顺之著《周恭节公集》，上下两卷，乾隆二年六代孙元锜重刊，燕翼堂本。上卷《吏科奏疏》，起嘉靖二十一年至二十三年，下卷《明史》本传及门人吴达可编辑年谱。（张瑞尔藏）

《包（拯）孝肃（公）奏议》简目

卷七

请免江淮两浙折变（一、二、三、四）

请免陈州添折见钱（载"今市上小麦每斗实价五十文"）

请救济江淮饥民

请支义仓米赈给百姓

论江西和买绢

论放欠（陕西料额船等）

请将邢洺州牧马地给与人户依旧耕佃（一、二）

请放高阳一路欠负

请免沿边人户折变

请免接送北使三番

论修商胡口

请出内库钱帛往逐路籴粮草

领陕西漕日上殿

乞开落登州冶户姓名

请罢同州韩城县铁冶务人户（本处见卖［铁］每斤价钱二十四五文，极要待抄）

论瀛州公用

请罢里正只差衙前

卷八

请修蔡河堰并斗门

论茶法（一、二）

《议漕折抄》简介

《议漕折抄》，一名《漕仓事宜集览》，十卷，董醇和醒卿辑（抄本），断自嘉庆四年三月二十日，迄道光二十六年（丙午）四月初七日。（本所藏）

《明史·食货志》作者

《碑传集》，潘耒行状："撰《明史·食货志》，而兼订他纪，自洪武及宣德五朝俱有成稿若干卷，藏于家。"

杨农先《孟邻堂集》："潘耒为《食货志》。"

《振绮堂丛书》：汪康年，宪……《明史残稿》（金德嘉？）。

清代《简明赋役全书》、易知由单及征信册

先曾祖事迹（李慈铭《越缦堂日记》第四十三册第六十一页下，光绪十年闰五月十九日；第四十六册第六十五页下，光绪十二年六月二十日）

权量衡之琐碎与《简明赋役全书》及易知由单（同上第四十三册第九十一至九十二页，光绪十年十二月初九日）

民欠及征信册（同上第四十五册第八十六页，光绪十一年十二月二十三日）

《明史稿》中的广东人

何真，《明史稿》列传十四，东莞人。

李质，列传二十，德庆人。

黎光，列传二十，东莞人。

薛远，列传二十一，琼山人。

陈思贤，列传二十八，茂名人。

戴缙，列传三十六，南海人。

邢宥，列传三十七，文昌人。

陈谔，列传四十二，番禺人。

周新，列传四十二，南海人。

彭谊，列传四十四，东莞人。

李侃，列传四十四，罗定州东安人。

陶成，列传四十六，原籍郁林，后诏徙籍广东。

叶祯，列传四十六，高要人。

王佐，列传四十七，海丰人。

黄裳，列传四十七，曲江人。

罗亨信，列传五十一，东莞人。

邓颙，列传五十一，乐昌人。

王缜，卷二〇一，东莞人。

唐胄，卷二〇三，琼山人。

汉代丝缣、布帛生产及价格

任城（距齐国不远）国亢父缣一匹，幅广二尺二寸，长四丈，重二十五两，直钱六百一十八。（《流沙坠简》）从上可知任城缣远销至边塞。

"有司奏依旧调房子睢阳绵，武帝不许。"（《太平御览》卷八一

九引《晋阳秋》）

从现在的开封经过曹州、兖州、泰安到青州一带都是汉代产布帛的区域。（劳榦：《两汉户籍与地理之关系》，《史语所集刊》第五本第二分，1935年）

庞参，河南缑氏人……奏记于邓骘曰："比年羌寇特困，陇右供徭役，内损日滋，官负人责，数十亿万。今复募发百姓，调取谷帛，衒卖什物，以应吏求，外伤羌虏，内困征赋。……"

《后汉书·李忠传》："迁丹阳太守，是时海内新定……垦田增多，三岁间流民占著者五万余口。"

恽敬《大云山房文稿》初集卷四《亡妻陈孺人权厝志》："孺人，武进陈氏，名云。……年十九，归同县恽敬，日纑高昌棉十两，织日得布一匹。自先大人、太孺人与敬悉衣之。二十六，敬赴试礼部，遂留京师。太孺人以孺人多病，禁勿织。孺人撚杂线，蹙之为菊、牡丹、凤子鹨鸡数十类，俱创意，不袭旧式，或缀杂绫绢为之，率三日可得白金一两，助甘旨。……盖如是者十年。……孺人以疾归，遂不起，年三十九，时嘉庆二年闰月丙辰也。……"

十三行商与天王殿及卢观恒入祀乡贤事

乾隆五十一年监生默宽、副等默印《重修天王殿缘起》：同文行潘，源泉行陈，万和行蔡，而益行石，丰泰行吴，源顺行伍，泰来行林，宽茂行郭，隆和行杨。

《新会县志》卷十四《事略》："嘉庆二十年乙亥五月十日，已故洋商候选道卢观恒入祀乡贤。嘉庆二十一年丙子二月奉旨以卢观恒滥祀乡贤，撤去木主。"（《广东十三行考》，第306页）

十二生肖起于周代

我国之有十二生肖，论者多谓是来自外族，因印度、墨西哥均有生肖之说，印度只改虎为狮，余均同；墨西哥则为数不仅十二耳。然《礼记》已有"今年岁在辰，明年岁在巳，岁在龙蛇贤人叹"之说，是其制或起于周代。其后五胡乱晋，又有用虎儿年、牛儿年以纪岁者。

高丽折叠扇之制作

《图书见闻志》：高丽国使人每至中国，或用折叠扇为私觌物，其扇用鸦青纸为之。黄山谷作《求染鸦青纸》与之，诗云：学似贫家老破除，古今迷忘失三余。极知鹄白非新得，漫染鸦青袭旧书。

棕竹

棕^{租翁切，冬韵，与棕同。}棕竹：木名，干纤维丛生，高七八尺，叶似棕榈，而分裂较少，尖小类竹叶，故名。一曰棕榈竹。闽、广、浙省皆产之。陆游有《上城棕竹拄杖》诗。今多用作扇柄。

簪花礼

生员入学时，学政于大堂召集新生行簪花礼，初给花红，后则仅点名验看而已。（商衍鎏：《清代科举考试述略》第一章第一节，第十六页）

普鲁士官制

普鲁士 Friedrich Wilhelm I（1713—1740）创定官制，不许在本省本市做官。（王亚南：《中国官僚政治研究》，第 24 页，引 Henderson《德国简史》第三至四章）

花生传入中国

落花生清初由日本传入中国。光绪二十六年重刊本《福清县志》卷二云："出外国……康熙初年，僧隐元往扶桑，觅种寄回。"这是指小花生而言，至于大花生，俗名毛子长果，到了民国以后，才普遍的种植了。

番薯种来自南夷

番薯种来自南夷，以蔓埋地即生。其叶可为菜，根似山药皮，有红、白二种，终年食之，精神不减。郡人尝以酿酒。（道光《琼州府志》卷五《舆地志·物产》）按此外又有"甘薯""薯蓣"诸条，但与番薯无关。

食箸

七，即后世食箸之祖型，《诗·小雅》有捄棘七，注，以棘为七，所以载鼎肉而升之于俎。又《说文》训七，谓相与比叙也，亦所以取饭，一名栖云云。既用以取饭载肉，则为古代之食箸无疑。其形状极似小剑。《通俗文》载：匕首，剑属。其头类七，短而便用，故曰匕首。

晋代收获量

晋惠帝时，江统《徙戎论》："关中土沃物丰，有泾渭之流，溉其舄卤，黍稷之饶，亩号一钟，百姓歌咏其殷实。帝王之都，每以为居。……"（《晋书》）

免赋

崇祯十六年末，张献忠军至雅州，"声言边郡新附，免其三年租赋。"（《绥寇纪略》卷十）

崇祯十七年，张献忠陷长沙、湘潭，"发檄远近曰：……所属州县，士民照常乐业，钱粮三年免征"。（管葛山人辑：《平寇志》卷七）

顺治三年，张献忠在川南，"又禁不得私藏金银，有至一两者，家坐诛；十两者，生剥其皮。人或沉井中，或窨幽室，被获，亦按连坐法。告捕者，即以其家妻妾、马匹给之"。于是豪奴悍婢，争讼其主焉。（彭遵泗等：《蜀碧》卷三）

《复社姓氏》（抄本）

右《复社姓氏》（分省府县）共二千二百五十五人，为一卷。竹垞太史曰，是得之于携李士人家知而记之者如此。其后附会增益与脱落者不知凡几也。丁亥十月退院考阅姓氏，知者十之不能一，求其所以合立社之本意者，十一之中又无几焉。呜呼，即二千二百五十人而明亡矣。楝亭曹寅识。

《成化间苏材小纂》目录

《成化间苏材小纂》四卷，明抄本，弘治元年，祝允明撰。

卷一至三　簪缨纂一至六（19 人）

卷四　丘壑纂（6 人）　孝德纂（1 人）　女宪纂（3 人）　方术纂附（2 人）

万历时常熟县佃户支领工食票

《常熟水利全书》十卷附录上下卷，四册，万历刊，知县耿橘著，邑人瞿汝稷、陆化淳同校。历史所藏。

卷一　页 19：佃户支领工食票（万历三十四年）。

姜伯勤：《隋末关陇山东农民战争与少数民族的关系》

山东义军军事生活中的北族遗风。

1. 亲兵、养子

亲兵制即恩格斯所描述的侍卫兵（retinue）制。它最初是与氏族制度并行，而又在氏族之外的"一种独立担当作战的私人团体"。当氏族制度向阶级社会转进时，军事首领把亲兵（一群年轻人）结集在自己周围，"他们对他个人必须效忠，而他对他们亦然。首领养活他们，酬偿他们"。

侍卫兵制中已经有了古代人民自由衰败的萌芽和佣兵制的最初萌芽。

这种侍卫兵成了后来贵族阶级的第二个组成部分（第一个是"国王的奴隶及被释放者"——家庭侍臣 com't attendents 等）。[《家庭、私有制和国家的起源》，"七　克勒特（Celts）人及德意志人的氏族"，p. 140]

养子制，其最初是收容异族人编入本氏族的氏族收养制；后来，它实际上是由每个家庭收养。（《家庭、私有制和国家的起源》，"四　希腊人的氏族"，p. 96；"六　罗马的氏族和国家"，p. 118）

2. 隋末农民战争以后，官杂户开始可以受田，而前此是不见官杂户受田的。均田令（武德七年？）规定："凡官户受田，减百姓口分之半。"（《唐六典》卷三《户部尚书》）。唐代的杂户及太常音声人，"各附县贯，受田、进丁、老免，与百姓同"。（《唐律疏议》卷十七《贼盗一》）

旅店

客店至泰安州，不复敢以客店目之。余进香泰山，未至店里许，见驴马槽房二三十间。再近，有戏子寓二十余处；再近，则密户曲房，皆妓女妖冶其中。余谓是一州之事，不知其为一店之事也。投店者，先至一厅事，上簿挂号，人纳店例银三钱八分，又人纳税山银一钱八分。店房三等，下客夜素早亦素。午在山上，用素酒果核劳之，谓之接顶。夜至店设席贺，谓烧香后求官得官，求子得子，求利得利，故曰贺也。贺亦三等，上者专席，糖饼五果十肴，果核演戏；次者二人一席，亦糖饼，亦肴核，亦演戏；下者三四人一席，亦糖饼肴核，不演戏，亦弹唱。计其店中演戏者二十余处，弹唱者不胜计。庖厨炊爨亦二十余所，奔走服役者一二百人。下山后，荤酒狎妓惟所欲，此皆一日事也。若上山落山，客日日至，而新旧客房不相袭，荤素庖厨不相溷，迎送厮役不相兼，是则不可测识之矣。泰安一州与此店比者五六所，又更奇。[山阴张岱（宗子）：《陶庵梦忆》（《粤雅堂丛书》本）卷四《泰安州客店》]

均赋

李中丞充嗣巡抚吴中，欲均田赋，问其利害于一达官。答曰："吾不知利害，但闻国初有滕尚书者曾建此议，高皇帝怒其变乱黄册，腰斩于市。"李公不敢更言均赋矣。嘉靖间，王守仪锐意均之，节奉明诏不顾也。吾长洲田亩均三斗七升，水乡下田十年不三四登者大受其害，而高乡腴田亦不为益，何也？文襄公之法，四斗五斗额田半折白银，每银一两准米三石，六斗七斗以上全折花银，每银一两准米四石。征收之法，先米，白银次之，花银又次之，故民力舒焉。今亩征米二斗，银八分五厘准米一斗七升，则银一两土折米二石，又一时并征，民不堪命。文襄之良法尽坏，而美意亦不复在民。今计苏州多米万石，以明诏之故，不敢作正，故有司征收用新法，户部会计用旧额，巡抚者亦不究其故，上下相蒙以为利。（皇甫录：《皇明纪略》，《历代小史》卷八十五）

宗藩

宗藩之盛，自古帝王无如我朝者，二百年来不下万人。分封之制，初封亲王，岁支禄米万石，郡王二千石，袭封视郡王各减半支，后又以岁歉不给，乃为折支之法，则实支又减半矣。将军而下，每不得本支，盖由生齿之繁，如庆成王七十余子，又十一岁即支禄米，有司不能供亿。予在礼部，既举行十六岁以上支禄之法，又以生子之多，由不检制其宫嫔而然，为立妃夫人而下不系奏请，宫嫔所生皆与庶人同，不得混袭，庶省岁支。嗟乎！使帝孙王子岂谓无才，而不得一试，贫乏者不得为商农之业以自给，坐受困辱，则处宗藩之法，于斯阙矣！（皇甫录：《皇明纪略》，《历代小史》卷八十五）

官俸之薄

国初定制，百官俸给皆支本色，如七品官月支本色米七石，足以养廉。后改四品以上，三分本色，七分折色；五品以下，四分本色，六分折色。又改外官月支本色米二石，余皆折色。折色以钞为准，米一石折钞十五贯或二十贯。钞法不行，不值一钱。布一匹值银不过五钱，折米二十石。京官折俸四五年不得一支，外官或通不得支。其何以养廉，其何以使之不贪？（皇甫录：《皇明纪略》，《历代小史》卷八十五）

里簿

霸州守张需长于治民，先佐郑州渠有声……泊守霸，守见其民游食者多，每里置一簿，列其户，每户各报男女大小口数，派其合种粟麦桑枣纺绩之具，鸡豚之数，遍晓示之，暇则下乡，至其户，簿验之，缺者罚之。于是民皆勤力，无由偷惰，不二年俱有恒产，生理日滋。（李贤：《古穰杂录摘抄》，《纪录汇编》卷二十三）

元时谷贱伤农（例证）

元贞（一二九五——一二九七）新政，有北士吴助教陈定本十六策……今摘其要以示后：今……金银有入而无出，不在乎钞之旧新。……布帛翔涌，而号寒者溢甚；米粟渐平，而啼饥者愈多。……楮币失母子相权之道。（刘埙：《隐居通议》卷三十一）

科学发明者

发明品	发明时	发明者	国籍
蒸汽机	1774	Watt	英
轮船	1807	Fulton	美
火车	1814	Stephenson	英
电报	1844	Morse	美
电话	1876	Bell	美
留声机	1877	Edison	美
电灯	1880	Edison	美

（续表）

发明品	发明时	发明者	国籍
电车	1880	Siemens	德
汽车	1883	Daimler	德
电影	1888	Edison	美
无线电报	1896	Marconi	意
无线电话	1900	Poulsen	丹
飞机	1903	Wright 兄弟	美

E. Clodd 著，黄素封、吴直由译述：《世界之童年》，上海：开明书店，1933年，p. 264

蒙古语解

秃儿合黑，秃鲁华（turqaq）：侍卫，散班（队）

豁儿赤（qoici）：箭筒士（亦译作火儿赤，火而赤，火鲁赤，Khorchi，箭内亘《元朝怯薛及斡耳朵考》第5—6页）

斡耳朵（ordo）：帐殿

札撒（jasa）：蒙古习惯法，法令

必里克（bilik）：成吉思汗训言

别乞（beki）：管理宗教事务的老人，地位在众人（封建主）之上

亦都护（iduq－qut）：王或国主之意

国王（güi－ong）

达鲁花赤（darugaci）：镇守官

探马赤（Tamaci）：镇戍官，副镇守官

也可达鲁花赤（yeke darugaci）：最高镇守官

大斡耳朵（yeke ordo），主帐

封地（ulus）：汗国，大领地，封地（兀鲁思）

八思哈（Basqaq）：拥有军队，其职掌为征收赋税及镇压居民

巴里失（Balish）：锭

站赤（jamci）：驿站组织

驿站（jam）：元代的jam，清代称为ürtege

斡脱（ortok）：官营高利贷，称为斡脱官钱

算端（sultan）：国王，君主

忽兀儿（qu'ur）：胡琴

金册（altan debter）：［泥］金书实录节文

脱卜赤颜（tobiciyan）：秘史

阿拉特（arad）：牧民

古列延（küriyen）：集体游牧，翼，一圈子

阿寅勒（ayil）：个体游牧

把阿秃儿（Bagatur）：勇士

必勒格（Bilge）：智者

篾儿干（Mergen）：神箭手

那颜（noyan）：官人，领导者

薛禅（secen）：贤者

哈唝抽（xaraju，xaraěn）：平民，黑民

那可儿（nökov）：亲兵，伴当，战友

安答（anda）：义兄弟

奴隶（Bogol，Bol）

兀纳罕·孛斡勒（Unagan bogol）：家臣，属民

大异密（emir）：大臣，前锋司令官

忙豁勒（Moń gol）：蒙古

分地（qubi）：封地

土绵（tümen）：万户　tümen－ü noyan 万户长

敏安（mingan）：千户　mingan－u noyan 千户长

札温（jagun）：百户　jagun－ü noyan 百户长

合儿班或阿儿班（xarban，arban）：十户　arban－u noyan 十户长

怯薛（kešig）：护卫军

客卜帖兀勒（kebte'ul）：宿卫

四十万（tücin tümen）

四万（türben tümen）

土绵，土蛮（tümen）：在明代"土蛮"一词，和"兀鲁思"（u-lus）同样使用为大领地的名称，而"万户"之名已不限于一万之数。

左翼（jegün gar）

右翼（Baragun gar）

鄂拓克（otok）：在一个共同地面上游牧的阿寅勒群的联合体

和硕（qošun）：旗，与"鄂拓克"一词时常混用。和硕为鄂拓克壮丁（民兵）组成的部队。

爱马克（ayimag）：明代的爱马克与清代蒙古的爱马克（部）不同。爱马克为同姓的联合，鄂拓克则吸收了各种不同部落的代表人物。爱马克和鄂拓克都必须存一个。

共同牧地（nutuk）

阿拉特阶级（arad）：牧民

台吉（Täiji）：诸王

白骨（cagan yasun）

太师（Taisi）

宰桑（jaisaǹ）

分地（xubi）

济农，《明史》作吉囊（jinoǹg）：副王

洪（鸿）吉台，《明史》作黄吉台（xuǹ taiji）：元时指太子

赛特（said）：善人，贵人，大臣

阿合（aqa）：长

阿哈拉克齐（aqalagci）：官长

扎萨克（jasag，jasak）：执政者

图锡默勒（tüsimel）：官员，后亦称宰桑

王（ong）

正主（tus xan 或 Butun ejen）

阿勒巴（alba）：赋，役

黑骨（xara yasun）

阿勒巴图（albatu）：属民，服役者，纳赋者

王公（ejen）：主人，领主

赛音·库蒙（Sayin kümün）：善人

达尔罕（darqan）：富人、官吏皆属之。拥有家仆、奴隶及大量

牲畜。

敦达库蒙（dumda kümun）：中等人，平民

哈剌库蒙（qara kümun）：黑民，黑人，贫民

恩温库蒙（eng – ün kümun）：平民

穆（mu）：平民

阿达克（adak）：贱民，下人

塔布囊（tabunang）：驸马（明）

古列坚（gürgen）：驸马（元）

使臣（elci）

沙比（sabi）：传授喇嘛衣钵的徒弟

头事：役使人员，仆役

呼毕勒罕（xubilgan）：化身

呼图克图（qutuqtu）

哈敦（qatun）：妻

虎拨思（明人译为琵琶）

老师（Bakši）：明人称为榜什

贝勒（beile）

贝子（beise）

索木（Somon）：佐领

索木库京（Somon – u janggin）：也叫佐领

骁骑校（ourlan kügekci，tüluge kügekci）

领催（kügekci）：满语 Bošuku

和硕扎兰（xašun u jalan）：管旗扎兰，参领

扎兰章京（jalan u janggin）：亦叫参领

扎希鲁克齐（jakirukci）：管旗章京，专管军事

梅伦（meiren）：副官，专管财政

笔且齐（bicikci）：文书

部（爱马克，ayimag）

会盟（culgan）：三年一次

盟长（calgan – u darga）

哈木济尔噶（qamjila）：随丁

沙比（šabi）：徒弟，黑徒

乌拉齐（ulaci, ulagaci）：站丁

哈喇昆（qara kün）：奴下奴，黑人

呼图克图（qutuqtu）：道行崇高的喇嘛

扎萨克达喇嘛（jasak da lama）

副扎萨克达喇嘛（des jasak da lama）

扎萨克喇嘛（jasak lama）

达喇嘛（da lama）

副达喇嘛（des da lama）

苏拉喇嘛（sula lama）

德木齐（demci）：管理庙内庶务及会计

格思贵（gesgüi）：管理教务，执行戒律

呢尔巴（nirba）：管理财政

格隆（gelüng）：喇嘛中之受戒者

班第（Bandi）：小喇嘛，司役使者

沙比那尔（Ŝabinar）：喇嘛群众，普通喇嘛

乌巴什（ubaŝi）：善男

齐巴罕察（cbagakca, cibagangca）：信女

昔宝赤：养鹰人

贵由赤：急足快行

沙津爱护持：汉名"总统"（会福院提举隶之）

扫邻：宫门外会集处

答罕马：二岁驹

剌马：帝师

爱马：各投下

资料来源：

①《高丽史中之蒙古语》，伯希和撰，冯承钧译：《西域南海史地

考证译丛续编》，第65—80页。

②蒙古语（钱大昕：《十驾斋养新录》卷九，第十四页）

译音无定字（钱大昕：《十驾斋养新录》卷九，第二十一页）

③译名翻音问题（李思纯：《元史学》第三章，第122页起）

哈佛大学读书笔记

F. C. Liang

Divinity Hall

Divinity Ave.

Cambridge, Mass.

县佐回避本郡

陈寅恪：《隋唐制度渊源略论稿》，第 62 页

Chinese Shipbuilding

In 1848 great interest was aroused by the appearance off Gravesend of a Chinese junk, the Keying, the 1st Chinese vessel which had ever rounded the Cape of Good Hope or appeared in British waters. The junk had been purchased in Canton "by a few enterprising Englishmen" and had sailed from Hongkong on the 6th Dec. , 1846, with a crew of 30 Chinese and 12 English. After rounding the Cape of Good Hope on the 31st March, 1847, she encountered very bad weather with adverse winds and currents, but on all occasions she proved herself an excellent sea boat: "her powers of weathering a storm equal if not surpass those of vessels of British builder. " After leaving St. Helena, her Captain, finding the supply of provisions and water running short, made for New York. "She entered the port amidst a general display of flags and saluting from the large assembly of shipping in the harbour" and for several days in succession as many as seven thousand to 8, 000 persons daily went on board. From New York she went to Boston and then crossed the Atlantic in very tempestuous weather in 21 days—"a short period ever for the American Packet – ships. " The whole journey from Canton to Gravesend, where she arrived on 28th Mar. , occupied 477 days. *The Illustrated London News* of Apr. 1, 1848, from which the above quotations are taken, described the strange appearance of the junk with its enormous elevation of bow and stern, the gorgeous decoration of both interior and exterior and the immense eye painted on each bow "to enable the vessel to see her way across the ocean. " She was built of teak, 800 tons burthen Chinese measurement, was 160 feet long and $25 \frac{1}{2}$ feet beam. (= broad)

. . . An enterprising English merchant who visited Shanghai for a few weeks some years before it was opened as a Treaty Port to foreign trade, calculated that the no. of vessels annually entering and leaving Shanghai equalled the tonnage of the Port of London.

. . . According to Admiral Ballard (Rulers of the Indian Ocean) the junk is much handier than the show when beating to windowed but slower when running free, and the Indian Ocean, with its regular monsoons, the faster vessel off the wind had the advantage. The junks therefore came no further than Malacca leaving the Cp. good to be carried westward by the Arabs until their trade was destroyed and their place usurped by the Portuguese. (in 16th c.)

The East India Co. was founded on the last day of Dec. , 1600. It was not until 1715 that the Co. opened a "Factory" at Canton and placed their trade upon a regular and permanent base. The monopoly of the East India Co. came to an end in 1834 but the regime of the "factories" lasted till the 1st Treaty Ports were opened to foreign trade and residence by the

Treaty of 1842. The memoirs of William Hickey who visited Canton in 1769 as a young cadet of 20, give a vivid account of Canton and life in English Factory: (See his account of 2 entertainments by Pan Kee – hua.)

The boom in American clippers lasted for a brief ten years—1848 to 1858—and then American enterprise faded away both at sea and in the Far East. The British clippers remained for two decades more. The most famous of American privateers was the Prince de Neufchatel, a ship of 310 tons, 17 guns and a crew of 350 men. She was built in New York in 1812 and proved a veritable scourge to British Navy.

The 1st iron steamer was built in England in 1821. The Nemesis was launched in 1839 just in time to take part in the 1st Anglo – Chinese war. The wooden walls of England had been so long a part of her most glorious traditions that iron seemed to many to be a most unpatriotic innovation. Nevertheless, by 1860, the ironclad had superseded the wooden ship as the capital ship in the navies of all the chief European countries. The Nemesis was a vessel of 660 tons, 169 feet long, 29 feet broad, and her draught was only 6 feet.

(Sir John T. Pratt, *China and Britain*, The Navigators, pp. 11 – 23. 1944 Collins Publishers)

See Hudson, *Europe and China*.

Shipbuilding

《大日本佛教全书》《游方传》

成寻:《参天台五台山记》（熙宁）

策彦和尚:《入明记》《初渡集》《再渡集》（嘉靖）

张家驹:《宋代造船工业之地理分布》（《大风》百期纪念号, 1941 年 11 月 5 日, 页 3379—3383）

1. 海洋航运——以山东密州, 浙江杭、明州, 福建泉州, 广东广州等处为起点，东通日本、高丽，南至爪哇，西达欧、非。罗盘针的使用。关税与南宋的关系。

2. 内陆河川航运——北宋时汴梁为一中心，可通江浙，西北溯黄河至陕西，由惠民河可通河南南部陈、颍、许、蔡等地。南宋时杭州为一中心，由太湖水系可通江苏，更上溯长江至四川。不特可通漕运，且为商货行旅之所经。

3. 船的制造，分官、私工业。史料以前者为多。官工业又可分：（1）永久性的工场；（2）临时的工场。前者政府置有造船场或造船务，有监当官管辖，有驻军防守。出品限于公用性质，如战船、使船和漕船。私营的如商船、民船等。船行于洋海的又有商舰、钻风、三板等名号；航行河湖的，有落脚头船、大滩船、舸船、舫船、飞篷船等（《梦梁录》卷十二）。制造原料，有木板、铁钉、桐油。

海上船舰较大，五千料的可载五六百人，中等二千料至一千料可载二三百人，小的载百人不等。河湖船舫较小，大者一千料，长二十余丈，可容百人；五百料约长十余丈，可容三五十人；亦有二三百料，长数丈，容二三十人。

载货，据《宣和奉使高丽图经》卷三十四：福建客舟长十余丈的，可载粟二千余石；《梦梁录》卷十二：政府网船运米，一船可载千余石或六七百石，米客船只亦可载五六百石。

制造的技巧：《宣和奉使高丽图经》卷三十四。

4. 北方区

西北造船，要从东南雇工匠（《容斋四笔》卷六）。山东造船，要从南方买桐油、募船匠（《宋史》卷四七七《李全传》）。北方出产的木材也不甚适用，吕颐浩说："北方之木，与水不相宜。海水苦咸，能害木性，故舟船入海不能耐久，又不能御风涛"（《三朝北盟会编》下帙卷七十六）。北方造船地之可考者：

（1）陕西阳平（关）。《宋史》卷二七六《张平传》。

（2）凤翔，斜谷（关）。《宋会要稿·食货四十六》。

（3）山东。《宋会要稿·食货五十》，《宋史》卷四七七《李全传》。

（4）河北保州（今清苑县）。《宋史》卷三〇八《李继宣传》。

（5）甘肃镇洮军（今狄道县）。《续资治通鉴长编》卷二三九。当系临时性质。

5. 淮浙区

（1）淮南楚州（今江苏淮安）。《临川文集》卷九十六《周彦先墓志铭》，《宋会要稿》，《宋史》卷一七五《食货志》，《宋会要稿·食货五十》。

（2）扬州。《庶斋老学丛谈》卷下。

（3）真州（今仪征）。《宋会要稿》。

（4）泗州。《宋会要稿》。

（5）高邮军。《宋史》卷四〇八《汪纲传》。

（6）两浙，杭州。《宋史》卷一八九《兵志》，《梦粱录》卷十。

（7）明州。宝庆《四明志》卷三，《宋史·兵志》，《宋会要稿·食货五十》，《宣和奉使高丽图经》卷三十四。

（8）温州。《宋会要稿·食货五十》，《宋会要稿·食货四十六》。平阳莆门寨巡船（《建炎以来系年要录》卷一九一）。

（9）处州。

（10）台州。

（11）平江府。《宋会要稿·食货五十》，《老学庵笔记》卷一

（12）婺州。《宋史·兵志》。

淮、浙两路是造船的中心，尤以两浙为最要。参《续资治通鉴长编》卷四三七。

（13）江阴军。《宋会要稿》。

6. 荆江区

（1）荆湖，潭州（今长沙）。《宋史·兵志》，《宋会要稿·食货五十》，《建炎以来系年要录》卷七十二。

（2）衡州。《宋史》卷四十四《倪涛传》，《宋会要稿·食货五十》。

（3）鼎州（今常德）。《宋史·兵志》，《宋会要稿》。

（4）鄂州（今武昌）。《宋会要稿》。

（5）新河口（今沙市西）。《渭南文集》卷四十七《入蜀记》。

（6）洞庭湖。《建炎以来系年要录》卷五十九。

（7）江南，建康府（今南京）。《宋会要稿·食货五十》。

（8）镇江府。《宋会要稿·食货五十》。

（9）池州。《宋会要稿·食货五十》。

（10）太平州。

（11）采石。《宋史》卷二七一《陆万友传》。

（12）虔州（今赣县）。《宋史》卷三七四《李迨传》，《宋会要稿·食货四十四》，《东坡集》卷三十八《赵抃神道碑》，《建炎以来系年要录》卷十五，《宋会要稿》。

（13）洪州（今南昌）。《宋会要稿·食货五十》，《宋史》卷二七七《栾崇传》。

（14）吉州（今吉安）。《宋史·兵志》。

（15）江州（今九江）。

其余有不指明某州制造的，如绍兴三年令江南东西、荆湖南北路各造军船一二十只。……又令吉州榷货务支钱二万贯在江西打造搬载钱粮船一百只。淳熙间湖南年额造松木运粮船一百六十八只。江西乾隆五年以前岁造五百只，以后减一百只。（《宋会要稿·食货五十》）

7. 闽广区

（1）福建，泉州。《渭南文集》卷三十三《傅正议墓志铭》，《宋会要稿》，吕颐浩劄子（见前引）。

（2）广南，广州。《宋史·兵志》。

（3）钦州。《续资治通鉴长编》卷二二二，《岭外代答》卷六。

（4）廉州。木兰舟（出海大船）、藤舟、刳木舟（《岭外代答》卷六）。

8. 西川区

不用铁钉，而代以柘木。

（1）嘉州（今乐山县）。《宋会要稿·食货四十四》《宋会要稿·食货五十》。

（2）泸州。同前。

（3）叙州。同前。

（4）黔州（今彭水县）。

（5）眉州（今眉山县）。

Shipbuilding

藤田元春：《日支交通の研究》（富山房发行，昭和十三年）

冈本良知：《十六世纪日欧交通史の研究》（弘文庄，昭和十一年）

村上直次郎译注：《バタビヤ城日志》上、中卷（日兰交通史料研究会，昭和十二年）

王辑五：《中国日本交通史》（2470 5602. 2 22）

白寿彝：《中国交通史》（2470 5602. 1 15）

朱建邦：《扬子江航业》（商务印书馆，1937 年）

王洸：《中国航业》（商务印书馆，1933 年）

王洸：《中国航业论》（交通杂志社丛书，1934 年）

中村义雄：《船行》（华北航业总公会，昭和十六年，青岛）

李士豪、屈若搴：《中国渔业史》（中国文化史丛书，商务印书馆，1937 年）

American Shipping Industry

Winthrop L. Marvin, *The American Merchant Marine* (New York, 1902)

Willis J. Abbot, *The Story of Our Merchant Marine* (New York, 1919)

Ralph D. Paine, *The Old Merchant Marine* (The Chronicles of America series, vol. 36, New Heaven, c. 1919)

Samuel E. Morison, *The Maritime History of Massachusetts, 1783 – 1860* (Boston, c. 1921)

Kenneth S. Latourette, *Voyages of American Ships to China, 1784 – 1844* (New Heaven, 1927)

Arthur H. Clark, *The Clipper Ship Era, 1843 – 1869* (New York, 1910)

Arthur Warner, "American Shipping since the War, " *Current History*, vol. 34 (Sept. 1931, pp. 862 – 866)

J. W. Griffith (1809 – 1882), *Treaties on Marine and Naval Architecture*, New ed. 1854 (Eng. 5038. 56, Eng. 5038. 54)

John G. B. Hutchins, *The American Maritime Industries and Public Policy, 1789 – 1914: An Economic History* (Harvard University Press, 1941)

Eldon Griffin, *Clippers and Consuls, American Consular and Commercial Relations with Eastern Asia, 1845 – 1860* (vol. 1) (Ann Arbor, Mich. , Edwards Brothers Inc. , 1938) US 1650. 37. 105 (2 cop)

Basil Lubbock, *The China Clippers* (5th ed. Glasgow, Scotland)

"Clipper Ships, " *The Encyclopaedia Britannica* (14ed.) vol. 20, pp. 509, 544

M. G. Mason, *Western Concepts of China and the Chinese, 1840 – 1876* (1939), ch. VII, Commercial and Political Interests, pp. 115 –

F. R. Dulles, *The Old China Trade* (Boston, 1930)

C. C. Cutler, *Greyhounds of the Sea: The Story of the American Clippers Ship* (1930)

Chinese Shipping

Alexander Michie, *The Englishman in China during the Victorian Era as Illustrated in the Career of Sir Rutherford Alcock K. C. B. , D. C. L. , Many Years Consul and Minister in China and Japan*, vol. 1 (1900), ch. XII, Shipping (pp. 211 – 247)

W. E. Soothill, *China and England* (1928) (ch22 3. 32)

W. E. Soothill, *China and the West* (1925) (ch22 3. 30)

Grace Fox, *British Admirals and Chinese Pirates, 1832 – 1869* (1940) (ch 100 20)

R. P. Hommel, *China at Work* (1937) (ch 189 37. 20)

A Description of the Chinese Junk "Keying", 4 ed. (London, 1848)

(Salem)

Ivon A. Donnelly, *Chinese Junks: A Book of Drawings* (Shanghai, 1920) 4p. pl. 8°(Salem)

Great Britain Admiralty, *The China Pilot*, comp. by P. W. King, 3ed. (London, 1861) (Salem)

Hongkong, Canton and Macao Steamboat Co. Ltd., Memorandum and Articles of Association (Hongkong, 1865) 2p. 1., 32p. 21°(Salem)

George Mobsby, *Steam Traffic and Trade on the Upper Yangtse* (Shanghai, 190 – ?) 8p. 8° Reprinted the Shanghai Mercury Communicated in Jl. of So. of Arts and Commerce. (Salem)

A. R. Colquhoun, *China in Transformation* (1898)

H. B. Morse, *The Trade and Administration of the Chinese Empire* (1913)

Lord Charles Beresford, *The Break – up of China* (1899), ch. XXIV, Waterways, pp. 318 – 347

E. T. Williams, *China, Yesterday and Today* (1927), ch. XXIV, Foreign Trade, pp. 544 – 569

Paul Monroe, *China: A Nation in Evolution* (1928), p. 51

A. J. Brown, *New Forces in Old China* (1904), ch. X, Foreign Trade and Foreign Vices, ch. XI, The Building of Railways

W. A. P. Martin, *The Awakening of China* (1910), pp. 199 – 200

J. S. Thomson, *China Revolutionized* (1913), ch. VII, Shipping and Water Routes in China, pp. 196 – 205

F. Coleman, *The Far East Unveiled* (1916)

J. P. Chamberlain, *Foreign Flags in China's Internal Navigation* (New York, 1931)

C. N. Parkinson, *Trade in the Eastern Seas, 1793 – 1813*, Chinese Qualities of, as seamen p. 215, efficiency of the Chinese Shipping, p. 62

M. Collis, *Foreign Mud*, pp. 189 – 190

《大元海运记》二卷，元天历中官撰，清胡敬辑，《雪堂丛刻》

《海运说》一卷，明华乾龙撰，《娄东杂著》石集

《海运摘抄》八卷，明□□撰，《明季辽事丛刊》

《海运刍言》一卷，清施彦士撰，《求己堂八种》

屈翁山：《广东新语》，"战船"

陈吾德：《谢山存稿》，"条陈东粤疏"

俞大猷：《正气堂集》，"后会剿议"

Chinese Shipbuilding

同治《温州府志》卷八《兵制（战舰附）》，pp. 25 – 27（朱邵基撰）

《古今图书集成·经济汇编·考工典》卷一八一《舟楫部纪事》2/2

宋应星：《天工开物》，舟车第九卷

张燮：《东西洋考》（《惜阴轩丛书》本）卷七《饷税考》，卷九《舟师考》

曹溶：《明漕运志》（《学海类编》）

《明史·艺文志二·史类·故事类》：

邵宝：《漕政录》十八卷

席书：《漕船志》一卷、《漕运录》二卷

杨宏：《漕运志》四卷

王在晋：《通漕类编》九卷

陈仁锡：《漕政考》二卷

崔旦：《海运编》二卷

刘体仁：《海道漕运记》一卷

王宗沐：《海运志》二卷

梁梦龙：《海运新考》三卷

沈岱：《南船记》四卷

倪涷：《船政新书》四卷

《钦定续文献通考》卷一六八《经籍考》《史·故事》：

邵宝：《漕政举要录》十八卷，《四库总目提要》册17《史部·政书类二·存目》

席书：《漕船志》一卷、《漕运录》二卷，《国史经籍志》卷三，p. 878

杨宏：《漕运通志》十卷（同前，《四库总目提要》册17）

王在晋：《通漕类编》九卷（《国史经籍志补·史部》，"九卷三册"，亦见《四库总目提要》册17）

崔旦：《海运编》二卷（《国史经籍志补·史部》，不记卷数，亦见《四库总目提要》册17）

王宗沐：《海运详考》一卷、《海运志》十二卷（亦见《四库总目提要》册17《史部·政书类二·存目》）

梁梦龙：《海运新考》三卷（亦见《四库总目提要》册17）

沈棨：《南船记》四卷（亦见《四库总目提要》册17）

张凤鸣：《漕书》一卷（亦见《四库总目提要》册17）

郑若曾：《海运图说》一卷

危素：《元海运志》一卷（《学海类编》，亦见《四库总目提要》）

《条议船政拨差事宜书册》不分类，明万历刻本，一册。10469，《北京图书馆善本书目》卷三《史部·政书类》

《船厂》，清抄本，一册。□910. 129/2700（《北大图书馆善本书目》上《史部·政书类》，p. 145）

《漕河一观》（存卷一、五至十一），明周之龙撰，万历刻，五册。□369. 51/7730（同上，p. 122）

《董漕副墨》，明王象晋撰，崇祯刻（第一册抄配），二册。NC4592/1121（同上，p. 122）

《南陔六舟记》一卷，明潘之恒撰，《说郛续》卷二十八

《湖船录》一卷，厉鹗撰，《昭代丛书》（道光本）别集，《武林掌故丛编》第六集，《西湖集览》，《晨风阁丛书》第一集

《川船记》一卷，清谢鸣篁撰，《赐砚堂丛书新编》丁集

《湖船续录》一卷首一卷，清丁午撰，《武林掌故丛编》第六集，《田园杂著》，《西湖集览》

《龙江船厂志》八卷，明李昭祥撰，《玄览堂丛书》续集

《吴船日记》一卷，清杜俞撰，《海岳轩丛刻》

《江口巡船章程》一卷，清杜俞撰，同上

《水师说略四条》，前人，同上

《彭刚直公长江百条》（录三十四条），前人节录，同上

参考《中国丛书综录》第二册子目，pp. 482－483

Mookerji, *History of Indian Shipping and Maritime Activity*

Catalogue of the Asiatic Library of Dr. G. E. Morrison (1862 – 1920)，Part I English Books 1924; Part II Books in other Languages than English 1924. RW9669 56

Quarterly Bulletin of Chinese Bibliography，Vol. 1 No. 1 – present，北平图书馆编辑

M. S. Bates, *An Introduction to Oriental Journals in Western Lan-*

guages, 民廿二, 金陵大学中国文化研究所印

P. G. & O. F. von Möllendorff, *Manual of Chinese Bibliography, being a list of Works and Essays relating to China*, 1876, Shanghai. RW9540 56

Bulletin of Far Eastern Bibliography, Published by the Committee on Far Eastern Studies of the American Council of Learned Societies, Wash. D. C. , 1936 – 1940. Ch 144. 7

Deux Siècles de Sinologie Française（《十八世纪十九世纪之法国汉学》），北平中法汉学研究所民卅二年五月刊

《中法汉学研究所图书馆馆刊》第一号，三十四年三月

Yale University Library 藏

《明状元图考》，顾鼎臣孙祖训汇编，黄应澄绘图，吴承恩、程一桢校益，万历丁未沈一贯序，万历己酉汤宾尹叙

『支那国债と列强』，大山嘉藏著，东京文影堂书店

『清国税关制度』，酒勾秀一，东京同文馆

『清国商业综览』，东亚同文馆

《光绪（六年至二十年）通商各埠华洋贸易总册》（《通商各关沿海沿江建置灯塔灯船灯杆警船浮桩总册》）

哈佛中日图书馆藏

《江苏海运全案》（道光四年贺长龄纂辑，十二卷）

《江北运程》（咸丰十年董恂辑，四十卷）

《楚漕江程》（咸丰四年董恂辑，十六卷）

《南河成案》（乾隆五十六年，五十四卷）

《南河成案续编》（嘉庆二十四年，一〇六卷）

《浙江海运全案初编》（蒋益澧总纂，同治六年，八卷），续编四卷，新编八卷

清水泰次：「明代の流民と流贼」（『史学杂志』第 46 编第 2、3

号）

Le Canal Impérial, étude Historique et Descriptive, par Le P. Domin. Gandar, S. J., 1894 (Variétés Sinologiques No. 4)

《棉业图说》八卷（宣统二年农工商部印，二册）8136 5100

"The Early Development of Firearms in China," by L. C. Goodrich & Fêng Chia – shêng (*Isis*, No. 104)

Japanese Influence on Educational Reform in China, From 1895 to 1911, by Feng – gang Wang, 1931 年北平著者书店；《中国教育的改革与日本》，王凤岗著，Stanford 大学毕业论文

Agriculture

J. L. Buck, *An Agri. Survey of Szechwan Province, China Farmer's Bank of China*, 1943 vol. 63, no. 1 (Geog. Lab.) Eco. 6444. 243

J. L. Buck, *Chinese Farm Economy*, 1930 Eco. 6444. 230. 2

J. L. Buck, *An Eco. & Social Survey of 150 Farms, Yenshan County, Chihli Province, China*, 1926 Sci 1650. 29 Econ. 6444. 226. 5

J. L. Buck, *Farm Ownership and Tenancy in China*, 1925? Eco. 6444. 225. 5

J. L. Buck, *Land Utilization in China*, 1937 Econ. 6444. 237

Rossiter, *Agriculture in China*

Fei Hsiao – tung, *Peasant Life in China*, 1939 ch 195. 139 also Chinese Lib.

Land

Systems of Land Tenure in Various Countries (A Series of Essays published under the Sanction of the Cobden Club), edited by J. W. Probyn. New edition, revised and corrected. Cassell, Peter, Galpin & Co., London, 1881 (pp. 516)

Harry Foster Bain (1872 –), *Ores and Industry in the Far East: the influence of key mineral resources on the development of oriental civilization.* New York, Council on Foreign Relations Inc. , 1927. Rev. & enl. ed. , 1933 Econ. 7745. 533

V. D. Wickizer & M. K. Bennett, *The Rice Economy of Monsoon Asia*, 1941 Econ. 7682. 50

V. D. Wickizer, , *Tea under International Regulation*, 1944 Econ. 7805. 244

Ushisaburo Kobayashi, *The Basic Industries & Social History of Japan, 1914 – 1918* (Yale Univ. Press, 1930)

Cyrus H. Peake, "Recent Studies on Chinese Law" (in *Pol. Sc. Quarterly*, vol. 52, no. 1, Mar. 1937)

Hsien – t' ing Fang, *Triumph of Factory System in England*, printed by the Chihli Press, Inc. , Tientsin, China, 1930 Soc 1631. 230. 5

Joseph Downs, "The China Trade and Its Influences", *The Metropolitan Museum of Art Bulletin*, vol. 36, no. 4 (Apr. , 1941)

The Chinese Government: A Manual of Chinese Titles, Categorically Arranged and Explained, with an Appendix, by William F. Mayers, 3rd ed. , revised by G. M. H. Playfair, 1897 (ch. 12. 1. 3)

《珠谱》（康熙丙戌天都澹庵序于鄂郡客舍。序中云："吾友眉山经营翘楚，鉴赏颇精，博采群识，订成一谱，问序于余。"封面题《至宝精求》、"翠竹轩郑记"），抄本。

评银洋色法规

各省宝银色

山东省　山东宝　高脚粉面毛水一钱　次则不一

山西省　西京宝　粉面毛水一钱　次者不一

关东省　关东宝　计重五十三两　扣水一色　次者照加

河南省　河南宝　粉面毛水一钱　次者不一

安徽省　钱粮宝　礶不等徽宁池太近浙江毛水一钱

湖南省　龟背宝　圆底粉面毛水一钱　次者不一

江苏省　本司宝　计重五十一两二钱三钱　申色二钱

江西省　方宝　计重五十一两二钱三钱　申色一钱

本宝　计重五十一两四钱五钱　申色二钱　记印十六七八为真八九十为假

天津　长芦盐课宝　计重五十一两欠平一两或五十一两左右

江海关　武昌宝　计重五十两欠平二两外新式欠平一两毛水一钱

上洋　江海关宝　上库粉面毛水一钱　次者不一

上洋　夷场新　粉面毛水二三钱

浙江省　浙本宝　不上库粉面毛水一钱　同本司仿佛

江西假宝　计重五十一两　蜜它僧

茶课　计重五十一两二三四五钱　毛水一钱

宝银色病价

钻铅　内重烊银三十两左右　内铅轻烊银四十两

撑铁　内重去铁十余两左右　内轻去铁数两左右

撑铜　内重去铜十两左右　内轻去铜七八两左右

两节　内重不据　蜜它僧　高据／低不等

干草　内重三两左右　内轻一两左右

程色　点烹银　盖礶　炀边　反凿

白直　棣宝　粉面毛水一钱　生意宝名直棣

天津　新粉面毛水三钱　次者不等

江北新　粉面毛水二三钱　次者不一

广新　粉面毛水二四五钱

各省锭色

山东孔锭　夫子饷计重十两锭样同小元宝仿佛

云南锭　计重五两样色同方扁毛水五点石礵毛水七点

甘肃锭　计重二两砠毛小一色光景

河南锭　计重五两^{短脚毛一二点马鞍高脚毛水三点次}_{一色再次砂碟毛水二一色二一色}

广东广方锭　计重十两高毛水五点次一色再次不一

云南子锭　计重二两毛水六七点

九江锭　计重十两毛水七八点次者不一

杭砂锭　计重五两三四五六七八色起九成止

白杭饷锭　计重五两　粉面毛水七点清州印

青杭饷锭　计重五两　粉面毛水一色六色为止

安徽锭　计重十两毛水六点同广方仿佛

江西锭　计重十两毛水五点次一色同粉扑色

滑它锭　计重十两毛水一点次者不一

陕西锭　计重五两毛水一点陕夕毛水六点起一色止

福建锭　计重十两毛水一色一点起二色止

台湾锭　计重十两毛水一色同福建仿佛

狮子锭　计重五两毛水一色至二色即淮关锭

江海关锭　计重五两不足毛水四点

小本司锭　计重五两真上洋下江毛水四五点三个印上库各州县钱粮

苏关关白锭　计重三两五钱至三钱五分职造库税

淮关饷锭　计重五两高七点次者毛水一色二点真淮关饷

假小本司锭　毛水六点起倒一色三点光景

京饷锭　计重五两顶高一色次者二色次镟顶二色至三四五六七色止

疋子锭　计重三两^{细丝亦名盐课锭毛水二色二起}_{三四五止丑粗丝五六七八色止}

天津卫锭　计重十两毛水五点次一色计小元宝一色五止

淘砂锭　计重三四五十两轻约不算毛水五点七点半正灶烊正七色

泗川锭　计重十两毛水四五点同陕纹决夕锭仿佛

川锭　计重五两毛水一二点次一色

湖北锭　计重五两钱粮毛水四点不上库毛水二色至五色止

广东粤海关　高五点亦名广方计重十两

湖北类　杭饷高毛水五点砂磲二三色

湖南方砖锭　高者毛水五点

闷白　对冲　纸箪　吹灰　龟背　鼎银　纸银　搭花　油鳢　吊铜　撑边　盐钱　糁银　车盖　点花　药盖　造汁　发汁　铺铜　插锡　梅白　括板铜　烧梅边　神仙饼　三倾锭　水底铜　江山白　华光捣　三夹饼

本洋毛病价

夹铜　高作五角五分六角止底作三角

顶板　作四角起到五六角止

粉板　大约五六角止高低不一

杭板　大约七八九角止高低不一

苏板　高作八角低作五六角止

海板　高作九角低作八角

蒋板　高作九角低作八角

锡板　大约四五六角高低不一

补铅　样式　　作洋大小不一

凋纹达　作六七角高作八九角

补人头　高作八角五分低作六七角

鬼头　雄高九角低作六七角

蓬头　雌高作九角五分低作七角七分

起人面　高作八角五分低作六七角

起双柱　高作九角低作八角

七星板　作九角五分　高不起错花纹

全桐　高作二角低作二分

双插　高作八角低作七角五分

广板　作九角七分

护白　高作二角低作三分　全铜吹银

叁错圈　作花九角高不起错花纹作九角五分

反圈　作九角五分

单插　高作九角低作八角五分

建板　作九角八分

穿铜　大作九角小作九角五分

锉轻　作九角大约轻重不一

木声　作九角五分

烂板　大作九角小九角五分

倒角　作九角二分

吹板　作九角四分

打并　作九角六分

烧响　轻作九角三分重作九角

鹰洋毛病价

夹铜　高作七角低作四角

夹锡　作三四角

全铜　作三四角

顶板　高作七角起至三四五六角止

补花　作七角小作八角五分

起鹰　内八角外七角

双插　高作八角低作七角

单板　高作八角低作七角

锉轻　大约九角轻重不一

苏板　作六七角

青铜板　作七八角

武松口板　作扌一角

三星　作扌三分

倒头　作扌三分

木声　作扌五分

粗边板　作才二分

土板　作才二分

老板　作才刬

补铜　作才六分

烧响　作才六分

烂板　作才七分

L. D. Stamp, *An Intermediate Commercial Geography* (latest edition)

G. Cressey, *Asia, Land and People*, 1945

Lyon Sharman, *Sun Yat – sen: His Life and Its Meaning, A Critical Biography* (John Day, 1934)

Stephen Chen & Robert Payne, *Sun Yat – sen: A Portrait*, 1946

C. Glick, *Double Ten*, 1945

Morris Zucker, *The Philosophy of American History*, vol I. The Historical Field Theory, 1945; vol II. Periods in American History, 1945 (Arnold – Howard Co.)

A. Aftalion, *Monnaie, prix et change*

G. Pirou, *Traité d'économie politique*

Nogaro, *Cours d'economie politique*

Nogaro, *Les problems financiers contemporains*

L. Baudin, *La monnaie et la formation des prix*

R. Gonnard, *l'histoire des doctrines économiques*

R. Gonnard, *l'histoire de la Monnaie*

Rist, l'histoire dela Monnaie

G. Pirou, *les courantes idées économiques aux Etats – Units*

Lenfexburger, *Precis de l'économie financiere*

Lenfexburger, *La théorie générale de la crise*

François Perrou, *Traite d'économie politique*

François Perrou, *La Marginalité*

François Perrou, *La Valeur*

Chinese Immigration

Brothers under the Skin. By Carey McWilliams, 1945 Ch. II The Long – suffering by Chinese

The Chinese Immigration. By Cooleridge, 1909

刘士木、徐之圭合编：《华侨概观》（中华百科丛书，民廿四年中华书局印，155 页）

R. Coltman, *The Chinese*, pp. 189 – 190

Yung Wing, *My Life in China and America*, Ch. 18 Investigation of the Coolie Traffic in Peru, pp. 181 – 190

F. Boas, "Migration of Asiatic Races and Cultures to North America" (*Scientific Monthly*, Feb. 1929, pp. 110 – 117)

J. T. Scharf, "The Farce of the Chinese Exclusion Laws" (*North American Review*, Jan. 1898)

H. H. Bancroft, *Retrospection*, Ch. 19 Asia and Africa in America, pp. 345 – 367

A. W. Griswold, *The Far Eastern Policy of the U. S.*, Ch. 9, Immigration, pp. 333 – 379

"Leibniz and China", by Donald F. Lach (*Journal of the History of Ideas*, Oct. 1945, Vol. 6, No. 4)

哈佛中日图书馆藏抄本

《银洋珠宝谱》，共两本，合订一册（No. 447）

《玉器皮货绸料价目谱》（448），一册

《典业须知录》（449），一册，浙江新安惟善堂自序

《珠谱》（483），一册，康熙丙戌天都澹庵序

《贸易须知辑要》（437），一册，句曲王秉元纂集

哈佛中日图书馆藏明刊本

《皇明留台奏议》十册，T4664.7/2911

《王襄敏公集》四册，T5143/1148

《二台稿》一册，T5422/0444

陶望龄：《歇庵集》十六卷，万历三十九年真如斋刊本

《行军须知》二卷，嘉靖元年刊，T8917/2328

何庆元（字长人）：《长人集》八册，万历四十三年刊

胡濙：《卫生易简方》十二卷，嘉靖四十一年刊

储巏（—1513）：《柴墟文集》十五卷，明储勘校刊本

崔桐《东洲集》二十卷、《续集》十卷，嘉靖二十九年刊，《续集》三十四年刊

杨爵：《斛山杨先生遗稿》四卷，万历元年刊

佘翘（字聿云）：《偶记》四卷，万历三十四年序，刊本

施泽深：《急览类编》十卷，明奎璧堂郑思鸣刊本

舒芬：《舒文节公全集》《舒梓溪文抄》，《外集》十卷、《内集》八卷，万历庚申六月镌

杨天民：《杨全甫谏草》四卷，天启元年刊

李日华：《时物典汇》上下卷

汪应蛟：《清简公奏疏》（《海防奏疏》一册，《抚畿疏》十卷，《计部奏疏》二册），万历甲辰

金忠（敏恕）：《御世仁风》四卷，万历四十八年

明刻《泰安志》，3140/5330.7

明王景符等纂：《汾州府志》十六卷，万历三十七年刊本

明刊《太原府志》，3149/4379.7

明王溥增修：《潞城县志》八卷，天启三年补修重印本

何景明：《雍大记》三十六卷，明刊

万历四十二年刊《华阴县志》

刘敏宽：《固原州志》二卷，万历四十四年刊

闻人诠、陈沂等辑：《南畿志》六十四卷，嘉靖刊

明刊《姑苏志》

徐师曾等纂，曹一麟等修：《吴江县志》二十八卷，嘉靖三十七年修、四十一年刊本，二十册

周世昌编辑，王体升补遗：《昆山县志》八卷，万历四年序刊，四册

邹元标：《邹南皋集选》七卷，万历三十五年

曾丰（字幼度，1169 年进士）：《（樽斋先生）缘督集》四册，万历十一年

邓元锡：《潜学稿》十九卷，崇祯十二年

顾鼎臣：《文康公集》，《文草》十卷、《诗草》六卷、《续稿》六卷、《三集》四卷，崇祯间刊，顺治初补刊

顾正谊（字仲方，号亭林）：《顾氏诗史》十五卷，万历二十八年永春堂刊本

钱一本撰，吴亮论赞：《邅世编》十四卷，万历

沈彬：《兰轩集》五卷，隆庆三年

袁尊尼：《鲁望集》十二卷，万历十二年

靳学颜：《两城先生集》二十卷，万历十七年

蒋信：《桃冈日录》不分卷，万历三十六年

杜思：《考信编》七卷，万历七年

屠隆：《由拳集》二十三卷，万历八年

罗钦顺：《整庵先生存稿》二十卷，天启二年

刘凤：《刘子威集》三十二卷、《续集》二十卷，万历四年

刘辰翁：《刘须溪先生记抄》八卷，天启三年

刘仲达：《刘氏鸿书》一〇八卷，万历三十九年

刘胤昌：《刘氏类山》十卷，天启元年重刊

明阙名辑：《刘光复案奏疏》六卷，泰昌中刊

陈懿典：《陈学士先生初集》三十六卷，万历四十八年

陶安：《陶学士集》二十卷，弘治十二年刊

冯应京：《月令广义》二十四卷，万历三十年

李茂春（字蔚元，1533年进士）撰：《盐梅志》二十卷，万历三十七年

黄道周：《骈枝别集》二十卷，明末大来堂刊

余阙（1303—1358）撰，郭奎辑：《余忠宣集》（一名《青阳集》），嘉靖三十三年

张岳：《小山类稿选》二十卷，万历十五年

Korea

Mrs. Bishop (Isabella Bird), *Korea and Her Neighbours: A Narrative of Travel, with an Account of the Vicissitudes and Position of the Country* (1905, London) Jap. 3568 98.7

Transactions of the Korea Branch of the Royal Asiatic Society vol. 1-1900 (The Influence of China Upon Korea, pp. 1 – 24) Jap. 3000 5

地方官回避原籍

Mason, *Western Concepts of China and the Chinese, 1840 – 1876*, p. 71

日本大化改新诏令所规定之收回土地为公有，行班田收授法。

定户籍、租庸调制等，皆脱胎于隋唐制。（王辑五：《中国日本交通史》，第55—56、86页）

Dr. J. F. Dewhurst, *America's Needs and Resources* (Twentieth Century Fund)

A. P. Usher, *A History of Mechanical Inventions*（1929）富成喜马平译：『机械发明史』（岩波书店，1940 年）

堀井一雄：「金花银の展开」（『东洋史研究』5 卷 2 号，1940 年 1 月）

《明实录》正统元年八月庚辰、三月戊子，二年二月甲戌，三年二月庚午

《明实录》景泰五年六月丁未（《明史》卷一六八《王文传》）

《明实录》天顺二年闰二月己卯

《明实录》成化二年闰三月丁亥，十七年元月戊子，二十三年十月庚子

《明实录》弘治十五年冬十月辛酉，十八年十一月己丑（十八年五月癸亥）

《明实录》正德元年七月癸未，二年八月戊寅

《明实录》嘉靖二十八年四月壬戌（十七年十二月己巳）

《明实录》隆庆元年五月壬申，四年八月辛丑

《明实录》万历四年正月丁卯，六年八月辛巳

《续文献通考·田赋考·支移折变》，正统九年

《皇明世法录》卷四十《农桑·蠲免折征》（卷三十九《赋役·审编赋役》）

《国朝典汇》卷一〇二《查理各项钱粮》

《皇明经世文编》，《赵司农停买办疏》（赵世卿）

中山八郎：「开中法と占窝」，『池内博士还历记念东洋史论丛』（1940 年）

清水泰次：「明太祖の战后土地经营」，『东亚经济』24 卷 3 号

铃木正：「明代家兵考」，『史观』22，第三册

长泽规矩也：「明嘉靖版王氏农书の二种」，『书志学』15 卷

长泽规矩也：「皇明条法事类を观る」，『书志学』15 卷 23 号

The American Farmer and the Export Market, by Austin A. Dowell and Oscar B. Jesness, University of Minnesota Press, 1934, pp. 252

I. The Farm Plant

1. Farming as an Industry

2. Our Farm Resources

3. Crop Production

4. Livestock Production

5. The Export Surplus

II. The Home Market

6. Will Production Growth Absorb the Surplus?

7. Can We Hope for Increased Consumption?

8. Will the Removal of Submarginal Land Solve the Surplus Problem?

9. The Farmer Is Becoming More Efficient

10. The Possibility of Shifting from Export to Import Crops

11. Is National Self – sufficiency Practicable?

III. The Export Market

12. The Place of American Farmer in World Competition

13. Tariff Fundamentals

14. Protection of Farm Products

15. International Debts a Part of the Export Problem

16. Governmental Policies in International Trade

17. What of the Future?

Maps and Illustrations

哈佛大学读书笔记

———

Economic Survey of China, 1943 (General Motors Oversea Operations, Division of G. M. Corporation, 1775 B'wa ci 7 – 6500)

John L. Buck, *Land Utilization in China*

Wheat Region

Spring Wheat Area

甘　3

宁　1

晋　3

陕　2

绥　2

青　2

total 13

Winter Wheat – millet Area

豫　3

直　1

甘　2

晋　9

陕　5

total 20

Winter Wheat – kaoliang Area

徽　2

豫　9

直　10

苏　2

辽　15

total 38

sub – total 71

Rice Region

Yangtze Rice – wheat Area

徽　8

浙　3

豫　1

楚　6

赣　1

苏　19

total 38

Rice – tea Area

徽　1

浙　10

闽　2

湘　9

赣　5

total 27

Szechwan Rice Area

陕　1

川　7

total 8

Double Cropping Area

闽　3

桂　2

粤　7

total 12

Southwestern Rice Area

黔　5

滇　7

total 12

sub – total 97

grand total 168

vol. II Atlas, ch. I, Regions, pp. 4 – 5, cf. p. 6 Localities in which Farm Survey Studies were Made

Edwin S. Parry, *Betsy Ross: Quaker Rebel*

Robert S. Rait, *Life in the Medieval University* (Cambridge Univ. Press, 1912)

Arthur Waley, *Three Ways of Thought in Ancient China*, 1939 (Br. Council)

Czechoslovak Sinologists:

Karl Capek

Dr. Josef Capek (Cze. Ambassador to China at present)

Jaroslav Hašek (The Good Soldier Shweik)

Oriental Institute in Prague

英文百科全书条目

Census

The Encyclopaedia Britannica, 14th ed., 1929, 1932, vol. 5, pp. 117 – 121

Numberings of the people and national stocktakings are known to have been conducted from very ancient times. The Old Testament records the enumeration at the Exodus of the fighting strength of the Children of Israel and of the non – military Levites, and the famous enumeration of fighting men, conducted by Joab at the command of David, on which the divine wrath was visited. Records survive of a completecadastral survey and census of Babylonia comprising agriculture, stock and produce, which appears to have been carried out for fiscal purposes in the third millennium B. C., and in the Persian empire, in China and in Egypt similar surveys are known to have taken place for the assessment of fiscal, military or labour liabilities. A most notable example was the Roman census, from which the modern institution derives its name: under this system the members and property of every family were enumerated quinquennially for the purpose of determining their civil status and corresponding liabilities. Dating from pre – republican Rome, the Roman census was extended by Augustus in 5 B. C. to the Roman empire and thus covered the whole of the civilized world of those times. The Roman census perished in the wreck of the Roman empire. Feudalism may have rendered the revival of census –

taking, even when practicable, less necessary; and superstition may have contributed to its abeyance. The Christian Church remembered the punishment of Israel; and even in the British House of Commons in 1753 it was possible for the fear to be expressed that a numbering of the people would be followed by "some great public misfortune or epidemical distemper." It is, of course natural that objections to taxation or military service should assume the cloak of religious scruple; but there must have been more than this. It is impossible not to infer that in the Old Testament story and in the purificatory sacrifice concluding the Roman census folk – memory lingered of a primitive *taboo*. And these speculations receive interesting support from the announcement, in connection with the Kenya census of 1926, that the authorities anticipated trouble with certain tribes among whom there was a strict *taboo* against counting either themselves, their wives or their cattle.

Thus, apart from undertakings such as Charlemagne's Breviary and the English Domesday Book (an inquest upon geld assessments) there was a long interval in census history until the mid – 17th century, when a periodical census of the modern type was instituted in La Nouvelle France (Quebec) and Acadie (Nova Scotia). Enumerations of population took place in several of the German States from 1742 onwards, in Sweden in 1748, Denmark in 1769 and Spain in 1787. In Great Britain, after proposals had been made and defeated in 1753, the census was definitely established in 1801. From these and similar beginnings in other countries the institution of the census rapidly gained a permanent place in the organization of nearly all modern States, the most recent convert being Turkey in 1927. It will be seen that the precursors of the modern census were almost wholly executive operations discharging essential functions of government such as military recruitment and taxation. But in the long interval which preceded the revival these functions cut for themselves other channels of administration; and when inquests and surveys upon a national scale were again resumed it was with a very different object, viz. , to supply knowledge for the guidance of public policy and to "substitute certainty for conjecture" upon the vexed questions of fact which are vital to political action and foresight.

Census

Chambers's Encyclopaedia, New ed. , 1950, vol. Ⅲ, pp. 230 – 231

Census, a term originally applying to the periodic registrations, by the Roman censors, of adult males and their property. Exactly how the registrations were effected or who were included is not clear. Beloch believed, for example, that under Augustus the scope of the census was extended to cover free women and children, but this view is not accepted by all modern authorities.

There are references to "censuses" taken in ancient times, such as in Babylon and Egypt, but it is most unlikely that they were more than partial registrations. Even the famous "census" of King David (2 Sam. xxiv), said to have been followed by divine wrath, is clearly described as an enumeration confined to males over 20 years of age, was spread over a period of nine months and 20 days and still apparently was incomplete! The Greek and Roman registrations, taken for taxation purposes, were almost certainly confined to certain segments of the territory and population.

The earliest documentary evidence indicating at least a plan for a complete census relates to China in A. D. 1370. This evidence consists of detailed enumeration instructions, including the provision of penalties for non – compliance, and a completed census schedule, which still survives, confirms that the instructions were carried out for the particular household concerned. . . . At any rate the plan considerably antedates any comparable attempt in the western world.

英文百科全书条目

Local enumerations have a long history in Europe, especially in Germany and Italy, going back as far as the 15th century, often being taken to meet some emergency, such as to estimate the food requirements of a city in anticipation of a siege. Later, during the mercantilist period, more extensive enumerations, covering the territory of colonial provinces, were taken at the initiative of the mother countries. Thus a census of Virginia was taken in 1624 and there was one of French Canada in 1666.

As for Europe itself, the first attempt at complete enumeration (covering whole country) appears to have been made in England and Wales in 1695. It seems probable that the enumeration did apply to the whole country, though the evidence is not absolutely conclusive. Returns are known for a few towns—such as the City of London, Bristol, Norwich, Ipswich and Lichfield—but no national summaries have been found and it is indeed questionable whether they ever existed. In Sweden in 1748 a complete system of national registration was established, supplying population and vital statistics through the local clergy. In Austria the first census was taken in 1754, in Norway in 1769, and there were censuses in Denmark in 1769 and 1787. But, apart from Sweden, these attempts were rather spasmodic, and in Sweden the system was one of registration and not of censuses as now commonly understood. The distinction of initiating a series of periodic national censuses belongs to the United States of America. The first federal census was taken in 1790 and since then there has been and unbroken series taken at every tenth year.

The first census of Great Britain was taken in 1801 and has since been followed by further censuses at ten – year intervals, though it was not until 1920 that general legislation explicitly provided for such periodic censuses. Before that time each census required its own act of parliament. The first French census was taken in 1801. Russia in 1897, the last major European power to initiate modern censuses.

Census

The Encyclopedia Americana, 1946 ed. , vol. 6, pp. 194 – 198

There is no record of census on the Egyptian or Assyrian inscriptions, and the Chinese accounts are dubious. The first we have reliable mention of is that of the Jews by David, including the males of 20 and over and the cattle; and the hatred and suspicion aroused by it are witnessed by the belief that God punished the whole people for the impiety. This apparently irrational feeling was universal in early times, has always been so in the East and is by no means unknown elsewhere and later; its prevalence in 18th century America, and even later in England, however, is probably due to misunderstood Bible teaching. The real reason was, that the early census had for an object not statistics, but taxation and conscription; and it was not to the advantage either of officials or people that the government should have too minute a knowledge of what could be extorted from them. Poverty and sparseness of population were too convenient excuses for not paying taxes or not remitting them to the capital. In the West, however, when constitutional government replaced autocracy, the census became a necessity for apportioning political rights and contributions; as in the Solonian constitution of Attica, where society was divided into four classes, with privileges graded according to income from landed estates. In Rome, whence the name "census" ("assessment") comes, it was much the same; and as the enumerations were valued merely for the ratings deduced from them, not from any idea that statistics by themselves were of any value, they were discarded as soon as their use had passed, to the irremediable impoverishment of history. These censuses were taken at long and irregular periods, sometimes nearly half a century elapsing. But as the empire grew and the provinces were farmed by proconsuls, these found the same need of a thorough detail of their temporary estates, to know whether their

英文百科全书条目

397

sub – farmers were cheating them, that a capitalist does of his business; and each took a census (*professio*) of his own province on his own account, whose inquiries were sometimes almost as minute and exhaustive as those of the latest United States special census report on agriculture.

The mediaeval censuses were of the roughest and far apart, and made only by a few enlightened rulers. Charlemagne attempted one for his dominion; and the Domesday Book of William the Conqueror in 1181 is familiar. This was a register of estates, with the heads responsible for feudal duties, their slaves and cattle—a census of the primitive type for the primitive objects.

The modern census, as a statistical review for its own sake, has a treble origin, in Sweden, England and the United States. In 1686 the Swedish parish clergy were required to keep a record of births, marriages and deaths, accessions and removals of inhabitants, unusual happenings, etc. Of course registration, which is a record of changes, is not a census, which is a statement of condition at a certain time; but with a given basis it can be turned into one. By request of the Swedish Academy of Sciences, in 1746, the clergy were directed to compile statistics of population, etc., for a quarter – century past; but these were kept rigidly confidential till 1762. At their publication Dr. Richard Price, the founder of scientific life – insurance calculation, based his first insurance tables on them. At first annual, then triennial, since 1775 they have been published once in five years. Meantime, in England, the London bills of mortality, first begun after the plague of 1592, had been recorded weekly since 1603, the year of James I's accession; and in the last half of the 17th century Sir William Petty used them as a basis for very valuable and stimulating works on the extent and growth of population, human fecundity, effects of social and political causes, etc. In 1791 Sir John Sinclair undertook the most herculean statistical task. . . to compile a census of the population, agriculture, trade and industries of the entire kingdom... and in 1798 published 21 volumes of results. His work induced Parliament in 1800 to establish a census office; the first census was taken the next spring, and decennial censuses have been maintained ever since.... The Russian census had begun earlier, but on the most ancient model, purely for military purposes, and therefore with no count of females. There were a few partial censuses from 1700 on. In 1718 Peter the Great ordered all landed proprietors to give in an account of their slaves; and the same year organized a body of canvassers to list for him all peasants, mechanics, domestics and unemployed people in the various provinces. In 1722 a ukase directed a census to be taken every 20 years, but it was not observed after 1782, though, of course, many other censuses have been taken. France began taking census after the Revolution; Prussia in 1805; Belgium after achieving independence in 1833. The United States census was entirely independent of all these in origin.

Domesday Book

Chambers's Encyclopaedia, New ed., 1950, vol. Ⅳ, pp. 587 – 588

Domesday Book is the name given since the 12th century to two volumes containing a description of England made by order of William the Conqueror in 1086. One volume contains the account of Essex, Suffolk and Norfolk; the other, that of the rest of England. For various reasons, Northumberland, Durham, Cumberland and northern Westmorland were omitted from the inquiry. In effect, Domesday book consists of a series of county surveys. A normal survey begins with a description of the county town, in cases where a single urban centre has the preeminence to be classed as such. This is often followed by a brief statement of local customs. The survey then proceeds to the description of the king's own property within the shire. The lands of ecclesiastical tenants – in – chief are usually taken next; then come the estates of secular barons and the account ends with the holdings of the king's serjeants and lesser ministers. In a few counties there is added an appendix recording the principal disputes which had been brought before the king's commissioners during the inquiry.

Under these main headings, the individual manors of which an estate was composed are described in accordance with a plan which is uniform throughout the greater part of England. The survey names the manor itself, its immediate lord and the person who had held it in 1066. The amount of land at which it was assessed for taxation, such as the Danegeld, is always given, except in East Anglia, where assessment was expressed in terms of money instead of land.... The number of actual plough-teams working on the lord's demesne is stated, as is also the number of teams possessed by the manorial peasantry. In the greater part of England the peasantry itself is divided into two great classes; the lower, consisting of cottagers (Latin *bordarii* or *cottarii*) and the higher, of *villani* or villeins. The number of *villani* or *bordarii* on each manor is carefully recorded, but the numbers refer merely to heads of households and should not be regarded as a census of the total local population. The word *villanus*a means no more than 'villager' and does not, in Domesday book, carry any implication of personal servitude. For an unfree person Domesday book uses the word *servus* (or the feminine *ancilla*). Most of the people thus described were clearly employed in the lord's household or on his demesne. In the shires between Northampton and York inclusive, and again in East Anglia, Domesday mentions a large number of peasants known as 'sokemen' (Latin *sokemanni*) who, unlike the villeins and bordars, seem to have been regarded as the owners of the lands which they cultivated, and in East Anglia there were many peasants apparently of yet higher rank, called simply 'free men' (*liberi homines*). Among other peasant classes, mentioned more sporadically, were *buri* (OE *geburas*, modern

English ' boors') who in some and probably most cases were manumitted slaves. A class of *coliberti*, sometimes identified with *buri* by Domesday book itself, certainly has this origin. Returning to the other end of the peasant scale a class of ' radmen' or ' radknights', characteristic of, though not confined to, the western midlands, represents a kind of manorial aristocracy, descended in the main from free servants (OE *geneatas*) of early lords who had been provided with holdings in return for services which thought miscellaneous were never crushing.

In a normal entry, the enumeration of the peasants and their plough – teams is followed by a statement of the resources of the manor in meadows, woods and untilled pasture – land. The survey then passes to themiscellaneous sources of profit which augmented the value of a manor to its lord. The manorial mill or mills was generally the most important of these appendages, but there are innumerable entries which show a lord in receipt of revenue from a church situated upon his land. In the 11th century lords were commonly regarded as the owners of the churches founded by their ancestors, and therefore as entitled to receive a payment from the priests whom they had appointed to these benefices. Here, as throughout the Domesday survey, the foreign knights and barons brought in by the Conqueror are regarded as entitled to all the rights which had belonged to the Englishmen whom they had supplanted and it was long before the lord's ownership of the manorial church had dwindled to a mere advowson.

At the end of each entry the attempt is made to indicate the' value' of the manor to its lord in 1066 and at the moment when the survey was made.... Many of these ' values' are merely estimates but there are cases in which the current value set down in the survey is known to be the annual rent for which the manor was actually being leased by its lord in 1086.

Domesday Book

Taxes were levied on the basis of the domesday book until 1522, when as a result of another survey the New Domesday Book was compiled.

Domesday Book

The Encyclopaedia Britannica, 14th ed., 1929, 1932. vol. 7, pp. 514 – 515

The original ms. of Domesday Book consists of two volumes, of which the second is devoted to the three eastern countries, while the first, which is of much larger size, comprises the rest of England except the most northerly countries.... There are also no surveys of London, Winchester and some other towns. For both volumes the contents of the returns were entirely rearranged and classified according to fiefs. Instead of appearing under the Hundreds and townships they now appeared under the names of the local "barons," *i. e.*, those who held the lands directly of the crown in fee. In each county the list opened with the holding of the king himself (which had possibly formed the subject of separate enquiry); then came those of the churchmen and religious houses; next those of the lay tenants-in-chief (*barones*); and last those of women, of the king's serjeants (*servientes*), of the few English "thegns" who retained land, and so forty. The two volumes are distinguished even more sharply by the exclusion from the larger one of certain details such as the enumeration of the live stock, which would have added greatly to its size.

Land Tax

The Encyclopedia Americana, 1946 ed., vol. 16

Rome returned to the land tax as a source of revenue after the decay of the empire destroyed her commerce; the northern European countries depended upon land taxes almost exclusively in their days. (Both the

Greeks and Romans taxed upon the estimated yield of land in their earliest taxation.)

Cadastral Map

Chambers's Encyclopaedia, New ed. , 1950, vol. II , p. 754

Cadastral Map is a plan drawn to a sufficiently large scale show property boundaries and individual buildings and is used primarily for fiscal purposes. The word 'cadastral' comes from the French *cadastre* which is derived form the Latin *capitastrum*, i. e. register of *capita* (*caput* = head) units made for a Roman *capitatio terrena* (land tax).

Cadastre

The Encyclopaedia Britannica, 14th ed. , 1929, 1932, vol. 4, p. 511

Cadastre, a register of the real property of a country, with details of the area, the owners, and the value. A "cadastral survey" is properly, therefore, one which gives such information as the Domesday Book, but the term is sometimes used loosely of the Ordnance Survey of the British Isles, which is on sufficiently large a scale to give the area of every field or piece of ground.

Land Titles (Registration of Title)

The Encyclopaedia Britannica, 14th ed. , 1929, 1932, vol. 13

In very early times, and in small and simple communities, the difficulty afterwards found in establishing title to land does not arise, owing to the primitive habit of attaching ceremony and publicity to all dealings. The parties met on the land, with witnesses; symbolical acts (such as handing over a piece of earth, or a bough of tree) are performed; and a set form of words is spoken, expressive of the intention to convey. By this means the ownership of each estate in the community becomes to a certain extent a matter of common knowledge, rendering fraud and mistake difficult. But witnesses die, and memory is short; and one of the earliest improvements consists in the establishment of a sort of public record kept by the magistrate, lord or other local authority, containing a series of contemporary notes of the effect of the various transactions that take place. This book becomes the general title – deeds of the whole community, and as long as transactions remain simple, and not too numerous, the results are quite satisfactory. Of this character are the Manorial Court Rolls, which were in the middle ages the great authorities on title, both in England and on the Continent. In the land registry at Vienna there is a continuous series of the registers of this kind going back to 1368, in Prague to 1377, in Munich to 1440. No doubt there are extant manorial records in England of equal or greater antiquity; since the abolition of the manorial courts in 1925 – 26, these are passing gradually into the keeping of local authorities under the superintendence of the master of the rolls....

Chinese Census（户帖）

Introduction to the History of Science, vol. Ⅲ Science and Learning in the Fourteenth Century, by George Sarton, in Two Parts: Part Ⅱ The Time of Geoffrey Chaucer, Ibn Khaldūn, and Hasdai Crescas（Second half of the fourteenth century）, published for the Carnegie Institution of Washington, by the Williams & Wilkins Company, Baltimore, 1948, Chapter XV Survey of Science and Intellectual Progress in the Second Half of the Fourteenth Century, XII. Historiography, G. China and Korea（pp. 1268 – 1270）:

The compilation of gazetteers（discussed in ch. Ⅰ, p. 204）was closely connected with administration and historiography, and of course with census taking. We know that a nation – wide census was ordered on December 12, 1370, and by a strange hazard a duplicate census blank with its seals was kept for four centuries in the family of a certain Chang Sung (张松). It was published in the gazetteer of P'u – chên (Chehkiang), P'u – chên chi – wên (《濮镇纪闻》), compiled by Hu Cho c. 1774, a MS copy of which exists in the Library of Congress (see fig. 24). From the description published by Arthur W. Hummel (Report of the Library of Congress for 1940, pp. 158 – 159) we extract the translation of the very strict regulations printed on the blank:

"On December 12, 1370, the Board of Revenue was informed by Imperial edict, that although the country is now at peace, the Government has no clear knowledge of the population. The provincial authorities are therefore instructed to prepare census blanks in duplicate so that a census can be made of the whole Empire. Every revenue official mast give notice to the local officials who in turn are to see that all the people under them present to those officials a written statement (without any falsifications) of the number of persons in their households. Each householder is to be given an official blank with a half seal on each stub which can be detached from the original. Since the military forces of this region are no longer going out on campaigns, they are to be sent to every district and department to make a census of the households and to check the duplicate returns. Those households whose tallies agree will be treated as subjects in good standing; if not, the family will be placed on the list of those liable for military service. If in their search the military come across minor officials who have suppressed the facts, those officials are to be decapitated. Any common people who hide from the census will be punished according to law and will be drafted into the army. Let everyone respect this. "

英文百科全书条目

各都少的了口哈了如眼尔名上洪
州取馬塵帖不説那叧猪部歲着武閏
縣勘将有你明喚洪絲鈢帖合止三沉
裹衮真百每白了武後一殷猪千羊武
下了着進了俚那三隐千與吴命了
着我與都帝敕百年　湧氏帖了了帖
這這那教官中知十　令乃以部部秀
地程百入出畫道一　里今字製精
里大進官樁有如月　人有了製天
去軍一閏去置今三　振司編儘下
熙如圀名敕天天十　松黑為名了
了令了字那下下六　家了勘書口
比不帖馬有了久日　有比合其每
勘狀上着司口平年　先對諸了了
合征用他官的了茶　世求以之殷
此了羊家將勘也　了法部鄉以
着都印人他合止　帖建印賫了
的裝勘口所文天　一麗籍丁帖
便去合多啟薄了　紙枚狀口呈

聖〔

〔

　　　　　　給過官契天
　　　　男郝一羊丁丈好
　　　　女龍了即的隐百
　　　式二字振勘你藏进
　　　　口園得合俚了比
女妻不成狀肆了妻的不
阿宋成丁了帖心附着的
勝大丁畫計嘉付罪那的
年喪虞口合熟本通有使
十龄二戚勾軍羊司了羊
四年口本四府了殷新此
六身三壽狀妻官裏庭軍
歲男十括着軍废文軍此
　　十柯欲進其
　阿四柯此自有
　妁藏鄉遺每有
　年二十外間
　身　十三九株司
　歲　九

　　　　　　給進官帖
　本身
　字印洪
　貳拾参
伯三十
肆　二十六
　年得田
　執五月
此　八日
　　　年收入
　　　遺罷度
　　　鄉進其

押
押
押

押押

Fig. 24. Instructions for the Chinese census of 1370, as printed in the P'u-chên chi-wên. The fragment translated in the text is indicated with brackets at the top. It is written in a rustic vernacular of that time, the peculiarities of which are not reproducible in the translation. Courtesy of Dr. A. W. Hummel and of the Library of Congress.

This is a good illustration of the thoroughness of the Chinese administration of those days; it helps us to understand how the compilation of so many gazetteers and histories was made possible, and it increases our trust in those publications.

Chapter XXVII Law and Sociology (Second Half of the Fourteenth Century), D. China (p. 1800), Hung Wu:

He published a kind of Domesday Book for the distribution of taxation.

社会科学研究方法

Science

Encyclopedia of the Social Sciences (Vol. 13, 1934), p. 591b, by B. Ginzburg

By etymology, the term science is generally applied to any discipline of knowledge or body of systematic principles and more esp. to disciplines whose principles are universally accepted or have reached the greatest perfection, e. g. , the physical sciences. This definition does not permit one to speak of sc. as a unity but only as a generic name for a no. of independent and highly diverse disciplines. Fortunately it is possible to frame another definition based on a historical analysis of the development of the various scs. in human culture; and this definition, w. greatly limits the denotation of sc. , does make it permissible to regard sc. in a certain sense as an organic unity, expressing the same method in all its branches and manifesting its effects on social and cultural life as a single force.

What Are the Social Sciences?

by E. R. A. Seligman in *Encyclopedia of the Social Sciences* Vol. I (1930), pp. 3 – 7.

1. Natural Sciences— deal with the phenomena of the universe

2. Mental or Cultural Sciences—deal with what takes place in man himself. Two categories:

A. The one deals with man as aseparate individual, conceived as dissociated from his fellow beings. —e. g. Logic.

B. Other sciences treat of man as a member of a group.

The phenomena related to group activities are commonly called social phenomena, and the sciences which classify and interpret such activities are the social sciences. The social sciences may thus be defined as those mental or cultural sciences which deal with the activities of the individual as a member of a group.

In the measure that these group activities have been subjected to study, the social sciences have multiplied. They may be said to fall into three classes— the purely social sciences, the semi – social sciences and the sciences with social implications.

Purely So. Sciences: Perhaps the earliest of the so. sciences is politics (in Greece) . →Economics→ History→Jurisprudence(Roman) —These are four older disciplines.

The first of the newer social sciences is anthropology. The second is penology. →Sociology (only a three – quarters of a century old) . What characterizes this entire field is the association (or union) of scientific inquiry with social action. The typical procedure is an investigation of a concrete situation as, e. g. , excessive infant mortality in a given area, followed by recommendation for remedial action, and the actual organization and administration of remedial measures. For this whole range of activities the term social work has come into vogue, a term intended to emphasize the union of inquiry and action.

Semi – social Sciences:

1. Some, however diverse their present – day importance, are social in origin and still retain in part a social content; such as ethics, education.

2. Others, although independent in origin, have acquired in part a social content; such as (social) philosophy, psychology.

There remains the last category of sciences, some of them natural, others cultural, which have well defined and increasingly recognized social implications. Of these the first is biology (in so far as it is applied to human beings, —such as social biology and eugenics). →(Human) geography →Medicine (social hygiene and public health, —disease is in part a product of social forces.) → Linguistics → Art (Art as creative activity stands in contrast with sciences, whose objective is analysis and understanding.) But artistic creation is dominated by values and these are at least in part, of social origin.

Scientific Method

by M. R. Cohen, in *Encyclopedia of the Social Sciences*, Vol. 10, pp. 389 – 396.

The term method denotes any procedure which applies some rational order or systematic pattern to diverse objects. As used with reference to science, its meaning varies from that of abstract, or formal, logic applicable to all statements to that of the technique which may be peculiar to a particular science or even to some special field in it (e. g. the method of just perceptible differences in psychology or the method of index nos. in economics).

The Social Sciences differ from one another and from the physical sciences in regard to their techniques while they all agree as to their general logic as sciences. In its oldest and widest sense the term science denotes all ordered and reliable knowledge, the stricter sense of the word science makes it especially concerned with general laws which establish connections between diverse facts. The various sciences thus differ in the degree of generality—which they have attained.

In passing from scientific method as a whole to scientific method in social sciences it is well to begin with the general admission that social phenomena are dependent on physical, biologic and psychologic factors. From this it follows that social phenomena are inherently more complex, depending on a large no. of variables. Hence the postulate of determinism, that everything is governed by law, does not assure the discovery in the social field of such relatively simple laws are prevail in physics. For obvious subjective and objective reasons experiments on men and societies cannot so readily be made or repeated as can experiments on samples of inert carbon or hydrogen. The former cannot be observed with the same degree of freedom, accuracy and detachment as the latter; and in the social field it is impossible to vary one factor at a time and be same that the others have remained the same.

In addition to these differences it is important to note that the temporal or historical factor enters into social phenomena to a much larger extent than into purely physical phenomena. Men, communities and customs grow; and the completion of such entities is a function of their past history, to an extent which is not true of physical entities. 故自十九世纪以来历史方法之应用益盛。

The physical sciences can be more liberal because there is more certainty that foolish opinions will be readily eliminated by the shock of facts. In the social field, however, no one can tell how much harm may come of foolish ideas before their foolishness is finally, if ever, demonstrated. None of the precautions of scientific method can prevent human life from being an adventure, and no scientific investigation knows whether him will reach his goal.

Ⅰ. Method proper or Method General

Ⅱ. Special methods, as Main Factor method, historical method, institutional method, statistical method, psychological method, case method, method of the interview, etc. 此一为技术问题，一为史观问题。

Ⅲ. Method and Practice (Social Work)— 此为社会价值问题。

Methods in Social Science

ed. by S. T. Rice (1931), Introduction, pp3 f.

The attitudes of scientists and scholars toward studies of method are conflicting. On the one hand there are those who regard methodological inquiry a prerequisite to the further development of so. sc. Students of so. sc. may look at the same phenomena and draw wholly divigent conclusions. Must the so. scientist break new paths toward the acquisition of knowledge, or may he have the aid of precedent from the older disciplines? They are methodological problems. There are scholars who contend, on the other hand, that a concern with questions of method is a mark of decadence in any science. There are not, say the critics, any beaten road to discovery, any means of teaching or emulating imagination and inspiration, any substitute for hard work.

Logic

by J. Dewey in *Encyclopedia of the Social Sciences* Vol. 9 (1933), pp. 598 – 603

Scientific Method 之前身为 Logic。希腊时辩论与讨论之风气盛行，因而产生。如 Plato 之 dialectic method，Aristotle 之 syllogism，均讨论 structure of valid knowledge 一问题。罗马人则用以应用于政治生活上面，如 oratory（rhetoric），解释法律、判案等。中世纪用以讨论宗教。十二三世纪形式逻辑复兴，其用意亦在将基督教义作成一综合之统系。

The split between those who appealed exclusively to experience in the form of sense perception as the source of valid beliefs and those who appealed to reason in the form of mathematical concepts as the ultimate authority (from the 17th century to the present): —

Ignoring refinements one may regard Francis Bacon and Descartes as the representatives of the two movements.

The tendency of the latter school was to engage in conceptual con-structions and dialectic manipulations. Aside from mathematics and the subordination of physical phenomena to mathematical formulas. The ration-alistic school took almost complete possession of the field of morals, juris-prudence, political theory and rational theology. It was thus supreme in the entire realm of what would now be termed the social sciences. The devas-tating wars of the 17th century, civil and religions, fostered a demand for a rational and moral standard as an authority above and untouched by shift-ing temporal struggles. Norms were demanded which could be applied se-curely to empirical social and political phenomena. To this end they must proceed from the source of reason which was superior to mundane and hu-man vicissitudes. Grotius, for example, revamped the law of nature of the mediaeval period to help rationalize international relations. The underlying assumption was that empirical social phenomena, however much they might fall short of rational norms, were yet subject to their authority. Actu-al institutions might be criticized in their detail as coming short of law of reason, but their essential nature was justified as a manifestation of univer-sal rationality. Thus Spinoza held that the function of the state as a repre-sentative of law and therefore of reason and universality is so intimate and necessary that no conceivable abuse of authority justifies rebellion.

The religious civil wars of the 17th century had an opposite effect in Great Britain. They strengthened the empirical school because they created an atmosphere of moderation and compromise. The necessity for toleration was as evident that the desire to carry through any comprehensive set of beliefs to its logical end was effectively dulled. The Revolution of 1688 not only established J. Locke as the official intellectual apologists of popular rights(including the right and duty of rebellion) but made the empirical method developed by Locke in his Essay on the Human Understanding supreme in the fields of morals, politics and national theology until the early part of the 19th century.

David Hume detected what was logically the weak point in Locke's empiricism by showing that it left no place for intrinsic relations and thus resulted in an intellectual atomism whose only justifiable philosophic conclusion is complete skepticism. Nevertheless, Hume appealed to habit and custom as practical if irrational unifying and relating forces. Hume's work bore its distinctly philosophic fruit in Germany. It destroyed rationalistic complacency in the mind of Kant and started him on the way to producing a philosophy which would give sense experience the function of supplying the matter of all justifiable beliefs and practical acts, while reason would furnish its rational forms, its justifying norms and inescapable imperatives. The movement toward their (sense and reason) organize union culminated in what may not unfairly be called the institutional idealism of Hegel.

Hegel sought a logic which would avoid the abstract, non – historical character of the earlier semimathematical rationalism. He wished in effect to make the movement of history the supreme rational manifestion. It was largely through his influence that the historical method was in the first half of the 19th century brought to consciousness in the fields of law, politics, morals, language, religion and political economy. Hegel piously retained the rationalistic idea of the supremacy of reason and absolute mind in history.

As far as fundamental logic was concerned, however, there was as great upset when Marx treated the ultimate logic and dialectic of history as essentially economic in character. With Marx' official successors the materialistic dialectic of history was developed in an absolute spirit which made the complete downfall of bourgeois and capitalistic society inevitable, leading necessarily to the social synthesis of communism as seemingly to free human action and planning from any responsibility in producing social change.

In Great Britain during the 19th century, there was a rehabilitation of empirical method. It is noteworthy that Mill's logic was originated by his desire to introduce scientific method into social and moral subjects. According to Mill, we can rise from observations to hypotheses, develop these hypotheses deductively and then apply them to social as well as to physical material. Mill's particularistic assumptions led him, however, into an extreme individualism which prevented realization of his scientific aim. On the other hand, the increasingly dispersive and disintegrative tendencies of social life led a group of English thinkers to rely upon the "organic" logic of the German idealistic school as the best means of combating atomistic individualism. For a generation the latter part of the 19th century, and the early part of the 20th century, this philosophy and logic were almost dominant in English thought. There influence coincided with the ebbing of the liberalism of the type of Locke and Mill and the growing desire for state regulation of private enterprise. Whether Hegel so intended or not, there is no doubt that the premises of his logical method are condusive to collectivistic policies in social matters.

The split in schools of method earlier referred to as characteristic of modern life continues into the present. On the whole at the present time the conceptualistic methods of the rationalist school find little favor in so. scs. The latter are devoted largely to empirical fact fining and to the attempt to arrive at social laws "inductively". Abstinence from gen. ideas is accompanied, however, by remoteness of social method from guidance of social, legal and economic phenomena. We now oscillate between a normative and rationalistic logic in morals and an empirical, purely descriptive method in concrete matters of fact. Hence our supposed ultimate ideals and aims have no intrinsic connection with the factual means by which they must be realized, while factual data are piled up with no definitely recognized sense of their bearing on the formation of social policy and the direction of social conduct.

Consciousness of this situation has been a main factor in a new attempt to generalize the experiment of natural science into a logical method which is applicable to the interpretation and treatment of social phenomena. (Pragmatism by William James) It is a characteristic of this logical school to insist upon the necessity of conceptions which go beyond the scope of past experience for guidance of observation and experiment, while it also insists that ideas are only tentative or working hypotheses until they are modified, rejected or confirmed by the consequences produced by action on them. Emphasis upon experiment differentiates this method from historic empiricism as well as from present fact finding methods. The latter treat social inquiry as wholly outside the facts investigated and merely survey and record data in a certain field. The novum organum called for by the experimental logic insists that no such separation is possible in social matters, and that ideas and principles must be employed to deal overtly and actively with "facts" if, on one side, the facts are to be significant and if, on the other, ideas and theories are to receive test and verification.

Principles of Sociology

F. A. Bushee, *Principles of Sociology* (1923), p. 13

In the so. scs. where the forces are many and interrelated, the conclusions to be drawn from the facts are not so evident; and the selection and interpretation of the facts themselves is such an important part of the process that the method is manifestly deductive to an important degree. As the data of the sciences become more complicated, the theoretical side of the investigation has to be resorted to more and more. It is also true that a new science requires the deductive method more than an advanced one, for a new science is in the process of determining its boundaries and preparing

社会科学研究方法

its ground.

Data 愈少，则依赖演绎法愈深。愈能应用量的分析的研究，愈适宜于归纳法。

不能直接观察和不能控制之观察现象愈多者，其依赖演绎法亦愈深。

社会科学研究相关英文书目

Sidney & Beatrice Webb, *Methods of Social Study*, 1932

H. D. Odum & K. Jocher, *An Introduction to Social Research*, 1929

G. A. Lundberg, *Social Research, A Study in Methods of Gathering Data*, 1929

V. M. Palmer, *Field Studies in Sociology, A Students' Manual*, 1928

A. L. Bowley, *The Nature and Purpose of the Measurement of Social Phenomena*, 2nd ed, 1923

W F. G. Swann, etc. , *Essays on Research in the Social Sciences*, 1931

W. V. D. Bingham & B. V. Moore, *How to Interview*, 1931

J. D. Black, *Research in Agricultural Income*, 1933

J. D. Black, *Research in Agricultural Land Utilization*, 1931

F. S. Chapin, *Field Work and Social Research*, 1920

M. C. Elmer, *Technique of Social Surveys*, 1920

E. S. Bogardus, *The New Social Research*, 1926 （本书讨论 Race Relations Survey on the Pacific Coast，故有数处谈及华侨问题。）

W. C. Schluter, *How to Do Research Work, A Manual of Research Procedure Presenting a Simple Explanation of the Principles Underlying Research Methods*, 1927

S. A. Rice ed. , *Statistics in Social Studies*, 1930

J. D. Black ed. , *Research in Farm Family Living, Scope and Method*, 1933

J. D. Black ed. , *Research in Farm Real Estate Values, Scope and*

Method, 1933

A Textbook of Marxist Philosophy, prepared by the Leningrad Institute of Philosophy under the Direction of M. Shirokov (tr. by A. C. Moseley) , 1939?

J. Stalin, *Dialectical and Historical Materialism*, 1939

H. E. Barnes, *The History and Prospects of the Social Sciences*, 1925

William F. Ogburn & A. Goldenweiser ed. , *The Social Sciences and Their Interrelations,* 1927

F. A. Ogg, *Research in the Humanistic and Social Sciences,* 1928

日本经济史

An Economic History of Japan, by Takao Tsuchiya (同人又著 *Problems of the Social and Economic History of Japan*, 1937) , Translation by Michitaro Shidehara, Edited with an Introduction and Notes by Kurt Singer (*The Transactions of the Asiatic Society of Japan*, Second Series, Vol. XV. 1937. Price: yen 7. 50) 日文本出于 1933

Plate XVII Peasant houses. By Sōtatsu, early 17th century.

Original photograph of the Zanhō Press (为一折扇)

Karl Rathgen (Prof. of Economics at the Tokio Imperial University) , *Japans Staatsthaushalt und Volkwirtschaft (Japanese Public Finance and Economy)*, published in the series of Staatswissenschaftliche Forschungen, ed. by Gustav von Schmoller in 1890.

Tokuzo Fukuda, *Die gesellschaftliche und wirtschaftliche Entwickelung in Japan (The Social and Economic Evolution of Japan)*, published by Lujo Brentano, for whose Seminary it was written, in his series *Münchener Volkswirtschaftliche Abhandlungen*, Stuttgart 1900. In 1927, it was trans. into Japanese and published in Tokio with slight alternation and additions.

Yosaburō Takekoshi, *Economic Aspects of the History of the Civiliza-*

tion of Japan (An English version of this work was published in 3 large vols. , in 1930 by George Allen & Unwin Ltd. London)

Prof. E. Honjō, *The Social and Economic History of Japan*, Kyoto, 1935.

竺籭舫先生藏英文著作

E. A. Gutkind, *Revolution of Environment*, 1946

Pt. II Growth of Planning

An Early Experiment in Planning

China

1. Rural Settlement

2. Urban Settlement

A. Keith, *Essays on Human Evolution*, 1946

François Mauriac, *A Woman of the Pharisees* (La Pharisienne) , tr. by Gerard Hopkins, 1946

Ann Bridge, *Singing Waters*, 1945

Social Life in Britain from the Conquest to the Reformation, compiled by G. G. Coulton, 1938

陈翰笙英文著作

Chen Han – seng, *The Chinese Peasant* (Oxford Pamphlets on Indian Affairs, 1945)

The Present Agrarian Problem in China (Shanghai, 1933)

Landlord and Peasant in China (N. Y. , 1937)

Industrial Capital and Chinese Peasants (Shanghai, 1939)

Problems in Taxation

Sir Robert Walpole (1676 – 1745)

Edwin R. A. Seligman, *The Shifting & Incidence of Taxation* (1927), Introduction

Terminology

The "impact" of a tax is the immediate result of the imposition of a tax on the person who pays it in first instance. The process of the transfer of a tax is known as the "shifting" of the tax, while the settlement of the burden on the ultimate taxpayer is called the "incidence" of the tax.

Strictly speaking, the impact of tax includes not only the immediate result of the original imposition, but also the subsequent impinging of a tax on a person who is not the tax – bearer.

Taxes may be shifted forward (from producer to the consumer, or from a seller to the purchaser), backward (from consumer or the purchaser to the producer of vendor respectively), or onward (from the seller to an intermediate purchaser, who then sells to another person, and so on until the tax finally settles on the ultimate purchaser or consumers).

Capitalization or the amortization of taxation

The chief feature of this phenomenon is the fact that under certain circumstances the purchaser of a taxable object, by cutting down the purchase price, discounts all the taxes which he may be called upon to pay in the future.

A distinction ought to be observed between shifting & capitalization. Shifting implies a process applicable to a single tax or to a tax each time that it is imposed. Capitalization implies a process applicable to a whole series of taxes & takes place "before" any of them, with the exception of the first, is paid. In the case of a dealer who shifts a tax on a commodity back to the producer, the process takes place each time that the taxis levied, & the producer reduces the selling price each time by the amount of the tax. In the case of capitalization the purchaser indeed pays the tax, but the initial possessor or vendor reduces the price by a sum equal to all the future taxes which the purchaser expects to be called upon to pay. Therefore, if a tax is shifted, it cannot be capitalized; and vice versa.

Transformation

It is possible, under certain circumstances, that the producer, fearing the loss of his market if he should add the tax to the price, will pay the tax & endeavor to recoup himself by so improving the process of production as to succeed in turning out his units of product at a lower cost. In such a case the loss occasioned by the tax may be offset, or perhaps even more than offset, by the gains resulting from the economies of production. We venture to suggest for this phenomenon the term "transformation of taxation". For by virtue of its operation the loss due to the tax is, or may be transformed into a gain: the tax is transformed into its opposite. The attribute of removal or throwing off ("rejection") of the tax is common to all 3 methods of escape – shifting, capitalization, & transformation; but the attribute of the concession of loss into gain is found only in the case of transformation.

In the case of shifting, the tax is thrown off the taxpayer & settles upon the final tax – bearer. The incidence is on some one else than the original taxpayer. In the case of transformation, on the contrary, the incidence is on the original taxpayer. He escapes, not by a shifting of the tax, but by a transformation of the tax. Transformation depends upon incidence & is a reaction from the incidence. If there is no incidence, there can be no transformation. But if there is a shifting, there can obviously be no incidence on the original taxpayer. Transformation & shifting are hence opposites.

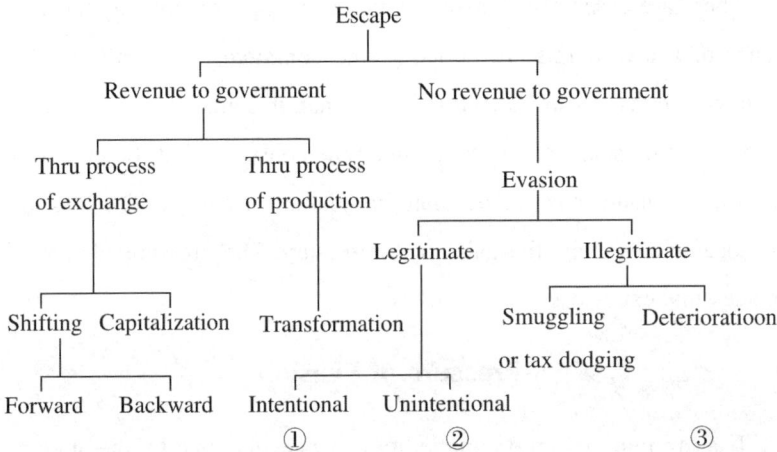

```
                              Escape
              ┌─────────────────┴──────────────────┐
      Revenue to government              No revenue to government
    ┌─────────┴─────────┐                           │
 Thru process     Thru process                   Evasion
 of exchange      of production          ┌──────────┴──────────┐
                                     Legitimate           Illegitimate
    ┌──────┴──────┐        │                       ┌──────────┴──────────┐
 Shifting   Capitalization  Transformation      Smuggling        Deterioratioon
    ┌────┴────┐        ┌──────┴──────┐           or tax dodging
 Forward   Backward  Intentional  Unintentional
                         ①            ②                                    ③
```

Sometimes, however, we have a combination of legitimate & illegitimate evasion, although, of course, the legitimate evasion which is here in question must be of the unintentional type. (as whisky tax expressing)

Legitimate evasion can take place only when the individual escapes the tax by refraining from the consumption of commodity.

1. Intentional evasion takes place when the legislator expressly desires that the tax be not paid. (as in the case of the Amer. tax on opium or state banknotes)

2. Unintentional evasion—The legislator may desire to have the tax paid, but the imposition or the increase of the tax may engender an unexpected & entirely unwelcome falling off of consumption, thus leading to a decrease, or even to the entire disappearance, of any revenue to the treasury.

3. Deterioration—The producer may evade the tax by reducing the quality or the size of the commodity instead of improving the process of production.

Pressure of Taxation

Even a complete shifting of the tax does not necessarily mean an entire absence of loss to the seller. Thus, it usually happens that an increase of the price of a commodity leads to a decrease in sales; & it may happen that these decreased sales, even at higher prices, will yield less total profits than before.

There are cases also where the producer may be able, as the consequence of a tax, to raise the price of the commodity not only by the amount of the tax, but by something more than this amount. In such a case, not only is the incidence of the tax upon the consumer, but the burden resting on the consumer is greater than the amount of the tax. The loss to the tax – bearer outweighs the gain to the treasury. The pressure of incidence includes this extra loss.

Pressure of Evasion

If a tax imposed on a commodity enhances its price by the amount of the tax, it is possible, & in ordinary cases even likely, that, whether the tax impinges on the consumer directly or through shifting, the consumer will restrict his consumption. He may even be led to abandon the consumption entirely. If this occurs, he, of course, pays no tax, but evades it. Yet in so far as he is compelled to resort to an inferior substitute, or to suffer the complete deprivation of the satisfaction of his want, he undoubtedly undergoes a loss. This is not a pressure of incidence, because, since he pays no tax, there is no incidence; it is a pressure of evasion. The burden of tax may thus be felt by those who do not pay, as well as by those who do.

Part Ⅰ. The History of the Doctrine of Incidence
Book Ⅰ. The Early Theories
Chapter Ⅰ. Those who Discuss the General Excise

By the term "excise" is meant a tax on commodities, levied on the producer or the domestic dealer. The Origins:

Hobbes (shortly after the imposition of the first excise in 1643) held a tax on expense to be a logical corollary of the doctrines of equality & universality of taxation.

Cradock states that "the General Excise in its proper Constitution, is the most equitable of Impositions."

Culpeper "Even the Labourer pays it cheerfully when work is quick."

Ⅰ. While the excise is at first shifted from the dealers to the consumers, it will not finally rest on the poor consumers.

1. Thomas Mun (a Mercantilist)

In proportion as the necessaries of life increase in price, the rate of wages must rise also. In the long run, therefore, the taxes on the poor will be shifted to the employers, & through them to the rich consumers of manufactured articles.

2. Waterhouse

"Money raised upon the poorer sort, returns to them again" in the shape of increased employment or higher wages, and that a tax must be looked upon as a loan, the proceeds of which soon came back to the taxpayers.

3. Fauquier (18th century)

"The poor do not, never have, nor ever possibly can, pay any tax whatever. A man that has nothing can pay nothing."

Ⅱ. The excise rests on consumers in general

1. Petty

Such a land tax, where "an aliquot part of every Landlords Rent were excinded or retrenched, " is good in a new country, where a certain quit-rent is reserved beforehand, because it will be borne partly by the landlord, but also partly by the consumers. In old countries, like England, he continues, where rent are fixed for long time, such a tax would be unjust, because it would benefit only the landlords who renew their rents.

A house tax will be shifted to the consumer or occupier, & will be shifted further on to consumers when the occupier himself is a producer.

In regard to "customs" both "inwards" & "outwards", Petty assumes that they will be shifted to the consumers. Poll – money, which he opposes because of its inequality, he thinks cannot be shifted. He concludes that a general excise is the best of all taxes, & assumes that, which it will be transferred to the general consumer, it cannot be shifted any further. In this respect it is superior to land & house taxes; for these are only partially shifted to the consumer.

2. Burnaby—who advocates an extension of some of the internal duties on commodities. His particular scheme was the imposition of a tax on malt, which in his opinion "will be less felt than usually Taxes are, by reason every person will pay proportionable in the Price of Malt. "

3. De Foe—in his discussion of the excise on ale, says "The strong ale will rise in its Price, both by reason of the double Excise, and because the Brewers will probably brew it stronger, and thereby raise its value that it may better bear the Excise. " That is, he believes that excise would improve the quality of the product.

4. Sheridan—a considerable no. of other writers, who believed that the excise would be shifted to the mass of consumers, now began to express their doubt as to the beneficence of the tax in general. Thus Sheridan contends that "the Excise, if equally imposed, were the best & easiest of all taxes. " But in discussing some of the special excises, such as the beer-tax,

he maintains that they should have been levied on the richer classes, rather than on the working man. He proposes a substitute, a tax on bachelors. In much the same spirit he advocates an excise primarily on the superfluities of the rich, & maintains that if excises are levied on ordinary necessaries at all they must be very low ones. Finally, the growing belief that high excises would ultimately affect the consumer led some writers to advocate particular kinds of excises for the purpose of diminishing extravagant consumption. A good example of this is A. Hutcheson's proposal to tax bricks in order to check the growth of London at the expense of the rural districts.

The authors hitherto discussed, holding to the doctrine that a tax on the producer or dealer is shifted to the consumer, all agree that excises are desirable, although they differ somewhat in intensity of their desire for such a method of revenue. But we now met with a class of writers who hold the same theory of incidence, while at the same time they strenuously object to all excises, precisely because they fall on the consumers.

5. Cary   The vital objection to the excise is its inequality. The tax falls with greater severity on the poorer consumers. It also fails adequately to distinguish between the various quantities of the article consumed.

6. Nickolls or Dangeul held to the opinion that when taxes reached the consumers they stayed there. Taxes on consumption are thoroughly unjust, because they are out of all proportion to the relative abilities of the taxpayers; for abilities are measured by property & not by consumption.

7. Dean Swift   High taxes would cause serious damage to the consumer by compelling him to diminishing his consumption, and this would involve a serious loss of revenue to the government.

Most of the writers of the close of the seventeenth & the first half of the 18th c. imagined that tax on necessaries of life would constitute a great stimulus toward an improvement in the condition of the laborer, in society, carefulness and efficiency. It was very slowly that this belief in efficacy of low wages was replaced by what we are today accustomed to call the theory of the economy of high wages.

The earliest trace of the Doctrine that high wages are bad not only for the laborer but also for the community is found in the work of Thomas Manley.

8. Thomas Manley. He points out that high wages are the principal cause of England's inability to compete with Holland in the production of manufactures. High wages do the laborer no good, because not only do "the men have just as much the more to spend in tipple, & remain now poorer than when their wages was less", but "they work so much the fewer days by how much the more they exact in their wages. "

9. Houghton "This Kingdom will thrive more, & the Manufactors live better, & sell their manufactures cheaper when Provisions are Dear, than when Cheap. " His major premise is that "if there be of Food a Plenty, Laziness follows it. " If he had to pay more for his provisions, he would work harder & produce more.

10. Petty. When the price of food is low, laborers can scarcely be procured at all, & he accordingly recommends as extremely desirable a tax on the necessaries of life.

The belief that an increased cost of living would be an incentive to industry is found in many of the writers of this period. Not all, however, desire to secure this artificial dearness through taxation. Thus, Sir William Temple thought that the troubles of Ireland could easily be remedied by "an increase of People in the Country to such a degree as may make things necessary to life dear, & thereby force general industry from each member of a Family (women as well as men). "

11. John De Witt advocates the imposition of excises on the laborers, because "it is evident that all the said ways for raising of Money with ex-

cite the Commonalty to Ingenuity, Diligence and Frugality. "

This doctrine of the value of low wages continued far into the 18th c. One of its prominent advocates toward the middle of the century was the celebrated Josiah Tucker.

12. Josiah Tucker. "The high duties, Taxes & Excises upon the Necessaries of Life are so far from being a Disadvantage to Trade...that they are eventually the chief Support of it: —and ought to be higher still, in order to obliged the Poor either to Work or Starve. " But later, he finally abandoned his whole contention as to the efficacy of low wages.

The most complete development of the doctrine that excises are a benefit to the laborers is found in the anonymous work of Temple.

13. Temple. The 3 self – evident principles on which the whole work rests are summarized as follows:

① that mankind are naturally inclined to ease & indolence, & that nothing but absolute necessity will enforce labor & industry.

② that our poor, in general, work only for the bare necessities of life, or for the means of a low debauch; which, when obtained, they cease to labor till roused again by necessity.

③ that it is best for themselves, as well as for the society, that they should be constantly employed.

Taxes thus far levied on the necessaries of life whether in the shape of excises or of impost duties, have exerted none but a good influence on the laborers in particular & on the community in general.

Perhaps the earliest writer to deny the theory that low wages are good for a country was Josiah Child.

14. Josiah Child. In a controversy with Manley, he says "the attempt to lower wages can have only injurious results, & leads to an emigration of the people to countries where higher wages are paid. " At the same time, Child does not seem to have abandoned the old theory that high price of

food are good for the workman.

The clearest of the early writers to prove the economy of high wages was John Cary.

15. John Cary.

16. Vanderlint. A high standard of life for the laboring population is much to be desired. As the laborers form the mass of consumers, the larger consumption which gives the impetus to profitable production & general prosperity itself depends on the purchasing power of the consumers, —that is, on the high wages & the high standard of life among the laborers.

17. Nickolls (Dangeul) When our workmen can no longer raise the price of their work to their mind, there still remain two great refuges to them from labor, the Parish Robbing.

18. Postlethwayt objects to taxes on the mass of consumers. High wages & leisure for the workman, when created by natural causes, are the surest guarantee of good work & bountiful production.

19. Massie "Excise would be a pinchbelly tax to the workingmen. "

20. Nathaniel Foster If harder work means lower wages, taxes will lead not to industry, but to the reverse.

Thus we see that in the 3rd quarter of the 18th century the belief that taxes on labor would benefit the community by acting as a spur to industry was seriously shaken. Consequently the day of complete confidence in the excise had gone by. The point to be emphasized is that the advocates, as well as the opponents of the excise, agreed as to their theory of incidence (that the excise rests on the mass of the consumers) ; & that some defended, while others objected to, this system of the taxation of necessaries precisely because, in their opinion, it rests on the poor.

Ⅲ. The excise will be shifted to the landowners

1. Anonymous Writers:

Since everything is a product of the land, a taxon products is a tax on land.

One writer maintains that just as a land tax levied on the occupier or farmer is shifted to the owner of the land, so an excise tax—for instance on salt—even though it reaches the farmer, is ultimately paid by the landlord through a fall in rent.

IV. The excise rests on the traders

There were writers who maintained that the tax was not shifted at all, but rested on the merchant who originally paid it. The first appearance of this doctrine is found shortly after the imposition of the excise in the 19th century.

1. Anonymous writers:

The trader, a writer thinks, suffers from the excise in several ways. In the first place, when the foods are imported he advances the money, and thus renders necessary the employment of a large capital, which, more-over, is frequently lost by the failure of the creditor to discharge his obliga-tion. In addition, not only does the increase of the price due to the tax re-strict the market, but the height of the tax is such that the merchants fear to add the whole amount to the price, thus involving them in a double loss. Finally the excise leads to great frauds & evasions, all of which "much spoileth the current of trade. "

2. It is not Impositions, but plenty & scarcity, that rules the market. And it is found by constant Experience , that where an Impost is laid upon a commodity in demand, there the Buyer may be brought to bear some part of it. But if the market be glutted, & the commodity be a drug; in this case the Buyer will bear no part of the duty, but the seller must pay it all.

3. John Ashley

"Experience hath shown, that all Duties laid upon Sugar affects the Producer more than the consumer. "

4. American writers:

Taxes fall upon the consumer only "by a partial destruction of the trade itself, & great immediate mischief to the principal & ruin to the poorer manufacturers & dealers."

结论: The prejudice against this form of taxation (excise) spread from England to the American colonies, & the projects to establish an excise at various times met with vociferous opposition.

Chapter Ⅱ. Those Who Favor A Single Tax on Luxuries

1. Confidence in the general excise, —in the sense of a tax on the producer or dealer, —which was deemed by the great mass of writers to be an indirect tax on the consumer gradually weakened during the 18th century. Partly because it was no longer deemed equitable that the poorer consumers should bear the burden, partly because it was supposed that these taxes were prejudicial to trade, the idea of an indirect tax on consumption in general was now replaced by that of, a direct tax on certain kinds of expenditure. Instead of levying a tax on the first instance on the producer or dealer, it was now proposed to lay one directly on the consumer; & instead of making the general consumer bear the burden, it was planned to tax only the purchaser of certain luxuries.

2. Chamberlayne in 17th century—upon all such commodities as occasion either Excess or Luxury, Wantonness, Idleness, Pride or Corruption of Manners there may be laid a large & extraordinary Impost.

3. Another writer at the end of the century recommended taxes on commodities "payable by the Buyer" or "Consumptioner". For 3 reasons:

① If the goods are not sold, the dealer pays nothing.

② The seller is under no temptation to increase the price by more than the tax.

③ There is less chance of evasion. The tax, he concludes, rests where it is imposed, & cannot be shifted.

4. Parker during the ensuing decades —the new tax (that is, a general tax on commodities consumed to take the place of all other taxes) will compel individuals to pay in accordance with their abilities, & will fall on practically everybody.

5. Another writer suggests a whole series of taxes on luxury, like jewels, lace, fine fabrics, etc.

6. Downes —taxes on the "Superfluities of the Rich, the Proud & the Extravagant. "

During the 17th century, & the early part of the 18th century, these isolated proposals met with little support. It was not until shortly before the middle of the 18th century that the doctrine was put forward in so authoritative a manner as to command attention.

1. Richardson's plan was to lay "one Tax on the Consumers of luxuries & take off all our other Taxes, Excises, & Customs. " It goes without saying that, in his opinion, the tax would remain where it was put.

2. Josiah Tucker, Danguel, Foster, all preferred the direct tax on luxuries.

Chapter III. The Who Favor A Single Tax on Houses

1. The revenue reformers of the 18th century were fond of schemes for a single tax.

By taking some one criterion of expenditure, which was not only universal but patent to all, the same results might be reached with much less difficulty (for they contended that a single tax on luxuries, which at all events necessitates a scrutiny into the luxurious expenditures, might be improved upon). The desired criterion, it was now suggested, was the building occupied.

2. Sir Matthew Decker —a single tax upon Houses. Its merits:

(1) prevent all manner of Running & hinder the Smuggling Trade.

(2) set the Merchant & Shopkeeper free from a Multitude of false & vexatious, or frivolous Informations, which may now be lodged against them.

(3) enable the merchants as well as Shop & Warehouse – Keeper to trade with Half the Stock, & make his profit the same, or rather increase it.

3. Fauquier also approved Decker's scheme.

4. A few writers accepted the principle of this scheme, while desiring to modify it by substituting windows for houses. The principle advocate of this single tax on windows was Horsley.

5. Decker's project for a single tax on houses soon met with determined opponents. Of these, the most prominent was Massie. So far as the incidence of tax is concerned, he believes that it will be shifted to the consumer; for, "whatever Money a Farmer, a Tradesman, or a Merchant pays for Taxes is, & must be repaid him in the price of the Commodities he deals in." He favors the existing land tax because it finally falls on the landowner.

6. Somewhat later, Arthur Young also opposed Decker's scheme & the theory of incidence on which it was based. Taxes on houses, he thinks, force a manto pay not because he consumes, but because he possesses; the one [the excise or the tax on consumption] is a proof he is able to pay, the other [the tax on houses] no proof of it at all.

Chapter IV. Those Who Favor a General Property Tax

1. By the close of the 17th century, the old general property tax in England had become in fact what it soon became in name—a land tax. There was not lacking then, as now, a group of writers who believed that the panacea for existing evils was to be found in the reimposition of a tax on various kinds of personal property, & especially of intangible personalty. This belief most commonly took form in demands for a tax on moneys

at interest, supplemented a little later by calls for a tax on the evidences of debt or on funds in general. All these demands were based on the theory that a tax on loan would fall on the lender.

2. Culpeper —Taxes on land fall on the landowner, while taxes on trade & luxury rest there & leave the usurer free. Taxes on moneys at interest, however, would not only diminish the curse of usury, but since they fall on the lender, they would raise the value of land, which now bears far more than its proportion of taxes.

3. Another writer was not blind to the fact that in the ordinary course of events, a tax on interest tends to be shifted to the borrower. He believed, however, that this might be prevented by an act of Parliament, & that the tax might be enforced through a compulsory registration of all debts & mortgages.

4. Other writers wished to include not only moneys at interest, but all kinds of personalty, to form a general property tax.

5. A few years later the same scheme was propounded in a work written to advocate the taxation of annuities & of shares in the East India Co. & in the Bank of England, as well as of moneys at interest. The authors ideal was a "just & equal tax, obliging all Ranks & Degrees of men to pay to the support of the Government in proportion to their share in the Publick, & the benefits they reap from it. "

6. The time for such projects, however, had already passed, although the proposition was occasionally revived. In the 5th & 6th decades of the 18th century, we again meet with allusions to the scheme. But the current of opinion, as well as the actual practice of the day, was so strongly against the scheme of a tax on personal property that very few writers took the trouble formally to refute the reasoning on which it was based.

Chapter V. Those Who Favor a Single Tax on Land

1. The theory that all taxes are finally shifted to the landowner is

commonly as ascribed to the Physiocrats. Yet the same theory was expounded in England long before their time.

2. John Locke

①A tax levied on the landowner cannot be shifted.

②The merchant will not bear the tax; the Laborer cannot, & therefore the landowner must.

3. Vanderlint —prices of commodities, when free from taxation, either will remain the same or will fall. If they remain the same —assuming also that there has been no change in the money supply, —the cost of production will decrease, because of the abolition of the tax on the producers. The difference between cost & price, however, is rent. Hence, the only result will be to increase the rent of the landowner. On the other hand, if the price fall, demand will be increase. But, since all commodities, in last resort, come from the land, this increased demand means higher rent. Thus, from either point of view, remission of taxes redounds to the welfare of the landlords. In other words, the incidence of all taxes is on the land. Vanderlint accordingly proposed a single tax on land, as at once far cheaper & far better than the existing complicated & inconvenient taxes, which after all, in his opinion, finally fall on land.

Chapter Ⅵ. Those Who Favor a More Eclectic System

1. Walpole— "The Land – tax is shifted to the consumer. "

2. Another Writer — "where the land is not Taxed, doubtless the Charge of Pasturage, & the Price of Provisions, will be less in proportion. And even the laborer will find it for his Benefit; since, according to that money which the Landed man can spare, the Laborer will be employed. "

3. Nugurt (in the 18th century)

①Land tax cannot be shifted equally.

②Tax on traders' profits can likewise not be shifted.

③But taxes on mortgages or on the public funds would be shifted to the mortgages or to the public, respectively, thus a corresponding increase in the rate of interest.

4. Hume (In the 3rd quarter of the 18th century)

"Every one tries to shift the tax to some one else; & that there is no reason to suppose that the landowners are weaker in this respect than other classes of society. "

Hume seems to share the opinion already discussed (cf. Houghton, John De Witt, etc.) , that taxes act as a spur to industry.

5. James Steuart—divides all taxes into 3 kinds:

① proportional taxes—are those that fall upon expense (what we should call indirect taxes) ;

② cumulative or arbitrary—that affect property;

③ Personal taxes—that consists of personal services.

Proportional taxes, he says, are always "drawn back" (i. e. , shifted) by the industrious consumer. Steuart thinks a consumer "industrious" in all cases, except when the "consumption" made by the latter is an article of "superfluity" . In other words, taxes on the necessaries of life are shifted from wage – earner to employer because the wage – earner is a physical necessarian who accumulates no profits; but if the laborer spends his money on taxable articles which other members of his class do not use, he cannot shift the tax. Proportional taxes never can fall either upon, or affect any person but the idle; that is to say the not in industrious consumer.

The nature of all cumulative taxes, is, to affect the possessions, income & profits of every individual, without putting it in their power to draw them back in any way whatever; consequently, such taxes tend very little towards enhancing the price of commodities.

Conclusion: The great weakness in all these discussions, however, was the lack of any consistent economic theory in general, & of a theory of distribution in particular. Without such a general definite theory as a basis, the whole superstructure of the doctrine of incidence was necessarily both slight & unstable. It was reserved for the Physiocrates & Adam Smith to formulate for the first time a consistent theory of distribution as the very basis of the new political economy, & it is accordingly with them that the modern theories of the incidence of taxation begin.

E. R. A. Seligman, *Essays in Taxation* (Tenth Edition, 1925)

Chapter Ⅰ. The Development of Taxation

Ⅰ. Voluntary & Compulsory Payments

1. There are no financial needs, because the only consideration is that of defense; & every man contributes to the defense in his own person. The Leader himself subsists on the booty of war.

2. All the followers of the king or princess, being roughly equal now support him by gifts, whether of labor or property.

3. Payment of moral obligation

4. Payment of legal obligation (compulsory) —are still largely personal services, connected with the common security. The first forced contribution of the individual to the maintenance of the common welfare is always seen in this rude attempt to assess every one according to his ability to bear the common burden. This faculty consists in the enforced participation in the administration. But there is not yet any idea of taxation of property. The contribution is personal, & is limited to a few well – defined objects. The individual's faculty is found in his person, not in his property, because there is practically no private property. And the contributions are, for the most part, not regular, but spasmodic.

As civilization gradually advances, private property develops, & the primitive equality slowly disappears. It becomes necessary for the monarch to supplement the old revenues by broadening the field of these compulsory contribution of services. In other words, the need of taxation arises. But a direct tax is still out of question. The taxation of property is regarded as a badge of disgrace for the freeman, because only conquered enemies have to pay this arbitrary impost. The king, therefore, must endeavor to effect his object covertly. He either gradually extends his lucrative prerogatives, or alleges that the changes are simply returns for governmental services. Thus begins the period of fees & charges, which the individuals are willing to pay & which gradually reconcile the public to the idea of governmental charges.

Before long, however, the monarch feels able to throw off all disguises. Thus the fees & tolls change into taxes on exchange & transportation ; thus the people become accustomed to the "customs" ; thus the "evil duties" & the excises grow apace; thus the payments become veritable "impositions". (Stage of indirect taxation)

5. Historical process of taxation as illustrated by etymology

① gift – mediaeval Latin "donum" , English "benevolence".

② The government humbly implored or prayed the people for support. Latin—preearium, German—Bede (to pray).

③ assistance to the state—Latin, adjutorium; English, aid; French, aide; German, steuem; the same idea is discernible in the English "subsidy" & "contribution".

④ sacrifice by the individual in the interest of the state old French, gabelle; modern German, Abgabe; Italian, dazio.

⑤ obligation—English, duty.

⑥ compulsion on the part of the state English, impost or imposition; French, impôt; Italian, imposta; German, Auflage (something "laid on") & aufochlag (something "clapped on").

⑦ rate or assessment, fixed or estimated by the government without any reference to the volition of the taxpayer, mediaeval English, "scot" (to be "at scot & lot") ; German, "schoss" ; Scandinavian "skatt" ; German, Schätzung (estimate) ; English, "tax"(to fix, to estimate) ; French, "taxe" ; Italian, tassa; English, "rate".

Ⅱ. Direct versus Indirect Taxation

Direct taxation, as we have been, generally forms the last step in the historical development of public revenues. In the early day of classic antiquity the direct tax was used only in very exceptional exigencies & was, in fact, regarded as a compulsory loan, to be repaid in the future. It was not until after the establishment of the Roman Empire, for instance, that the regular direct taxation of Roman citizens began.

In some cases, however, this historical process assumes a slightly different form. This process can be clearly traced in the history of mediaeval & modern revenue. In democratic communities, where the legislation is influenced by the mass of the people, we commonly discern a tendency to oppose indirect taxes on consumption. In the early mediaeval towns, the democratic instincts were strong, because of the more equal distribution of property. We accordingly find that the revenue system was based largely on direct payments, & that the populace rebelled against indirect imposts. But on the continent, where aristocratic influences gradually became powerful enough to break down the communal liberty & democracy, the mass of the people were ground down by taxes on the necessaries of life, while the wealthiest or governing classes practically escaped. When the democratic upheaval took place, as in the Italian towns, we find an attempt to reintroduce the old order of things & to reach wealthy by a system of direct taxes. But with the downfall of the mediaeval democracy, the property & income taxes disappeared, while the octroi & mun. indirect taxes again came to the front. Or in England, where the democratic instincts maintained themselves somewhat more stronger & where the power of the aristocracy was held in check by a strong monarchy, do we find continued opposition to the general excises & to local taxes on the necessaries of life.

Curious as it may seem, indirect taxes were the part of communal classes to escape the burdens which the landowners were desirous of placing on them.

Ⅲ. The Forms of Direct taxation

1. Poll or capitation tax →

2. Property tax, at first either

a) the land tax or

b) the tax on agricultural capital (including slaves & beasts of burden)

Then→

c) tax on gross produce (where tilling is extensive & where expenses of cultivation vary but little)

Then→

d) Property tax on market value (In the early middle ages, for instance, land taxes were not based directly on the selling value, because although land was private property, it was not bought or sold.)

Then→

e) Tax on personalty as well (mainly of tangible. It is still the landowner who owns the personal property.)

Then→

f) At this stage, the original undifferentiated mass of property splits up into separate parts. The landlord is no longer the property lord. And Finally, the movables outrank the immovables. Realty is completely overshadowed by personalty, in both extent & influence.

Now begins the contest between the landed and the moneyed interest, between rent & profit. The landowners in mediaeval times, like the farmers in our own time, vainly attempt to expand the original property tax so as to include all these new forms of property. The capitalist & moneyed class either seek to shift the burden by devising the indirect tax of which we have spoken above, or they attempt to escape the burden, entirely through evasion or through tax administration of the property tax. Where the differences in wealth become striking & the lower classes are politically powerless, the landed proprietors & the traders combine to throw the burden on the agricultural laborers & the urban artisans, although they may still struggle between themselves as to the division of remainder of the burden.

IV. Changes in the Basis of Taxation

A stage was reached in Europe toward the end of the 18th century & the beginning of the 19th century, at which we find almost everywhere a movement to replace the property tax by a system of taxes on net product—on the product of land, of capital, of business, of labor, etc. (allowance is made for expenses of cultivation, etc.)

It is that in recent decades the tendency has arisen to substitute personal taxes for the older real taxes, & to assess the individual rather than the thing (made allowance for indebtedness also); or, stating it in simpler language, to put revenue or income in place of proceeds or earnings as the test of taxation. Test of the theory of development as laid down above by a reference to the History of Taxation in America: —

The new England colonies were democratic communities—system of general property tax & poll tax. In the Southern colonies—system of indirect taxes on export & imports as in Virginia. In the middle colonies, excise system or indirect taxation of trade. (on account of its dominance of the moneyed interest or of the trading classes)

Incidence of Taxation, **1927 ed.**

Chapter 8 Conclusion (pp. 389 – 396)

1. no room for optimism of theory. — Equal – diffusion theory is incorrect because it assumes that all taxes are a part of the cost of production. Some taxes sane levied on persons, or property, or revenue, where there is no further relation of producer & consumer. Moreover, taxation proportional to expenditure is the least equitable.

2. no good reason for pessimism or agnosticism.

Adam Smith

Gray, ch. 5, pp. 122 – 154

1723 – 1790, Born at Kirkcaldy. Educated at Glasgow & Oxford. Prof. of Logic & later of Moral Philosophy in Glasgow, 1751 – 1 (?). Wealth of Nations, 1776. Commissioner of Customs in Edinburgh from 1778 until his death in 1790. Theory of Moral Sentiments, 1759.

1. Natural order

The nat. order implied the removal of restrictions of all kinds. Self – interest will supply the necessary drive to make the machine go, & will also so as to produce equilibrium bet. contending forces. A beneficent deity has arranged that progress & harmony shall result from the free – play of instincts v. are, partly, self – centred & self – concerned.

2. Source of wealth

Mercantilists—attributed the increase of the nation's wealth to a few bale of trade.

Physiocists—wealth comes from agr.

A. Smith—The source of all wealth is found in labor. Increase of wealth depends on the skill, dexterity & judgment with wealth labor is applied.

3. Division of labor

1) Postulates exchange (money & value)

2) The subsequent exchange of products led Smith to look on society as a vast concornse of people held together by the exchanges effected bet. then & also to regard wealth as increased by anything tending to increase these exchangeable values.

Div. of l. leads to increased output; its advantages spraing from increased dexterity, from economy of time, from the encouragement it gives to inventions. It's limited by the extent of the market.

It's not the result of human wisdom, aiming at increased opulence; but the expression of man's continual need for the cooperation & assistance of his fellows. "It is not from the benevolece of the butcher, the brewer, or the baker, that we expect our dinner, but from their regard to their own interest. "

Society is held together by exchanges w. are prompted by self – interest, & w. are founded on di. of l.

4. Origins of money & theory of Values

"Every man ......becomes in some measure a merchant, " & i. , a currency is required to serve as the "universal instrument of commerce. " Thus emerges the idea of "relative or exchangeable value of goods. "

Value has the dif. meanings, sometimes expressing the utility of a particular object, & sometimes its power of purchasing other commodities ("value – in – use", & "v. in exch. ")

Paradox of value—instances of water & diamonds.

5. Conception of exchangeable value

2 questions:

1) What is the determinant of value?

2) What is the "real measure" (the best, because the most stable, measure) of value?

To consider what is the determinant of value, & wh. is the ideal measure of v. are indeed 2 questions, & in the main it is the latter which Smith is after.

The v. of anything to a possessor who wants to exchange it, is best measured by the quantity of labor which its selling price will secure. (Labor as a better measure of the v. of my pen than its gold price.) But tho. labor in this sense is the real measure of the exchangeable v. of commodities, their value is in general otherwise estimated; from motives of convenience & custom they are in fact estimated in money. But whereas gold & sil. vary in v., "equal quantities of labor, at all times & places, may be said to be of equal value to the laborer. "

Equal quantities of com., representing the subsistence of the laborer, will answer the purpose, probably better than any other commodity; & indeed, if we assume a generally operative subsistence law of wages & a uniformity in the requirements of life, this comes to pretty much the same standard as labor. The final conclusion is that "labor, i. it appears evidently is the only universal, as well as the only accurate, measure of value, or the only standard by wh. we can compare the values of dif. commodities, at all times, & at all places. " From century to c., com. is a better standard than silver; from year to y., sil. is a better measure than com.

6. The component parts of the price of commodities (Bk. I, Ch. 6)

In an "early & rude state of society, " before the accumulation of stock (capital) & the appropriation of land, he clearly now makes labor both the determinant & the measure of value. At this stage the whole produce of labor belongs to the laborer; & "the quantity of l. commonly employed in acquiring or producing any commodity is the only circumstance which can regulate the quantity of l. wh. it ought commonly to......exchange for. " But when capital accumulates, over & above the price of the materials & the wages of the workmen, there must be something for the profits of the undertaker. Altho. Smith regards the profit of stock as wages for a particular form of labor, they are, he contends, regulated on wholly dif. principles from ordinary wages. At this stage neither does the whole produce belong to labor, nor is labor any longer specifically the determinant of value. Lastly, a 3rd element arises with the appropriation of land. Smith, whose views on rent were never clear, here regards it as mere extortion.

Thus we have the very familiar tripartite division whereby in all prices there is an element of rent, of wages & of profits, corresponding to the great trinity, Land, Labor & Capital.

7. "Of the Natural & Market Prices of Commodities." (Ch. 7)

Agriculture & Industrialization

An Inquiry into the Adjustments between Agriculture & Industry in the Process of Industrial Revolution

P. K. Chang(张培刚)

Introduction

Problems:

1. Is industrial development a necessary or a sufficient condition for agricultural reforms?

—Study the process of eco. transformation: from agriculture to industry, & discuss the mutual effects of industrial & agricultural developments.

2. Is it possible to maintain a balance bet. agr. & ind. within one country? If not, why? If it is, how? Is there a third answer?

—Study the effects of industrial development on agr. within one country.

3. Is it possible to maintain an international balance between countries primarily agricultural & those essentially industrial?

—Study the effects of industrialization in one country on the others, either agricultural or industrial.

4. Keeping in mind all the implications & complications relating to the problems as discussed above, study in brief the problem of eco. transformation in China during the postwar period, from national & international points of view.

Chapter I Interdependence of Agriculture & Industry

1. Theoretical Analysis

a. The concept of an "industry"—particular equilibrium approach

b. Income approach (from Tableau éconique)—general equilibrium approach

c. On methodology—approach from the location theory

2. The Linking Factors

a. Food

b. Raw materials

c. Labor force

d. Farm implements & farm machinery

e. Rural industry as a linking step—farmer as a buyer of industrial goods

Chapter II Industrial Development vs. Agricultural Reforms

1. Fundamental Factors in Eco. Evolution

a. Theories of eco. evolution

b. Characteristics of industrialization

c. Taste—elasticity of demand for food vs. elasticity of demand for other products

d. Technological factor—elasticity of substitution or marginal rate of transformation

e. Enterprising spirit—entrepreneurial function

2. A Historical Survey on the Changing Relationship between Agriculture & Industry

a. The main features of eco. transformation as seen in the period of Industrial Revolution

b. The patterns：

England   Japan

France   India

Germany   Soviet Russia

U. S. A

3. Correlation between the Transformation in Industry & the Transformation in Agriculture—A tentative answer to the first question as mentioned in Introduction

Chapter III Co – ordination of Agriculture & Industry within a National Economy

1. The Concept of "Balance" between Agriculture & Industry (or the Concept of Equilibrium between Different Production Lines)

a. Static vs. dynamic

b. Evolutionary

2. Eco. Policies in Relation to the Maintenance of the Balance between Agr. & Ind.

(Add "theory of imperfect competition" as a section)

a. U. S. A. —Parity Policy & its valuation

b. Soviet Russia—the Rôle of agriculture in the eco. transformation

3. The Determining Factor—Natural Resources

a. Nature of agriculture—Inelasticity of demand & supply (J. H. Kirk's book)

b. The total potential resources—as the limitational factor

c. Technology or the degree of the utilization of resources—as a modifying factor

d. Population & its rate of growth—as another modifying factor

4. The Changing Proportion of Industry to Agr. within a Country—A tentative answer to the second question

Chapter IV International Relations between Agriculture & Industry

1. Theoretical Analysis

a. Principle of Comparative Advantage

b. Imperfect Competition & International Trade

c. Theory of Economic Imperialism

2. Historical Survey

a. Complementary relation—Gr. Britain, Australia, Denmark & India

b. Competitive relation—Gr. Britain, Germany & U. S. A.

3. Inter – relations between National Economic Transformation & International Balance—A tentative answer to the third question

Chapter V The Problem of the Eco. Transformation of China

1. A Brief Review of Industrial Development: 1842 – 1937

a. 1842 – 1911

b. 1912 – 1927

c. 1928 – 1937

2. The Problem of Co – ordinating Agriculture & Industry

a. The Relocation of economic activities—the changing relations between agriculture & industry

b. The Problem of "Speed" in Industrialization

c. The role of agriculture in national economy

3. The Prospect of the Rôle of China in International Trade

Conclusion: A summary of the main points as discussed & developed in the essay

为什么要进行土改？

黄朝中（1950 年 12 月 19 日）

Ⅰ．基本目的

《土地改革法》第一条："废除地主阶级的封建剥削制……"（《学习资料》页 17）使中国由农业转变到工业的国家。发展农业生产，为工业开辟道路。以能否破坏阻碍生产与生产力为测度的标准。能领导生产力向上发展的政党，便可取得最后胜利。

必须先解决分配问题。解放前 10% 的地主及富农占有 70% 至80% 的土地。广东 20% 的地主（包含公尝），占 53% 土地；4% 富农占 13% 土地；中农 20% 占 15% 土地；贫农 74% 占 16% 土地。

Ⅱ．当前任务

1. 政治任务 夺取政权为政党的任务（参考列宁语）

封建的残余在农村中仍潜伏着。欲巩固政权，必须肃清之。欲巩固基层，必先发动农民，进行合情合理的土改。帝国主义之所以能侵略中国，乃通过封建的势力。"挖蒋根与帝根"，须乡村人民民主专政。欲巩固政权，必须健全从下而上的组织。

2. 当前形势 抗美援朝，保障世界和平。帝国主义存在一日，我们必须警惕。美对第三次大战准备条件尚未成熟，防袭防钻，要靠工农兵。农在现下占最大人数。

广东原只定三县实行土改——揭阳、普宁、龙川。今扩为十一县。今根据军事形势（如曲江英德）及出兵出粮的条件，增加了八县，以正规主力部队放在机动的位置，另组织民兵以保卫农村。"要钱有钱，要命有命。"

Ⅲ．土改是为废除封建剥削澈底解放农民

地主的土地是怎来的？他怎样剥削农民？

原始共产社会：公同生产，公同分配。"土地本无主，谁种归谁收。"至中央集权的封建社会，原始共产制度乃不存在。

非勤俭，乃剥削，及霸占，造成土地的私有。

湖南农民土语："农民不是命里穷，只怪地主剥削凶。"

珠江三角洲万顷沙，每亩约出产四石，但有四重地主，农民约须付三百六七十斤地租，且种子及肥料不在内。

山西代北"大四至"。

剥削最主要的形态为地租，地租分三种方式：1．铁租，不管收成若干，按一定租率缴纳；2．活租（分租）；3．预租。

"地主开仓，农民饿光。禾镰下地，农民饿死。"

高利贷：箩扣箩，大加一（借一担还两担）。

"农民身上两把刀，租子重，利钱高。"

超经济剥削，"献新"，过年过节送礼，对狗腿子招待，无代价的劳役。"继窝"——出租妻，两年为期，生子后大摆筵席。

地主私设公堂，清代武举人王宗苏的公堂中，有私刑四种。最近山东曲阜土改，亦发现有公堂的组织，有一农民诉苦，改换孔姓以求得工作，因孔氏不得为人仆。

土改是严重的阶级斗争。

现下农民有三怕：1．怕变天；2．怕蒋匪反攻；3．怕地主报复。

Ⅳ．土改是全面政治经济文化的改革，对全国人民有利的

解放农村生产力，发展农业生产，为工业开辟道路。

已实行土改的地区，有一万万三千万人左右。

今年预定土改的地区，有一万万四千万人左右。

东北 1948 基本完成土改。1948 农业生产约为 1300 万吨，今年生产 1800 万吨，约增 36%。

山西今年畜牧增加 20 万吨。

吉林今年每人购买力二担半。

河北、山西、察哈尔今日约有 80% 中农。

工业方面

东北　　1947 年约销布　800,000 匹

　　　　1948 年约销布　1,200,000 匹

　　　　1949 年约销布　3,200,000 匹

　　　　1950 年约销布（估计）　9,000,000 匹

山西劳模言："山是我们开，树是我们栽，土地回家理应该。"

东北农民购买力的总额约达农产的 1/3，即 500 多万吨。

河南许昌在土改前小学生 213,000 人，改后 330,000 人。中学：前 6,000 余人，后 7,000 余人。

广东老解放区（揭阳、普宁、龙川）：普宁，小学生约增 1/3，中学生 2/3，老龙约 3 人中有 1 人读书。

参加夜校的约有 50 万人。

广东有些地方，每人只能分 0.7 亩或 0.5 亩的土地。

怎样进行土改？

邹平（1950 年 12 月 21 日）

1. 要达到怎样目的

目的决定方法。不是为了土改而土改，亦不是为分田而分田。它有它的全面目的。如没有全面的社会改革的目的，分田是没有结果且不能巩固的。故此为一社会政治经济文化的改革，此中尤以政治目的为重要。分四点说明此要求：

①政治上的要求，其内容：

a. 摧毁地主阶级的首领、司令部、参谋部。必先打倒"恶霸"，用民主的领袖代替之。且培养此人民的领袖，以掌握政权。

b. 摧毁地主阶级的办事处（乡保长，委员、地主的狗腿）。以农民委会、农会等代替之。

c. 消灭和解散乡村中的封建组织（如土痞、流氓、狗腿、乡丁、庄头、管家、封建的狗腿、讼棍、土豪、劣绅、娼妓等）和作用。

非消灭他们的肉体，乃其组织及作用。又如秘密组织，在北方如小刀会、圣贤道等，皆在消灭之类。以群众的组织，如识字班、调解委员会、劳动模范英雄等代替之。

d. 每一斗争对象需要经过撕破脸皮的斗争，毫不留情地打击地主，以孤立其封建势力及威信。"三视"地主，代替以共产党的威信与人民的力量。

e. 要使全体封建势力投降，向群众低首宣誓，永不作恶，老老实实地从事生产。收掉地主。

f. 收缴地主的武装（如民团等），以民兵代替之。取缔土特一切的力量及叛乱。建立民兵、锄奸小队等。

②经济上的要求

a. 土地合理分配，耕者有其田。

b. 经过各种方法、方式、运动，使农民在经济上达到平等的地位。

c. 发展生产力，改善生产方法，以达地尽其利。

d. 扫除一切不劳而食的废物，如地主、地痞等，要他们参加生产。

③文化思想上的内容

a. 肃清地主阶级的恶毒影响。

如乡村中某一老太爷当荒年施舍救济，不过虚伪的行为，不应认为好意。

b. 树立农民主人翁的思想。

了解武装力量、党的领导，自己当家。

c. 培养农民高度的阶级觉悟。

谁是敌人、朋友？打击敌人。了解共产党与国民党的本质上的不同。

d. 提高农民的文化水平。

消灭在统治下的愚昧落后思想。消灭宗派、家族观念。

e. 克服农民的左右倾趋向。农民干部多不免陷于偏差，中农 =

小资产阶级，雇农、贫农＝无产阶级。避免受地主的收买，坚定阶级立场。

④组织上要达到的目的

将一切帮会打垮以后，代以群众的组织，以巩固胜利。

a. 建立中共支部、青年团的支部。

因为没有共产党的领导，成功与胜利是不可能的。

b. 保证乡村干部与党员的纯洁，历史清白。

c. 组织路线的正确。

干部中以贫雇农为骨干，占 2/3，中农 1/3。

严防地主、富农的代理人的分化及混入。

d. 进行自下而上的选举，开展民主运动。两者是不能分开的。

老解放区自 1946 年 5 月 4 日开始，离今已有五年。一次不能达到目的，再进行第二次、三次。在华北去年始大体完成。

2. 怎样创造土改的条件

过去有些地区因条件不具备而失败，重新造起。

①必须地区安定，治安有保障，反动派武装力量澈底肃清。

否则农民以至干部均有顾虑。中原地区有些开会到会人数愈来愈少的现象，"要土地还要头壳？"提了出来。

在大别山区（鄂豫皖边区），农民说只要你们澈底消灭敌人的武装，分田我们自己来。

②封建领袖予以打击，工农力量提起来。完成初步对比上的优势。有一地区地主势力仍然存在，竟然虚做册籍，伪说土地业已平均分配。

③使工农群众（特别是干部）有斗争的经验。

有些地区已解放一两年，因乡村中并没有斗争经验，又由于地主的阴谋，故仍没有进行土改。

④必须有一批经过教育训练的干部能掌握政策。

最少两个月的训练，具备马列主义的策略与目前实际的知识。有一区拟定 12 天的计划，订得比打战计划还快，名曰"走马点火"，结果失败了。（亦在中原地区。）（第一日开大会，第二日斗霸，三日捉地主，四日分田……第六日组民兵。……）

创造条件：

①反霸斗争、肃清土匪，巩固治安。

以一县来说，须经过了三月至半年的时间。

②改善生活，如反奸运动、减租减息运动等。

使农民得到初步的利益，靠拢我们。且使农民有斗争的经验及勇气，锻炼他们的经验。

初步的口号（经济利益）到高级的口号。

农民往往不敢讲话。干部教他们说的话，他上台说时当众说你教我们说的话已忘记了。

③干部取得一重点的村展开工作，以提高自己。

全国整风，为培养和提高干部的准备。

①三种偏向：

把地主力量估计太低，把土改的工作看得太简单，对地主过分相信，误中他们的诡计。有些地区地主要求早日进行土改，干部误认以为他们是真正的开明分子，此情形在山东为多。经验告诉我们，地主总希望在条件未成熟以前进行土改。以上"急性偏向"。

对于农民的落后性估计太低。农民的怀疑顾虑太多，甚至分田给他们也不要。亦为"急性偏向"。

②和平准备土改工作。

调查了解，如不与农民的利益及其斗争结合起来，当然得不到实际。不能静止地、和平地进行工作。用斗争锻炼干部。

3. 怎样组织队伍打击敌人

此是农村中阶级阵营问题，农村斗争的总路线问题。要团结组织 90% 以上的农民去斗争。其办法：

依靠雇贫农——如何可以达到依靠？此非口号，乃实际行动问题。首先要找出不能依靠的原因何在：

①干部对于雇贫农的观念不清楚，如以农民的外表或衣服为分别。会报情报时，开口便说"农民的要求如此如此"，但未分别那种农民。

②对于政策的掌握不够——过分强调照顾地主、富农，忽略更重要的一面（脱离贫雇农）。

③不注重其阶级成分，只问其开会积极与否。其实积极地开会的分子，为二流子与中农，至于雇农则最不愿意开会。

④干部作风不好——怕脏。以中农为基本群众，多与他们接触。

⑤看群众从外表看，如贫雇农有些落伍的言论，便名之曰"死顽固"（山东盛行）。不从自己的工作检讨，专从表面看。以至专走中农路线，忽略贫雇农。

如何依靠雇贫农？

①须满足他们的经济要求（土地要求）。集中群众的意见，主要的是雇贫农的意见。分配土地时，应先照顾他们，没收地主土地以充之。照顾地主应放在最后。贫雇农与地主所分的土地是不能平均的。分给好的、近的、有青苗的土地给贫雇农。

②须满足雇贫农的政治要求。鼓动他们经常诉苦，尽情诉苦，对地主仇恨。使他们在政治上有优势，并使其组织有力量。充分的力量，如人民法庭他们应有充足有力的代表，使他们参加共产党。经验告诉我们，真正由他们放手作的运动，必为正常的。偏向的责任，多由于干部负之。

③体谅雇贫农的困难，耐心说服教育之：

a. 经常访问他们。下乡时应换衣服、换作风，生活应与他们打成一片。

b. 注意他们的顾虑，此为受长期压迫的结果。

④组织他们的积极分子：

a. 开贫雇农大会，或代表大会。成立主席团，领导他们斗争。在自卫战争中，有贫农团，但其短处在与中农分裂。

b. 开训练班。

c. 发现和挑选领袖。"访贤"工作。

如何团结中农？为什么团结不起来？

①领导思想上，以为中农乃动摇分子。在小农经济地区，即地主不集中的地方更容易……（以下缺）。

划分阶级

安平生（1950 年 12 月 8 日）

这乃是如何发动农民群众与阶级斗争的问题，是斗争中的高潮。

在土改第一阶段的反霸，打击的对象是地主的当权派。

划分阶级的斗争对象是整个地主阶级。如何指导这个斗争是土改中很重要的问题。分作七个问题：

1. 为什么划分阶级？——目的性

目的只有一个——在这村或乡里分清敌我的界限，消灭封建剥削制。

土改的总路线便是要确定依靠、团结、中立与打击的对象，不能判错，亦不能漏掉。当斗争开始时，不止地主，富农与小地主均起恐慌，中农亦有顾虑。

2. 划分的标准

政务院公布的关于划分阶级的决定，有一基本的精神。这标准便是根据人民的生产资料之占有与使用关系。有没有，有多少？如何使用，自用，雇人，出租与人？

①地主：占有多量土地，自己不耕种，出租土地，剥削地租作为其生活来源。

②富农：占有多量土地，雇长工耕种，自己也参加劳动，剥削雇佣劳动为其生活来源。也有些富农，自己很少地或没有地，但有许多其他生产资料（如耕牛、耕具），叫做佃富农。

③中农：农村小资产阶级，生活来源依靠自己的土地、自己的劳动。

④贫农：农村半无产阶级，土地生产资料不够生活，还要出卖劳动。

⑤雇农：农村无产阶级，什么也没有，出卖劳动，靠工钱生活。

土改的骨干力量，就是依靠农村的无产与半无产阶级，因为他们的反封建最坚决，不止因为人数最多。

小商贩、手工业者是次要的，少数。

3. 不正确的划分——经验教训

①单纯的生产资料占有的关系的划分，是错的。

不能看土地多即是地主。

②单纯地从生活状况（衣食住）出发，也是错的。

③根据人民对政治的态度、历史来划分（如曾否入国民党等），也是错的。此种恶霸依法惩办斗争便了，不必划为地主。

④查历史、查三代，也是错的。比苦不能这样比。

4. 补充条件

一家中往往有各种不同来源的收入，以其主要收入为标准。如有主要收入，则看情形，可以是兼成分。

又如大部分土地出租，而自己只耕一小部分，因为主要收入是靠地租，故为地主而非富农。但该户中参加劳动的人，其个人成分，是富农。地主户内参加劳动的人所耕的土地大体上不动。

富农与富裕中农的界线很难划分。但如其剥削收入不超过其总收入 25% 的，是富裕中农；25% 以上的为富农。补充规定：请一个长工的是中农，请两个长工的是富农。在一个长工以上、两个以下的，计算其收入的比例是否超过 25%。这一补充规定的好处：①便于计算；②便于保护中农。

5. 在广东的几个特殊问题：

①祖尝田（太公田）族田，在广东普遍存在，有些村子占到30%到60%。有两种情况：a. 最多的情况，一批人管理（值理），其中大部分为地主当权派——恶霸，私入腰包。b. 祖尝不多，由一族农民互相耕种，霸占情形较少。管理祖尝的人的成分是什么呢？过去或划为死地主，一种是集体地主，都是不对的。从阶级观点看，地主并没有死，还活着，那就是那批管理人，不是死了的那个太公。同时地主也不是集体的，在现实的阶级关系中，地主正是那批管理的人。

农民轮耕的则不要算成构成地主阶级的一部，还要照顾。

②地主有很多小老婆。在农忙时讨一个，忙过去便不要了。小老婆当作长工，划阶级时地主小老婆的劳动实际上是雇农，应分那块地给她，但不必强迫。

还有养了许多婢女，更不能算家里人，只应分地给她，解放他们。

6. 步骤与方法

中南区大致分为四步骤：

①讲阶级、宣传阶级

②评阶级

③通过阶级

④批准阶级

去年广州四乡还加了"审查阶级"一项，但不经过也可以。

讲阶级必须要多数农民群众懂得，以他最熟悉的例子来讲，结合实况用比喻。还要讲明对各阶级的政策、利害关系。

评议阶级是划分阶级中最重要的一步。讲阶级是为斗争的准备，至于展开斗争的工作主要在评议阶级。

a. 斗争的形式与第一阶段的反霸的形式不同。在反霸往往是一乡和几村来斗争，声势浩大。但在划阶级的斗争应一户一户的划，以自然村的农民小组去划。在农民家里同时展开斗争。

b. 允许地主发言，划时按取自报公议的办法，展开评议，这样可以达到教育群众的目的，提高阶级觉悟。地主婆哭，农民用笑的方法去对待。地主装死，农民灌狗屎。在此阶段中不必采轰轰通过的方式，一定要根据事实，面对面的讲理。

评议的过程就是登记户口土地的过程。但不能一户一户的去调查、填表，此法不可用。可用的方法，应在自报公议中记录下来，最为可靠。

通过阶级，一般在乡农民大会或农代表会把自然村的一户一户的通过，举手表决，如有人不服，允许声辩反驳。

批准阶级由区人民政府来批。掌握阶级比例，地主的户口全国大体上户口占2%—4%，人口5%。如超过或低过则一定有错误。

还要出榜，要看榜。

自然村评议后出一榜，通过后出二榜，批准后出三榜。批准后，不服，允许其上告。

7. 根据什么说斗争是成功或失败？

要从划分阶级的结果来看。发动了群众，打倒了敌人，则农村气象是不同的。

划分后贫雇农不再与地主往来了，富农只坐茶馆，小土地出租者也很感激。凡是地主阶级都孤立起来，其他皆团结起来。这就是斗争的胜利。

婚姻法

黄焕秋（1950 年 12 月 8 日）

应否于土改中附带提倡婚姻法的推行？有些人有下述的顾虑，皆为误解。

1. 广东新解放区。

2. 会不会转移目标？分散中心工作？

3. 会不会引起女尊男卑、忽视子女幸福、离婚增加的流弊？

据最近兴宁调查回来，全村 40 多个妇女，其中 80% 均为童养媳。其余 20% 为寡妇再嫁，亦为童养媳出身。

"十八娇娇三岁郎，夜夜抱郎送上床。等到郎大侬已老，等得花开叶又黄！"普宁在土改后，杀女婴的共计 700 余宗。

土改以后，可能引起家庭妇女更受压迫，假使农民未将封建意识解除，则他们可以模仿地主，向女人压迫。

《清末汉阳铁厂》

全汉昇

说明：此文为全汉昇著，发表于《中央研究院历史语言研究所集刊》第 21 本（1948 年）。

一、引言

由于近代各国工业化运动，首先发源于英国，继续这一股工业化运动的浪潮，冲激到世界上其他各国的岸上去。中国于鸦片战争（1840—42）后，对外贸易由闭关改为开关，因为与欧洲交通较前频繁的结果，渐渐也呼吸到这种世界性的工业化运动的大潮流，从而开始用"西法"。因为钢铁业是一种锁钥工业（key industry），即各种工业的锁钥，必须先有这条锁钥，各种工业的门才能打开，从而举办、发展：因为各种工业所用的机器都是用钢铁来造的，没有钢铁，一切生产工具简直无从谈起。因此，如果能够对近代中国钢铁业发展的历史作一研究，我们对于中国工业化问题一定会较前了解得多。汉阳铁厂是中国近代第一个新式制炼钢铁的工厂，故我们研究它的历史，意义非常重大。

清末汉阳铁厂的历史，约可分为两个时期：第一个是官办时期，约自光绪十六年（1890）创办时起，至光绪二十二年（1896）四月止；第二个是官督商办时期，约自光绪二十二年四月起，至光绪三十四年（1908）止。光绪三十四年，铁厂与大冶铁矿及萍乡煤矿合并为汉冶萍煤铁厂矿有限公司，自此以后，又另是一个局面，不在本文探讨之内。

二、官办时期

（1）汉阳铁厂创办的原因与经过

因为在太平天国革命（1850—64）时，帮助清朝平乱的外国军队，利用他们的枪炮轮船，打了不少的胜仗。清朝一部分士大夫亲眼看见了这些新式武器及交通工具的效能之大，再加上当日由于对外战争屡次失利而起的国防问题的严重，遂渐渐觉悟到从前那种妄自尊大的态度的不对，从而采用西法，开始建设那和国防最有密切关系的军需工业和造舰工业。于是曾、左、李等在同治年间建立的兵工厂和造船厂，利用机器来自己生产当日国家最需要的军火和船只，不失为自强的办法。但事实上这只能治标，并不能治本。他们兴办的机器制造局和造船厂，因为军械和轮船的制造都以钢铁为主要原料，都成为钢铁的大消费者；可是当时本国不能制炼钢铁，必须自外国购入。[①] 这种情形，一直到了光绪中叶，还没有多大改变。

因为同、光间国内制造武器和轮船的工厂，需要外国钢铁作原料来制造，故外国钢铁的进口日有增加。据 Remer 的研究，在 1885—98（光绪十一年至二十四年）期间，废旧钢铁的入口额，有增加的趋势。[②] 根据《贸易总册》所载，光绪十二年（1886）各省进口铁条、铁板、铁片、铁丝、生铁、熟铁、钢料等，共一百一十余万担，铁针一百八十余万密力（每一密力为一千针），合共铁价针价约值银二百四十余万两。[③] 这种巨额钢铁的入口，虽然占总入口值不算太大，但对于国外贸易的均衡是要发生不利的影响的。

这还是在平时说的。如果发生战争，或因沿海海岸给敌人封锁，

---

① 例如创办马尾船政局时，法人日意格于同治六年"六月十四日派夹板船一只，由该国载船器具并铁二百五十余吨，八月十八日又派夹板船一号，载铁厂一半器具并铁二百余吨"来华（沈葆桢：《沈文肃公政书》卷四《洋将购器雇工详查情形折》）。又同治十一年五月十五日李鸿章也说："船炮机器之用，非铁不成，闽沪各厂日需外洋煤铁极夥，中土所产多不合用。……无怪洋铁销售日盛……也。"（《江南制造全案》卷一）

② C. F. Remer, *The Foreign Trade of China*, Shanghai, 1926, p. 159.

③ 张之洞：《张文襄公奏议》卷二七《筹设炼钱厂折》（光绪十五年八月二十六日）。

或因钢铁供应国家就是敌国，钢铁不能进口，以致国内的兵工厂和造船厂因原料缺乏而不能继续开工生产，情形更为严重。于是左宗棠、张之洞等均主张要自己设厂炼铁。张之洞说："枪炮、路轨各厂，皆以铁厂为根。船版锅炉及各机器，皆须精钢。炮钢尤精。中国向未解炼钢之法。今日炼钢尤为自强要务，必宜速为讲求，则船、炮及各机器所需钢料皆不外求，庶免受制于人。"[1] 因此，无论就平时或战时来说，钢铁不应该永远倚赖外国供给，必须在本国设法制炼，这可说是当日人们一致的要求。

除上述同、光年间因兴办兵工厂和造船厂而起的对于钢铁需要的增大，自然要影响到当日在国内建立铁厂的要求。但除此以外，由于光绪中叶铁路之开始大规模的修筑而所以要开办铁厂，这是一个很重要的原因。于是钢铁之需要更属必然，如果自己不设法制炼，取之海外实为非计。由于这些考虑，张之洞认为铁厂的兴建，实是当时客观形势的要求。因此汉阳铁厂的创建，就因而产生了。

当清廷计划要修筑卢汉铁路的时候，张之洞正在广州任两广总督。他考察广东工商业的情形，发现那里每年都有大量的铁货出口。根据这一事实，他认为："两广地方产铁素多，而广东铁质尤良。"于是他就择定了于广东省城广州外珠江南岸的凤凰冈地方建立铁厂，并致电出使英国大臣刘瑞芬，代为在英国定购铁厂所用机器，计"订定镕铁大炉（即化铁炉，blast furnace）二座，日出生铁一百吨，并炼熟铁、炼钢各炉，压板、抽条兼制铁路（轨？）各机器"。[2]

其实广东设立铁厂的条件并不具备，而张之洞所以要在广州设立铁厂，显然是因为他在那里做官，易于管理起见。他所说的广东铁货的出口，只能表示当日广东手工业的发达，故能把铁加工制造成铁锅、铁锤、铁线等用品，运往新加坡、新金山、旧金山及其他地方去，但并不能表示广东出产的铁，在品质及数量方面，足够开设一个现代化的炼铁工厂之用。在光绪十五年冬张之洞调任湖广总督后，新

---

[1] 张之洞：《张文襄公电牍》卷一六《致海署》（光绪十八年三月二十六日）。

[2] 张之洞：《张文襄公奏议》卷二七《筹设炼铁厂折》（光绪十五年八月二十六日）。

任两广总督李翰章反对在粤建立铁厂，他的理由是粤省矿产不易供应将来化铁炉对于铁砂的大量消费，及粤省财政不能筹款营建厂屋和垫支铁厂其费用。在另一方面，张之洞自广州移居武昌后，即派人带同英德各国矿师洋匠四出探勘煤、铁等矿，除湖北外，湖南、江西及四川各地都有人前往调查。[①] 结果，查得光绪三年（1877）盛宣怀督率英国矿师勘得的大冶铁矿，其铁砂含铁质约64％左右，而且露出山面者约有二千七百万吨之多。同时又在附近的兴国州（今湖北阳新县）发见锰矿，这也是炼钢所需的。因此张之洞也就同意把铁厂从广东移设到湖北来。

铁厂决定改设湖北以后，厂址究竟应该在湖北的什么地方，也成问题，主要的是由于管理的方便，张之洞决定在武昌附近，汉阳大别山下购地建厂。那里原来是一大块民田，虽然比较宽敞，但地势低窄，故须大规模的填土修堤，筑高地基，以便安置机器。同时又须在江边建筑码头，和在码头与厂屋间安设铁路，以便运输。[②]

建厂以外，机器的购置也很费力。各种机器，除如上述在英国定购者外，其余有关机件，多半在比利时定制。[③] 因为这样大规模的设备在中国是一种创举，主事者对于各种机件的起卸和安置，在在都感到很大的困难。

有了厂屋和机器以后，如果要铁厂生产钢铁，必须大量的铁砂和煤能够继续不断的供给才成，于是张之洞除建筑铁厂以外，又要开采煤、铁各矿。上述盛宣怀发见的大冶铁矿，名叫狮子山矿区，他于光绪十六年（1890）转售与汉阳铁厂。同时张之洞又购买大冶县的象鼻山、尖山儿及光山诸矿区。开采铁矿的机器，都自德国购入。因为矿区离长江沿岸的石灰窑还有五十多里，他特地修筑了一条铁路，以便

---

① 《张文襄公奏议》卷二九《勘定炼铁厂基筹办厂工暨开采煤铁事宜折》（光绪十六年十一月初六日）；《张文襄公公牍稿》卷九《咨呈海署约估筹办煤铁用款报名立案》（光绪十六年十一月九日）。

② 《张文襄公奏议》卷二九《勘定炼铁厂基筹办厂工暨开采煤铁事宜折》。

③ F. R. Tegengren, *The Iroe Ores and Iron Industry of China*（丁格兰著《中国铁矿志》，地质调查所《地质专报》甲种第二号）p. 373.

铁砂自矿区运至江边，再经长江转运往汉阳。由于便利铁砂运输的原故，沿途水陆码头也建筑了好些个。[①] 而水道又要开浚，运输效率才能增大，同时又要开采大冶县王三石煤矿和江夏县（今武昌县）马鞍山煤矿，"须用西法凿坚石数十丈以下……既开直井，又开横窿，又须开通气之井，及开煤之巷，出煤乃多。又须购制钻地、压气、抽水、起重、洗煤、挂线、运煤各机，又须造炼焦炭炉数十座"[②]。于是一方面靠外国技术人员或工程师的帮助，同时又派中国工匠赴比利时炼钢厂学习，于此以后从光绪十六年起，经过三年左右的种种繁难艰巨的工程的完成，汉阳铁厂终于光绪十九年九月全部建设成功。全厂计包括十厂，即炼生铁厂、炼贝色麻（Bessemer）钢厂、炼西门士（Siemens – Martin）钢厂、造钢轨厂、造铁货厂、炼熟铁厂等六个大厂，和机器厂、铸铁厂、打铁厂、造鱼片钩钉厂（制造铁轨接合处用的鱼尾片和钩头钉）等四个小厂。炼生铁厂内有两座百吨化铁炉，每座每天（日夜二十四小时）能把铁砂炼成一百吨的生铁（pig iron）。炼贝色麻钢厂内有贝色麻炼钢炉（Bessemer converter）两座，每座容量八吨。炼西门士钢厂内有西门士马丁炼钢炉（Siemens-Martin open-hearth furnace）一座，容量十吨。这两厂都是把生铁制炼成钢的。这三个厂把铁砂炼成生铁，再炼成钢，可说是整个汉阳铁厂中最重要的部分。生铁炉于光绪二十年（1894）五月烘干，于五月二十五日升火开炼，二十七日出铁，汉阳铁厂遂开始出产生铁了。

　　但是，这并不要过于乐观，由于汉阳铁厂生产出来的物品，成本太重，而且品质不良，由于炼出来的钢轨，含磷过多，容易脆裂，并不适用，以至销场未广，在官办时代（光绪十六年到二十二年）一共耗费了官款五百万两银子[③]，因此有维持不了的趋势。为什么它会这样倒霉？因为要解答这个问题，让我们在下面分别检讨它在当日所遭遇的困难。

---

　　① 《张文襄公奏议》卷三三《豫筹铁厂成本折》（光绪十九年二月二十五日），及丁格兰《中国铁矿志》页122。

　　② 《张文襄公奏议》卷三三《豫筹铁厂成本折》。

　　③ 《汉冶萍公司全志》（《中国铁矿志》页246）。

（2）燃料问题

汉阳铁厂开办后的最大困难，为可供炼焦炭（或作焦煤 Coke）用的煤之缺乏。由铁砂制炼成生铁，除铁砂、石灰石及锰等原料外，又须消耗大量的焦炭作燃料，但是在国内的燃料并不能满足铁厂对于煤的巨额消费的需要，虽然张之洞曾于筹办铁厂时，设法奖励民间开采煤矿，俾煤由铁厂出价收买，可是民间只用土法采煤，因此产量不多，也不能满足铁厂的大量需要。张之洞有鉴于此，决定自己开采煤矿以谋解决铁厂的燃料问题，于是在光绪十五、十六、十七年间，派德、比各国矿师及委员、矿学学生分投查访煤矿，找到了两个地方：一个是湖北大冶县王三石煤矿；另外一个是江夏县（今武昌县）马鞍山煤矿。于是张氏遂决定在这两个地方投放巨额资本，利用新式机器来从事大规模的开采。

但是开采的结果，王三石煤矿煤井"开至数十丈，已费尽人力物力，而煤层忽然脱节中断，冒出大水来"[1]。如果把水抽出，或另外开凿煤井来采取，都要耗费不少的钱。在当日财力有限的情形下，只好放弃这个煤矿，不再开采。复次，铁厂对于马鞍山煤矿的巨额的投资，开采出来开始生产以后，又发见"马鞍山煤质磺多灰多，取制焦炭，不宜镕炼"[2]。因此，无论是王三石煤矿，或是马鞍山煤矿，铁厂虽然用巨额资本来经营，却不能在那里得到大量的焦炭来炼铁。

由于燃料取给的困难，汉阳铁厂虽然设置了两个化铁炉，在最初生产的时候只能暂开一炉来制炼生铁。但是铁厂的固定资本（fixed capital）和外国技术人员，都是为两个化铁炉齐开而设置的，故必须两炉一齐开炼，生产成本的种种开支才能比较经济。如今因焦炭的缺乏，只开一炉，结果生产出来的铁数量甚小，从而每一生产单位或每

---

① 《张文襄公奏议》卷三四《请添铁厂开炼用款折》（光绪二十年七月二十四日），张赞宸《萍乡煤矿节略》（顾琅《中国十大矿厂调查记》第三篇页7），吴承洛《今世中国实业通志》卷上页63，江西省政府经济委员会编《江西萍乡安源煤矿调查报告》（民国廿四年）页14。

② 《张文襄公公牍稿》卷一二《附盛道覆禀》，《汉冶萍公司全志》。

吨铁所负担的固定成本却特别的大。因此不独要购湖南的煤，而且也要购买自河北的开平煤矿及英、比、德等国的煤。可是开平一号块焦，每吨正价连杂费、运费需十六七两，道远价昂，且不能随时运济。在另一方面，"若外洋焦炭自运，每吨价十七八两，沪买每吨二十余两"，按汉阳铁厂的一、二号化铁炉（即张之洞经手购置的两座），须消耗一·一吨的焦炭才能炼出一吨生铁。[1] 而当日"生铁每吨不过值银二十两左右，无不亏本；熟铁钢料，皆由生铁转造，更无不亏本"[2]。因此，光绪二十年五月下旬才开始制炼生铁的一个化铁炉，到了是年十月便被迫停炉不炼了。[3]

但是在停炉期间，铁厂内固定资本的利息及工资等开支，也是同样的负担。这样一来，铁厂长期有出无入，危机自然更为严重。于是铁厂遂于光绪二十一年七月将化铁炉重复开炼。[4] 可是，"镕铁必须借资开平及萍乡、日本各处焦炭，每吨通扯需银十数两，且恐转运不及，断续堪虞。闻外洋焦炭至多不过银六两。……所炼钢铁，难与洋货争销"[5]。按燃料用费在制炼钢铁的成本中占一个重要的地位，当日汉阳铁厂购用焦炭的价格几乎三倍于外国同业所付的价格，其生产成本自然要远较外国钢铁为大，从而在市场上无法与之竞争了。由于当日铁厂因为焦炭供给的困难和价格的昂贵，而不能从事大规模的生产，其制成品的生产成本自然要远高于市场上的价格，从而要因亏本而不能维持下去了。

（3）机器设备问题

除燃料外，汉阳铁厂的机器设备也很成问题。

---

① 《中国十大矿厂调查记》，第一篇页3。

② 《张文襄公公牍稿》卷一二《附盛道覆禀》。

③ 《张文襄公奏议》卷三九《铁厂煤矿拟招商承办并截止用款片》（光绪二十一年八月二十八日）。

④ 《张文襄公奏议》卷三《查覆煤铁枪炮各节并通盘筹划折》《铁厂煤矿拟招商承办并截止用款片》。

⑤ 《张文襄公公牍稿》卷一二《附盛道覆禀》。又盛宣怀《愚斋存稿》卷二《湖北铁厂改归商办并陈造轨采煤情形折》（光绪二十四年三月）。

由于当时张之洞向英国订购铁厂各种机器主要的是炼钢炉（即贝色麻炉，Bessemer converter）二座，是按照英国所用的铁砂决定所用的炼钢炉，因此对于中国铁矿作为原料的不很适合，所炼出来的产品品质不佳。因为贝色麻炉虽然能够大量炼出廉价的钢，却以含磷较少的铁（英国铁矿所产铁砂含磷不多）来制炼为条件。如果铁中含磷较多，贝色麻炉于化炼时不能把它除去，便制不出好钢来。为要弥补这个缺憾，1867 年西门士（C. W. Siemens）和马丁兄弟（Emile and Pierre Martin）合作研究，发明西门士·马丁炼钢炉，即上述的马丁炉，于炼钢时把铁中的磷除去，从而炼成纯钢。[1]

张之洞自广州的厂址决定改设在汉阳以后，因以大冶铁矿为原料的取给地。大冶铁砂含磷 0.1% 左右，制成生铁含磷 0.25% 左右。因用贝色麻炉来炼钢，因为生铁中所含的磷难以除去，炼出的钢含磷 0.2% 左右。可是用来制造铁路路轨的钢，其含磷须在 0.08% 以下，才不至于脆裂。因此这铁炉炼钢不适宜于作钢轨之用。

由于生产成本甚高，而炼出来的产品品质又劣，因此实不能如外国大规模的铁厂所制出来的钢铁优良而价廉，于是汉阳铁厂是不能与外国铁厂竞争的。故此汉阳铁厂的机器设备对于它的发展是有很大的影响的。

（4）厂址问题

汉阳铁厂的生产成本所以较高，厂址选择的不妥当也有关系。

铁厂在生产过程中对于焦炭和铁砂都有大量的消耗。两者都是体积重量大而价值小的物品，如果都需要远道运输，铁厂便要负担很重的运费，从而影响到生产成本的增大。故最理想的铁厂厂址，是在煤矿和铁矿都集中在一起的地方。而汉阳铁厂厂址，后来决定在湖北设立，但湖北虽然有产量丰富、品质优良的大冶铁矿，却没有可以大量

---

① Bowden, Karpovich and Usher, *An Economic History of Europe since 1750*, New York, 1973, p. 393. Meredith Givens, "Iron and Steel Industry," in Edwin R. A. Seligman (ed.), *Encyclopaedia of the Social Sciences*, New York, 1948.

炼焦的煤矿，即张氏所谓"铁聚而煤散"① 是也。

由于煤、铁聚在一起的地方既然找不到，不得已而求其次，从运费的节省上着眼，铁厂是应以煤产区设立较为经济。湖北既然设有煤、铁集中在一起的地方，也没有合适的煤矿地带，可供设立铁厂之用，为节省原料运输的费用起见，铁厂自以设立在铁矿所在地的大冶县为较妥当。可是张之洞为了管理方便而把铁厂设立在汉阳，以免弊漏丛生，于是便牺牲铁矿所在地的大冶，而在汉阳设厂的措施，对于铁厂生产成本的提高，他是应该负一部分责任的。

除了厂址设在汉阳致使原料运输费用的增大，生产成本也因而增高以外，由于气候的特殊，汉阳也不是理想的炼铁地方。因为"汉阳空气冬燥夏湿，湿则化铁之力减而需焦多，故每炉夏季出铁较之冬季出铁约只合九折"②。化铁炉在夏季既因气候潮湿而消耗焦炭较多，炼出生铁较少，后者的生产成本自然要提高了。

三、官督商办时期

（1）从官办到官督商办

根据上述，我们可知官办时代的汉阳铁厂，自张之洞以官本创办后，真是多灾多难。自光绪二十年（1894）五月下旬开始生产后，还不到两年，到了二十二年（1896）四月，便因为政府无力筹措解救铁厂危机的资本，而由官办改为官督商办。因此，铁厂从光绪十六年（1890）开办时起，到二十二年四月改为商办时止，我们可称为官办时代；以后则进入官督商办时代。

对于铁厂当前困难造成的原因，张之洞也很了解，他认为，"铁厂目前（光绪二十二年）支持局面，必须将化铁炉两座齐开，添购各项机器，将来推广，必须另开大煤矿一处，并就大冶添造生铁炉数座，方能大举保本获利；否则万无转圜之法"③。因此要解决这个艰

---

① 《张文襄公电牍》卷一三《致天津李中堂》（光绪十六年三月十七日）。

② 《中国铁矿志》页253。

③ 《张文襄公奏议》卷四四《铁厂招商承办议定章程折》。

难，就要增加雄厚的资本，而当时政府财政极度困难的情形下，既然不能办到，为免于关门计，铁厂自然只好招集商股，改为商办，由盛宣怀主持其事。他于光绪二十二年（1896）"四月十一日，将汉阳厂内厂外各种炉座、机器、房屋、地基、存储煤、铁料物各件，以及凡关涉铁厂之铁山、煤矿、运道、马头、轮剥各船一律接收"。由政府委派盛氏为该厂的督办。这可说是"官督商办"名称的由来。

商办以后，铁厂为商人所有，"嗣后需用厂本，无论多少，悉为商筹。从前用去官本数百万，概由商局承认，陆续分年抽还。……俟铁路公司向汉阳厂订购钢轨之日起，即按厂中每出生铁一吨，抽银一两，即将官本数百万抽足。还清以后，仍行永远按吨照抽，以为该局报效之款"。这是商办后铁厂对政府过去投放资本处理的办法。按官办时代的铁厂共用去官本"库平银五百五十八万六千四百十五两零"。①

除对铁厂官本的归还，规定商办以后每出生铁一吨，抽银一两外，因为铁厂必须有可靠的销路才易于募集商股，于是政府特地保障铁厂的国内市场，规定以后国内建筑铁路所需的钢轨，各省枪炮厂及制造厂所用的"钢铁料件"，都要"一律向鄂厂定购，不得再购外洋之物"。关于出卖的价格，因为那时要"远运焦炭，多用洋匠，恐钢价比较外洋每吨略贵数两，当为存记。将来长江续开煤矿，大冶添设化铁炉，华匠习练可用，钢价必能比较外国更贱，自当如数补还路局"②。不特如此，因为"欲与外洋钢铁争衡，非轻成本不能抵制"。故政府对于铁厂的出品又准予免税；免税的期限最初为五年，但光绪二十七年（1901）满期后又复展期五年，及光绪三十二年（1906）期满又再展限五年。③

虽然汉阳铁厂得到政府的帮助与鼓励，但是盛宣怀招集商股并不很

①　《张文襄公奏议》卷四七《查明炼铁厂用款咨部立案折》（光绪二十四年闰三月十三日）。

②　《大清历朝实录·德宗朝》卷三九五，光绪二十二年九月丙午条。

③　以上材料，除特别注明者外，均根据《张文襄公奏议》卷四四《铁厂招商承办议定章程折》。关于铁厂免税事，又见于《愚斋存稿》卷五《湖北铁厂免税展限折》（光绪二十七年九月），卷一三《汉厂免税续请展限折》（三十二年八月），及卷六九《寄北京税务处铁尚书唐侍郎》（三十二年十月二十一日）。

满意，因为由于"煤矿未成，化铁甚少，外状颠危，人情观望。尚赖轮、电两局各华商，及通商银行、纺织公司各华商陆续凑入股份银二百万两"，但实在二百万两并不够用，于是盛宣怀只好"重息借贷，百计腾挪，开辟萍乡煤矿，以济冶铁之需；添造新式机炉，以精炼钢之法。铁路、轮船、码头、栈炮，处处钩连，无一可缺。借贷利息，愈久愈增"。

于是铁厂商办以后，一方面固然因为招集商股少而借债多，他方面又由于生产量不如预期而亏本。张之洞预定铁厂于招商承办后，即另开煤矿，扩充机器设备，俾"每年可出生铁约十余万吨"①。但事实上铁厂"自商等接办之日起，至二十五年年底止，共只炼出生铁八万四百七十一吨六百二十启罗"②，和预期的生产目标着实相差太远。因此盛宣怀接任六年后已"亏折商本至一百四十余万之巨"③。其后，到了光绪三十一年（1905）三月，照该厂商董呈送帐略，实已折阅银二百余万两。官本商资，交受其困，厂务几有不支之势。

（2）燃料问题的解决

由于洋煤及东洋焦炭的运费太贵，而且我国当时银廉镑贵（英镑），因此以银往外国购煤其成本更昂，故不能满足铁厂的需要。铁厂的燃料便把希望寄托在开平煤矿身上。由于铁厂消耗的焦炭，每一炉岁需焦炭三万六千吨，化钢炼轨之焦煤尚不在内，开平煤矿只能供应铁厂燃料极小部分。而且距离产区太远，且开平焦炭价格也很昂贵，每吨约售银十五六两至十七两左右。④ 因此，开平煤矿也不能满足铁厂大量需要的结果，铁厂虽然有两个化铁炉，仍然只能暂开一炉⑤，有时甚至要停炉不炼。⑥

---

① 《张文襄公奏议》卷四四《铁厂招商承办议定章程折》。

② 《愚斋存稿》卷三五附《鄂督张香帅来电》（光绪二十六年二月二十日）。

③ 《愚斋存稿》卷八《铁厂派员出洋片》（光绪二十八年九月）。

④ 《愚斋存稿》卷二八《寄张香帅》，《中国十大矿厂调查记》第三篇页13。

⑤ 《愚斋存稿》卷二《湖北铁厂改归商办并陈造轨采煤情形折》。又同书卷三五附《鄂督张香帅来电》（光绪二十六年二月二十日）也说，"因采购焦炭道远价昂，仅开汉阳厂一炉"。

⑥ 如同末卷三〇《寄香帅》说，吕柏因开平未批焦炭不好，年底（光绪二十三年底）停炉。

由于这个原因，铁厂决定放弃倚赖开平煤矿长期来供给焦煤的政策，积极的派人带同矿师"于沿江上下、楚西、江、皖各境……搜求钻试，足迹殆遍"①。经过两年的调查工作，果然发见"江西萍乡所产，磺轻灰少，炼焦最佳"②。于是决定在那里从事大规模的开采，以张赞宸为萍乡煤矿总办来主持其事③。

结果用去了五百数十万两之巨款，使用购自德国之煤矿机器，聘请德国工程师，经过多年的努力，到了光绪二十三年左右，居然打穿石层，把煤矿大槽开通。配备新式设备，煤矿在光绪二十五年（1899）"每日出煤二三百吨"，每年出煤在十万吨以下，及光绪三十三年，每年"可出煤四十五万吨，充其量可出九十万吨"④。

于是萍乡煤矿开采得到燃料的供给以后，及有关运道的改良，"自（光绪）二十四年（1898）起，结至三十二年（1906）闰四月底，萍矿共已运到汉阳铁厂焦炭三十八万八千余吨，生煤二十万零四千余吨。即就焦价一项计之，每吨洋例银十一两，较之从前购用开平焦，每吨连运费一切开销，需银十六七两者，实已为铁厂省银二百余万。若购用洋焦，则更不止此数矣"⑤。因此，铁厂在官办时代最令张之洞感觉头痛的燃料问题，到了商办时代，经过盛宣怀等人多年的努力，便告完满解决了。但是成本的减轻，还没有达到很理想的地步，因为一来不会利用煤炼成焦炭时的副产品天然气（natural gas）；其次，长途的运输使焦煤粉碎甚多，从而不合炼铁之用。然而，由于萍乡煤矿开采致使燃料的成本已大大地减低了。

（3）机器设备的改良与扩充

汉阳铁厂的机器设备，是官办时代遗下的急待解决的另一问题。

---

① 同书卷二《湖北铁厂改归商办并陈造轨采煤情形折》。

② 《张文襄公公牍稿》卷一二《札知县恽积勋查勘萍乡煤矿》（光绪二十二年五月十八日）。

③ 《萍乡煤矿节略》（《中国十大矿厂调查记》第三篇页8）。

④ 《愚斋存稿》卷一四《寄总署总局》（光绪二十五年三月二十四日），及卷七二《寄武昌张中堂》（光绪三十三年六月二十二日）。

⑤ 《中国十大矿厂调查记》第三篇页13。

上面曾经说过，铁厂在最初开办时，对于将来使用那一个铁矿并无把握，更不知道将来要用的铁砂的性质，故除一小马丁炉外，又设置了两个八吨的贝色麻炉来炼钢。及开始生产，才觉得不对。当时主管铁厂的人员并不知道问题症结的所在，但却为炼出钢轨的不合用而着急。铁厂在招商承办后，认为有改良钢轨制造的必要，故于光绪二十六年（1900）派李维格带同洋员彭脱（Thomas Bunt）及赖伦（Gustavus Leinung）出国考察，并把铁厂中所用原料及造出的成品带往英国化验，化验结果，始判定过去汉阳铁厂炼出的钢轨所以不好，由于贝色麻炉不能把其中所含磷除去；反之，用小马丁炉炼出的钢，因为磷已除去，品质却非常之好。因此，铁厂遂决定改用大号的马丁炉来炼钢。

光绪二十四年（1898），日本派伊藤来购买大冶铁砂，预付货价日金三百万元。汉阳铁厂遂利用这笔资金来"扩充钢厂，将原有之贝色麻炼钢炉暨十吨小马丁炉拆去，易以三十吨碱性马丁炼钢炉四座，一百五十吨大调和炉一座，而轧钢厂、钢轨厂、钢板厂、车辙厂、竣货厂均同时建设。……光绪三十三年，新钢厂全部告成。于是汉厂规模焕然一新，出货多而销路亦畅矣"①。

以上为铁厂于商办后改良炼钢设备的情形。复次，铁厂在当日对于化铁炉也有一番整顿。官办时代遗留下来的两个化铁炉，大约因为所用焦炭有好有坏，而且时常停炉，到了商办时代屡次出险，必须重造或加以修理，才能继续生产。于是经过浩大工程，把两个旧有化铁炉修好，并"添建二百五十吨化铁炉一座，于光绪末年（三十四年）始行告竣"②。

（4）新厂址的建议

张之洞因为着眼于管理上的方便，选择既不产煤又不产铁的汉阳来建立铁厂。到了后来要长期负担很重的运费，结果成本大增，因此便对厂址问题重新考虑。但这笨重的机器安置好后再来搬迁，却不是

① 以上主要根据《汉冶萍公司全志》（《中国铁矿志》页246至247）。

② 《汉冶萍公司全志》（《中国铁矿志》页247）。

一件容易的事。因此，铁厂只好决定于扩大机器设备时，竭力避免再在汉阳设立，以期减轻成本。

及萍乡煤矿大规模的开采后，铁厂主管人员看见焦炭及煤从五百公里外大量运来消费的不经济，便打算要在萍乡煤矿附近另建新厂，以便节省运费和焦炭因搬运而起的折耗。于是决定新厂址在湘东设化铁炉，以就煤铁。这个新厂本来预定由江苏、安徽、江西、湖北、湖南及四川六省合力举办，但后来却因为"六省合办，恐事权难一……财力艰窘"，而作罢论。[1]

（5）铁厂的产品及其销路

关于当日生铁的产额，我们现在得到两种记载，因为数字略有不同，现在一齐列表如下：

汉阳铁厂生铁年产额

年份	丁格兰的统计[2]（单位：吨）	顾琅的统计[3]（单位：吨）
光绪二十六年（1900）	25,890	
光绪二十七年（1901）	28,805	
光绪二十八年（1902）	15,800	15,800.500
光绪二十九年（1903）	38,875	38,837.180
光绪三十年（1904）	38,771	38,770.570
光绪三十一年（1905）	32,314	32,324.350
光绪三十二年（1906）	50,622	50,622.175
光绪三十三年（1907）	62,148	62,248.250
光绪三十四年（1908）	66,410	66,409.775

---

① 《愚斋存稿》卷六四《寄魏午帅》（光绪三十年三月十七日）。

② F. R. Tegengren, *The Iron Ores and Steel Industry of China*, p.399。

③ 《中国十大矿厂调查记》第一篇页44至45。

至于钢的年产额，我们只知道自改建贝色麻炉时起，光绪三十三年为8,538吨，三十四年则增加到22,626吨。[1]

至于销路，因为建厂的主要目的是修筑卢汉铁路（即今平汉铁路），计铁厂在盛宣怀负责招商承办以后，一共供应了八万吨的钢轨和一万六千吨的钢轨零件给卢汉铁路。[2] 其次，粤汉铁路，正太铁路，淞沪、宁沪（今京沪路）、沪杭甬、津浦、广九及川汉等铁路，都是在此时或稍后由汉阳铁厂供给钢轨的。[3] 当日"各省铁路需造钢轨每年计银数百万"[4]，可见铁厂的钢轨买卖是相当不错的。

除钢轨及其有关零件外，铁厂其他钢铁制品，也有它的国内市场，如国内的自来水管，和枪炮厂所用的钢等也自然取自铁厂。

汉阳铁厂的出品，不特有它的国内市场，而是出口运至外国销售。除和铁厂有关的大冶铁矿，其铁砂大量运往日本外，铁厂炼出的生铁在商办时代的出口量约如下表：

汉阳铁厂生铁出口量[5]

年份	数量（单位：吨）
光绪二十九年（1903）	138
光绪三十年（1904）	12,334
光绪三十一年（1905）	25,130
光绪三十二年（1906）	34,326
光绪三十三年（1907）	33,326
光绪三十四年（1908）	30,890

---

[1] F. R. Tegengren, *The Iron Ores and Steel Industry of China*, p. 399。

[2] F. R. Tegengren, op. cit., p. 368。

[3] 《张文襄公电牍》卷三二《致天津王制台》（光绪二十三年四月十六日），《愚斋存稿》卷二七《寄荣中堂》（二十三年四月十四日），卷六三《寄张宫保》（三十年三月初七日），《中国十大矿厂调查记》第一篇页41及70。

[4] 《愚斋存稿》卷二三《请准李维格暂调部电奏》（光绪二十九年九月初二日）。

[5] F. R. Tegengren, op. cit., p. 399。

这些生铁的出口，主要的是销售给日本。此外，美国和澳洲也有销售，其数量远不如日本那么大。

四、结论

以上是汉阳铁厂在清末官办时期及官督商办时期的大概情况。光绪三十四年（1908），汉阳铁厂与大冶铁矿、萍乡煤矿合并为一，成立董事会，呈请商部注册，名曰汉冶萍煤铁厂矿有限公司，取消"督办"名义，由盛宣怀充任"总理"。[①] 此后汉阳铁厂遂变为汉冶萍公司构成的一份子。故我们探讨清末汉阳铁厂的历史，到光绪三十四年可暂告一段落，因为官督商办时期至此为止，以后则进入汉冶萍公司时期。

铁厂在官办时期和官督商办时期，连年亏折，简直没有赚过什么钱。以后到了汉冶萍公司时期，其盈亏情形约如下表：

汉冶萍公司历年盈亏净数（单位：元）[②]

宣统元年（1909）	盈 15,400.53
宣统二年（1910）	盈 64,151.71
宣统三年（1911）	亏 2,301,500.85
民国元年（1912）	亏 2,872,075.52
民国二年（1913）	亏 1,538,389.82
民国三年（1914）	亏 100,967.97
民国四年（1915）	亏 388,105.93
民国五年（1916）	盈 1,878,496.83

---

① 《愚斋存稿》卷一四《汉冶萍煤铁厂矿现筹合并扩充办法折》（光绪三十四年二月），《清季外交史料》卷二〇六《汉冶萍督办盛宣怀奏众股商请改督办为总理片》（三十三年九月十二日），及《今世中国实业通志》卷上页111至112。

② 谢家荣《第二次中国矿业纪要》（地质调查所《地质专报》丙种第二号）页126至127。

（续表）

民国六年（1917）	盈 2, 801, 872. 20
民国七年（1918）	盈 3, 779, 904. 47
民国八年（1919）	盈 2, 918, 463. 63
民国九年（1920）	亏 1, 279, 588. 44
民国十年（1921）	亏 511, 835. 03
民国十一年（1922）	亏 3, 666, 876. 36
民国十二年（1923）	亏 2, 952, 609. 86

汉阳铁厂为什么会这样倒霉？所谓"不利因素"，本文中所提出的足以增加生产成本的因素，当然包括在内。但除此以外，中国关税的不能自主，更是其中一个重要因素。汉阳铁厂因为《南京条约》的束缚而得不到关税的保护，暴露于工业先进国的同样货物的竞争之下，结果它卖给铁路的钢轨等物，不能按照较高的成本，只能按照同样外货在中国的价格来定价。铁厂所收的货价既然和生产成本脱节，自然要长期亏折，终于不能维持下去了。

一国的钢铁业发展了，机器设备主要由钢铁制造出来的其他各种工业自然也跟着发展；此外，农业的机械化，交通的现代化，都和钢铁业的盛衰有很密切的关系。因此，钢铁业实是一种锁钥工业，它的盛衰不仅影响到一国的国防，而且有关于整个工业化运动的成败。可是中国第一个炼铁制钢的汉阳铁厂，却遭遇到这样恶劣的命运！中国近代工业化运动所以得不到多大的成绩，我们在这里当可知道一些消息。

《民元来我国之矿业》

鲍文熙

说明：鲍文熙《民元来我国之矿业》，载朱斯煌主编《民国经济史》（上海：银行学会银行周报社，1948 年）。

我国对于矿藏之开发，为时甚早。按：

铜：始自蚩尤之采葛庐山之金（此金指铜，见《管子》），黄帝之采首阳之铜（见《初学记》）。

银：殷时银自山溢（见《史记·封禅书》）。

铁：夏禹时梁州（今四川）始贡铁（见《禹贡》）。

金：在中国殆指沙金而言，《酉阳杂俎》云：汉初常于汉水淘金者达千余户。《蜀都赋注》亦云，永昌（今云南保山）有水出金如糠，在沙中。

锡与铅：始自唐。

锑、锌、锰：明末。

钼、铝及其他稀有金属之发现，为时更晚，要均不出始数十年中。

汞：古代贵州所产甚多。巫道及道教中之炼丹术，殆以汞加以提炼。

煤：始自汉。豫章（今江西）出石，可烧为薪（《汉书·地理志》）。

石膏、明矾及食盐等均为甚古之发明。

惜昔时对于矿藏虽有开掘，但除贵金属外，均为一种农余副业，兼当时人民迷信于地脉龙道之说，致产量不多，提炼亦欠精，故其地位并不重要。自逊清末季，我国始注意于开发矿藏，以谋富国之策。先后于同治十一年（1872）及十二年（1873）派遣学生九人前往美国习采矿学（其后该批人即成中国最早矿局开平矿务局之创办人及他处之技师），曾国藩晚年又曾使人专程前往美国购入各项开矿及冶炼机器，以奠立我国新法采矿业之宏基。

中国矿产储量分布表

矿名	储量 （单位：十万吨）	主要产区
煤	2,583,770,000	山西、东北
铁	11,820,900	东北（鞍山）、察哈尔（龙烟）、湖北（大冶）
钨	9.604	湘南、赣南、粤北、南京栖霞山王山、河北昌平、察哈尔宣化
锑	36.7704	湘、赣北、闽西、浙川、黔、滇、桂、粤北、海南岛、吉林安图
钼	5,0000	东北锦州葫芦岛北、吉林和龙石人沟、安东临江、浙江、福建
金	35,000,000 公斤	东北
石油	324,700,000 桶	甘肃、石门、陕西、延长、新疆乌苏
锰	230.00	湖南、广东、广西、江西（90%在湘、赣、粤、桂）
锡		湖南、云南、广西、广东
锌		湖南、云南、河北、山东、东北
铜	9.02	东北、湖北、四川、云南、福建、山东
铝		湖南、云南、东北
汞		贵州、湖南、四川
碱		察哈尔以北、鄂尔多斯、东蒙古、黄河旧道
盐		河北、山东沿海、两淮（海盐）

矿名	储量 （单位：十万吨）	主要产区
硫		热河、山西、河南、湖南
明矾		安徽、浙江、福建
石膏		湖北、湖南、山西、广东
磷灰石		广东、东沙岛、西沙群岛、团山群岛、南沙群岛、江苏、安徽
镁	416,000,00	东北、海城大石桥
铅	15,000,00	山东、东北、河北
镍	0.078	山东、历城、桃科庄
砒		云南、湖南
银		热河、察哈尔、湖南

一、民元至第二次世界大战爆发时期

民国元年我国境内采矿已甚风行，西法开矿业计有三十一家之多，内包括中外合资、外资等等。民五至民九之四年中，为我国矿产之极盛期，乃因当时欧美各国努力战争，一切工矿类均停止，故我国出口贸易大盛，其中尤以钨为最。1928—31 年之间，因国际情势不定，钨之输出量更达高峰云。

民国七年全国矿业调查：

1. 国人资本者：

采金业十三处，年产 62,827 两（内三处未详）。

采锡业五处，年产 1,082 吨。

采铅锌业三处，年产铅 10,284 吨，锌 6,704 吨（内一处未详）。

采锑铅鋼锡一处。

采铜业三处，年产 624 吨（内一处未详）。

采铁业二处，年产 69,191 吨（内一处未详）。

采煤业十六处，年产 2，506，345 吨（内五处未详）。

采锰业一家，年产 4，653 吨。

2. 外人资本者：

采煤业十一家（内七处有华资在内），年产 10，505．412 吨（内二家未计）。

采铁业二家（内一处有华资在内），年产 172，965 吨。

探金业一家（有华资在内）。

采银铜业一家（有华资在内），年产铜 100 吨。

采褐炭业一家，年产 1，200，000 吨。

当欧战末期（民五至民九）中国曾对德宣战，在华德国矿穴依法均可由我接收，但因日本占领胶济线（包括坊子、博山二煤矿及金岭镇铁矿），故该省德国产业无法移交（后三矿均由日本政府经营）。中国官方实际接收者只井陉煤矿（有华资在内）一处耳。

第一次大战末期，由于铁价暴涨，中国本部唯一之大型铁矿龙烟铁矿开始成立，日产矿石五百吨至七百吨，获利甚厚，乃公私合营。但战后因市场日促，厂务不振。湖北之大冶铁厂亦因向日借款关系，每年运出大量廉价矿砂，致亏损甚巨。民十六年起，由于战患连年不绝，致民无宁日，矿业亦日渐衰退。

另一种现象即政府本身无力办理而招标由商人代行开发之矿厂，每不能予承办商以便利，反诸多为难，致坐令西沙群岛之四千三百廿七亩磷灰石矿为日人设厂采掘连续数年之久而未加问讯者。尚有团沙群岛及南沙群岛亦为著名之磷矿地带，但已被日人强占。

国内情形已如此，而同时期内又发生沈阳事变（民廿年九月十八），使东北诸省与中国本部暂时强行分离。此诸省均为中国地下资源最丰富之地带，尤以煤、铁为最。

民国十年我国采业：

采煤卅一处。

采金七处。

采铜七处。

采锡一处。

采锑二处。

采硃砂、水银一处。

采硫黄三处。

采石油一处。

采铁四处。

民十五年至廿二年之全国矿产总额：

（一）民十五—十七年

吨	十五年	十六年	十七年
煤	23，040，119	24，172，009	25，091，760
铁矿	1，561，911	1，710，135	2，003，800
铁	404，668	411，148	433，843
锡	10，183	9，531	7，644
生锑	3，212	2，323	3，153
纯锑	17，942	15，681	16，325
钨矿	8，066	8，366	7，952
锰矿	42，764	71，331	63，600

观此三年内，煤、铁矿、铁皆逐年增产，锰矿亦有增加，锡、生锑、纯锑、钨矿则减产。

（二）民十八—廿二年

	十八年	十九年	廿年	廿一年	廿二年
煤（吨）		26，036，564	27，244，673	26，785，000	28，455，000
铁（吨）	2，630，176	2，252，468	2，447，020	483，000	
石油（桶）	29，031	364，137	459，633	522，508	540，394
锰（吨）	61，219	70，722	31，850	21，500	9，550
钨（吨）	9，708	6，736	6，580	2，180	5，500

（续表）

	十八年	十九年	廿年	廿一年	廿二年
钼（吨）	93	5	—	—	—
金（两）	82,710	113,986	128,500	110,000	100,000
银（两）	96,000	119,595	105,000	148,864	120,349
铜（吨）	312	345	296	240	525
铝（吨）	2,190	7,752	5,996	4,965	4,999
锌（吨）	19,859	15,222	14,618	10,870	9,994
锡（吨）	7,525	7,217	8,598	7,890	7,987
汞（吨）	28.8	40.5	22.5	20	15
纯锑（吨）	18,201	14,276	11,755	10,530	11,000
砒（吨）	2,349	965	1,300	1,200	1,000
铋（吨）	216.42	167	150	50	50
石膏（吨）	50,650	61,134	70,378	53,200	65,100
明矾（吨）	23,060	22,060	11,060	11,070	14,870
硫（吨）	4,937	5,822	5,668	6,000	6,000
盐（吨）		3,303,244	2,800,000	3,000,000	3,450,000
碱（吨）	44,776	45,595	41,110	37,000	

注：锌系指含锌35％—46％锌矿石。

此五年内煤、石油、金、银、铜、铝、锡、石膏、硫、盐皆日渐增减，惟是铁、锰、钨、钼、锌、汞、纯锑、砒、铋、明矾、碱等则趋向下降。

二、第二次世界大战时期

中国事变，全由日本欲谋取我国一切资源而起。当时华北及华中之各种主要矿产在全国中所占地位至为重要，战事初起时，政府曾协助战区工矿内迁，但亦极少数而已。

工矿业向西南内迁后，以四川为中心之采矿业乃渐发展；四川省地下之煤矿藏数约 9,874 万吨。两湖流域年亦产煤 200,000 吨以上，其他诸矿（如汞、铁、锰、锑、钨、铜）均属有望，故政府西迁后，即在西南另设一新之采矿（如汞、铁、锰、锑、钨、铜）系统。战时凡百矿务均集中于资源委员会（隶属经济部）管理，战争初期增产工作尚属圆满，但胜利之一年中，则陷于停顿。

至日人占领时期对华北、东北、内蒙古三区大力开发，厉行增产计划。华北之煤产卅一年度为二千五百万吨，超出战前任何年之产额。民卅一年以后，因鞍山一带遭受轰炸，产量大减，其后数年亦未能恢复。盐在华北之产量，亦日军占领下，每日见蓬勃，卅二年为最高点，产量 23,457,359 担，以后则趋下降。

三、和平以后之概况

民国卅四年八月十一日，日本纳降后，工矿事业亦即开始复员，重庆方面曾派出大批人员，分别前往收复区，但因交通关系、治安关系，接收工作更不能如期完成，尤以在东北及华北为然。东北方面，驻有外国军队，彼等对于该处工矿设备大部搬回其本国在十二亿美元以上。华北、东北多数地区均于和平后发生兵乱，致损失甚大。如中兴、焦作、抚顺、阜新、北票诸矿无论已否破坏，其开工率多不及战时之状况。

矿名	战前产量	战时产量（每日，吨）	战后时产量（卅五年）	卅六年一月产量
中兴	5,000	8,000	—	500
焦作	—	—	—	300
阜新	—	15,000	600	—
北票	—	7,000	600	—

华中方面接收较易，工矿之损失亦轻，湖南方面，如醴陵、云湖等处之煤矿，水口山之铅、锌矿话岭之锰矿，大体均属完整。大冶因炼铁炉已被移去，故产量大减，目前仅日产卅吨。安徽境内之淮南煤

矿，接收后已恢复产煤。江苏境内之徐州贾汪煤矿产煤日一千二百吨，较战时之七百吨尤高。

华南方面，广西破坏甚大，广东若干地方亦因治安关系接收工作未能顺利进展。台湾煤之储量约为六亿九千万吨，卅五年五月份出煤36,951吨，石油已开油井达卅余井，卅五年五月份产原油200吨。

此次所接收之矿业由行政院资源委员会设立若干机构，以经营之。此为庞大之机构，一面可补救战后非常时期财政预算之赤字，一方面可支持军事上之特别支出也。

四、结语

综观卅五年中国之矿业，其中可以大量出口者为块铁、钨、锑、锡、锰、煤、石膏，适足本国应用者为汞依赖外国供给者为钢、铜、铅、锌、硫黄、硫铁矿。石油在我国西北储量可能甚巨，惜我人不加注意。煤在华北，铁在东北，亦甚著名。湘、赣、粤三省钨、锑、锰产量亦巨。东北、华北二区，因日人占领后尽量发掘，因而储量大为减少。此后亟须探堪新矿苗，而日人在战时所发现者，我亦可尽加采纳，其中尚不乏富矿也。台湾虽富藏，但战争末期遭受多次轰炸，工矿设备几全被毁，故复兴需时。一般来说我国之矿尽可改善，以增加政府之收益也。

《民元来我国之国际收支》

张肖梅　张一凡

说明：张肖梅、张一凡《民元来我国之国际收支》，载朱斯煌主编《民国经济史》（上海：银行学会银行周报社，1948 年）。张肖梅是民国时期罕见的女经济学博士，也是国内著名的女经济学家。她先后留学美英，回国后任职于中国银行经济研究室（1931—1949 年）。

一、对于我国国际收支之研究

我国商品贸易长期入超，如何维持国际收支平衡，乃成各方面研究目标，并视为富有兴趣之问题。

我们如根据衔接者之各种估计并列之，则可见收付各项之比重程度，如何不等。

1864—1913 年间中国国际收支

国际收入各项百分比%		国际支出各项百分比%	
商品出口	56.6	商品进口	73.3
金银出口	7.6	金银进口	10.0
外人对华投资	20.4	外债赔款本息	10.0
外人在华费用	8.8	华人在外费用	0.9
华侨汇款	6.6	运费保险费	0.3
		军火费用	0.6
		外人汇款回国	4.9
收入合计	100.0	合计	100.0

（上表根据 S. R. Wagel 氏估计计算）

1914—1930 年间中国国际收支

国际收入各项百分比%		国际支出各项百分比%	
商品出口	75.0	商品进口	82.9
金银出口	3.0	金银进口	4.0
外人对华投资	7.0	外债本息	4.5
外人在华费用	（未计）	华人在外费用	（未计）
华侨汇款	15.0	运费保险费	（未计）
		华人对外投资	8.6
收入合计	100.0	支出合计	100.0

（上表根据 C. F. Remer 氏估计计算）

1930—1931 年间中国国际收入

国际收入各项百分比%		国际支出各项百分比%	
商品出口	72.0	商品进口	80.0
金银出口	2.3	金银进口	4.1
外人在华投资	2.4	外债本息	4.7
外人在华费用	8.3	华人在外费用	5.0
华侨汇款	15.2	华人对外投资	6.0
		外人汇款回国	0.1
		保险运费影片租金	1.2
收入合计	100.0	支出合计	100.0

（上表根据 C. F. Remer 氏估计计算）

国际收入各项百分比%		国际支出各项百分比%	
商品出口	42.5	商品进口	75.0
华侨汇款	15.8	外债本息	6.7
金银出口	19.6	华人费用	1.8
外人在华费用	10.8	资本溢出及收回	2.7
对华投资	5.5	其他	13.8
其他收入	5.8		
合计	100.0	支出合计	100.0

（上表根据中国银行估计计算）

根据上列各种统计，其正确性虽属问题，但已可获一概念。即在我国国际收入各项目中，民国以来与民国以前有三大特殊变动。此即：

（1）商品出口之重要性。1933 年后显著跌落，较民国元年之前，犹相形见绌。

（2）民国以来，外人对华资本投资之比重，较民国以前，大形衰退；而以 1933 年后尤甚。

（3）民国以来，华侨汇款之比重，大形增加，但尚未能抵消过去外人对华投资之数额。故不得不运出金银，抵偿贸易入超。

以言国际支出各项比重之消长，适如其反，1914 年后各统计期间，商品进出所占国际支出总额之比率，始终比 1914 年以前为高，计占 75% 至 83% 弱；金银进口，则适如其反，反自以前之 10% 减剩 4%，1933 年后且已绝迹。偿付外债本息，素为我国国际支出重要项目之下，仅次于商品进口；此种地位，并无若何变化。尚有一值得注意者，为对外投资，依雷玛及凯恩估计，为数均属不少。

二、民元以来我国国际收支概观

试以雷玛氏自 1914 年至 1931 年之估计，暨中国银行自 1933 年至

1936 年间之估计，衔接观察。在此期间，商品入超廿八亿八千余万元，偿付外债本息六亿余万，两共卅五亿余万元。以我国国际收入诸重要项目，如华侨汇款，外人在华费用，并运送国内金银，并不足抵偿，同期内，此三项收入不过卅七亿六千余万元。故该二种估计内，在收入项下有无法说明来源者达九亿余万元。

商品入超额逐级增加。即：

1914—1930 年间	220, 700, 000 元	平均每年 12, 983, 000 元
1930—1931 年间	487, 100, 000 元	487, 100, 000 元
1933—1936 年间	2, 172, 800, 000 元	543, 200, 000 元
合计	2, 880, 600, 000 元	244, 427, 620 元

即平衡贸易收支者，每为运金银等正货出口。然我国金银之进出口移动，与贸易收支顺逆，每不一致。贸易年年入超，银货移入超过移出之时期，亦复不少。试根据历年关册统计，自 1888 年至 1937 年止，五十年间，白银净输入结存四亿五千万元；而在 1937 年止的最后六年间，白银净输出九亿九千余万元，是即 1888 年至 1937 年止，白银净输入额不下十四五亿余万元，换言之：即在 1931 年止，国内存银至少十四亿余万元以上。

依一般言之：平衡国际收支之方法，不外乎（1）运金银等正货出口。（2）运商品或劳务出口，华侨汇款回国，即劳务出口以抵偿国际债务之事实。（3）将国有国内资产主权出售，此系前满清政府及北京政府时代曾使用之办法。当时所举外债，大都以国内主权作抵或断送者，此种办法，为害隽永不待言之。国民政府成立，已不复见。（4）即借外债以还旧债之方法，亦即所谓借债还债。

根据 1914—1931 及 1933—1936 年的三个统计期间，金银净出口之数，共计十一亿七千四百九十万元。然则此项出口中，十分之九系 1933 至 36 年间移出；当时美国提高白银价格，国内银价较低，乃造成运银出口牟利之风潮，迨政府实施法币政策，收白银为国有，并运出国外以充外汇平准基金。可见我国历年金银之移出入，关系于抵偿国际债务者少，受制于国际银价影响者大。再观上注 1888 年至 1931 年间，贸易入超累计额一百十四亿余万元，而白银之净输入尚有四亿五千五百万元。可见在此期间，有一百十一亿二千五百万元之贸易债务，纯靠其他国际收入项目抵偿者，此种抵偿来源，北京政府以前，无疑的系外债收入，国民政府以来，依赖于外债者小，凭借华侨汇款收入者巨。此为最堪注意者。

民元以来，北京政府所发有确实担保之外债，即有十九种，合英镑 42,363,981 磅，美金 11,000,000 万元，法郎 158,993,000 法郎，日圆 93,608,700 元，荷盾 5000 万弗洛林，国币 500 万银元。国民政府时代，至八一三抗战以前，所举外债计十四种，其中六种系财政外债，八种系铁路外债，合计英金 2,838,000 磅，美金 33,299,108 元，法币 450,000,000 法郎，关金 2,331,443 单位，法币 92,500,000 元。

国民政府时代发行之外债中，就国际收支关系分析之，有二点应予注意。第一系庚子赔款，转化为外债。此即借债还债，亦即延偿外债之办法，在国际收支上，有相互抵消之作用。第二点，举借之外债有以法币为计算单位者。因此在国际收支上言之，并不起若何影响。民元以来，所借外债及外人对华投资之数，尚不足以抵偿同期偿付之外债。因此于平衡国际收支方面，华侨汇款之收入，地位至为重要。如以华侨汇款收入，与贸易入超，及外债收付差额，合并对照则如次表（单位国币千元）。

	华侨汇款回国 之收入	商品入超之支出	外债借还与 收付差额
1914—1930 年间	200,000	220,700	（＋）26,100
1930—1931 年份	316,300	487,100	（－）114,400
1933—1936 年间	1,030,000	2,172,800	（－）130,800
合计	1,546,300	2,880,600	（－）219,100

基此而论，华侨汇款之收入，约可抵偿贸易入超总额之半数。而等于外债收付差出的七倍左右。

三、战时战后我国国际收支概观

民国廿六年八月起，我国开始全面抗战；日本除军事进攻外，同时对华实行经济战争，经济封锁。因此我整个国民经济，随之失常，向外收支亦剧烈变化。欲推算我国战时国际收支，目前可谓极难，兹仅可就所得各种资料，酌为整理，以供参考。

战时以至战后，我国国际收支上发生剧烈变动者，可列举如次：

（1）贸易收支

对外贸易收支之锐减；民国卅年七月，美国冻结远东资金起，继之太平洋大战发生；我国对外贸易即完全停顿；直至胜利到来后，始逐渐恢复。

战时战后我国之贸易收支从廿六年到卅六年合计进口值1,438,906,496，出口值310,822,691，入超值1,128,083,805。其中由卅一年至卅四年三年间，进口出口均停顿，而对外贸易即完全停顿。以上统计应加说明二点：①此系报关进出口数字，未包括走私进出在内。②民廿七年三月后，法币开始跌价，跌价之程度日深且速，国内物价之上涨，亦既日暴而速。但进口贸易值，仍按法定汇率折算。故实际支付之外汇，决不至如此。出口贸易值，因本以法币为计算单位，故能保持其国内高物价之关系在内。若按黑市汇率计算，为外汇，则为值必大减，决无如此之多。

（2）租借物资

1941年3月，美国实施租借法案，我国经美国进口银行，已获小额资助，1942年6月，中美签订互助协定，美国除派军来华并肩作战外，又直接供给我国作战物资及其他必需物资。就我国国际收支关系上言，此项租借物资总值，性质上等于我国战时贸易收支差额之全部。

据杜鲁门总统于1946年12月27日向国会报告；美国付出租借物资，中国所得计值1,565,000,000美元。在同一款告谓：自对日胜利到临后，与美国订立协定，购买民用租借物，中国达48,000,000美元；加计运费等，共计 58,900,000 美元。

（3）美军在华费用

1944 年底止，美国先后缴付我国共二亿五千万美元，抵偿美军在华费用。至于其官兵私人用费，以美钞直接购买物品者，尚不在内。

（4）美军剩余物资

将美国散布于中国、冲绳、关岛、塞班岛及远东其他海岛之美军剩余的流动物资，及中国境内之美军固定设备等，一律折价，让售中国作为抵偿美国在中国积欠之国币费用。包括美军在华费用，共计值美元 855,000,000 美元，按当时汇率折合法币当在 2,864,250,000,000 元。（此项决定乃由美国特派国外物资清理局局长麦卡比与宋子文谈判发表声明的。）

（5）善后救济物资

联合国为援助战争国家战后之复兴建设，特组设"善后救济总署"，我国要求总署值 9,44,400,000 之救济物资，然联总核定者仅 647,500,000 美元。

（6）战时举借之外债

太平洋战争前，我国因抗战而曾获得外债多笔，但多系信用借款，易货借债，据吾人统计，前后凡二十三次，共计美金 995,000,000 元，英镑 69,547,000 镑，法郎 1,030,000,000 法郎，国币 120,000,000 元。

（7）美国进出口银行对华商业信用

据美国进出口银行业务报告，截止 1946 年 6 月底以前，该行对华出口放款账面合计 221,737,079 美元，但实际对华之放款前后不过 132,798,993.03 美元。

依此而论，该行虽核定对华放款一亿五千三百八十万美元弱，而实际借我者不过六千八百四十万美元弱，其余均属"口惠而实不至"并未兑现。

再者，截至 1946 年 6 月底止，上开我国向该行实际借得之放款一亿三千三百万美元，已偿还九千一百二十余万美元。中国尚欠该行之借款，为数不过四千一百六十万美元弱。

（8）华侨汇款回国

华侨汇回国，经常可抵吾国国际收支 1/3 至 1/2，地位极为重要。战前据各方估计，年达国币二亿至三亿元以上。抗战初期，激于爱国热情，踊跃输将，汇款数增加殊巨，后即显著减少。最主要重因，当推按法定汇率收汇之办法，华侨损失太大。故有停止汇款，或设法私汇回国而流入黑市。

太平洋大战前各年侨汇数额（单位千元）

1937 年	450,000	合美金 150,000
1938 年	600,000	200,000
1939 年	120,000	60,000
1940 年	180,000	40,000

（注：据杨尔理著《侨汇问题研究》，原著 1938 年前，系凯恩估计者。1939年系顾翊群估计者，1940 年为叶渊估计者）

民卅五年以来中国银行承做之华侨汇款统计（单位千元）

	侨汇国币数	侨汇美金数
1 月	87,273	4,364
2 月	42,112	2,106
3 月	4,748,490	2,351
4 月	8,619,610	4,267
5 月	6,725,763	3,330
6 月	5,790,315	6,866
7 月	4,016,720	2,011
8 月	8,300,994	3,300
9 月	7,291,103	2,376
10 月	7,112,501	2,123

（续表）

	侨汇国币数	侨汇美金数
11 月	4，703，110	1，404
12 月	3，678，487	1，100
全年合计	61，161，922	31，49

（注：民卅五年度数字根据杨尔理氏前著）

侨汇衰落之最大原因，莫如华侨本身经济困难所至。一般人认为因胜利后政府坚持低汇率，为影响侨汇减少之最大原因，实只一部分理由。

（9）日本赔偿物资

日本之赔偿物资，在我国战后国际收支方面，将起重大作用，殆无疑问。依美国方面之提议，日本国内资产已指定，供赔偿各国之用，总值约一千三百亿至一千五百亿美元。照鲍莱氏草拟之初期赔偿物品计算，日本物资十三种，计九百四十三家工厂，业已指定为第一批赔偿物品之用。业经远东委员会决定，尽先拨出其中百分之十五，即 141.5 厂分配给我国，共二百二十五亿美元。

然则此项赔偿物资，何时拆卸启运来华，尚未定之天（即当时尚未收到）。故对当时之国际收支上，尚无任何作用。

（10）结论

以上各项，除日本赔偿物资未实现外，其余均系战时战后我国国际收支上之重要项目。

其次，吾人应加说明者：战时战后我国之所谓国际收支，最大部分实即中美之贷借关系。据本年（民卅六年）四月廿二日华盛顿联合社电讯：略谓过去十二年来，美国官方援华之贷款，已逾卅三亿美元，若将目前（即当时）盛传中之进出口银行五亿美元对华贷款，及联总结束后再援华五千万美元，如再实现，则美国对华贷款总额，将达 38 亿 9 千零 90 万美元云云。

《民元来我国之国货工业》

王性尧

说明：王性尧《民元来我国之国货工业》，载朱斯煌主编《民国经济史》（上海：银行学会银行周报社，1948 年）。王性尧，号无违居，别名逊庐，实业家，浙江镇海人。1937 年国民政府实业部主办的中国国货联合营业公司成立，任协理，后改商办，仍长期当协理。1951 年当选上海市工商联合会常务理事。1956 年起，当选上海市工商联第二至第四届副主任委员。

一、绪言

我国国货工业之发展，迄今已有七十年之历史，然过去受种种不平等条约之束缚，内受政治社会纷扰之影响，至使国货工业，不能迅速地发展起来，而中国国货工业演变之情形，当可分别为五个阶段：

（一）自清末至民国二年欧战爆发之前夕，可称为萌芽时期。

（二）自民三至民十八年，系欧战爆发及战后各国复兴期间，可称之为充分发展时期。

（三）自民十九年至民廿四年，系世界经济恐慌时期，可称之为凋敝时期。

（四）自民廿五年至抗战前夕，系积极展开国民经济建设运动期间，可称之为推进时期。

（五）八年抗战期间，可称之为新生时期。

本文当按照上列各阶段，分别叙述国货工业之概况。并为求较有一贯系统计，关于第一阶段拟推溯至民元以前，良以清末若干资料，在民国以来国货工业演变过程中，颇有连带关系也。

二、中国国货工业之萌芽

自国货工业鼻祖之兰州织呢总局于光绪四年成立后，上海织布局（后改为机器纺厂总局）及武昌织布、纺纱、制麻、缫丝四局，先后于光绪八年及十九年相继创立，此等工业，均属官办或官商办性质。民营国货工业，则发轫于光绪二十年之上海华威、华新、大纯、裕源等纱厂，数年以来，国人对于兴建国货工业之兴趣，渐趋浓厚，陆续举办之工厂，数颇不少。统计在光绪末年，江苏（包括上海）有纱厂20余家，纺锭五万余枚，同时上海有缫丝厂三十家，缫丝机约一万台。面粉工业如上海之阜丰、华兴，无锡之茂新，南通之复新等厂，业务尚称发达，颇堪对外竞争。毛织工业，则散布各地，其设备较优者，如上海之日晖织呢公司，及天津之万益制毡公司，皆其佼佼者也。兴华呢服公司、开源绒呢公司，及天津之万益制毡公司，皆其后开设，亦为佼佼者也。此外在光绪宣统年间，试办之国货工厂，有制油、火柴、造纸等业，但皆成效不著，无足称述。

在此时期内，国货工业之稍有成绩者，仅有纺织及面粉两业，但亦未见惊人之进步。至其他各类工业，则甚少发展。

三、中国国货工业之发展

1. 棉纺织工业

此时发展最速者，当推棉纺织工业。良以素执世界纺织业牛耳之英国，是时卷入战争漩涡，纺织品无力供给中国，日本纺织品又以我国抵货运动之展开，亦大受影响，民八年五月至六月间，日纱输入竟减少68.37％，可为证明。现由民四至民十七年华商纱厂之发展情形，有如下表：

历年华商纱厂厂数、纱锭及布机统计

年份	厂数	纱锭（枚）	布机（台）
民国四年	22	544,010	2,254
民国八年	29	659,721	2,650
民国九年	37	856,894	4,540
民国十年	51	1,238,902	6,650
民国十一年	64	1,593,034	7,817
民国十二年	55	1,493,672	8,581
民国十三年	58	1,650,004	10,461
民国十四年	65	1,832,252	10,621
民国十五年	67	1,982,272	11,121
民国十六年	64	1,878,023	12,283
民国十七年	70	2,145,300	15,642

注：本表根据华商纱厂联合会统计

由上表，可知本时期内我国棉纺织工业发达之情形。而最为特色者，厥为十七年底英商东方一厂为华商申新纱厂所购买，开吾国棉纱织业史上之新纪录。但在华日商纱厂资本雄厚，技术精良，始终不失为华商纱厂之劲敌。当民十三年纱贱棉贵之时，华商纱厂几至不能维持，长期停工者有十二三厂，这就证明我国纱厂之发展，终不免受日厂之阻碍。

2. 毛纺织工业

毛纺织为我国起源最早之工业，然在国际市场上作有重要地位，而在国内制造比较发达者，乃为地毯。因此在民国初年与其谓毛纺织工业，毋宁谓为地毯工业较为切当也。兹将我国历年地毯输出价值统计列于下表：

年份	输出价值（单位：海关两）
民国二年	99,863
民国八年	460,550
民国十年	975,327
民国十一年	3,299,727
民国十二年	4,691,053
民国十三年	5,989,808
民国十四年	6,362,633
民国十五年	6,547,218
民国十六年	6,525,646

由上表，可知我国地毯输出价值，逐年上增，十六年数额，较民二增加六十余倍之巨，不能不谓发展之迅速。

3．面粉工业

我国面粉工业之勃兴，以民二至民五为最盛。据民十四年统计，全国有新式面粉厂120余家，其中华商占107家，中外合办者五家，外商十二家。地域分布，则以东三省为最多，占四十八家，江苏次之，占卅七家，山东、河北、又次之，各占十四家与十一家，其他各地共占十七家。

至吾国面粉之输出入情形，在民三至民十六之间，颇有极大之变迁。兹列表于下，藉以反证我国面粉工业之处境：

历年我国面粉输出入数量统计

年份	输入（担）	输出（担）	入超（－）或出超（＋）
民国三年	2,166,318	87,041	（－）2,049,177
民国四年	158,273	216,225	（＋）57,952
民国五年	233,464	289,747	（＋）56,283
民国六年	678,849	798,031	（＋）119,182
民国七年	4,551	2,011,899	（＋）2,007,348

（续表）

年份	输入（担）	输出（担）	入超（−）或出超（＋）
民国八年	271,328	2,694,271	（＋）2,422,943
民国九年	511,021	3,960,779	（＋）3,449,758
民国十年	752,673	2,047,004	（＋）1,294,331
民国十一年	3,600,967	593,255	（−）3,007,712
民国十二年	5,826,540	131,552	（−）5,694,987
民国十三年	6,651,162	157,285	（−）6,499,877
民国十四年	2,811,500	288,060	（−）2,523,440
民国十五年	4,285,124	118,421	（−）4,166,703
民国十六年	3,824,674	118,099	（−）3,706,575

由上表，可知自民四起之欧战期内，各国粮食缺乏，我国面粉得有大量输出之机会，由民三以前之入超一变而出超。面粉工业遂亦蒸蒸日上。乃自民十一起，情形大变，一反出超之地位而仍为入超；且民十二三年之入超量，达五六百万之钜，此种逆差情形，其外在原因为欧战后各国用"低价方法"（Dumping）以夺取我国市场，及俄属西伯利亚改变输入面粉为输入小麦，复加征小麦入口税，而内在原因则由于国内连年兵连祸结，人民不能耕种，加以水旱灾，以致小麦原料歉收，面粉工业之发展，乃受重大之影响。

4. 火柴工业

民国三年，我国有火柴厂四家，至民国十三年即增至八十七家之多，由于"五四"以后抵制日货，于是火柴工业遂可发展很速。自民十八年以后，各大资本工厂成立，资本雄厚，设备完全，遂自此以后，国内所用火柴，几全为本国所产，再不像以日本火柴为主销了。因此日本火柴在国内已失去占优势之地位。但据民十三年调查：日本人在华之火柴工业，尚有十家左右合计。每月产量，尚有一万六千九百箱，在北方仍然为我国火柴工业之劲敌。

5. 造纸工业

据海关民十二年底之报告，吾国造纸之家，共有 55,868 户，内有男工 274,987 人，女工 23,511 人，全年产纸约值 54,860,795 元。手工造纸每年生产价值，多者约七八十万元，少者三四十万元。此项出品，以应国内需要，尚相差甚巨，故机制入口数额，逐年增加，其价值由民元之七八百万两增至民十六之二千五百三十一万两。

6. 水泥工业

水泥工业，自欧战发生以后，外洋水泥供给缺乏，我国除创立于清末之启新、广东、湖北之三水泥厂外，国人集资创办者，复有数家，上海水泥公司创立于民七，太湖水泥公司创立于民十，中国水泥公司创立于民十一，均经营得法，基础稳固，业务逐渐发达，各工厂之资本及产销情形，有如次表：

我国七大水泥厂资本及产销概况

厂名	厂址	资本额（元）	每年产量 （十五年，桶）	销地
启新洋灰公司	唐山	7,000,000	2,200,000	中国北部
湖北水泥厂	大冶	1,023,340	438,000	长江一带
广州水泥厂	广东河南		220,000	南部诸省
上海水泥公司	上海龙华	2,000,000	438,000	中部
中国水泥公司	南京龙潭	1,000,000	912,500	
太湖水泥公司	无锡	2,000,000	730,000	
济南水泥公司	济南	200,000	91,250	

注：*估计生产能力，该厂民十五年每日实际产量为960桶。我国水泥每年消费量，据前北平经济讨论处之估计：1924（民十三）年消费额逾四百万桶，1927（民十六）年则达七百万桶以上。国内各大水泥公司之每年产额为四百三十六万余桶，另有青岛日人所经营之青岛洋灰公司年产二十四万桶，加入规模较小之水泥厂产额约百万桶，及东北之八十万桶，合计年产总额约六百四五十万桶左右（《远东时报》调查1927年中国水泥产额为6,285,000桶），以每桶实重285斤（380磅）计，约合18,240,000担。

7．其他工业

除上述各主要工业外，其他各项国货工业亦莫不有甚大之进展。如以民四与民十一相较。制蛋工厂由 9 单位增至 82 单位，饼干罐头工厂由 8 单位增至 68 单位，皮革工厂由 17 单位增至 85 单位，制糖工厂由 6 单位增至 41 单位，制烟工厂由 15 单位增至 100 单位，至如电器制造工业，搪瓷、钢精、水瓶、皂烛等日用品以及棉纱复制工业，尤有长足之进展。

四、中国国货工业之凋敝

我国国货工业虽乘欧洲大战及国内抵货运动等机会，得以蓬勃一时，但自民十九以后，外受世界经济恐慌浪潮之袭击，内因国内政局的不安定，以至无以保持过去之繁荣，而陷于凋敝之境。据中国银行经济研究室调查全国各类工业营业额，其民二十与二十二年消长之比例，如以民二十年为 100，则二十二年棉纺业为 44.9，面粉业为41.7，丝织业为 56.6，搪瓷业为 60.1，化妆品业为 70.8，调味粉业为 89.3，染织业为 64.0，针织业为 50.0，橡胶业为 40.0，可见全国各类工业衰颓之一斑，兹分述各主要工业之概况如次：

1．棉纺织工业

自民十九至民廿四之六年中，我国棉纺织工业以锭数及织机而言，在表面上均有显著之增加，兹列表如下：

年别	纱锭（枚）	布机（台）
民国十九年	2,499,000	15,955
民国廿年	2,730,000	20,599
民国廿一年	2,910,000	21,599
民国廿二年	2,886,000	20,926
民国廿三年	2,951,000	22,567
民国廿四年	3,009,000	24,861

由上列统计以观，我国棉纺工业似仍在逐年进展中，较之世界各国纺锭之由 1929 年之 165,143,000 枚降至 1935 之 155,031,000 枚，吾人似足自豪。但事实上我国棉纺织业自民廿一年后，由于捐税繁重，及花贵纱贱诸影响，深感无法支持。迄民廿四下半年，五十九家之华商纱厂，完全停工者达二十四厂，而减工者复有十四厂，固不能以纱锭、布机数量之增加以为衡量该业兴衰之标准也。

2. 缫丝工业

自世界经济恐慌爆发而后，国际市场丝价惨跌，而人造丝又来我国市场大量倾销，于是我国蚕丝之生产，外销既告窒滞，内销又复不振，以致缫丝工业无法维持，纷纷倒闭。过去上海原有丝厂 106 家，民十九年仅开工 70 家，民二十更减至 36 家，民廿一春淞沪战事发生，丝厂蒙受绝大损失，开工者仅十余家。直至民廿四年，国外生丝需要告增，价格上涨，我国丝业始有复苏之象。

3. 面粉工业

自九一八事变发生后，东北面粉市场随之丧失，华中一带洋粉又大量倾销，我国面粉销路日狭，面粉工业环境日恶，幸民廿二年政府改订关税税则，加征面粉进口税每担 0.825 金单位，民廿四年，又对出口之面粉原料实行退税办法，同时全数退还运销东三省所征之税款，并竭力调整铁路运费，颇予面粉业以极大之帮助。所惜多地小麦原料之供给与面粉之需要，往往不能调协，以致各厂工作，仍不免有时作时停工之现象。

4. 火柴工业

在前一时期，我国火柴工业曾极一时之盛，已见上述。民二十年，火柴进口税率增高，外货输入减少，国产火柴不特畅销于国内，民廿二年且曾有少数出口，似颇有续趋发展景气。讵料在民廿二年以后，一方因日本火柴大量走私，到处倾销，一方粤省又向瑞典借款允许瑞商在粤收购佛山、大邑、市桥三处火柴厂，以致国产火柴之销路顿受严重之影响。被迫停业者，日有所闻，于是原甚繁荣之火柴工业，遂亦趋于颓衰之途。

5．制革工业

我国制革工业，据民廿四年左右之调查，全国共有工厂130余家。惟其时外人在华之制革厂，共有五家（内一家系中日合办），资力雄厚，产量巨大，华商各厂殊苦难与竞争。

6．水泥工业

水泥产量，以民廿一年为最高，但自该年底起水泥统税率由每桶之六角增为一元，因之成本加重，销路窒滞，产量顿告减少。至民廿三年七月，进口税新税则施行，水泥进口税率每百公斤增至金单位八角三分，输入大减，国产水泥有供不应求之势，景况转佳。民廿四年因地价下落，建筑停顿，各厂营业又呈疲敝。

国货工业凋敝之现象，至民廿四年已见转机。因自十九年至廿四年，国人有所警觉，非谋整个国货工业之合作团结，不足以言复兴，于是全国人士提倡国货，各地国货公司相继成立，于危难之际，自力更生，实为我国国货工业不败之因素。

五、中国国货工业之推进

1．纤维工业

数年来棉纺织工业之凋敝情形，已见前述。至民廿五年秋，因棉产丰收，渐见复苏，廿六年上季，更有欣欣向荣之象。金融界所组织之中国棉业贸易公司，扩充资本为一千万元，扶助棉业及纺织业之发展。

2．造纸工业

浙江温溪造纸厂，于二十六年六月一日在沪举行创立会，该厂资本三百二十万元，由实业部与上海新闻界及出版界合作举办。

3．炼油工业

实业部联合川、湘、鄂、浙、桂五省产油区筹设中国植物油料厂，资本二百万元，官商合办，以改进植物油之品质及贸易为主要目标。

4. 酒精工业

自实业部与侨商合办之中国酒精制造公司于二十四年成立后，二十五年陕西又集资一百五十万元举办酒精厂一所，内分酒精、榨油、以脱、洋铁筒四厂。同年十一月，天津又有振远机器然制造酒精公司之设立，资本五十万元。

5. 化学工业

六合之硫酸铔厂全部工程，于二十五年完成，主要设备为制造硫酸。合成铔厂及永利煤气厂，出品为硫酸铔，每年产量五万吨。天利氮气制造公司，其筹备尚在永利承办铔厂之前，为民营氮气工业之嚆矢，每年产液体氩八十磅，硝酸一万三千磅，硝酸铔、硝酸钙、盐化铔等共约一万磅。

此时中日关系益见紧张，国人义愤填膺一致抗敌，全国国货工业乃现高度发展之象。民廿六年，实业部复联合上海工业界组织中国国货联营公司，继续推动设立各地中国国货公司，对于国货之运销，除在国内市场加强与外货之竞争力量外，并特别注意于外销之推广。此一组织，又为我国国货工业进展之一助力，直至抗战前夕，殆为民元以来国货工业生产率之高峰。

六、中国国货工业之新生

由于抗战军兴，政府协助沿海沿江各口岸之工厂，积极内迁，除内地有内迁工厂以外，后方新建立之工厂，亦如雨后春笋，蓬勃一时。此时国际交通阻滞，外货来源告断，而军需、民用之物资，需要至为殷切；同时在华外厂竞争之威胁，又已不复存在，故在抗战期内，沿海沿江之国货工业，虽被破坏殆尽，然后方工厂之勃然兴起，实开我国国货工业新生之机运。兹将经济部之统计，战时后方各种工业品逐年产量，有如下表：

战时后方各种工业产品逐年产量统计（包括国营工厂与民营工厂）

产品	单位	二十七年	二十八年	二十九年	三十年	三十一年	三十二年	三十三年
电力	度	70, 720, 152	97, 874, 529	136, 991, 883	174, 051, 499	196, 282, 426	23, 517, 756	156, 970, 762
煤	公吨	4, 700, 000	5, 500, 000	5, 500, 000	6, 000, 000	6, 313, 697	6, 617, 000	5, 502, 000
汽油	加仑	—	4, 160	73, 463	209, 321	1, 895, 724	3, 219, 236	4, 047, 940
生铁	公吨	41, 000	41, 461	55, 182	62, 836	77, 497	70, 000	40, 134
钢	公吨	900	1, 200	1, 500	2, 001	3, 000	6, 800	13, 361
电铜	公吨	—	437	1, 240	697	566	533	834
净钨	公吨	12, 556	11, 509	9, 182	12, 392	11, 892	8, 973	3, 225
锑品	公吨	9, 464	11, 988	8, 471	7, 991	3, 510	429	204
纯锡	公吨	—	1, 840	15, 099	6, 995	7, 209	3, 769	1, 557
毛汞	公吨	—	169	91	121	163	118	103
工具机	部	332	639	1, 024	1, 221	1, 142	1, 752	1, 350
作业机	部	—	1, 512	3, 775	2, 575	2, 632	2, 110	3, 327
动力机	马力	610	870	2, 507	3, 758	4, 475	7, 187	8, 210
发电机	K. V. B	299	439	6, 308	5, 504	5, 780	4, 791	4, 926
电动机	马力	600	9595	3, 103	11, 601	10, 513	11, 452	6, 277
变压器	千伏安	4, 390	6, 509	6, 124	10, 792	15, 383	12, 484	11, 185
发射接收机	具	660	1, 132	2, 239	2, 615	2, 100	2, 008	1, 442
电泡	只	68, 640	492, 647	699, 272	628, 284	948, 379	1, 425, 906	1, 685, 779
水泥	桶	126, 460	287, 024	296, 940	149, 584	236, 369	206, 398	239, 083
硫酸	吨	170	124	428	543	689	624	768
盐酸	吨	99	72	151	130	300	368	416

（续表）

产品	单位	二十七年	二十八年	二十九年	三十年	三十一年	三十二年	三十三年
硝酸	吨	3	2	166	12	17	12	9
碱	吨	520	940	1,486	2,079	2,263	3,251	6,101
酒精	加仑	303,861	811,740	4,590,055	5,408,376	7,885,337	7,713,834	7,345,992
机制纸	吨	492	526	600	4,200	4,250	3,580	3,669
面粉	袋	1,513,000	1,926,000	3,239,000	4,510,000	4,880,000	4,130,000	2,881,000
机制纱	件	24,515	27,451	29,519	111,500	114,100	116,681	115,000

　　吾人观上表所列之统计，除若干种出口矿产品外，其他许多工业品之产量，虽在卅一年后因工业遭遇普遍之困难而或稍见减少，但就长期趋势而论，则莫不有激剧之增加。尤足令人称道者，厥为工业技术之进步。盖战前我国之工业，所需器材原料大半仰给于舶来，抗战以后，国外器材及原料之来源，已告断绝，后方工厂不得不设法自行补充，对于各种器材之研究制造，许多原料之研究试验国产代用品，均有极大之成就。

《民元来我国之农业》

蔡无忌

说明：蔡无忌《民元来我国之农业》，载朱斯煌《民国经济史》（上海：银行学会银行周报社，1948 年）。蔡无忌，畜牧兽医学家，浙江绍兴人，蔡元培之子，曾留法，获农学（兽医学）博士。

由于中国数千年来形成以农耕为中心之民生形态，人民习于安土重迁之保守性，及富于自足自给之观念。民国以来，政局不定，内乱外患交迫，水旱灾情频仍，人民不能安居乐业。其生活日趋于贫困与悲惨，造成农业经济之破产。另一方面，由于人口繁殖迅速，土地租佃关系之未能改善，及农业资金之枯竭。故在卅余年之过程中，农业生产殊少改进。兹就我国农业状况，土地分配与利用及农业经营两方面诸问题略加分析。

耕地面积

民国以来，耕地面积似并无增减，此为中农所根据二十二省之调查报告所得之结论。惟各省情形不同，或增或减亦系事实。例如青、川、鄂、苏、浙、桂、黔、绥诸省，近廿余年，人口递增，可耕地垦殖面积亦有相当增加。绥、察、宁、陕、燕、鲁、赣、豫、闽诸省耕地咸减少。现在耕地面积，据国府统计局估计，为九十三亿余公亩，约占全国土地总面积 9.4%。可耕而未耕之面积，据陈长蘅氏估计，为 106 亿余公亩，照中农所估计，则为 60 余亿公亩。至于土地利用之问题，尚须待专家之确定也。

每户耕地面积与农民生活

我国农家，耕地太少，生产不敷一户五口之需，中央农业实验所民国廿三年农情报告，根据二十二省之调查，每户经营面积小于十市亩者，占总数37.5%；在十与二十亩之间者，占24.9%；在廿与四十市亩之间者，占12.2%；在三十、四十市亩之间者，占19.7%；大于五十市亩者，占10.7%，平均南方耕地小于北方。中北诸省为例外，若以英亩计算，在小麦区域，每户耕地小于五英亩之农民占65%，在产米区域则占90%，较之美国每户平均数为156英亩，英国平均数为63英亩，法国平均数为23英亩，实相差太远。

邹秉文氏引证战前专家调查数字，谓吾国每一男子农民，平均收入按战前汇率计算，平均不过美金43元，其用于购买食品，则达38元，只有5元作为其他全年之一切用途。反观美国，则每一男子农民，每年收入为美金765元，几十八倍于我国农民之所得，其用于食物者，每年为163元，尚余602元作为食品以外之其他用途，两相比较，中美两国贫富强弱不同之理由，至为明显。

土壤侵蚀

我国农业上最严重之问题，莫过于土壤之侵蚀。正如陕、豫为古代建都之地，往者物产富饶，土地肥沃，文化优秀，故经济繁荣，生产力强，时至今日，中原已失去过去领导之地位，其原因就是几百年来黄土侵蚀之结果，有以造成也。黄河、长江、淮河、西江、浙江流域所挟带入海之泥土，均为土地上之精华，每年冲走泥土数量，其体积据铁明氏估计，约有万里长城七八座之多，如此一年复一年，永无已时，生产力大为削弱，至石块毕露，则无法耕种，人民生活贫穷不堪矣。我国除东北大平原，河北大平原，山东半岛西部，安徽东部，江苏大部分，浙江东北部，鄱阳、洞庭两湖区域，成都盆地，闽江、珠江口三角洲，地势平坦，侵蚀较微。其他区域，凡雨水较多、地面倾斜之处，均受水之侵蚀，凡雨水稀少、风力较大之处，即受风之侵蚀，故皖、鲁、赣、鄂、湘、黔、川、康、闽、浙、粤诸省，多被水侵蚀，宁夏、甘肃西北部与新疆中部，则被风侵蚀，山西西北部、陕西、甘肃东南部、绥远、宁夏一小部，被风水侵蚀甚烈（请参阅铁明氏著《侵蚀与保土》一文）。由此可知中原文化落后之远因，长江、西江流域侵蚀程度日益加深之现象，若不急起实行保土，工作势必步黄河流域之后尘矣。

土地利用与垦荒

近十余年来，国内朝野人士，鉴于内地人口太稠，耕地不敷分配，遂发表荒地开垦及移民垦殖西北之议。其实荒地多系水土不能保持之地，山坡开垦，劳而功少，生产力不易保持甚久，北方黄土区域人口密度甚高。因利用不得法，受侵蚀太深，宜视地形土质，提倡植林或种草，以图挽救。农牧接壤地带之边区，昔为纯粹牧区，以内地农民移垦之结果，将昔日牧民之冬季及早春放牧地，经营若干小规模农场，使牧民持以为生之草原变为耕地，不但牧畜放牧面积缩小，畜产大减，同时引起农业与牧业之经济斗争，而造成民族间之反感与仇恨。康、藏及青、宁、绥、察、热诸省，均无大量开垦之余地，东北九省，人口不密，尚有宜耕之地，可供移民也。

农业经营特征

我国农民占人口80％以上，易言之，即以八人耕作之所获，须养活十人，而不足所需。反观美国，则农业人口为25％，已至一人之生产，可供四人之需而有余。我国农村，由于劳动力过剩，耕地面积之狭小，及农田之分碎，故耕种方法，大部分利用人力及少数畜力，所用工具极为简单，一若帝俄时代之农业经营方式。我国农业，除小规模经营外，牲畜饲养现为副业，而不占地位，家禽与猪虽甚普遍，而每户数量不多役畜为中大农户所有，小农无力购买，故轮作方式及一切产品，俱以直接供给人类消耗之粮食为对象，极少专为饲养牧畜之用。

我国农业区域最感困难者，莫若肥料之供给，唯一自给之肥料，在北方为羊或猪，南方则为猪，然饲料不敷，供养头数无法增加。解决的办法，一方面须候国内工商业发达，农村人口转移一部分至都市以后，耕者均有其田，农产品、畜产品之消耗及农民之收入，不断增进；另一方面，因作物改良品种，大规模推及各地以后，单位面积产量增加，使轮作方式得以改变，加入饲料作物，然后农业经营方可渐入合乎时代之正轨。

至于纯粹牧区，以其最大之富源为草地，其人民生活之所需，在牧畜久宜保持草地面积，不使缩小，惟须提高家畜生产力，改善运输贸易方法，并增植补充饲料作物，然后牧畜头数及产品有增加之可能，同时须设立小型工厂，加工制造，以造福当地人民。

农业建设

1. 农业研究工作

在国府建都南京以前，中央及各省农业机关、学校经费不足，设备简陋，间有少数工作，往往未能继续数年不断。十七年左右，政府亦抱决心改良农业机构，学校、人事设备均逐渐充实。中央农业实验所成立于民国二十二年，曾与九省农产机关联络，进行小麦育种及区域试验。与六省合作水稻品种试验，九省合作棉种区域试验，中央大学、岭南大学、金陵大学、浙江农业试验场，均有育成之优良稻麦品种，确较当地农家惯用品种为佳。惟各地气候土质不同，育成新种固未能普遍应用，有多数品系，尚在示范或初步推广阶段。

就推广事业成绩而论，稻、麦、园艺作物等，虽不乏优良品种，然其推广范围太狭，影响不大。其成就最显著者，当推棉产。民国廿五年美棉在黄河流域占棉田面积 66.5%（全国棉田面积为 6450 万亩），在长江流域占 31.5%，以斯字棉适宜于黄河流域，德字棉适宜于长江流域。

《民元来我国之铁路》

王成组

说明：王成组《民元来我国之铁路》，载朱斯煌主编《民国经济史》（上海：银行学会银行周报社，1948 年）。王成祖，地理学家，河南惠南人。一生从事教育和科研工作，以教授地理学为主，兼及历史学。1923 年毕业于清华学校，1927 年获哈佛大学历史学硕士学位，1929 年获芝加哥大学地理学硕士学位。1932 年任厦门大学历史系教授，1934 年任大夏大学史地社会系教授兼系主任。1943 年应圣约翰大学聘请，任历史系教授。1947 年任清华大学地理系教授。1952 年调任西北大学地理系教授。

一、民元以前的铁路建设

民元以前的铁路建设，对于民元以后的继续进展，具有许多决定性的影响。主要的路线的分布，当时已经立定了基础，而轨距的标准、联运的设施也都已经厘定实施。

民元前十四年起的十四年间，可以说是我国铁路史上的第一个重要时期，到辛亥革命的一年，全国铁路的长度已经增加到 5,800 余英哩，合 9,300 余公里。现有铁路干线，大多数已经全部完成，或是局部开工。其发展之重心，显然是在华北大平原，而北京是首要的集中点。多数路线是由华北大平原伸展到邻近的各自然区域，其中京奉、津浦、京汉、京张四线最是重要。而另外还有汴洛（陇海中段）、胶济、正太、道清等线。东北方面的发展，当时还远不及华北，除去京奉、南满、东清（即中东）三干线，还只有安奉算南满的支线，以及未完成的吉长，但是喧宾夺主的形势已经存在。至于长城之北，京张线正在革命将近爆发的夏季，延长到归绥。

中南部的铁路建设，显然相形见绌，中部长江一带，在三角洲的一段为最发达，有沪宁、沪杭两线，集中上海。中游另有南浔、株长等线，都是孤立的短线。对于其他区域，只有京汉，津浦与北方联络。南部还是只有些分散的短线，以广东境内为最发达，已经有粤汉南段、广九以及新宁、潮汕诸线，前二者集中于广州。云南的滇越一线，在西南很占重要。至于漳厦一线，中途停顿，实在不足称道。而且在这些中间，滇越、新宁都是狭轨。

同时值得注意的还有两点：第一，就是现今可能接通外国境域和租借地的铁路线，多数是在这个时期之内已经完成。当时除去东清、南满、滇越三线是俄、日、法三国承办铁路之外，胶济是由德国承办，而英国对于广九铁路，由九龙到深圳，既是全权控制，由深圳到广州，也享有特权。

其二，除去外国承办的铁路，名义上多数算是商办，我国境内的铁路商营的极少，而且都是规模极小，民间的资本既是薄弱，而铁路业务又不容易获得安全保障，民营铁路自然难以发达。惟独南部居然有新宁等线，都是靠着海外华侨的热心投资。其他像正太、南浔，名为商办，实际上还是仰赖地方官的提倡，并且终究不免让外国资金插足。他们的工程，仍然较为简陋。

二、民元至十七年

我国民元以来的建设，可以在十七年与三十四年划出两大阶段，第一阶段，由民国成立，经过军阀的割据，到国民政府定都南京之后，东北易帜，完成统一为止。第二阶段，由十八年到三十四年，国民政府对于铁路建设，决心清理积弊，扩充新线，虽则遭遇长期抗战，依然有大进步，同时对外方针的转变，与列强态度的改善，也是显著的特点。

第一次战争（世界大战）爆发，日本在民国二年攻入青岛，占据胶济铁路，第一次大战结束，胶州湾租借地与胶济铁路居然在十二年由我国收回。俄国革命以后，直到民国十三年，由北京政府与东北地方当局先后交涉改定"东清铁路"为中苏共管中东铁路的新制。所以在清季丧失的路权，总算还得到相当补救。

袁世凯上台以后，就授权孙中山先生筹划全国铁路，设立"中国铁路总公司"。但是在北京政府时期，铁路的建设，除去完成清季未完工的少数路线，与添筑若干支线之外，实际上极少成就。新线的修筑，惟独东北特别发达，但是偏重于南段。那里的发展，不得不归功于日本的压力或是刺激，内中吉长一线，最初的动议是由于帝俄，日俄战争之后，就由日本起而代之，终于是由中日合办完工，成为南满线的培养线。吉长铁路是在民元前二年开工，不过通车是在民国元年末。十五年兴工修筑吉敦铁路以敦化为终点，恰好是在十七年终完成。四洮一线起源于民国二年日本承认袁世凯时所提出的满蒙五路权之一，四年底成立借款，又二年先筑四平街到郑家屯（即辽源）之间的一段。以后由南满铁道会社代替横滨正金银行继承债权地位，而在民国十年至十二年之间，续筑郑家屯到通辽的支线和直达洮南的干线。至于奉海（今称沈海）线的修筑，因为有日本所要求的五路权中的开海线牵制，几经交涉，拖延到十四年才得动工。当时的动机，是为着逐渐减少南满线垄断南北交通的钳制。此外另有所谓溪咸线，只是一条由牛心台运煤到本溪湖的轻便铁路，不过形式上算是中日合办。大连附近的金福铁路，由金州到城子疃，以及吉东的天图铁路，由天宝山通过图们江，也算是中日合办，另外还有由大虎山到通辽的京奉支线。

在东北北段，本时期内，只有呼海线是重要的新建设，另有因运煤而修筑的新线，其中鹤冈铁路，由华商修筑，穆陵铁路是算中俄合办。

关内的发展，偏重于继续清季未完成的工程。主要的是陇海线，由汴洛线东南两端分头延长，粤汉线在武昌长沙之间分武岳、长岳两段修筑。其他像沪杭甬线的添筑甬曹段以及南浔、新宁等线的完成，都不过是片段的工程。陇海线的修筑，在欧洲大战期间曾经停顿。以后东段在十四年就直达大浦，西段却由于地形险阻，十三年通车到陕州，进展就非常迟缓。长城之北，京绥线居然延长到包头，但是新路基的工程不很坚固。

所有这些发展，可以表明在民元初期，并没有能增加一条新干线，里程最长的陇海线，虽则是对于华北的东西交通大有帮助，而其他路线则是影响限于局部。因此民元初期铁路的修筑远不及民元十四年。

三、民十八年至三十四年

民国十七年，中央政府另设铁路部负担铁道行政的专责。十八年提出关庚两款筑路计划。其性质一方面顾到施工的程序，一方面顾到筹款的来源。当时预定以已收回的俄、意两国及将已收回的英国庚子赔款，作为文化基金而投资于筑路，使到仅有 6,394 英哩的国有铁道在六年之内先增 2,537 英哩，以后再加 2,841 英哩。

不幸这两种计划，都只有一部分见诸实行。庚关两款筑路计划，把计划线分成四组，只有一组里面的粤汉株韶段全部完成，陇海线潼兰段的工事还在延续中，沧石线却并没有能开工。其他三组之中，只有同蒲线大部分完成。

然而第二期的建设（民元后）依然远胜于第一期。政府对于南部完成新干线以及中日两方面在东北扩充新路线，尤其是本期的特色。大江以南，原来只有些比较短促的铁路由沿海沿江的港口通从内地。粤汉线株韶段，在二十四年分段开工，两年完工，于是我们有一条纵贯南北的干线，转接平汉可以再北通绥远，东连东北。不久浙赣铁路又使得南部多一东西干线。这一线是由杭江铁路扩展而成。

以外在战事发生以前，江南还有苏嘉铁路的修筑，其修筑的动机是由于二十一年的"一·二八"事变之后，大战发生以后，这一线早已被拆毁。

陇海线的展筑是一期内在北部主要工程，也是东西的干线。十七年冬，这一线的西端已经延长到灵宝，二十一年达潼关，二十三年达西安，二十五年达兴平，又次年达宝鸡。另一面从东段的赵墩站，添筑一条支线到台儿庄；陇海的台赵支线与津浦的台枣支线衔接。

由山西省当局修筑的同蒲铁路，一部分工作是由军队担任。二十二年开工，二十四年就已经把南段完成，可以从太原（阳曲）通车到风陵渡，隔河遥接陇海线。

在安徽中部另有淮南铁路，是建设委员会的淮南煤矿局所修筑。东北的新路发展，吉海一线，由朝阳镇到吉林，可以认为潘海的延长线，在十六年已经开工，但是完成于十八年。齐克一线，由龙江（齐齐哈尔）到克山，却是在十七年十月开工，原有的齐昂线改成它的支线，并且由狭轨改为同样的宽轨。洮索线由洮安延长到索伦，是在十九年初动工。由齐克接洮昂而经四洮大通到北宁线，日人认为是南满的竞争线，甚至吉海潘海与北宁连成一气，也被认为具有这种作用。加以葫芦岛的修筑新港，在十九年起由北宁铁路拨款施工，更显得是同大连竞争。这些情形，对于九一八事变的在二十年爆发，都具有密切的关系。

九一八之后，日本窃取东北，那里的铁路情形变动极大，非但我国国有省有以及少数民营的路线完全被夺，到二十四年苏联竟也允许出让中东铁路，除去不重要的部分，一概直接或间接归南满铁道株式会社管理。

在新添修筑的方面，日人也非常努力，二十四年全区的铁路增加到 8,712 公里，其中有 2,600 公里左右是九一八以后的新线。

二十六年大战发动之后，铁路的建设势必遭受严重的打击与破坏。新线的工程，像四川境内的成渝线，和云南方面的滇缅线，都因为原料接济中断而停顿，但是后方移东补西的策略，竟能先后完成湘桂线，由粤汉线上的衡阳到广西的桂林，再由桂林展筑黔桂线，以贵阳为终点，不过湘桂不久就毁于战事，黔桂也是毁而重修。同时陇海线，又由宝鸡展筑到甘肃的天水。只余下天水到兰州的一段在继续修筑之中。

然而战事的效用，终究是破坏甚于建设。三十四年胜利来临，由于前线附近的铁路破坏不堪，受降工作大受阻碍。目前（三十七年）恢复旧有各路的工作，尚且困难重重，新线更是不易添筑。

《民元来我国之工商业》

骆清华

说明：骆清华《民元来我国之工商业》，载朱斯煌《民国经济史》（上海：银行学会银行周报社，1948 年）。骆清华，爱国工商人士。浙江诸暨人。读完高小后投身商界，曾任上海绸业银行副行长、中国茶叶公司理事等职，在上海颇有名气和威望。1922 年上海商社常务理事、总干事，《上海商报》社长，国民政府立法委员兼任全国工商联秘书长。1949 年赴香港工作，受中共华南局统战部的领导和指挥，从事统战和联络工作。

一、工商业史的演变

工商业在我国的历史，数千年来商业实为工商业之重心。自前清末叶，五口通商之不平等条约订定以后，曾、左、李等积极倡导工业，始引起国人之注意。民国三年，政府颁行《商人通例》，其内容包括一切商业主体人，如买卖、制造、水电、文化、银行信托等，无不搜罗在内，名为《商人通例》，实则包括当时我国幼稚之工业界在内。此实为我国工商业于民元以来之第一项有关法令。

由于国内混战内乱相继，工业商业为之大受影响。自我国设关以来，只有同治末年与光绪初期之五年出超，其余七十余年，则年年入超。国内工商业又受到外国价廉的商品所摧毁，工商业之危机，迄今没有一日或离。第一次世界大战期中，这是数千载一时之机会，奠定工业基础，贸易繁荣炽张。反视我国各地军阀正闭门厮杀，遍地烽烟，民不聊生，工商业良好时机遂坐失于战祸之中。民国以来，虽亦在竭力挣扎之中，然其范围狭小，更未步上重工业之途，仅有轻工业之几项主要者矣。

二、历年来之商业动态

民国以来，我国之潜在财富，连年不断在向外流出。我国各大商业都市的权威，皆操诸外人及洋行买办阶级之手。他们不但掌握了经济的命脉，且政治上亦有相当作用，本国小商人当然无法抬头，只求苟延残喘而已。兹先将历年进出口贸易之统计数字，摘录如下：

年别	进口总值	出口总值	入超
民元	473,097,031	370,520,403	102,576,628
民二	570,162,577	403,305,546	166,857,031
民三	557,109,048	345,280,874	211,828,174
民四	454,475,719	418,861,164	35,614,555
民五	516,406,665	481,797,366	34,609,299
民六	546,518,774	462,931,630	83,587,144
民七	554,893,082	485,883,031	69,010,051
民八	646,976,681	630,809,411	16,167,270
民九	762,250,230	541,631,300	220,618,930
民十	906,122,436	601,255,537	304,866,899
民十一	945,049,650	654,891,933	290,157,717
民十二	923,402,887	752,917,416	170,485,471
民十三	1,018,210,977	771,784,468	246,426,509
民十四	947,864,944	776,352,937	171,512,007
民十五	1,124,221,253	864,294,771	259,926,482
民十六	1,012,931,624	918,614,662	94,316,962
民十七	1,195,969,271	991,354,988	204,614,283
（上列数字皆以银两计算）			

（续表）

年别	进口总值	出口总值	入超
民十八	1,972,083,000	1,582,441,000	389,642,000
（上列数字皆以银元计算）			
民十九	1,309,755,000	894,843,000	414,912,000
民二十	1,427,574,000	887,450,000	540,124,000
民二十一	1,049,246,000	492,641,421	556,605,240
（上列数字皆以银两计算）			
民二十二	1,345,576,000	611,828,000	733,739,000
民二十三	1,029,665,000	535,214,000	494,451,000
（上列数字皆以银元计算）			
民二十四	919,211,322	575,809,060	343,402,262
民二十五	941,545,000	705,741,000	235,804,000
民二十六	953,386,000	838,286,000	115,100,000
民二十七	886,200,000	762,641,000	123,559,000
民二十八	1,333,653,000	1,027,647,000	306,006,000
民二十九	2,027,143,000	1,970,121,000	57,022,000
民一月至十月	2,163,756,000	2,577,443,000	以超 413,687,000
民三十一	沿海租界皆为敌军控制，进出口贸易顿告中断，后方亦无正式数字可资稽考。		
民三十二	同上		
民三十三	同上		
民三十四	同上		
民三十五	同上		
民三十六	1,280,916,920,000	255,303,759,000	1,025,613,161,000
（上列数字皆以法币计算）			

注：住从民元至民十七年的数字皆以银两计算。

民十八年的数字，以银元计算。

民十九年至二十一年的数字，以银两计算。

民二十二年至二十三年的数字，以银元计算。

民二十四至民三十六年的数字，皆以法币计算。

根据上述记载我国三十余年来之国际贸易，一直处于巨额入超之地位。我们可以分三个阶段来说明。

第一个阶段：是由民国元年至二十三年时之银本位时期，入超总额约计白银 4,594,816,552 关两，银元 1,617,832,000 元，若以当时美元价值及白银价值折合——白银每盎斯等于美金八角五分——则第一阶段入超所损失的国家财富，约为 50 亿美元左右。在该阶段中，因为金融市场，悉听自由亦等于是 23 年来通货紧缩的程度，达每年平均白银二亿两左右。查上列 23 年的时期中，以民国十年的入超数字为最大，十一、十三、十五、十八等年次之，民国四年至九年者最少，其余则皆在每年入超一亿五千至二亿万两左右之数字中徘徊。于是我国可以明白，其中自民国四年至八年的一段时期，工商业的情形比较乐观，事实上也确是如此，因此当时正值第一次世界大战之进行时期，多数工商界皆能获得盈利。除此以外，则无时不在不景气空气笼罩之中，前表所列数字，实无异为我国工商界处境好歹之寒暑表。

第二个阶段：自民国二十四年至二十九年，因我国之法币政策适于二十四年公布，中央银行开始发挥控制金融市场的力量。虽然二十六年起中日战争爆发，国军于十月份撤出上海，战线深入至长江上游，但我国工商业之重心，却依然属于上海。此六年中的入超总额，为国币 1,180,893,262 元。若以当时法币的法定汇率计算，计美元三十三元三角三分比法币一百元，约美元四亿左右，此一数字，约计战后四年与战前二年各占 50% 左右。当然，在战时内因在在需钱，政府不得不搏节外汇，且正当工商业战争摧残之余，已失去其正常活动之能力。故入超数字酌为减少，但其中尚有免税输入之大批军需品，在海关进口出口数字中，无法稽考，不过，此四年中所以不如战前入超的庞大数字，恐已于免税进口的军需品中项下获得补充。至于三十年的出超情形，在表面上看确实自民元以来，为仅有以及最值得注意的一年。但我国都不敢相信，我国于抗战五年之后，竟尚能达到了出超413,687,000元的数字，打破民元以来30年的纪录，真可说是咄咄怪事。不过明眼人都不难明了，上项出超数字，恐非真真运往外国，而是以出口为名，运往重庆或其他战时后方的都市，如运往香港、仰光或广州湾，而结果却都是运往内地，此类种种原因，所谓出超亦不过是当年一时的掩饰，等于一笔假账，实无足轻重。

第三个阶段：自胜利以后到现在（即从三十五年冬季开始）。从三十六年一月以前，一因海运尚未完全开放，二因久经停顿的贸易关系尚未恢复，故亦无足轻重，直至三十六年一月以后，外轮进口，始渐开始，战后之国际贸易亦渐趋发展。据上表数字，三十六年入超为国币1,025,613,161,000元，若以三十六年两次汇率之2020及3350之法定汇率约略估计，即达美元四亿元左右。与历年来之数字相加，入超总数达美金58亿元左右。若以全国人口平均分担，则每人已被剥削去13美元之财富。若以战前之银币计算，约合每人43元，又若以今日（三十七年）之汇率计算，则合156,000元。

三、历年来我国轻工业动态

棉纺织工业

民国初期，我纺织界已拥有纱锭88万枚，其中30万枚为外商所经营，国人所有者为58万枚。外人之纱锭，日本占65.5%，英商占53.5%。至民国三年，因第一次战争爆发，远东成为供给世界各国搜寻资源之市场，我纺织业即飞黄腾达，于欧战结束时止，五年中我国经营之纱锭总数，即增加至885,000枚，计民国二年约增加2%，民三约增加9%，民四约增7%，民五约增3%，民六约增2.8%，民七约增3.4%，民八约增15%左右，其总数约增加50%左右。于民国九年至十一年之三年中，因我国纺织业获利之余，又值欧战平定，更大事扩充，计民国九年时，华商纱锭总数，即由885,000锭增至

1，771，000 锭，民十又增至 2，124，000 锭，民十一又增至 2，221，000 锭，三年中增加 15%。又民国九年时增加率为最速，约达 100% 有奇。自民十二年至二十五年一个时期，因世界战后不景气之影响所波及，14 年中纱锭仅增加了 15%（二十五年时华商纱锭总数仅 2，553，000 枚）。同时外商纱锭至二十五年止，亦已增加至 2，356，000 枚，其中日商占 2，135，000 枚，英商则其十分之一，仅 221，000 枚。每年棉纱产量，亦自民元之 50 万件左右（包括外商产量）增至民国二十五年之 280 余万包左右。及至中日战争爆发，因我国纺织工业，多设在各沿海都市，不及撤退，除有少数厂商以及时迁往后方之川、滇、陕、桂、湘等五省约 30 万锭外，在各区因战争而被损毁者达 80 余万锭，其余 150 余万锭，则全被敌人控制，及至抗战胜利，全国纱锭，包括早年华商及日本所经营之全部，始又重归我国掌握，于三十七年为止，全国民营纱锭又达 260 余万枚，国营纱锭亦达 150 余万枚，总额达 410 余万枚。然综观 25 年之华商及日本在我国纺锭之总额为 480 余万枚，加之由东北接收之 50 余万枚，我国之现有纱锭，约可在 550 万枚左右，虽然战时中有若干损失（80 余万枚），胜利后之东北纺锭，亦不能如数开工。但据最近估计至少尚有 60 万枚左右，可望于三十七年度中整要开工，如是则我国纺锭总额，约在 470 万枚，若以二十一年之生产标准计算，即等于有年产棉纱 260 余万件的生产力，又若据自目前的价值（三十七年）以每一万锭作价 45 万美元计算，则我国纺织业的总资产，已超过 183，150，000 万美元。当然生材厂房等尚不计算在内。

至于织布方面民国初年，我国织布机之数量，为 3，136 台，其中华商者占 2，250 台，日商者占 886 台，于民国十四年时，则已增至 27，376 台，其中华商者占 20，171 台，日商者占 7，205 台，其发展之趋势，亦几与绵纺业相同，迄二十三年时，织布机总额已增至 47，059 台，其中华商者占 46．9%，计 22，067 台，日商者占 44．8%，计 21，101 台，英商者占 8．3%，计 2，851 台。截至抗战前夕，据估计二十五年时，织布机已增至 58，439 台，华商比例竟较前减低，仅占总额 41.9%，计 25,503 台，日商之百分比则剧形增加，达总数 51.2%，计 28,915 台，英商者则亦与华商者相等减低，退占 6.9%，计 4,021 台。综观上述数字，可知日商在我国所攫夺之市场，于抗战未发生以前，无日不在扩张，于二十五年时几已达到了高潮。直至战事爆发，布机损失约达 16,200 台，其中 26,900 余台，约已随军撤退，弥留在沿海诸大都市之 15,280 台，则亦全归日人控制。直至抗战胜利，我国开工之民营布机，已达 24,258 台，几与二十四五年之数字相差甚近国营已开工者，亦达 32,301 台，总数已达 56,559 台（新由东北接收者，尚不计在内）。在三十七年目前所有之布机，显已越过战前我国中外商人所有之总数。若以上海之生产标准每台每月消耗棉纱 1.413 件，每件织布 36 匹计算，则每月可产布达 2,877,050 匹。

缫丝及丝织业

民元以还，我国丝产之世界市场，因日丝之竞争，已渐次相形见绌，在民国二十年以前，每年之生丝产量，约为五万包左右，十八年时出口达 54,000 包，然十九年减至 42,000 包，二十年则更低，仅 32,000 包。及至二十五年始稍有起色，仅上海一区，于十一月中即输出达 48,088 包，广东则输出达 18,192 包，然因成本昂贵，技术落后，出口价格难与日本丝竞争，于二十一年时，上海厂商达 570 余家，然二十一年时，已有半数以上停业，开工者仅 240 余家。杭州绸厂，亦自 900 余家减至 200 余家，京苏各厂，则更无起色。单就上海之绸厂言，于二十二年时，即拥有织机 4,780 余台，然当年开工者，则仅及 1/2，约为 2,500 台。虽然二十四年时曾大有生气勃勃之势，但仅昙花一现，不久即战事爆发，一毁全毁矣。战争期间，东南半壁之丝织业基础，在敌伪之摧残及乡村与都市交通隔绝之情况下，皆已无形停顿。胜利以后，上海虽有织机达 5,500 余台，但去年之生产状况，在资金短少及原料不继之情形之下，在三十六年各种生丝，出口仅 1,106,603 公斤，约合 22,300 余关担，与战前任何一年比较，多则相差 2/3，少则相差 1/3，其严重性于此可知。

四、战后一般工商业动态

由于战争期间的大破坏，通货之膨胀的影响，工商业大受摧残。胜利以后，政府认为战时通货膨胀之结果，可藉廉价外货予以压平物价上升的现象，同时一面抛售敌伪物资，及国营事业之生产品，以弥补财政之不足，避免法币发行继续膨胀，一面配售黄金收缩通货及收缩信用，以期避免投机家之掀风作浪。前项政策未及施行一年，因大量外货的廉价倾销，使国内厂商的原有市场尽为价廉物美的外货所倾占，国产成品销售无门，加之市场银根奇紧，暗息高涨，工资标准提升过甚，国内生活必需品之物价则无法管制，步步高升，工厂倒闭之声，日甚一日，财政经济之极度紊乱，工商界的厄运更为艰困。

《民元来我国之工业》

洪丈里

说明：洪丈里《民元来我国之工业》，载朱斯煌《民国经济史》（上海：银行学会银行周报社，1948 年）。

一、我国工业概述

我国工业，由于缺乏各种工业统计之数字，实难以表现工业进展之形态。民国二十二年，中国统计研究所受资源委员会之委托，普查十七省之工业，除边陲及东北外，皆用统计方法，详加调查，综计全国工厂不过 3000 家左右（包括未调查者在内）。工人总数 214,736人，动力总数为马力 226,085.454 匹，又 105,831.47 千瓦，产品总值 557,690,754 元。以我国面积 4000 万方里，人口 45,000 万计算，平均每 13,000 方里或每 15 万人仅有工厂一家。若以当时产品总值言，则全国 45,000 万人，每人每年所可消费之国货工业产品不及二元半，与美国之 334 美元，英国之 75.8 磅，苏联之 287 卢布，日本之 347 圆皆有霄壤之别。此后，全国性之工业调查从未举办，然上项工厂总数、产品总值显已改观，然以动力而论，大体无多出入。与二十二年调查者大致相同，故此项统计仍可代表全国工业之概况，弥足珍贵。兹将民国二十二年我国工业概况，列表如下：

业别	厂数	资本额（元）	动力	工人数	产品总值（元）
木材制造业	18	1,115,175	490 匹	1,251	3,268,600,38
家具制造业	12	419,500	33.5 匹	1,903	1,519,554.79

（续表）

业别	厂数	资本额（元）	动力	工人数	产品总值（元）
冶炼业	33	2,690,750	1,350 匹 300 千瓦	2,220	4,755,154.00
机械及金属制造业	306	16,549,708	5,272.83 匹 2,707.30 千瓦	21,745	32,376,251.36
交通用具制造业	55	19,004.411	8,534.40 匹 4,586.60 千瓦	16,052	22,352,160.39
土石制造业	112	29,184.299	33,304.83 匹 18,899.00 千瓦	16,360	29,996,419.68
建筑材料业	14	298,120	64 匹 3.37 千瓦	952	1,746,325.55
水电业	14	32,613.625	32,685 匹 22,151.00 千瓦	1,420	13,166,607.56
化事工业	148	26,326.882	4,149,21 匹 7,926.90 千瓦	27,719	49,693,859.28
纺织工业	821	166,882.298	103,825,18 匹 50,196.81 千瓦	308,472	483,585,167.89
服用品制造业	141	6,006.076	176.5 匹 22.5 千瓦	15,271	27,425,346.67
皮革及橡胶制造业	84	6,329.839	1,971.5 匹 72.6 千瓦	14,515	30,530,805.41
饮食品制造业	390	68,380.190	25,234,33 匹 2,867.65 千瓦	48,804	361,587,390.42
造纸印刷业	234	27,877.461	8,502,17 匹 2,105.24 千瓦	18,903	45,450,423.49
饰物仪器制造业	26	812,300	73 匹	2,291	2,684,496.31
其他工业	27	2,426.000	19.5 千瓦	2,148	3,335,849.84
合计	2,435	406,872.63	236.085.45 匹 105,831.47 千瓦	493,257	1,113,974,413.02

二、我国工业之特征

现代工业化之基础，建立于钢、铁、铜、铅、电力、酸碱、氮氧化合物、电解化学、细化学、木料化学，及煤炭副产品等工业之上。我国对于此种工业多付阙如，则工业化发展之程度概可想见。全国虽有电厂不少，在民国廿五年厂数有 460，而发电容量总额不过631,165 千瓦，况有多处电厂只供电灯，不供电力，故此项数字，尚不足以表示动力之数量。在各种工业之发展上，亦显示极端之畸形，重工业可谓绝无仅有，全国只有化铁厂八所，而在廿二年调查之时，有三所久已停开，大规模之华商炼钢厂原只汉阳一所，然在战前久曾停工。其他规模皆远不及。以言基本化学工业，如酸碱等厂，亦复寥若晨星。虽据专家估计，我国已有之制酸厂 67 家，足供国内需要70% 至 90%，然此系以当时低度工业发展之需要为标准。我国工业之较有发展者为纺织业与饮食品制造业。此二类皆为轻工业中之最重要者。我国重工业既未发达，则纺织、饮食两类工业之相对的地位，自更形重要。因此工业业别发展的畸形，实为第一特征。

由于工业之地理分布言，过去以政治、社会、交通以及机材动力之供给等机关，大部分集中于沿海及黄河、长江下游两岸，因此中国的工业半数以上的工厂集中于上海一地，如此畸形发展，实为我国工业之第二特征。

我国之现代工业，原脱胎于手工业，故大多数工业皆由独资及合资经营，因此资金极为有限，由于人力物力的维艰，大工厂之创立更不可能。故规模之小，乃我国工业之第三特征。

三、促进我国工业发展之因素

1. 我国受不平等条约之束缚，其对于我国经济之重重压迫，为众所共知。外人挟雄厚之资金、高度之技术，来华设厂投资，于是外人在华设厂，颇有促进我国工业发展的功效。

2. 国际贸易对于我国工业的贡献。

3. 由于外商银行之全盛时期，国人存款多数无息，且收取保管费者，更以国际之演变，国人渐觉悟，其投资于工业者渐多，此一转变对中国工业自属有利。

4. 国际战争实予我国工业一良好机会。

5. 人民抵制外货对中国工业之发展起了很大的作用。

6. 货币贬值，本国产品在国际市场上之价值可以低减，输出因此增加。由于货币贬值之激刺，工业日趋繁荣。

7. 民十八年裁厘加税，施行固定税率，我国工业即有相当之发展。

8. 运输交通之发达。

四、阻挠我国工业发展之因素

凡促进我国工业发展的因素，其反面即为阻挠之因素，如交通便利、关税增高、币值降落等，皆有促进工业之效能，而缺乏交通以及不适宜之关税与币值等，皆可阻挠工业之发达。除上述之反面以外，其他种阻挠之因素，现分述于后：

1. 战前中国股票流通之滞钝。

2. 各地之苛捐杂税，使工商业之担负奇重，而舶来品之通行无阻，是为工商发展之阻碍者。

3. 连年内战，各地工厂大受摧残，我国工业受战争之荼毒者，何可胜数。

4. 科学与技术落后，国民智识水准低落。

5. 原料依替外国运来，资金外流，且一旦战争，即有告断之危险。近十年来我国与世界各国厉行统制政策，若于原料进口每受限制，此种现象每为工业上发展之阻挠。

6. 工业界资金之运用，未有完善之资本市场与金融市场为之调节流通。

五、我国工业制品之自给率

过去轻工业虽较发展，而重工业绝少进步，未能平均进展。由是工业制品生产率，有自给有余，而输出外国者，如丝织品与植物品等（按桐油等输出国外，经机械炼油，故亦列入工业制品）；足够自给者，如石油、汽油、钢、铁、机械、车辆、船舶、染料、毛织品、纸类及糖等。惟以国人爱好外货故，如烟草、火柴等项，纵国产工业制品足以自给，但仍有大量入超。兹根据民国廿六年中国文化建设协会所编《十年来之中国》，统计我国工业制品自给率，即知其梗概矣。

制品名称	生产额或生产价值	自给率%
棉纺织品	7,785.300 吨	79.0
丝织品	41,800.000 元	200.0
小麦粉	76,000.000 袋	95.0
砂糖	362,000 吨	40.4
烟草	78,614.000 元	98.8
玻璃制品	6,500.000 元	53.0
珐琅铁器	4,475.000 元	83.5
火柴	7,000.000 箱	101.5
纸类	25,660.000 元	38.9
皮制品	4,336.000 元	60.4
纤维制品	22,108.000 元	76.5
炼瓦	3,855.000 元	92.3
毛及毛织品	8,799.000 元	26.7
灰泥土类	22,350.000 元	98.3
洋灰	3,130.000 桶	83.3
酸类	24,000 桶	88.8
碱类	160,000 吨	85.1
染料	2,000,000 元	7.4
植物油	88,000,000 元	237.8
石油、汽油	200 吨	0.2

（续表）

制品名称	生产额或生产价值	自给率%
铁、钢	30,000 吨	5.0
机械	20,000,000 元	23.5
车辆船舶	6,140,000 元	16.5
电气	269,000 千瓦	49.6

六、我国工业之供需状况

1. 木材制造业

（1）主要原料：洋松、本松、杨木、竹料。

（2）主要制品：木板、板箱、纱管、纡管、梭子。

2. 家具制造业

（1）主要原料：钢板、铁管、羊毛及毛线、化学品、经纬线。

（2）主要制品：铁制家具、地毯、染线。

3. 冶炼业

（1）主要原料：生铁、废钢、铁矿砂、锰砂矿、硫化铝、矿砂。

（2）主要制品：生铁环、铁锅、铁管、熟铁、机器、各种钢铁纯铅。

4. 机械及金属制品

（1）主要原料：生铁、熟铁、钢、铜、钢丝、铜丝、废铜、马口铁、油墨、铜皮、钢精、铁丝、圆铁、铅丝、广条、灯罩、旧铁、赛银、紫铜、锰粉、锌铜、炭条、玻璃片、灯丝、铜须、玻璃管、方棚、炭精、铅粉、铅皮、珠泡。

（2）主要制品：印刷机及其他、针织机及其他、纺织机及其他、动力机及其他、各种机器、袜针、罗底、细铜丝、钢精片及器皿、钉有刺铅丝等。

5. 交通用具制造业

（1）主要原料：生铁、熟铁、木料、钢、金属、铜、漆料、布料、钢管。

（2）主要制品：船舶、车辆、锅炉、汽车零件、自由车及零件等。

6. 土石制造业

（1）主要原料：泥砂、碳、白瓷土、长石、火坭、黏土、碎玻璃、碱石粉、石砂、灰石、石膏、草料、麻料、白石、滑石、石块、青石、白泥、白沙、黑铅、石英、蜡石、石棉、棉花土粉、耐火土、煤屑、黄胶泥。

（2）主要制品：砖瓦、火砖、玛赛克瓷砖、红瓦、红砖玻璃制品、水泥、石灰筋、白石粉、滑石粉、石子、青石粉、瓷器、炣锅、石棉绳、焦煤、煤球。

7. 建筑材料业

（1）主要原料：木料、熟铁、生铁、铜钢条、铁条丝。

（2）主要制品：各种建筑材料、铜铁钢料、洋钉。

8. 水电业

（1）主要原料：水。

（2）主要制品：自来水。

9. 化学工业

（1）主要原料：梗片或木料、赤磷、硫黄、硫化磷、绿酸钾胶、本松、杨木、杉木、牛油、烧碱、白蜡、烛蕊、纯碱、石英粉、黑铁皮、瑯粉、钢精、铅粉、颜料、油类、锌粉、铅粉、轻粉、墨灰、酸盐、绿基仑、紫草茸、漂粉、化妆品原料、制药原料、药品、纤维、赛璐珞片、电玉粉、电木粉、硫化铁、钠硝、石灰石、硫酸钠、钾水、白石、盐酸、镁硝土炭质、砩长石等矿石、青铝。

（2）主要制品：火柴、盒片、火柴梗、皂精、洋烛、块碱、泡花碱、碱瓷器皿、各种杯子、油、油漆、油墨、硫化氢、虫胶化妆品、各种药品、赛璐珞出品、电玉电木等出品、硫酸、硝酸、碳酸钙、碳酸镁、石灰、氧气、炭轻气、酒精、黄丹、其他工业用品。

10. 纺织工业

（1）主要原料：籽花、棉子、废花、花衣颜料漂粉、旧棉花、漂白粉、纱线、生铁、籐木竹料、纱布、绷带、稀布、麻布、干茧、双官茧、绢丝原料、土丝、厂丝、人造丝、毛线、小丝、羊毛、人造线、废毛、烧碱、白坯、药品、布匹、浆粉、腊麻、橡皮线、有光线。

（2）主要制品：棉花棉籽、净花、机棉、药棉、棉布、纱线毯、绸、丝织品、厂丝、绒丝、呢绒、毯线、毛衣裤、毛毯、羊绒、脚毛布匹、全毛布、丝光纱、丝绵制品、经丝线、纬丝线、线团、纱布、麻线、宽紧带、丝边。

11. 服用品制造业

（1）主要原料：纱线、毛绒线、厂丝、人造丝、羊毛、帽坯、草及草辫、钢丝、铁皮、羽绸、各种棉布、蚌壳、牛角、象牙、杜木、席草。呢帽、草帽、帽坯、伞骨、伞柄、手帕、线毯、毛毯、毛巾、纽扣、凉席、手套。

（2）主要制品：纱线袜、丝袜、毛袜、卫生衫裤、汗衫裤、背心。

12. 皮革及橡胶制造业

（1）主要原料：干皮、血皮、羊皮、碎牛皮、牛腊、树胶、纹布、帆布。

（2）主要制品：硬皮、软皮、牛胶、橡皮鞋、胶。

13. 饮食品制造业

（1）主要原料：小麦、糖各种食品、白铁香、香料、司的林、豆、鱼类、花生米、椰子、毛茶、烟叶、葡萄、果汁、苏打、盐酸、鸡蛋。

（2）主要制品：糙米、白米、炒米粉、面粉、麸皮、炼乳、鲜乳、冰糖、红糖、各种罐头、饼干、酱油、冰冻鱼类及鱼鲞、各种糖豆、豆油、豆饼、棉油、棉饼、生花油及椰子油、花子饼及椰子饼、茶叶、烤烟叶、酒、汽水、调味品、淀粉、面筋、精盐、冰蛋、黄干蛋白、干蛋黄。

七、抗战与工业之影响

抗战对于我国工业的影响、盖有正反两面。正面之影响为战区工业所受直接与间接之损失、反面之影响则为后方工业之勃兴、兹分别论之：

1. 我国工业之损害

我国工业皆集中于沿海、沿江及沿铁路线各城市、而此种城市在抗战中都经炮火洗礼、直接损失之巨、不可言喻。单就上海一隅言、据前工部局调查确已全毁者、计有 905 家、社会局调查工厂被毁共约 2000 家、又专家调查全国工业损失、约值战前之八亿元、则损害之大、亦想得到了。

2. 战时上海工业之畸形

上海战时工业虽创巨痛深、然以环境之特殊、颇有一度之繁荣、盖以外货进口断绝、国产工业制品供敷求、太平洋战争发生以后、敌人统制加严、但中国股票乘机崛起、当时工业界利用股票市场、集资之便、得未曾有，一时新兴工业风起云涌。但考其实际工业本质已起变化、最为显著者、一为投机化、二为股票化、此种现象实为一种变态。

3. 内迁之工厂

战事初起、政府即督促战区厂矿积极内迁、由政府协助迁往陕、川、滇、湘、桂等地者计 339 厂、内机械工厂占最多数、内迁机件共 58、900 吨。兹将内迁工厂之类别、列如下表：

工厂类别	厂家数	迁移机器设备吨数
机器五金	143	7,501
纺织	59	27,808
化工	37	2,116
印刷文具	31	2,844
电器无线电	21	3,189

工厂类别	厂家数	迁移机器设备吨数
饮食	19	3,073
陶瓷	10	3,436
矿业	7	8,603
其他	12	331
合计	339	58,903

以上为经政府协助内迁者。尚有若干民营工厂，未经政府协助自动内迁者，为数亦众。

4. 后方工业之勃兴

抗战初期，政府将沿海工厂迁至后方，本拟在汉口至宜昌及长沙至衡阳两区域，设立新工业中心，不料战事演变，武汉、广州相继沦陷，此项计划遂不得不加以改变，于是四川、云南、贵州、陕西以及湘西，乃成为新工业之区域，就民国二十七年至三十一年之时期中，西南各省之民营工业，呈现普遍之发展，特别机器工业之勃兴，以整个大后方区域言，机器制造厂总数竟达六百八十余家。机器业之发展，足以表现其他工业之繁荣。如酸类工业、电化工业迁厂之中，多具规模，而制碱工业与淡气工业，终有远大之建设，旧式碱类出产，亦能借给临时需要。酒精工业发展加速，年产达一千余万加仑，而植物油提炼轻油与代柴油、机械润滑油之工业实已确立。硫化染料工业与新药工业、化妆品工业已能在后方内地各省渐图局部自给，植物油及挥发油之压榨提炼经过逐步推进，后方肥皂工业殊形发达，而蜡烛工业粗具规模，油漆油墨工业初有基础。造纸工业、手工报纸，空前盛况，机制纸张大量增加，木材纸浆积极创造，而若干纸厂以甘蔗渣、破布、废纸，制造二面有光新闻纸，成绩斐然。橡胶、胶木、赛璐工业亦有进展，火柴工业力谋原料之自给，电瓷工业产销均增。玻璃工业内地亦颇有发展，电泡亦能自给，耐火材料之窑业，技术已有改造，水泥工业，高温与低温，尽量推进。凡国防与民生所需之化学工业，其在后方，或已能自给，或渐能自给，或在力谋自给之中，或在图谋永久建设过程，实为后方工业勃兴之时期也。

战时后方工业，虽突飞猛进，但人力物力之缺乏，亦属无可讳言，抗战末期，重庆有中国手工艺协进会之组织，藉以发展农村副业生产，增加农村购买力，改进手工艺技术，促进外销，于工业有大贡献。

5. 胜利带来工业危机

在民国三十三年间，由于军事局势之演变，经济之恶化，各种工业渐形萎缩，后方工业界已发出救济之呼声，当胜利以后，所引起后方工业崩溃之原因，首为物价猛跌。由于制品成本反高，不能再事生产，致使一切军用民需生产工业，相率停业。兹将三十六年六月底重庆工业变动统计列如下表：

类别	总计	冶炼	机器	电器	化学	饮食品	纺织	其他
共计	813	7	615	29	73	1	84	4
歇业	794	7	613	28	63	—	79	4
改组	11	—	2	—	4	—	5	—
迁移	3	—	—	—	2	1	—	—
增资	5	—	—	1	4	—	—	—

结论

民元以来之我国工业，亦即民国初期之工业史也，以此阶段追比前清，则见大局纷纭，进步滞缓，以此阶段较之以后，则以政局激荡，变幻莫测，回首三十余年来之过程，屡进屡退，事倍功半，既无维护政策之保障，又鲜整个工建之方案，真是大海行舟，茫无定向。而内战方殷，经济愈耗而愈竭，民生愈演而愈蹙，工业之前途实非整个之改革不足以补救矣。

1938 年陕西省及其若干县的
社会经济调查报告

说明：*作者不明。*

陕西省概况

全省共分：西安、同州、榆林、延安、凤翔、兴安（安康）、汉中、七府。

西安府属：长安、泾阳、三原、渭南、蓝田、汉平、乾县、醴泉、淳化、耀县、高陵、鄠县、临潼、富平等县。

同州府属：大荔（同州首县）朝邑、郃阳、白水、澄城、蒲城、华县、华阴等县。

凤翔府属：武功、扶风、岐山、陇县、汧阳、宝鸡、麟游、长武、邠州（即邠县）。

兴安府属：紫阳、汉阴、石泉、宁陕、岚皋镇坪、平利、白河、洵阳、镇安、山阳、商南、雒南等县。

其余为汉中府属。

关中三府（西安、凤翔、同州）文化、风俗人情、农业大致相同，惟渭河以北之人民朴实淳厚，守旧性大，渭河以南人民轻浮，不老实。同州民性极强悍。

物产：五谷均有，棉花，省东区亦有果树之栽培，以临潼、华县、渭南产量均丰。其产量有柘榴、沙果及杏桃均有大量出产，以杏子一项而言，一家每年有收 10 万石杏仁者（不确）出售于市，作为一种收入，多以渭南为市场，每斤 2 角。

外人输入

本省经同治六年、光绪三年、七年及民国十七年至廿二年荒旱之故，外人乘机而入，以山东、河南、山西移来最多，其次为四川、湖南、湖北等省，移入人数约占本省人口60%。而土著约为40%。

山东约占移入总人数之30%，职业多农业，性质较好固全，集中于三原、泾阳，其他各县亦有。河南人约占总数20%，多为小贩、长短工，多无固定之地点，遍于全省各地。山西人约占总数20%，多为经商，遍于各大都市。湖南、湖北、四川、合计为10%，湘人多为仕吏，鄂人多水田农业，川人多以运输为业，各肩挑夫是。小铺、旅社，亦多为川人所经营。

人口

关中人口，以渭南、鼇厔为最密，汉中区以南郑最密。

粮食之盈亏

盈余县份：凤翔以人口稀少、耕地宽广、粮食供给多，而消费少，因之有盈余，多制酒，此外尚运西安等地。渭南水田区，每县收获极丰，供过于求，多运西安及河南省销售之。

不足县份

三原、泾阳、高陵以种棉故，食粮供不应需，多由中部宜君、同安、淳化、栒邑等县补给之。

最近数年政府曾令该数县种棉不得超过耕地百分之三十，因之种棉渐少，杂粮供增也。

自给县份：同州各县

本省治安

本省民国六年前，治安尚属良好，人民尚可安居，然自民六年后，各县均多匪患（自称革命党）。旋即战乱迭起，均无宁日，人民荼毒，迄十九年，国民军北阀告竣，中央任命杨虎城氏主陕，始稍安靖。但元气已断，一时恢复极属困难，又以流匪到处骚扰，各县所存现银估计每20万，多被搜掠，人民逐臻贫境，溯自民国初年，北洋革命军人张翔初（保定军校毕业）为陕之督军，迄民国四年下野，陈树藩登台（陈亦系保定军校毕业）于右任、宋向辰、井勿幕、张易安、邹子良等均属中华革命党人，其中尤以井、宋声望卓著，为华北革命之领袖，于氏此时声名尚差。民九年后，冯玉祥为督军，刘振华为省长。民十四年孙、岳（国民革命军第三军）主政，后杨虎城（靖国军旧部）主陕，经过围西安城之役（刘围杨），民十六年于右任主陕，民十七年宋哲元为本省主席，十九年成功北伐，中央任杨虎城主陕，后为邵力子、孙蔚如、蒋鼎文等。

交通

本省交通向为大道（官道），后陇海路西展，直横本省中部，交通称便。以前陕甘交通之大道，为从西安经三原、淳化、栒邑，至甘肃之正宁、宁县、庆阳等地，后因铁路公道之修筑而改道，因之泾阳、三原商业移于西安，凤翔移于宝鸡，可见交通对于商业影响之深矣。

安康县市场概况（得自聂久文先生）

陕西以秦岭之阻隔与西安向少连络，非独各区如此，即县与县间，亦复如斯，诚以山岭之纵横，前后之参错，汉水滩险之阻滞，故交通甚感不便。安康处于汉江中航之点，旧城位江岸之上，为百物转运之点，陕南以山多田少。

本地农产主要反不著名，而副产反特盛，若桐油、漆油、茶叶、生漆，若片麻、丝麻、药材之类，各县皆盛产之。昔日尚有丝绢出口，今因受人造丝之影响，已一落千丈。平利盛产漆及药材，紫阳则以茶、漆油、茶叶、生漆、桐油、木耳见著，石泉则特产桐油及櫟皮油，洵阳则以造纸著名，以栒竹之类特多，其纸色之佳以火燃之即烧，且矿层极浅，皆以历年匪患并因山路崎岖，全恃人员，是货弃于地。又平利盛产片麻，为陕南昔出之大宗，大黄于清末林则徐提导之下，出口亦盛，现皆不如前矣。

安康本县出产不多，尤以粮食最为缺乏，平日全赖汉阴之接济，以及西区怕口镇，略有供给，于必要时则从湖北老河口、汉中、城固、石泉一带运来。全县出产，除西区盛产食粮外，东区则为杂粮、龙须草（打草鞋之用），北区则为木耳、漆油、五倍子、生漆、片丝麻等，南区则为扁丝、木耳、包谷等，上述产量皆不足与他县相比，中区城关附近，虽有平坝，仍杂粮甚多，主要者为小麦，间有少数水田，亦有栽培稻子。

本地土著甚少，多为客籍，大部为湖北、湖南，间有江西、江南（苏、皖）人物，源于明末季自成、张献忠之屠杀，安康城昔曾被焚于刘二虎，乃张献忠之余筑，李自成被困于城墙下，即在平利县，今名曰狗脊岭，商业多有外人操之，如西安、河南、江西、湖北、本地人甚少也。

抗战起后山货滞阻，百物凋零，市面概况萧条已极，安康区所属山货特多，农村向全赖以度生，出产之数量如前而货值则不易，结果多囤于山户中，听其腐坏，平、镇、岚、紫壁之脏腑，安康则如头面，其脏腹取之不尽，用之不竭，其奈无用武之地何。中央有见于此，特派刘友琛为驻此地贸易专员，先从桐油之收买着手，于八月六日正式成立，第一步收买桐油1000篓（200斤—230斤不等），挂牌15元100斤，商人对此仍无方法，诚因价格过低，且以需惯之故，篓重在184以上，而去皮则称13斤，其暗中吃亏，向于明码上具增，于公家卖买则此弊立生，因此暗亏，官家每不承认故也。其如生漆、丝、片麻，仍无生气，倘政府听其自然，则于一年之后，则不可救矣。

安康县运输业概况

安康一带全恃水路交通，虽有公路之经过而实等于虚，路面既不平，运费又高，且山货之运输，如桐油、漆油之类，亦不适值于汽车之运输，加之以载重无几，以山货之类，多属呆重之物，商民几不言及之。通常乡间之运输，以地形之限制，跑山，涉水，车不通行，牲口又少，亦不能之，盖山路之崎岖，虽挑担亦时感不便，故多以人背负之，可载全主300斤，工资每百里亦不过五角左右，日行可达百余里，至于大批生运，则多候水涨后装船运出。

船之种类有所谓老鸦船、鱼划子、拨艄等类，大小不一，样式不一（不下五六十种）。大船载重可达10万斤以上，惟在夏秋水涨之际，至春冬则仅载20000余斤。上水船仅及其五六成，日行180里至200里，上水则日仅行20里至50里之间，顺风则可行100里，但普通可行70里左右，沿岸治安尚不宁靖，尤以河口之左右为甚，普通运费由安康抵汉口约二元100斤，冬季运费较高，约高三、二角之际至汉口，沿途无阻，十五日左右可达，通常须二十天，至老河口约七、八天。

此地船只大别为拨艄帮及兴汉荣帮二帮。前者以船形名，多属河南、浙、川之人，以船户吃苦耐劳之精神占十分之七。后者以地名下分：河帮、汉中帮、均州帮等属兴帮，外荣帮势力较小，占十分二三而弱。二帮意见稍有出入，现悉加入民船业公会，由汪更生为主席，斯种界限已稍除。

其运送方法，悉由货主直接与熟习之船户接洽，全凭双方之信用为事，以货由搬夫搬运至船上，乃由船户向货主取信，运费一次支清，亦无提单之给与，货抵汉口，由船户交信，收信人而后凭信取货，上书明水货，一并交备。船户亦不得借口他索，惟沿途之耽搁，土匪之索取，关卡之为难，损失过大，亦有向货主略取一二以补救之事。此地无保险公司之设立，货运向无保险，倘若路上有损失，货归客理，船归船户自理。亦有押货运者，则关上项之损失多临时决定之，以全凭信用，故亦能决之。

船户除替客运货外，并无他责，故托其代卖者甚少，反之船户带有货物反托货主代售之事，上述并不取佣金。关于船户之作弊如盗窃货物，则除于损失太大，货主不认时偶亦行之，盖多顾及其信用也。

安康城内分上、中、下三码头，其搬运夫皆有夫头，互不侵犯，自城内运至江边，每百斤取费0.1—0.2文不等，人数系名义上一二百人，他人不得加入，非得其允许不得搬运，每搬运一次，彼亦略收数成，亦有出卖之事。

聂久文先生对于邮递包裹之意见

查安康各区所产药材名目繁多，每百斤自数元至数十元不等，年产自十余万或二十余万斤不等，可以邮递者不过十分之三四，黄连、当归，每年多则万余，少亦千数，其他如生地等每年亦约数斤，射香则为少数，上述数种皆为可邮寄者。安康至汉口每百斤仅运费二元，然邮递每公斤即需二元五角，用费过昂，此其一也。又船运下行，速者二十余日，迟亦不过三四十日，而邮递则需二三月始达，此其二。

其因如由省至安雇用民夫背运，是以运费过重，又从湖北老河口至衣园站之汽车费过重，于废历五月至九月雨量甚盛，车因不通，是以积压过多。今拟请邮局自备邮船（能载万千者）20艘，专驶安康至老河襄，以与襄衣路邮接，在局中之费用既减，则邮件之收费自廉，转运之手续既速，则民商之趋向当增。且药材大半行销湘、沪、广等地，而津、沪等处之布匹亦可行此。（此意见已上呈邮局。）

对于食粮问题之意见

安康山陬瘠区，粮食出产短少，本县出粮不敷本县之需，而中区城关贫民十居八九，一般劳动工作之人，日求升合，家无宿粮，全恃邻县之供给，及本县西南两区之米麦杂粮，挑运来城以资日食，偶因人事关系，或天雨阻隔，三日无粮，立形米荒。故则食粮问题，确系安康之切要问题也。

曩在十余年前，所用包商办法，包商为顾全其包额诛求剽窃，无所不至，对于肩挑背负之米贩，跟踪稽查，扰系不堪，粮挑视为畏途，相率裹足，城内既无存粮之商店，于日日购粮之贫民，时受恐慌，大起反感，于是地方人士一面为不碍地方税收，一面不碍米粮之来源，计由汪更生自照包商，所给之包额400元如数照交，不收斗捐，办理以来乃有十余年矣。前财厂令取消之，汪先生不征此税是为自愿放弃权利，官方焉能明其意也。闻又将招商包征，斯何语哉！

又安康于夏秋之季，汉水不时暴发，旧城仅接汉滨，水患堪虞，从前新城之筑，一面为驻军计，一面为避水逃生计，昔有常平、庶惠各名，则置之于旧城，义仓则置之于新城，亦含有保民食之无虞之意，财务委员会有月拨四百元之举，为购谷之用。此后此数似宜增加，以40％用之于新城，以60％用之于旧城，而后分配始能公允水悉年时皆无缺粮之虞。

紫阳县市场概况（商会主席口述，1938年7月8日）

紫阳县密迩四川，全县又以山岭之纵横，向为鞭莫及之地，民十七年遭王匪陈匪之盘踞，农村开始破产，商业随之萧条，年来匪患迭起，近游县长之就任，以地方之兵力，逐渐肃清，已较前大有进步，似稍有生气，终以抗战起后，以货之销运受其影响，紫阳农村原借此救济，故今后如不设法，则必恢复民十七年之景象矣。

本县粮食向例由巴镇、汉阴输入，本县境内东南区产量稍丰，西区之粮食有即亦由南区运来，此外有时尚仰给于西乡或湖北来，本地出产以包谷为大宗，然以山坡之地不易生长，故所收无几。

本县棉花产量不多，现市价每百斤达五十余元，故山中穷家不易购者尚多。昔麻为大宗，蚕丝亦负盛名，然因大烟之种植，麻根多被掘出，一时难能恢复，而麻价又很低廉，丝则因多年土匪之盘踞，桑树亦被采伐无几，斯项产物言之不胜今昔之感。

山货为本县命脉之根原，民十八年以后，茶、麻、桐、漆均有起色，茶树之栽培甚多，桐洞两年前为黄金时代，桐子树人皆甚注意，但因生长期之关系，大量出产尚在五六年之后漆油以民十八年匪灾，家漆无人种植，故甚少，往岁漆油可达三十四万斤，现仅十万斤，二年仅收漆子一回，近一年因抗战关系、漆油造烛之新兴，产量稍起。耳子本县较少，前一百元一担，今仅六七十元。生漆集中于洞河，多有岚皋县产。

商业即全以山货为主，多为与兴安（安康）各大商号之交易，本地亦有由兴安来此札庄者。本地人因遭匪之故，大资本之经营多属外人，本地资本多则亦仅二三千元，民二十一年始成立商会筹备处，现同业公会亦正在进行中，已上呈候发许可证，始正式成立。

交通极为不便，游县长来后，即极力提倡修筑各大道，惟因山坡之故，一遇雨水，即被冲打，平日大宗货物之运送，仍全凭船只，向无帮别。现正成立船业公会处，已正呈请发给许可证，始正式成立。

辅币因角票甚少，全为四川出之大铜元，于零星交易实感不便。

本县有十四万余人口，平均每人一石课，租佃制度在此甚为盛行。

度量衡制除尺称与他处同外，斗则各地不一，高滩斗大于瓦房店，而瓦房店又大于蒿坪河。

本县最特殊之原因，即因接近四川，因此匪患不绝。鸦片亦由此而来，其影响人民治安及健康甚大。年来商业之不振，农户之叫苦，即由于土匪之所赐也。

富平县概况调查报告（1938 年 8 月 5 日）

1. 该县之面积及四界

该县东西相距八十五里，南北相距八十里，面积六千七百四十五方里，南至临潼县九十里，北至同官县一百二十里，东北至蒲城县，九十里，东南至渭南县九十里，西南至三原六十里，西北至耀县六十里，距省城一百五十里。（根据该县民二十四年所制之县图）

2. 该县之政治与财政

该县政府除设有两科外，尚有经征处、推收所、教育局、财政助理员、建设助理员、警察队之设置，推收所在各乡镇中尚设有推收分所。

全县共计五区二十四联保，二百四十三保，二千八百八十三甲，三万四千一百一十九户，现住男九万三千九百八十口，女八万三千三百四十口；不识字男六万五千三百五十一口，女八万一千四百四十七口；无职业者男二千四百三十六口，女二千一百八十二口；老弱男二万六千三百四十九口，女二万六千二百四十五口，壮年男子三万五千五百八十五口。（根据该县民二十四年所制之县地图）

该县全年田赋额征二十五万三千五百一十四，农民交纳方式有自封投柜（据一科长云）和里长代完（据合作指导员云）。

该县长以无省府命令，在此抗战期间，各项材料均无供给，对于兵役及抽拨壮丁等事，更特别阻止，亦不能过问，故该县之政治亦不许过问。

3. 该县之农业概况

该县地势南低而北高，北部丘陵起伏，且有山脉环绕，南部以温泉河及石川河可资灌溉，形成肥沃之区，该县县城位于南部，城北为温泉河，发源于县城西北之六七里处，沿河约半里之宽、十余里之长（将近二十里）尽皆植麻。城南为石川河，至天旱时，水即枯竭，但地势洼，地下水深丈余，井水灌溉极为便利。沿河多植棉花、玉米、麻及蔬菜等作物，北部为高原，水量缺乏，靠天吃饭，每年只种一季，以春季小麦、扁豆次之为主，秋季则植种谷、荞麦、绿豆、青豆，而棉花之种植则极稀少，以其产量少也。该县之农作物主要者为小麦和棉花，次要者为谷、米、麻、玉米、豆类等。莲菜其在过去产量亦甚大，近年南因受石川河水量之影响，种植者甚少，只城北温泉河附近尚可种植，其产量较前减少许多。

十八九年之大旱，使该县高大之树木均砍伐无余近年南部之小叶杨树已大为发展，至使南部风景佳美，旅客经此，莫不称羡。

4. 其他特产

县之北部赖同官煤，取山上之石烧为石灰，操此业者，大半为农民兼营，而专营此业者极少。县之东南与蒲城邻界，出产石盐。县之西南出沙果甚多。县之西北十余里之安乐村，出产土布。

5. 商业和各种农产品之运销情况

该县以交通不便，故贸易不发达，县城之商业全部在南关，在过去定为隔日一集，五日一会，近日因恐敌机飞来扰乱，特改为十日一会，集期仍如前。在非集日商户关门闭户，如同乡村。集日虽少为活动，但难免萧条之景象。至会期，则人烟稠密，街市拥挤，同时粮食、牲畜、土布均上市出售。

小麦每年产量多不外运出售，即如外运，则经过蒲城兴市镇。麦分红、白两种，红麦面粉，作面条最佳，白麦作面包甚佳。

本县产棉，据该县府之估计三十二万七千余斤，除供本县消费外，余均出售于渭南、郑州、三原等地。

麻由田中收割后，经过相当手续，其皮成麻丝分两种，长者（即生于灌溉便利之地）称为线麻，制绳用之；短者（生于不易灌溉之地区）称为荣麻，捆扎棉、棉包用之，其杆可作燃料，其叶可作肥料。线麻运往各县则有麻行代客买卖，现每元六斤，荣麻过去曾大批运往咸阳。

此县莲菜多运往邻近各县，其与鄠县莲菜不同之点为，此地菜色白，水分大，十四五斤则可制莲粉一斤，鄠县莲菜色微红，淀粉质大，至多九斤半即可制成莲粉一斤。

其西南所出之盐分为两种，一为晒盐，一为熬盐，在过去每元可买十七斤至二十斤，现在每元为十一二斤，运往盩厔颇多，因盩厔县，有一区域之人多生胫瘰，如食此盐则可免除矣。

其土布之生产大部为客户（即外省在此入籍者），现在虽亦有应用新式织机，按照土布推广处规定之式样制造者，但一般仍用旧式土纱，因其土纱较洋纱收利为多，故改造甚为困难。

此地之沙果味甜适口，多由农民到邻县零售，此地石灰运销西安颇多，西安常有组织运输队，由马车运输。

该县当铺、钱庄、银行均无，故金融之流通甚为灵活。

6. 其他情形

A. 合作社——陕省合作委员会在此地派有区视察员一名，称为富平区，管辖、蒲城、白水、同官、耀县、富平、五县，富平县有指导二人，只信用合作社九十四社。

B. 交通——公路有"西大路"不甚平稳，县境因丘陵起伏，其交通用具，有利用马车者，有牲畜驮者，有肩挑者。

C. 客户——外省移此者，以山东为最多，据说约占该县人口四分之一（三原占二分之一），其初来时（清朝）被人雇用，后由租地典地以至于买地，现已成为富户。当最初时，不免被本地人之欺侮，所以均另筑巢穴，合而成为乡村。其所以至此者，由其能吃苦耐劳，团结合作，不许吸大烟。本地农民子弟大半不读书，但客户大半令其子弟上学。故现今本地做事者，大半为客人，本地农民则有被淘汰可能。

附言：

1. 该县县长懦弱无能后，执行政事，操于联保主任之手，横征暴敛，强派拉索，在所难免，人民知识浅薄，只有敢怒而不敢言。

2. 该县若按农业划分，南部与三原北略同，北部与同官、耀县同（据委会李视察员之见解）。县城附近地带与渭河南区相似。

3. 该县养蜂甚多，城东某村合作社理事养四十余窠。

4. 同官县出磁器运销亦广。

5. 该县农富商贫、一般人亦承认此说。

6. 所植麻之种子，系由外县购来，因本地麻种不能长高，且品质不良。

蒲城县度量衡检定分所调查报告（1938年8月5日）

该所成立于民国二十五年七月一号，成立以来即积极推行度政，期其即为普及，前任县长对此亦甚注意，故进行尚称顺利，唯现任段县长不亲庶政，该所力薄势孤，推行颇多困难，以最近工作言，虽经数次交涉，令棉行换用新秤，但该行竟故意推诿，虽领取新秤，然仍不换用，且该行故意用十八两秤以剥削棉农，早经该所调查，其所以换用新制者以此，然县府不能竭力协助，实另一原因。蒲城度衡旧器，城乡大致相同，推行新制自减免不少麻烦，唯量器则复杂异常，旧斗较新斗大一升者有之，二升者有之，三升甚至四升者也有之，如此分歧复杂，新制更应即早推行。

他县推行度制，在新器供给上，往往发生困难，蒲城则不然，以该所有自备该所检验器，且城内有制造厂两家（商营），较由西安领取新器者（泾阳）自强多矣。

制造厂新器制成后，送该所检定，如其合格，即允于发售手续费计量器（斗）0.11 元，尺 0.002 元，秤（二十斤）0.02 元，每加十斤即增手续费（于定费）一分，此项收费系根据部章，并全数解部。

附度衡新旧器折合率：

蒲城之内新斗折旧斗 5.58 斗。

新市秤一斤等于十四两。

旧秤一斤等于新秤一斤二两有奇。

新市尺一尺等于旧尺九寸六分。

旧裁尺一尺等于新尺零四分有奇。

陕南经济考察

城固县（续）

孙翰文

（二）农村副产品。本县之农村副产品有桐油、木炭、生漆、果等项，兹分述如下。

甲、桐油。本县之桐树以北区之山地为最多，据北乡各联保之调查及该县县政府之统计，全县共有桐树约五万株，每年每株可出桐子三十斤至五十斤，以水分不充足，虽至深秋，果实仍不能成熟，同时土人又不知改良桐树种植之法，只知于山中利用空地，而不施以人工之栽培，每年之收成多寡，完全依赖大自然之赐予，是以多病桐，而收成之桐子在质的方面，含油量甚少，而在量的方面，其产量亦每况愈下。

城内无桐油厂，只城北乡各联保有桐油榨数处，据北乡联保主任之估计，每年约出桐油五六千斤，近年约减至二三千斤，所产之桐油除一小部分供给本地方之需要外，则多运往汉中，及利用柴船运往安康销售。

乙、木炭。木炭为本县之主要农村副产品，产炭之地，完全在北乡山地，炭窑多在秦岭山中，就地利用荒山之木材，设窑烧炭，现北山中约有炭窑二十余所，每日可出炭平均约三百斤至五百斤，木炭大部供给地方之需要，间有运往南郑销售者。

在炭窑附近，土人桓设石炭窑，烧制石灰，惟以石质不佳，故石灰之成色亦较次，现有灰窑六处，每年可产石灰约三万斤，不能向外运销，只供给本县城乡之需要。

丙、生漆。生漆原非本县之特产，仅西北与东北之山坡地带有漆树之栽植，据去年城固县政府之调查，本县共有漆树约一千二百余株，每株每年可产生漆二斤半至三斤，每年共产生漆约三千斤左右，本地有漆店，专门收漆，所产之漆完全运往安康，亦间有商人收买后向南郑一带销售者。

丁、果实。本地之果树以柑橘、桃、李、葡萄等为大宗，柑橘尤为著名之特产。本县北区山地各乡均产柑橘，而五门堰北之望仙村之柑橘树为最多，全村之居民几完全以果树为生活。据此次调查所得，只望仙村一乡之柑橘树约有五千四百余棵，每年可产柑橘约二十万斤至三十余万斤，产得之果实，除供给本地之食用外，多销于南郑、褒城及宝鸡一带。桃、李、葡萄则北山皆产，惟其产量尚无精确之调查，产得之果实，完全供本地之食用。葡萄之产量，以西北乡为最多，以供过于求，故其价较廉，其价最贱时，每斤约六七分，土人多用葡萄洒干，再加以蔗糖，名之曰"亦桃"，亦有称之曰"葡萄干"者，多运销各地。倘能制造葡萄酒或制葡萄干，用新法生产，则原料方面定能足用，实以人工取价之低廉，如能就地生产，实为本地最适宜之工业，无论供给本地之需用或向外运输，均能获利。

（三）农村手工业。本县之手工业以造纸、纺织、酿酒及窑业、木工等为大宗，兹分述如下。

甲、造纸及纺织。本县原有之土法造纸厂有邸家村、胡家枏等处，自抗战以来，本地之平民工厂及难民站所设之难民工厂，均有造纸厂之设备。据目前城固县政府之统计，全县共有纸槽二十六处，每槽每月需要枸皮十六斤，纸筋十三斤，可造出长二尺五寸、宽一尺六寸之土报纸五百张，需人工四个，全月共出纸约三千刀左右，今城固市上之土纸及印刷用之土纸，完全为本地造纸厂之出品，南郑、褒城及北栈道中各县均用本县出产之土纸。目前因销路畅旺，原料颇感缺乏，纸厂有时停工。

纺织业为陕南各县很普遍的手工业，无论城市或乡村中之妇女，皆能纺织，且纺织机亦到处均有，惟数千年来，仍沿用旧法，木机及滑车等项，完全旧式，生产量既小。线、布之质料亦粗，所织成之布匹，均为自用，或本乡本县之用，无向他处运销者。每城均有布市，城市亦如此，因城固之纺织专业比较发达，故所产之线及布匹亦多。除城内有布市可以交易外，各乡之集市中，亦有布市，倘能利用新法大量生产棉纱及棉布，则农村经济及地方经济环境之前途，均有发展之希望，吾人深望当地人士注意及之。

乙、酿酒及窑业。本县之酿酒，目前为衰落时期，自省政府公布禁止食粮酿酒之命令后，本县各酿酒场因原料日感缺乏，酒价昂贵，自动停业者约八九家，现存者不及十家，现城内有白酒酿造厂三家，黄酒酿造厂五家，每日共出酒约五六百斤，有时因食粮缺乏即行停工，食粮充足时，再行开场。所酿出之酒，完全销于本地，无向外输出者。

当地窑业之出品，仅为砖瓦。所烧出之成品，完全供给本地之需要。目前本县有砖瓦窑七处，每窑一次可出砖一千页，瓦三千页，用柴约二千斤，其最近之售价砖每千页约三十元，瓦每千页约十余元。

丙、木工。本县之木工，多系旧式工人，所造出之木器，亦完全为旧式木器。自抗战以来，东部省区各地来此避难之工人，于本城北大街组织木器工厂数处，所造之木器均为新式，城内各机关及国立西北联大购用该处之木器甚多，闻本城东关外西北联大附属高级中学之校舍即系该项工人所造，式样既属新奇，同时又颇经济，最近本地所造之新式木器如桌、凳、椅、衣架、立柜等项，运销于汉中一带者亦复不少，以木器之销路畅旺，其前途亦颇有发展之希望。

第二节　陆路运输情形

（一）陆路交通及运输。本县陆路交通非常便利，因处于汉中平原地带，一切交通工具可以利用，因此本地之商业比较繁盛。至陆路交通方面，汽车运输仅有汉白公路一段，经过本县境内者，西自桃花店起，东南至小巴山分水岭止，凡长四十公里，路基完全在平原地带，路面为石与沙土混合筑成，平坦适宜，路面之广自四公尺至七公尺半，经过之主要城镇，有城固县、沙河营、秦家坝、五堵门，在城固县城南二里许，通过汉江有木桥二座，现仅南一段可以通行，此段则用渡船，现有渡船八支，每支可载重量一吨有奇，在秋、夏二季因汉江水涨时，桥梁恒被冲断，因之行旅即发生困难，现在汽车之通行，完全载客，对于货物之运输，颇感不便，商人之货运，多半利用来往南郑、安康之军运空车，否则，即用人力车及花竿行驶公路上，汽车之运费每公斤每公里八厘至八厘半，人力车及花竿之运费，则每百斤（当地行秤）至南郑需一元五，至西乡需一元一二角。

由城固至洋县之陆路交通，仅有旧时之大道，不通公路，大道至洋县为二十五公里。大道完全以石沙筑成，平坦适宜，惟河流太多，夏、秋水盛时，即不易通行，经过之村镇较大者为沙河营、柳林铺，运输工具为人力车、手推车及花竿，运费每日人力车运至城固为二元，手推车一元八九，花竿为三元，人力车可载重二百一二十斤，手推车可载一百五十斤，花竿可载一百八九十斤，普通货物均由人力车及手推车运输，细物或昂贵商品则多用花竿运输。

城固至通江（四川境）相距六十公里，由城固县起，至通江之南天门止，全路大部分皆为山道，路基起伏不一，宽窄不定，大约八公尺至一公尺，经过之镇市有古路坝、天明寺，复须经过巴山，其高度约三百公尺，坡度为百分之五十。过汉江，有人行小木桥及石桥等，宽自一公尺至三公尺，过汉江时有渡船一只，载重一公吨。夏、秋二季山水骤涨时，因水流急湍，行人及货运均受阻碍。本路之运输，主要工具，靠驮运及挑担，驮运每百斤需洋四元，挑担需洋三元五六。

城固至留坝之交通，亦颇困难，经过地域完全为山间小道，全长约八十公里，由城固至留坝西江口，路宽仅一公尺至二公尺，道路窄狭崎岖，交通有时非常危险，偶一不慎，人畜即易坠于深谷中，经过小河两处，即双溪河及小河口，均有渡船，载重一公吨。运输工具完全依靠人力，即挑担与背负并用，每百斤（土秤）需洋二元五。（未完）（《西京平报》1939 年 9 月 2 日，第二版）